ABAQUS 有限元分析实例详解

石亦平　周玉蓉　著

机械工业出版社

本书通过对 ABAQUS 有限元实例的详细剖析，介绍了 ABAQUS 在线性静力分析、接触分析、弹塑性分析、热应力分析、多体分析、频率提取分析、瞬时模态动态分析、显式动态分析等领域的分析方法，以及复杂实体建模、分析计算和后处理的技巧。

本书内容从实际应用出发，侧重于 ABAQUS 的实际操作和工程问题的解决，教会读者如何根据问题的特点来选择 ABAQUS 的相应功能，寻求解决问题的最佳方案。书中还着重讨论了用户常犯的错误和经常碰到的疑难问题，以及 ABAQUS 的常见错误信息和警告信息，并给出了相应的解决方法。

本书主要面向 ABAQUS 的初级和中级用户，同时也在实际工程分析方面为 ABAQUS 高级用户提供了有用的参考。

图书在版编目（CIP）数据

ABAQUS有限元分析实例详解/石亦平　周玉蓉著．—北京：机械工业出版社，2006.6（2010.5 重印）

ISBN 978-7-111-19002-8

Ⅰ. A…　Ⅱ.①石…②周…　Ⅲ. 有限元—应用程序，ABAQUS　Ⅳ. 0242.21

中国版本图书馆 CIP 数据核字（2006）第 037598 号

机械工业出版社（北京市百万庄大街22号　邮政编码100037）
策划编辑：孔　劲　责任编辑：张亚秋　版式设计：冉晓华
责任校对：陈延翔　封面设计：陈　沛　责任印制：乔　宇
北京汇林印务有限公司印刷
2010 年 5 月第 1 版第 6 次印刷
184mm×260mm·25.75印张·638千字
11501—14500 册
标准书号：ISBN 978-7-111-19002-8
　　　　ISBN 7-89492-783-X（光盘）
定价：48.00 元（含 1CD）

凡购本书，如有缺页、倒页、脱页，由本社发行部调换
电话服务　　　　　　　　　网络服务
社服务中心：(010)88361066　门户网：http://www.cmpbook.com
销售一部：(010)68326294　教材网：http://www.cmpedu.com
销售二部：(010)88379649
读者服务部：(010)68993821　**封面无防伪标均为盗版**

序 言 1

由于计算机硬件和数值仿真的快速发展，使我们能够瞬抚四海和纵揽古今，研究虚拟工程与科学的问题。非线性力学问题（材料、几何和接触）是力学发展的前沿课题，非线性有限元是计算力学的重要组成部分，而有限元计算软件的作用正是我们到达工程科学彼岸的工具和桥梁。

ABAQUS 是国际上最先进的大型通用有限元计算分析软件之一，具有强健的计算功能和广泛的模拟性能，拥有大量不同种类的单元模型、材料模型和分析过程等。无论是分析简单的线弹性问题，还是包括几种不同材料、承受复杂的机械和热载荷过程，以及变化的接触条件的非线性组合问题；无论是分析静态和准静态问题，还是稳态和动态问题；无论是隐式求解，还是显式求解，应用 ABAQUS 计算分析都会得到令人满意的结果。

石亦平博士是位勤奋聪慧的学者。水木清华的学习生活，其导师曾攀教授的言传身教，留学欧洲的工作经历，国际舞台上的拼搏进取，使其日渐有功，茁壮成长。

本书内容展示了作者在 ABAQUS 应用和开发接口程序方面的耕耘成果，汇集了发展理论模型和应用工程实践的宝贵经验，必然会使读者受益。我相信通过本书的出版必将推动 ABAQUS 软件在中国的推广和应用，有助于发展我国的工程科学事业。

庄茁　教授
于清华园

序 言 2

　　ABAQUS 软件是国际上公认的最好的 CAE 大型通用分析软件之一，以精于复杂问题的求解和非线性分析见长，其非线性力学分析的功能达到世界领先水平。ABAQUS 的功能强大，但同时对使用者在建模技巧方面也有较高的要求，目前 ABAQUS 在国内具有日益增长的广大用户群，而相关的学习书籍还不够丰富，该书恰好能够弥补这一不足。书中系统介绍了作者在工程实践中积累的ABAQUS 使用经验，实用性很强，作者精心选择的很多工程实例，可以使ABAQUS 软件操作人员很快掌握该软件的使用方法。全书结构严谨，理论与实践有机结合，具有很强的逻辑性和系统性。全书涉及线弹性分析、接触分析、弹塑性分析、热应力分析、多体分析、频率提取分析、瞬时模态动态分析、显式动态分析等众多领域，既考虑到初学者的需求，又对已具有一定水平的读者在复杂建模方面提供引导，是 ABAQUS 读者最值得研读和参考的图书。

　　石亦平是我所指导的第一位博士生，在清华大学读博期间，他勤奋好学，品学兼优，专攻有限元的高精度方法，在有限元分析原理的研究方面已颇有建树。博士毕业之后他又远涉重洋，在德国进一步深造和从事科学研究工作，精于非线性有限元分析和复杂工程问题的求解，既有扎实的理论基础，又积累了丰富的一线经验，特别在 ABAQUS 软件的应用和建模方面独具特点。该书是石亦平博士和周玉蓉女士两位作者宝贵经验的总结，相信该书一定会使读者从中受益。

曾攀　教授
于清华大学

前　言

　　ABAQUS是国际上最先进的大型通用有限元软件之一，它可以分析复杂的工程力学问题，其驾驭庞大求解规模的能力，以及非线性力学分析功能均达到世界领先水平。ABAQUS在欧洲、北美和亚洲许多国家得到广泛应用，其用户遍及机械、化工、冶金、土木、水利、材料、航空、船舶、汽车、电器等各个工程和科研领域。近年来，ABAQUS在我国的用户也正在迅速增长，每年的ABAQUS中国用户年会均有上百名用户参加。

　　广大ABAQUS用户，尤其是初学者都面临一个普遍问题，即如何在短时间内理解和掌握ABAQUS丰富的分析功能和操作方法。因此，一本系统的ABAQUS使用指南是每个ABAQUS用户的必备参考书。

读者对象

　　本书主要面向ABAQUS初级和中级用户，同时也为ABAQUS高级用户提供了有用的参考。

- 初级用户：可以通过对本书前四章的学习，掌握ABAQUS实体建模、分析计算和后处理的基本方法。
- 中级用户：可以从第5章至第11章中学习各种不同类型问题的分析方法。
- 高级用户：可以通过对书中工程实例的学习，进一步提高实际工程分析的能力。

　　本书可作为理工科院校师生学习ABAQUS的教材，也可作为机械制造、汽车、交通、航空航天、土木工程、石油化工、轻工、造船、水利等领域的工程技术人员和科研工作者使用ABAQUS的参考书。

本书特色

- 内容从实际应用出发，侧重于ABAQUS的实际操作和工程问题的解决。读者不需要具备很深的理论知识，即可轻松迅速地掌握ABAQUS的建模和分析方法。
- 理论和实践相结合，每章中用适当篇幅来概括介绍此类问题的主要分析方法，然后配合以具有工程背景的典型实例，使读者能够亲手操作。
- 内容编排上注意难易结合，每章首先给出一个简单实例，使读者一目了然地了解到此类问题的特点和分析方法，然后再给出一个或多个较复杂的实例，帮助读者掌握相关的高级技巧。
- 在介绍线性静力分析、接触分析、弹塑性分析和热应力分析时，都使用了相同的带孔方板实例，使读者很容易地了解不同分析类型之间的区别和联系。
- 详细讲解了每个工程实例的操作步骤，读者可以很轻松地按照书中提示，一步步地完成软件操作。
- 对工程实例不是简单地列出ABAQUS的操作过程，而是首先教会读者如何根据问题的特点来选择 ABAQUS 的相应功能，寻求解决问题的最佳方案。对于存在多种不同解法的问题，比较了不同方法的优缺点。

- 用醒目的提示着重指出了读者容易出现的错误操作。
- 详细论述了读者经常碰到的疑难问题，例如第 5.2.8 节和第 6.1.3 节集中讨论了出现收敛问题的原因，并给出了多种解决办法。第 11 章介绍了 ABAQUS 的常见错误信息和警告信息，以及相应的处理方法。
- 给出了每个实例的 INP 文件（input file），并对其中的重要部分给出了注释。
- 在附录中列出了本书实例所用到的单元类型、关键词（keyword）和 ABAQUS/CAE 功能，并附上全书内容的中英文索引，方便读者查询。

主要内容

本书内容基于 ABAQUS 6.5 版本，但其绝大部分内容同样适用于 ABAQUS 的其他版本。例如，模型树（model tree）是 ABAQUS 6.5 以上版本才有的，因此书中的实例操作大多没有使用模型树，而是通过菜单和工具栏按钮来完成，以方便 ABAQUS 6.4 以下版本的用户。本书共分 11 章：

- 第 1 章：ABAQUS 的分析功能、主要模块和帮助文档。
- 第 2 章：简单的平面应力分析实例，ABAQUS/CAE 的操作界面和各个模块的功能，划分网格和选择单元类型的方法。
- 第 3 章：支架的线性静力分析实例，ABAQUS/CAE 复杂实体建模、划分网格和后处理的方法。
- 第 4 章：INP 文件、STA 文件、MSG 文件和 DAT 文件的使用方法，ABAQUS 的运行环境设置。
- 第 5 章：接触分析的主要方法，收敛问题的解决办法，带孔方板的接触分析实例，过盈装配过程模拟实例。
- 第 6 章：弹塑性分析的基本方法，带孔方板的弹塑性分析实例，圆柱形试样压缩试验过程模拟实例，弯曲成形过程模拟实例，子模型分析实例。
- 第 7 章：热应力分析的基本问题，带孔方板的热应力分析实例，使用热应力来模拟法兰盘感应淬火后的残余应力。
- 第 8 章：多体分析的基本方法，圆盘转动分析实例（刚体模型、过约束、连接单元边界条件、弹性行为、柔体模型），抓斗机构分析实例。
- 第 9 章：动态分析的基本方法，圆盘的频率提取分析实例、瞬时模态动态分析实例和显式动态分析实例。
- 第 10 章：复杂工程实例——带预紧力螺钉的接触分析，带轮和轴承外圈在不同温度下的公差配合分析。
- 第 11 章：DAT 文件、MSG 文件、LOG 文件和 ABAQUS/CAE 中的错误信息和警告信息，及其相应的解决方法。

随书光盘中给出了每个实例的 ABAQUS/CAE 模型文件（.cae）、输入数据文件（.inp）和分析结果文件（.odb、.dat、.msg 等），供读者参考。

☆ 重要提示：请不要直接打开光盘上的 CAE 模型文件（.cae），否则可能会出现异常错误。应该先将 CAE 模型文件复制至硬盘，去掉其只读属性，再在 ABAQUS/CAE 中打开。

致谢

衷心感谢清华大学曾攀教授和庄茁教授，两位先生对本书的写作给予了很大的鼓励、帮助与指导，并在百忙中为本书作序。曾攀教授在有限元分析方面的教诲为笔者打下了坚实的理论基础。可以这样说：没有曾教授的悉心教诲与栽培，便没有拙作的成书。清华大学高级有限元中心的庄茁教授系 ABAQUS 方面的权威，学术造诣深厚，研究成果丰厚。笔者有幸得到庄教授亲笔签名的赠书，读后受益匪浅。庄先生在非线性有限元分析方面的大作，使笔者深受启迪，使拙作得以顺利完稿。

另外，德国 Stuttgart 大学蒋昱为本书提出了宝贵的修改意见，河北大学石呈祥和屈玉芳，以及清华大学高懿和赵焱都为本书的创作提供了大力协助，在此表示深深的谢意。编写此书参阅了很多文献和 ABAQUS 帮助文件（详见书末"参考文献"），特向各位作者致谢。

对于 ABAQUS 有限元分析这样一个庞大的主题，笔者深感无法在一本书中将其全部论述清楚。本书只想尽力把 ABAQUS 的一些基本分析方法和最常用的功能展现给读者。限于个人水平，书中一定会有许多缺点和错误，恳请专家和广大读者批评指正，并欢迎通过电子邮件（epin@gmx.de）与笔者进行交流。

石亦平　周玉蓉
2006 年 1 月于德国

目　　录

第 1 章　ABAQUS 简介

本章要点：

※　ABAQUS 总体介绍

※　ABAQUS 主要分析功能

※　ABAQUS 主要模块

※　ABAQUS 帮助文档

1.1　ABAQUS 总体介绍

ABAQUS 是功能强大的有限元软件，可以分析复杂的固体力学和结构力学系统，模拟非常庞大复杂的模型，处理高度非线性问题。ABAQUS 不但可以做单一零件的力学和多物理场的分析，同时还可以完成系统级的分析和研究。由于 ABAQUS 强大的分析能力和模拟复杂系统的可靠性，它在各国的工业和研究中得到广泛的应用，在大量的高科技产品开发中发挥着巨大的作用。

ABAQUS 使用起来十分简便，可以很容易地为复杂问题建立模型。例如，对于多部件问题，可以首先为每个部件定义材料参数，划分网格，然后将它们组装成完整模型。对于大多数模拟（包括高度非线性的问题），用户仅需提供结构的几何形状、材料特性、边界条件和载荷工况等工程数据。在非线性分析中，ABAQUS 能自动选择合适的载荷增量和收敛准则，并在分析过程中不断地调整这些参数值，确保获得精确的解答，用户几乎不必去定义任何参数就能控制问题的数值求解过程。

ABAQUS 具备十分丰富的单元库，可以模拟任意几何形状，其丰富的材料模型库可以模拟大多数典型工程材料的性能，包括金属、橡胶、聚合物、复合材料、钢筋混凝土、可压缩的弹性泡沫以及地质材料（例如土壤、岩石）等。作为一种通用的模拟工具，ABAQUS 不仅能够解决结构分析（应力/位移）问题，而且能够分析热传导、质量扩散、电子元器件的热控制（热/电耦合分析）、声学、土壤力学（渗流/应力耦合分析）和压电分析等广泛领域中的问题。

1.2　ABAQUS 的主要分析功能

ABAQUS 主要具有以下分析功能。

（1）静态应力/位移分析　包括线性、材料非线性、几何非线性、结构断裂分析等。

（2）动态分析　包括频率提取分析、瞬态响应分析、稳态响应分析、随机响应分析等。

（3）非线性动态应力/位移分析　包括各种随时间变化的大位移分析、接触分析等。

（4）粘弹性/粘塑性响应分析　粘弹性/粘塑性材料结构的响应分析。

（5）热传导分析　传导、辐射和对流的瞬态或稳态分析。

（6）退火成形过程分析　对材料退火热处理过程的模拟。

（7）质量扩散分析　静水压力造成的质量扩散和渗流分析等。

（8）准静态分析　应用显式积分方法求解静态和冲压等准静态问题。

（9）耦合分析　热/力耦合、热/电耦合、压/电耦合、流/力耦合、声/力耦合等。

（10）海洋工程结构分析　模拟海洋工程的特殊载荷，例如流载荷、浮力、惯性力；分析海洋工程的特殊结构，例如锚链、管道、电缆；模拟海洋工程的特殊连接，例如土壤/管柱连接、锚链/海床摩擦、管道/管道相对滑动。

（11）瞬态温度/位移耦合分析　力学和热响应耦合问题。

（12）疲劳分析　根据结构和材料的受载情况统计，进行疲劳寿命预估。

（13）水下冲击分析　对冲击载荷作用下的水下结构进行分析。

（14）设计灵敏度分析　对结构参数进行灵敏度分析，并据此进行结构的优化设计。

1.3　ABAQUS 的主要模块

ABAQUS 包含一个全面支持求解器的前后处理模块——ABAQUS/CAE，以及两个主求解器模块——ABAQUS/Standard 和 ABAQUS/Explicit。ABAQUS 还提供了专用模块，包括 ABAQUS/Design、ABAQUS/Aqua、ABAQUS/Foundation、MOLDFLOW 接口、ADAMS 接口等。本书将详细介绍 ABAQUS/CAE 和 ABAQUS/Standard 的使用方法，以及 ABAQUS/Explicit 的基本应用，其他专用模块的内容本书不做讨论。

1. ABAQUS/CAE

ABAQUS/CAE（Complete ABAQUS Environment）是 ABAQUS 的交互式图形环境，可以用来方便快捷地构造模型，为部件定义材料特性、载荷、边界条件等模型参数。ABAQUS/CAE 具有强大的网格划分功能，并可检验所构造的分析模型，提交、监视和控制分析作业，然后使用后处理模块来显示分析结果。

现代 CAD 系统普遍采用基于"特征"的（feature-based）参数化建模方法，ABAQUS/CAE 是到目前为止惟一提供这种几何建模方法的有限元前处理程序。用户能够通过拉伸、旋转、扫掠、倒角和放样等方法来创建参数化几何体，同时也能够由各种通用的 CAD 系统导入几何体，并运用参数化建模方法进行进一步编辑。

2. ABAQUS/Viewer

ABAQUS/Viewer 是 ABAQUS/CAE 的子模块，它包含了 ABAQUS/CAE 的 **Visualization** 模块的后处理功能，本书中对 **Visualization** 模块的讨论都适用于 ABAQUS/Viewer。

3. ABAQUS/Standard

ABAQUS/Standard 是一个通用分析模块，它能够求解广泛领域的线性和非线性问题，包括静态分析、动态分析，以及复杂的非线性耦合物理场分析等。在每一个求解增量步（increment）中，ABAQUS/Standard 隐式地求解方程组。

ABAQUS/Standard 提供并行的稀疏矩阵求解器，对各种大规模计算问题都能十分可靠地快速求解。ABAQUS 公司对于 ABAQUS/Standard 的每一个版本都进行完整的测试，包括 13000 次的回归测试，从而严格保证求解的可靠性和质量。

4. ABAQUS/Explicit

使用 ABAQUS/Explicit 可以进行显式动态分析，它适于求解复杂非线性动力学问题和准静态问题，特别是用于模拟短暂、瞬时的动态事件，如冲击和爆炸问题。此外，它对处理接触条件变化的高度非线性问题也非常有效，例如模拟成型问题。它的求解方法是在时间域中以很小的时间增量步向前推出结果，而无需在每一个增量步求解耦合的方程系统，或者生成总体刚度矩阵。

ABAQUS/Explicit 不但支持应力/位移分析，而且还支持完全耦合的瞬态温度/位移分析、声固耦合分析。任意的拉格朗日—欧拉（ALE）自适应网格功能可以有效地模拟大变形非线性问题，例如金属成形。将 ABAQUS/Standard 与 ABAQUS/Explicit 结合使用，结合二者的隐式和显式求解技术，可以求解更广泛的实际问题。

5. ABAQUS/Aqua

ABAQUS/Aqua 拓展了 ABAQUS/Standard 在海洋工程中的应用，包括海洋平台导管架和立管的分析、J 形管的拖曳模拟，以及底部弯曲计算和漂浮结构的研究等。ABAQUS/Aqua 与 ABAQUS/Standard 其他的功能兼容，可以考虑静力、动力或频率分析中的线性和非线性效应。

除了 ABAQUS/Standard 提供的重力载荷、静水压力等载荷形式，ABAQUS/Aqua 为部分或全部浸没的结构提供特定的载荷库，例如浮力或拖曳力。基于单元的几何形状、流体属性、稳态流、波的形式和风速的分布，程序将自动确定载荷的大小和方向。

6. ABAQUS/Design

ABAQUS/Design 拓展了 ABAQUS/Standard 在设计敏感性分析（DSA）中的应用。设计敏感性，即设计参数与设计响应的梯度。它有益于理解设计行为和预测设计变化的影响，可以用于分析位移、应力和应变（包括主值和不变量）、反力、单元体积、接触压力和特征频率等设计响应。

设计参数，如弹性或超弹性材料属性、方向、节点坐标、截面属性和横向剪切刚度等，会显著地影响实体、壳、薄膜、梁和桁架单元的响应。在大位移分析的敏感性计算中，可以考虑非线性几何效应。模型可以包含较小的有限滑动接触，其中摩擦系数可以与设计参数相关。

7. ABAQUS/Foundation

ABAQUS/Foundation 是 ABAQUS/Standard 的一个组成部分，它可以更高效地使用 ABAQUS/Standard 的线性静力和动力分析的功能。

8. MOLDFLOW 接口

ABAQUS 的 MOLDFLOW 接口可以将 MOLDFLOW 分析软件中的有限元模型信息转换为 INP 文件的组成部分。

9. MSC. ADAMS 接口

ABAQUS 的 MSC. ADAMS 接口是基于 ADAMS/Flex 的子模态综合格式，它允许将 ABAQUS 有限元模型作为柔性部件输入到 MSC. ADAMS 系列产品中。

1.4　ABAQUS 帮助文档

1.4.1　ABAQUS 帮助文档的内容

ABAQUS 具有一套极其详尽的帮助文件，常用的手册如下。

1. Getting Started with ABAQUS（ABAQUS 入门指南）

该手册是针对初学者的入门指南，指导用户如何应用 ABAQUS/CAE 生成模型，使用 ABAQUS/Standard 和 ABAQUS/Explicit 进行分析，然后在 ABAQUS/CAE 的 **Visualization** 模块中观察结果。

2. ABAQUS Analysis User's Manual（ABAQUS 分析用户手册）

这是最常用的 ABAQUS 手册，包含对 ABAQUS 的所有功能（包括单元、材料模型、分析过程、输入格式等内容）的完整描述。

3. ABAQUS/CAE User's Manual（ABAQUS/CAE 用户手册）

该手册详细说明了如何运用 ABAQUS/CAE 生成模型、提交分析和后处理。

4. ABAQUS Keywords Reference Manual（ABAQUS 关键词参考手册）

该手册提供了对 ABAQUS 中全部关键词的完整描述，包括对其参数和数据行的说明。

5. ABAQUS Example Problems Manual（ABAQUS 实例手册）

该手册包括详细的 ABAQUS 分析实例，用来演示线性和非线性分析的方法和结果，每一个例题的说明中都包括了对单元类型和网格密度的讨论。

6. ABAQUS Benchmark Manual（ABAQUS 基准校核手册）

该手册只有在线版本，包括用来评估 ABAQUS 性能的基准问题和标准分析（如 NAFEMS 基准问题），将分析结果与精确解和其他已经发表的结果进行了比较。这些问题对于学习各种单元和材料模型的性能会有很大帮助。

7. ABAQUS Verification Manual（ABAQUS 验证手册）

该手册只有在线版本，包括评估 ABAQUS 每一种特定功能（例如分析过程、输出选项、多点约束等）的基本测试问题。

1.4.2 如何使用 ABAQUS 帮助文件

打开 ABAQUS 帮助文件有以下三种方法，现以 ABAQUS 6.5-1 版本为例说明。

1）在 Windows 操作系统中点击［开始］→［程序］→［**ABAQUS 6.5 HTML Documentation**］→［**Documentation**］。

2）在 Windows 操作系统中点击［开始］→［程序］→［ABAQUS 6.5-1］→［**ABAQUS Documentation**］。

3）在 ABAQUS/CAE 的主菜单中选择 **Help→Search & Browse Manuals**。

☆ 提示：本书介绍的操作方法都是基于 ABAQUS 6.5 版本，但其中绝大部分操作同样适用于 ABAQUS 的其他版本。

进行上述操作后，会看到图 1-1 所示的 ABAQUS 帮助文件首页，里面列出了所有 ABAQUS 帮助手册，直接点击上面的超链接就可以打开相应的手册。

在帮助文件首页顶部的搜索栏中，可以输入所关心的关键词，然后点击 **Search All Books**，此关键词在每本手册中的出现次数就会以红色数字显示出来（见图 1-1）。点击各手册的超链接时，打开的页面中仍保留着对此关键词的搜索结果（见图 1-2）。点击页面顶部的 **Next Match** 和 **Previous Match**，就可以依次显示此关键词所在的页面。

如果像图 1-1 和图 1-2 所显示的那样，用引号把多个关键词括起来，就表示把这些词作为一个整体来搜索；如果不使用引号，这些词将被分别搜索。

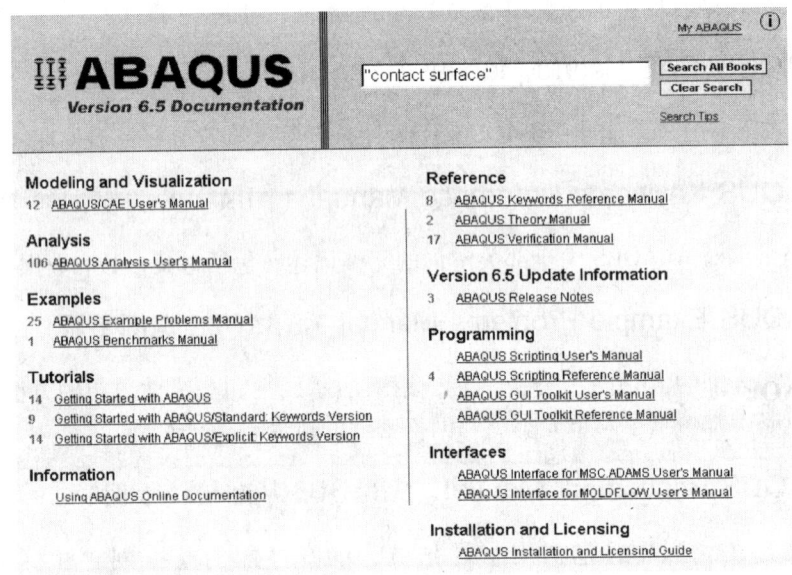

图 1-1　在 ABAQUS 帮助文件首页中搜索关键词"contact surface"

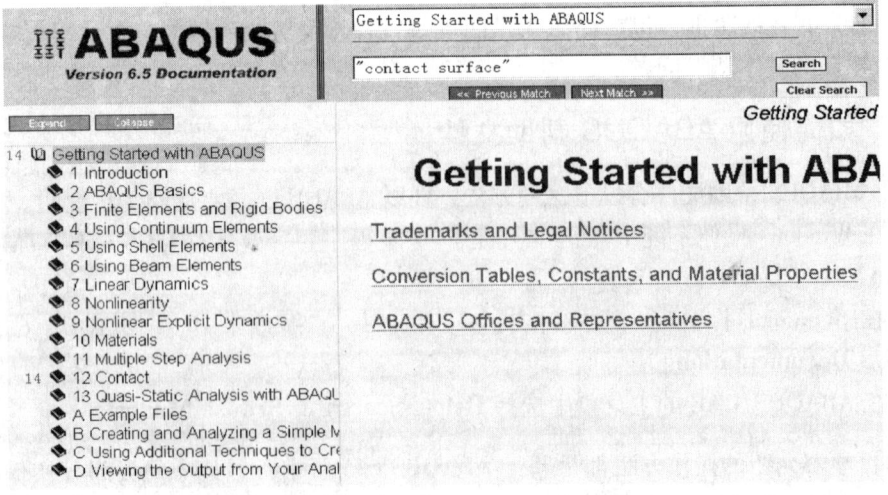

图 1-2　在《Getting Started with ABAQUS》中查看对"contact surface"的搜索结果

ABAQUS 的初学者可以先阅读《Getting Started with ABAQUS》，此手册详细介绍了 ABAQUS 有限元分析的基本概念，并且提供了很多分析实例。如果用户已经对 ABAQUS/Standard 或 ABAQUS/Explicit 很熟悉，只是想了解 ABAQUS/CAE 的使用方法，可以只练习《Getting Started with ABAQUS》附录 B、C、D 提供的三个实例。

如果遇到关于 ABAQUS/CAE 的问题，可以查阅《ABAQUS/CAE User's Manual》；如果是关于 ABAQUS/Standard 或 ABAQUS/Explicit 的问题，可以查阅《ABAQUS Analysis User's Manual》。

在使用一个不熟悉的功能时，可以使用前面介绍的搜索功能，在《ABAQUS Example Problems Manual》、《ABAQUS Benchmark Manual》和《ABAQUS Verification Manual》中寻找与该功能相关的实例。点击这些实例中的超链接，就可以打开相应的 INP 文件。用户也可以按照如下方法提取这些文件（以 ABAQUS 6.5-1 版本为例）。

在 Windows 操作系统中点击［开始］→［程序］→［**ABAQUS 6.5-1**］→［**ABAQUS COMMAND**］，在 DOS 提示符下输入命令

$$abaqus\ fetch\ job = <\ file\ name\ >$$

其中 <*file name*> 是所要提取的 INP 文件名。

另外，还可以登录 ABAQUS 公司的在线技术支持网站，提交问题或查询已有的解答，操作方法是（以 ABAQUS 6.5-1 版本为例）：在 Windows 操作系统中点击［开始］→［程序］→［**ABAQUS 6.5-1**］→［**MY ABAQUS**］，或直接登录以下网址：http://abaqus.custhelp.com。

☆ 提示：只有正版用户才能在 ABAQUS 的在线支持网站注册用户名。每次在此网站提交问题或查询解答之前，需要先以用户名登陆，否则网站中的绝大部分内容都无法看到，使用关键词搜索时也无法找到相关结果。

1.5　本章小结

1）ABAQUS 可以完成多种类型的分析，包括静态应力/位移分析、动态应力/位移分析、粘弹性/粘塑性响应分析、热传导分析、退火成形过程分析、质量扩散分析、准静态分析、多场耦合分析、海洋工程结构分析、瞬态温度/位移耦合分析、疲劳分析、水下冲击分析、设计灵敏度分析等。

2）ABAQUS 由多个模块构成，包括前后处理模块 ABAQUS/CAE、主求解器模块 ABAQUS/Standard 和 ABAQUS/Explicit，以及 ABAQUS/Design、ABAQUS/Aqua、ABAQUS/Foundation、MOLDFLOW 接口、ADAMS 接口等专用模块。

3）ABAQUS/CAE 是 ABAQUS 的交互式图形环境，可以用来方便快捷地构造模型，显示分析结果。

4）ABAQUS/Standard 是一个通用分析模块，它使用隐式求解方法，能够求解广泛领域的线性和非线性问题，包括静态分析、动态分析，以及复杂的非线性耦合物理场分析等。

5）使用 ABAQUS/Explicit 可以进行显式动态分析，它使用显式求解方法，适于求解复

杂非线性动力学问题和准静态问题，特别是用于模拟短暂、瞬时的动态事件，如冲击和爆炸问题。此外，它对处理接触条件变化的高度非线性问题也非常有效（例如模拟成形问题）。

6）ABAQUS 具有一套极其详尽的帮助文件，其中的《Getting Started with ABAQUS》适合作为初学者的入门指南。

第 2 章　ABAQUS 基本使用方法

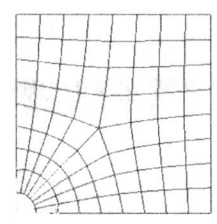

本章要点：

※　ABAQUS 分析步骤

※　ABAQUS/CAE 简介

※　简单实例：带孔平板的应力分析

※　ABAQUS/CAE 模型数据库的结构

※　ABAQUS/CAE 的功能模块

※　划分网格的基本方法

※　选择三维实体单元的类型

※　选择壳单元的类型

※　选择梁单元的类型

本章将首先介绍 ABAQUS 的分析步骤和 ABAQUS/CAE 的基本界面，然后带领读者完成一个简单的线性静力分析实例，使读者对 ABAQUS/CAE 有一个初步的认识，最后详细分析 ABAQUS/CAE 的各功能模块，帮助读者掌握 ABAQUS/CAE 强大的建模和网格划分功能，并对划分网格和选择单元类型的方法作了详细的介绍。

2.1　ABAQUS 分析步骤

有限元分析包括以下三个步骤：前处理、分析计算和后处理。这三个步骤在 ABAQUS 中的实现方法如下。

1. 前处理（ABAQUS/CAE）

在前处理阶段需要定义物理问题的模型，并生成一个 ABAQUS 输入文件。ABAQUS/CAE 是完整的 ABAQUS 运行环境，可以生成 ABAQUS 模型、交互式地提交和监控分析作业，并显示分析结果。ABAQUS/CAE 分为若干个功能模块，每一个模块定义了模拟过程的一个方面，例如，定义几何形状、材料性质和网格等。建模完成后，ABAQUS/CAE 可以生成 ABAQUS 输入文件，提交给 ABAQUS/Standard 或 ABAQUS/Explicit。

读者也可以使用其他的前处理器（例如 MSC. PATRAN、Hypermesh、FEMAP 等）来创建模型，但 ABAQUS 的很多独特功能（例如定义面、接触对和连接件等）只有 ABAQUS/CAE 才支持。因此建议读者使用 ABAQUS/CAE 作为前处理器。

2. 分析计算（ABAOUS/Standard 或 ABAQUS/Explicit）

在分析计算阶段，使用 ABAQUS/Standard 或 ABAQUS/Explicit 求解输入文件中所定义的数值模型，通常以后台方式运行，分析结果保存在二进制文件中，以便于后处理。完成一个求解过程所需的时间取决于问题的复杂程度和计算机的运算能力，可以从几秒到几天不等。

3. 后处理（ABAQUS/CAE 或 ABAQUS/Viewer）

ABAQUS/CAE 的后处理部分又称为 ABAQUS/Viewer，可以用来读入分析结果数据，以多种方法显示分析结果，包括彩色云纹图、动画、变形图和 XY 曲线图等。

2.2　ABAQUS/CAE 简介

ABAQUS/CAE 的主窗口包括以下组成部分，如图 2-1 所示。

1. 标题栏（title bar）

标题栏显示了 ABAQUS/CAE 的版本和当前模型数据库的名称。

2. 环境栏（context bar）

ABAQUS/CAE 包括一系列功能模块（module），其中每一模块完成模型的一种特定功能。通过环境栏中的 Module 列表，可以在各功能模块之间切换。环境栏中的其他项则是当

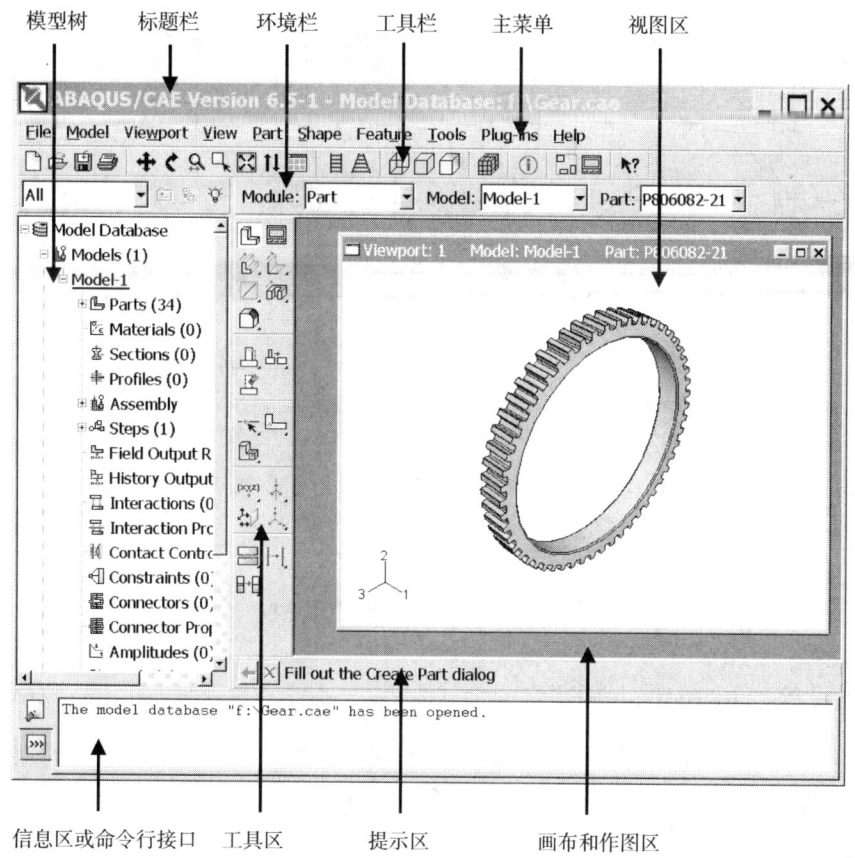

图 2-1　ABAQUS/CAE 的主窗口

前正在操作模块的相关功能。例如，在 Part 功能模块中，可以通过环境栏来切换不同的部件。

3. 工具栏（toolbar）

工具栏提供了菜单功能的快捷访问方式（见图 2-2），这些功能也可以通过菜单直接访问。

4. 主菜单（menu bar）

菜单栏中包含了所有当前可用的菜单，通过对菜单的操作，可以调用 ABAQUS/CAE 的全部功能。用户选择不同的功能模块时，菜单栏中所包含的菜单项也会有所不同。

5. 模型树（model tree）

模型树直观地显示出模型的各个组成部分，如部件、材料、分析步、载荷和输出要求等。使用模型树可以很方便地在各功能模块之间进行切换，实现主菜单和工具栏所提供的大部分功能。

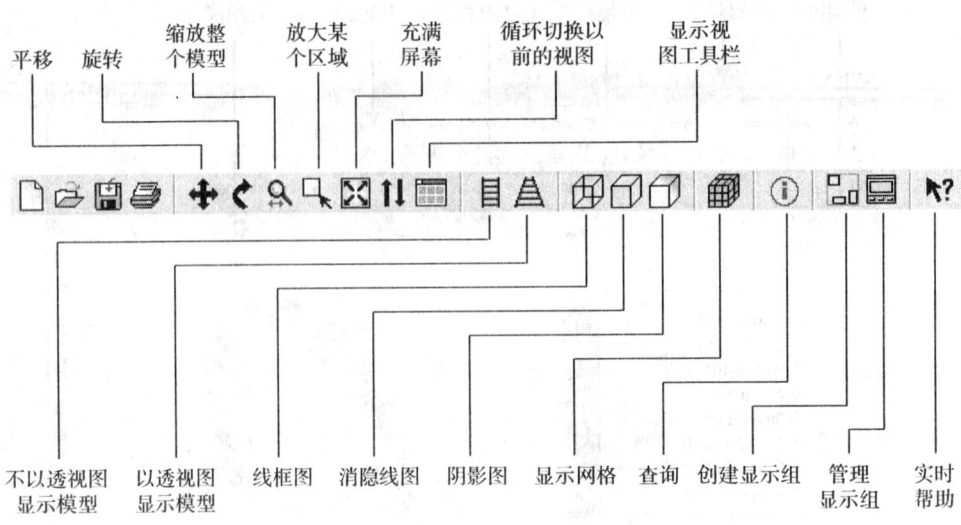

图 2-2　ABAQUS/CAE 的工具栏

6. 工具区（toolbox area）

当用户进入某一功能模块时，工具区就会显示该功能模块相应的工具，帮助用户快速调用该模块的功能。

7. 画布和作图区（canvas and drawing area）

用户可以在这个区域中摆放视图（viewport）。

8. 视图区（viewport）

模型显示在视图区中。

9. 提示区（prompt area）

在进行各种操作时，会在这里显示相应的提示。例如在创建一个集合（set）时，提示区会提示选择相应的对象。

10. 信息区（message area）

信息区中显示状态信息和警告。这里也是命令行接口（command line interface）的位置。通过主窗口左下角的选项页，可以在二者之间切换。

11. 命令行接口（command line interface）

利用 ABAQUS/CAE 内置的 Python 编译器，可以使用命令行接口键入 Python 命令和数学计算表达式。

2.3　一个简单的实例：带孔平板的应力分析

下面将介绍一个简单的应力分析实例，帮助读者初步了解 ABAQUS 建模和分析的基本步骤，掌握平面应力问题的分析方法。在随书光盘的如下文件夹中可以找到本实例完成后的文件。

1）ABAQUS 模型数据库文件（.cae）：

　　　　\ Demo2-PlateWithHole \ CAE Model \ PlateWithHole. cae

2）INP 文件和结果文件：

　　　　\ Demo2-PlateWithHole \ Analysis Results \

2.3.1　问题的描述

一个承受拉力的平板，在其中心位置有一个小圆孔，结构尺寸如图 2-3 所示。要求分析圆孔应力集中处的 Mises 应力。

材料特性：弹性模量 $E = 210000 \text{MPa}$，泊松比 $\mu = 0.3$

拉伸载荷：$p = 100 \text{MPa}$

平板厚度：1mm

☆ 提示：ABAQUS 中的量都没有单位，用户应自己保证量纲的一致性。

建模要点

1）通过简单的力学分析，可以知道该问题属于平面应力问题。

2）基于结构和载荷的对称性，可以只取模型的 1/4 进行分析。

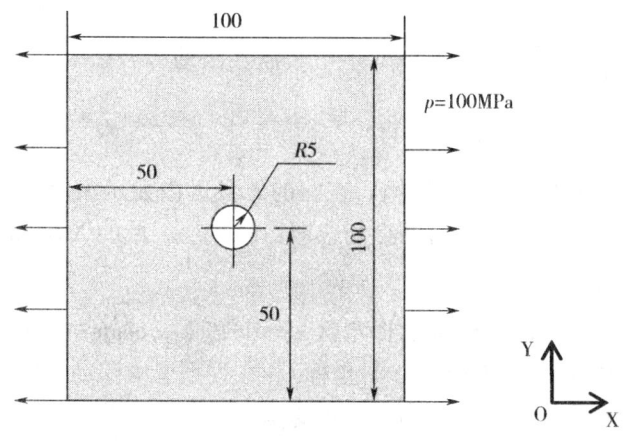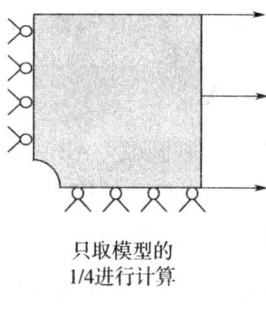

图 2-3　带孔平板的分析模型

☆ 提示：这个简单的带孔方板模型将在本书中多次出现，在后面介绍接触分析、弹塑性分析、热应力分析时，都将首先使用这个模型来演示这些分析类型的基本操作方法。读者可以清晰地看到，同样的几何模型，使用不同的边界条件、材料特性或模型参数，就变成了不同的分析类型，这样读者可以很容易地了解不同分析类型之间的区别和联系。

2.3.2 启动 ABAQUS/CAE

启动 ABAQUS/CAE 有以下两种方法，可以任选一种（以 ABAQUS 6.5-1 版本为例）。

1）在 Windows 操作系统中：［开始］→［程序］→［**ABAQUS 6.5-1**］→［**ABAQUS CAE**］。

2）在操作系统的 DOS 窗口中键入命令：

$$abaqus\ cae$$

启动 ABAQUS/CAE 后，在出现的 **Start Session**（开始任务）对话框中选择 **Create Model Database**（创建新模型数据库）。

2.3.3 创建部件

在 ABAQUS/CAE 窗口顶部的环境栏中，可以看到模块列表 **Module：Part**，这表示当前处在 **Part**（部件）功能模块，在这个模块中可以定义模型各部分的几何形体。可按照以下步骤来创建带孔平板的几何模型。

（1）创建部件 点击左侧工具区中的 （Create Part），或在主菜单中选择 **Part→Create**，弹出如图 2-4 所示的 **Create Part** 对话框。在 **Name**（部件名字）后面输入 *Plate1*，将 **Modeling Space**（模型所在空间）设为 *2D Planar*（二维平面），其余参数不需改变。点击 **Continue**。

☆ 提示：如果无法输入字符，可能的原因是当前正处于中文输入法的状态，应切换到英文输入法。

（2）绘制圆弧 ABAQUS/CAE 自动进入绘图环境，左侧的工具区内显示出绘图工具按钮，视图区内显示栅格，视图区正中两条相互垂直的点划线即当前二维区域的 X 轴和 Y 轴，二者相交于坐标原点。

选择绘图工具箱中的圆弧工具 ，窗口底部的提示区显示"Pick a center point for the arc—or enter X，Y"（点击圆弧的中心点，或输入 X、Y 坐标）。在视图区中移动鼠标时，鼠标会自动对齐栅格点，视图区左上角会显示出鼠标当前位置的坐标。

点击视图区正中间的坐标原点（0，0），作为圆弧中心。此时窗口底部的提示区信息变为"Pick a start point for the arc—or enter X，Y"（点击圆弧的起始点，或输入 X、Y 坐标），而且随着鼠标的移动，圆弧的形状也随之显现出来。点击坐标为（0，5）的位置作为圆弧起点，再点击坐标为（5，0）的位置作为圆弧终点，这样就完成了对 1/4 圆孔的绘制。

如果绘图过程中操作有误，可以点击绘图工具箱中的撤销工具 ↻ 来撤销上一步操作，也可以使用删除工具 ✎ 来删除错误的几何图形，具体操作步骤如下。

1）点击绘图工具箱中的删除工具 ✎。

2）在所绘图形中点击要删除的线，ABAQUS/CAE 以红色高亮度显示被选中的线。如果想选择多条线，可以在点击此线的同时按住 Shift 键，或者按住鼠标左键不放，在视图区中画出一个矩形框，选中框内的线。如果想取消对某条线的选择，可以在点击此线的同时按住 Ctrl 键。

3）在视图区中点击鼠标中键，或点击窗口底部的提示区中的 **Done**（完成），被选中的线即被删除。

4）根据需要，重复步骤 2）和 3）。

5）在视图区中点击鼠标中键，或点击提示区中的 **Done**，结束对删除工具 ✎ 的使用。

> ☆ 提示：在确认结束某一步操作时，一般总是在视图区中点击鼠标中键，或点击窗口底部的提示区的 **Done**（完成），以下不再重述。

> ☆ 提示：－同时按住 Ctrl 键 、Alt 键和鼠标右键（或者点击顶部工具栏中的 🔍），然后拖动鼠标，就可以缩放模型。
>
> 　　　　－同时按住 Ctrl 键 、Alt 键和鼠标中键（或者点击顶部工具栏中的 ✛），然后拖动鼠标，就可以平移模型。
>
> 　　　　－同时按住 Ctrl 键 、Alt 键和鼠标左键（或者点击顶部工具栏中的 ↺），然后拖动鼠标，就可以旋转模型。
>
> 　　　　－点击窗口顶部工具栏中的 🔍，然后拖动鼠标，可以放大模型的局部。
>
> 　　　　－点击窗口顶部工具栏中的 ⛶，可以使模型充满屏幕。
>
> 　　　　－点击窗口顶部工具栏中的 ▦，弹出视图工具栏 ⌐ ⌐ ⌐ ⌐ ⌐，可以选择不同的视图。点击其中的 ⌐ 可以恢复默认的 XY 视图。

（3）绘制直线　选择绘图工具箱中的画线工具 ✐，依次点击坐标为（0，5）、（0，50）、（50，50）、（50，0）和（5，0）的位置，在视图区中点击鼠标中键来结束画线操作，完成如图 2-5 所示的二维模型。再次点击鼠标中键来退出画线工具，最后再一次点击鼠标中键来退出绘图环境，视图区中显示出完成后的部件。

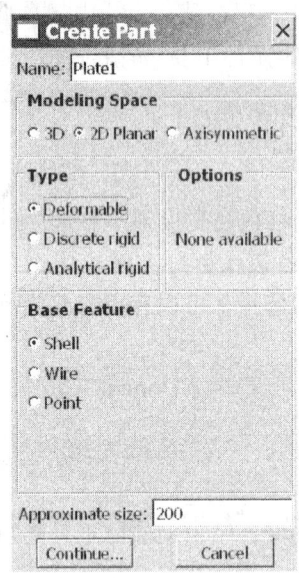

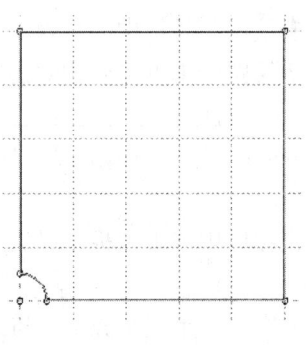

图 2-4　**Create Part** 对话框　　　　　　　　　图 2-5　二维几何模型

（4）保存模型　在进行下一步之前，点击窗口顶部工具栏中的 ![save] 来保存所建的模型。键入希望保存的文件名，ABAQUS/CAE 会自动加上后缀名. cae。

☆ 提示：ABAQUS/CAE 不会自动保存模型数据，用户应当每隔一段时间自己保存模型。
　　　　如果由于意外造成系统死机或无法正常退出 ABAQUS/CAE，下次启动 ABAQUS/
　　　　CAE 时会显示如图 2-6 所示的信息，选择 **Yes** 就可以自动恢复尚未保存的模型，
　　　　但有时会因为恢复文件中有错误，导致自动恢复失败。所以建议读者养成经常
　　　　保存模型的习惯。

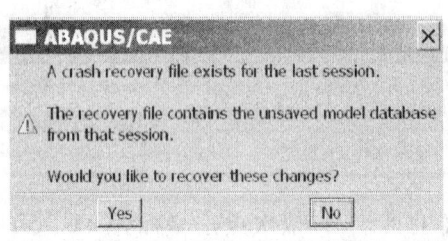

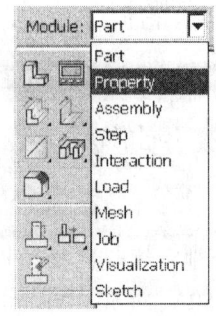

图 2-6　提示：是否恢复尚未保存的模型　　　　　图 2-7　选择功能模块

2.3.4　创建材料和截面属性

在窗口左上角的 **Module**（模块）列表中选择 **Property**（特性）功能模块，如图 2-7 所示。按照以下步骤来定义材料。

（1）创建材料　点击左侧工具区中的 （Create Material），或在主菜单中选择 **Material → Create**，弹出 **Edit Material** 对话框（在 ABAQUS 6.5 以上版本中，也可以直接双击左侧模型树中的 **Material** 来完成此项操作）。

在 **Name**（材料名称）后面输入 *Steel*，点击此对话框中的 **Mechanical**（力学特性）→ **Elasticity**（弹性）→ **Elastic**（弹性）。在数据表中设置 **Young's Modulus**（弹性模量）为 210000，**Poisson's Ratio**（泊松比）为 0.3，其余参数不需改变（如图 2-8 所示），点击 **OK**。

> ☆ 提示：在 ABAQUS/CAE 中，如果希望修改或撤销已经完成的操作，可以在窗口左侧的模型树中找到此项操作，在上面点击右键，选择 **Edit** 或 **Delete**。在绘制二维平面图时（如第 2.3.3 节所示），可以点击绘图工具箱中的 来撤销上一步操作。

（2）创建截面属性　点击左侧工具区中的 （Create Section），或在主菜单中选择 **Section → Create**，弹出 **Create Section** 对话框（在 ABAQUS 6.5 以上版本中，也可以直接双击左侧模型树中的 **Sections** 来完成此项操作），保持默认参数不变，点击 **Continue**。

在弹出的 **Edit Section** 对话框中，保持默认参数不变（**Material**：*Steel*；**Plane stress/strain thickness**：1），点击 **OK**。

> ☆ 提示：平面应力问题的截面属性类型是 **Solid**（实心体），而不是 **Shell**（壳）。

（3）给部件赋予截面属性　点击左侧工具区中的 （Assign Section），或在主菜单中选择 **Assign → Section**，点击视图区中的平板模型，ABAQUS/CAE 以红色高亮度显示被选中的实体边界，在视图区中点击鼠标中键，弹出 **Edit Section Assignment** 对话框，点击 **OK**。

> ☆ 提示：ABAQUS/CAE 不把材料特性直接赋予单元或几何实体，而是首先在截面属性（Section）中定义材料特性，再为每个部件赋予相应的截面属性。

> ☆ 提示：ABAQUS/CAE 推荐的建模方法是把整个数值模型（如材料、边界条件、载荷等）都直接定义在几何模型上，而不是像其他前处理器那样定义在单元和节点上，这样在修改网格时不必重新定义材料和边界条件等模型参数。这样在处理复杂问题时，可以首先简单地划分粗网格，得到初步的模拟结果，然后再在适当的区域细化网格。

2.3.5　定义装配件

整个分析模型是一个装配件，前面在 **Part** 功能模块中创建的各个部件将在 **Assembly** 功能模块中装配起来。

具体操作方法是：在窗口左上角的 **Module** 列表中选择 **Assembly**（装配）功能模块。点击左侧工具区中的 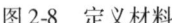（Instance Part），或在主菜单中选择 **Instance** → **Create**（在 ABAQUS 6.5 以上版本中，也可以直接点击左侧模型树中 **Assembly** 左侧的 + 号，然后双击其下一层的 **Instances** 来完成此项操作）。

在弹出的 **Create Instance** 对话框中（见图 2-9），前面创建的部件 *Plate1* 自动被选中，默认参数为 **Instance Type**：*Dependent*（*mesh on part*），点击 **OK**。

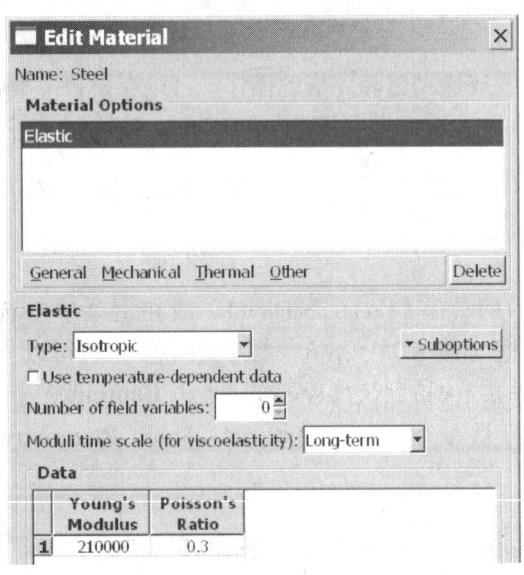

图 2-8　定义材料

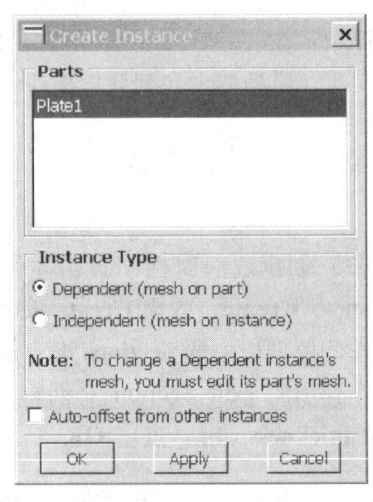

图 2-9　把实体加入装配件

2.3.6　设置分析步

ABAQUS/CAE 会自动创建一个初始分析步（initial step），可以在其中施加边界条件。用户还必须自己创建后续分析步（analysis step），用来施加载荷。

具体操作方法是：在窗口左上角的 **Module** 列表中选择 **Step**（分析步）功能模块。点击左侧工具区中的 （Create Step），或在主菜单中选择 **Step** → **Create**（在 ABAQUS 6.5 以上版本中，也可以直接点击左侧模型树中的 **Steps** 来完成此项操作）。

在弹出的 **Create Step** 对话框中，在 **Name** 后面输入 *Apply Load*，其余参数保持默认值（**Procedure type**：*General*；选中 **Static**，**General**），点击 **Continue**。在弹出的 **Edit Step** 对话框中，保持各参数的默认值，点击 **OK**。

2.3.7　定义边界条件和载荷

在窗口左上角的 **Module** 列表中选择 **Load**（载荷）功能模块，定义边界条件和载荷。

（1）施加载荷　点击左侧工具区中的 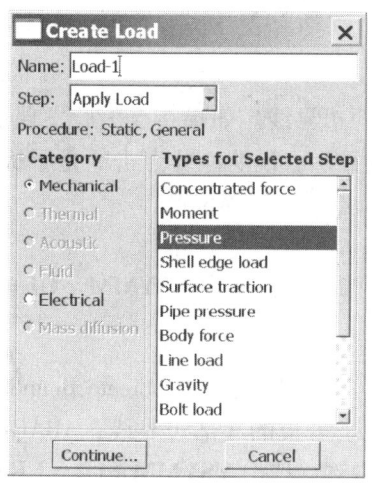（Create Load），或在主菜单中选择 **Load →**
Create（在 ABAQUS 6.5 以上版本中，也可以直接点击左侧模型树中的 **Loads** 来完成此项操作）。在弹出 **Create Load** 对话框中（见图 2-10），将 **Types for Selected Step**（所选分析步的载荷类型）设为 *Pressure*（单位面积上的压力），其余参数保持默认值，点击 **Continue**。

此时窗口底部的提示区信息变为"Select surfaces for the load"，点击平板的右侧边界线，ABAQUS/CAE 以红色高亮度显示被选中的线，在视图区中点击鼠标中键。在弹出的 **Edit**
Load 对话框中（见图 2-11），在 **Magnitude** 后面输入 –100，然后点击 **OK**。视图区中的模型将如图 2-12 所示。

图 2-10　创建载荷

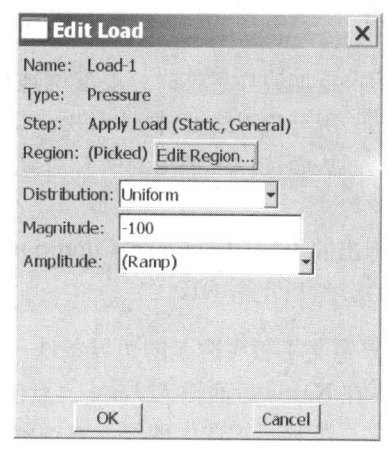

图 2-11　设置载荷

☆ 提示：载荷类型 *Pressure* 的含义是单位面积上的力，正值表示压力，负值表示拉力。

（2）定义平板左边上的对称边界条件　点击左侧工具区中的 （Create Boundary Condition），或在主菜单中选择 **BC → Create**（在 ABAQUS 6.5 以上版本中，也可以直接点击左侧模型树中的 **BCs** 来完成此项操作）。在弹出的 **Create Boundary Condition** 对话框中（见图 2-13），在 **Name** 后面输入 *Fix-X*，将 **Step** 设为 *Initial*，其余各项参数保持默认值，点击 **Continue**。

此时窗口底部的提示区信息变为"Select regions for the boundary condition"，点击平板的左侧边界线，ABAQUS/CAE 以红色高亮度显示被选中的线，在视图区中点击鼠标中键。

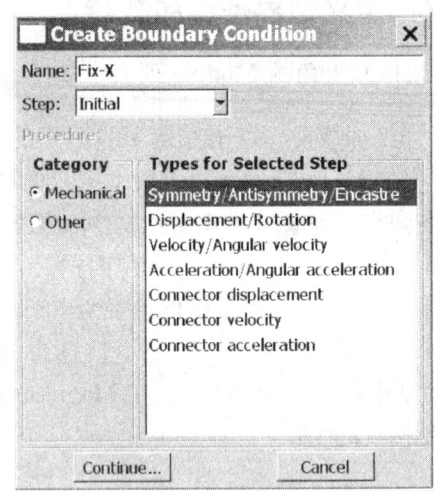

图 2-12　创建载荷后的模型　　　　　　　图 2-13　创建边界条件

☆ 提示：施加边界条件时，要准确地点中所要选择的边界线。如果在点击后发现平板的
　　　　所有边界线都被 ABAQUS/CAE 红色高亮度显示，说明刚才点击的是平板中部，
　　　　从而选择了平板的所有边界线。这时应重新点击正确的位置。

在弹出的 **Edit Boundary Condition** 对话框中（图 2-14），选中 XSYMM（U1 = UR2 = UR3 = 0），然后点击 **OK**。

（3）定义平板底边上的边界条件　再次点击左侧工具区中的 （Create Boundary Condition），在 **Name** 后面输入 *Fix-Y*，点击 **Continue**。点击平板的底部边界线，ABAQUS/CAE 以红色高亮度显示被选中的线，在视图区中点击鼠标中键。选中 YSYMM（U2 = UR1 = UR3 = 0），然后点击 **OK**。视图区中的模型将如图 2-15 所示。

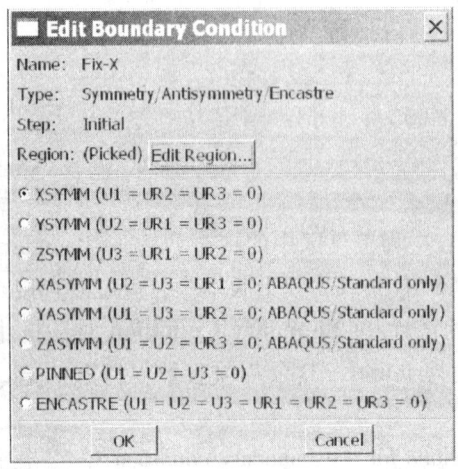

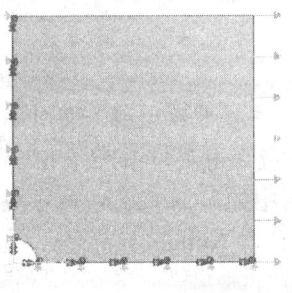

图 2-14　编辑边界条件　　　　　　　　　图 2-15　创建边界条件后的图形显示

2.3.8　划分网格

在窗口左上角的 **Module** 列表中选择 **Mesh**（网格）功能模块，在窗口顶部的环境栏中把 **Object** 选项设为 **Part**：*Plate1*（见图 2-16），即为部件 *Plate1* 划分网格，而不是为整个装配件划分网格。

> ☆ 提示：如果没有选择对部件划分网格，而是按照默认选项来对整个装配件划分网格，在接下来的操作中就会出现如图 2-17 所示的错误信息。

如果使用的是 ABAQUS 6.4 以下版本，则不需要进行上述设置，可以直接开始下面的步骤。

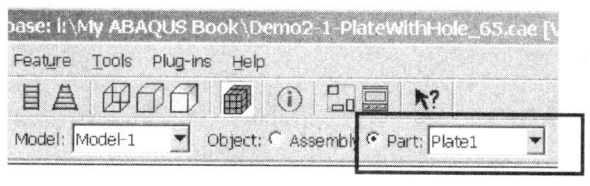

图 2-16　把划分网格的对象设为 **Part**：*Plate1*

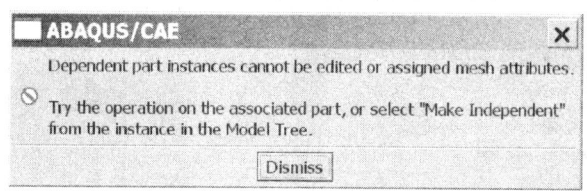

图 2-17　在 **Mesh**（网格）功能模块中可能出现的错误信息

（1）设置边上的种子　在左侧工具区中的 上按住鼠标左键不放，显示出一组图标，在其中选择 （Seed Edge：by Number），或直接在主菜单中选择 **Seed → Edge by Number**。点击平板中间位置，在视图区中点击鼠标中键，在窗口底部的提示区中设置 Number of elements along the edges：8（边界线上的单元数为 8），再次在视图区中点击鼠标中键，视图区中的模型将如图 2-18 所示。

（2）设置网格控制参数　点击左侧工具区中的 （Assign Mesh Controls），或在主菜单中选择 **Mesh → Controls**，弹出 **Mesh Controls**（网格控制参数）对话框，将 **Techniques** 设为 *Structured*，如图 2-19 所示，其余参数保持默认值，然后点击 **OK**。

（3）设置单元类型　点击左侧工具区中的 （Assign Element Type），或在主菜单中选择 **Mesh → Element Type**，弹出 **Element Type** 对话框，如图 2-20 所示。将 **Geometric Order**（几何阶次）设为 **Quadratic**（二次单元），取消对 **Reduced integration**（减缩积分）的选择，其余参数保持默认值，看到对话框中提示当前单元类型为 CPS8：A 8-node biquadratic plane stress quadrilateral（CPS8：8 节点双二次平面应力四边形单元），点击 **OK**。

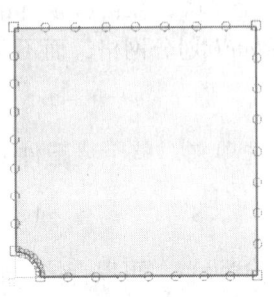

图 2-18　在边界线上布置种子

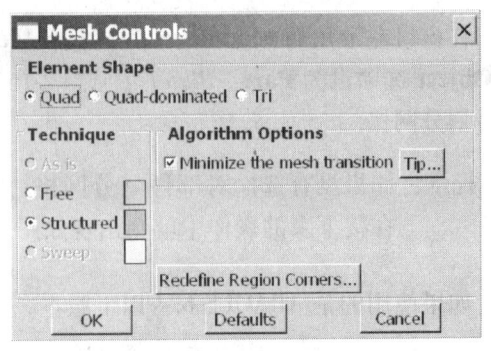

图 2-19　网格控制参数

☆ 提示：对于应力集中问题，使用二次单元可以提高应力结果的精度。

（4）划分网格　点击左侧工具区中的 （Mesh Part Instance），或在主菜单中选择 **Mesh → Instance**，窗口底部的提示区显示"OK to mesh the part instance？"（为实体划分网格？），在视图区中点击鼠标中键，或直接点击提示区中的 **Yes**，得到如图 2-21 所示的网格。

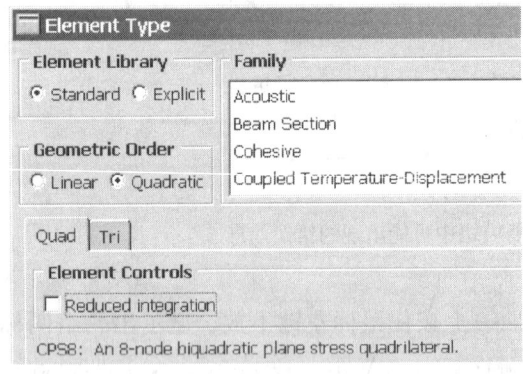

图 2-20　设置单元类型

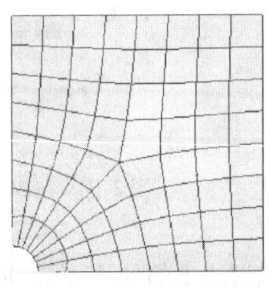

图 2-21　生成的网格

☆ 提示：本实例的目的是通过一个简单的模型，让读者初步了解一下 ABAQUS/CAE 的建模方法，因此使用了较简单的网格划分方法，得到的网格较粗糙，在圆孔处的单元过于狭长，在此处的应力结果将会不太精确。如果希望更准确地分析此应力集中问题，可以使用图 2-64 所示的细化网格。

2.3.9　提交分析作业

在窗口左上角的 **Module** 列表中选择 **Job**（分析作业）功能模块。

（1）创建分析作业　点击左侧工具区中的 ▭（Job Manager），或在主菜单中选择 **Job** →**Manager**，弹出 **Job Manager** 对话框，点击 **Create**（创建新的作业），在 **Name** 后面输入 *Plate-CPS8*，点击 **Continue**，弹出 **Edit Job** 对话框，各参数保持默认值，点击 **OK**。

（2）提交分析　在 **Job Manager** 对话框中点击 **Submit**（提交分析）。看到对话框中的 **Status**（状态）提示依次变为 *Submitted*，*Running* 和 *Completed*，这表示对模型的分析已经成功完成。点击此对话框中的 **Results**（分析结果），自动进入 **Visualization** 模块。

> ☆ 提示：如果 **Status** 提示变为 *Aborted*（分析失败），说明模型存在问题，分析已终止。可以点击对话框中的 **Monitor**（监控器）来查看错误信息，然后检查前面各个建模步骤是否都已准确完成，更正错误后，再重新提交分析。

> ☆ 提示：在 ABAQUS/CAE 对话框的底部常常可以看到两个按钮：**Dismiss** 和 **Cancel**，其作用都是关闭当前对话框，二者的区别在于：**Dismiss** 按钮出现在包含只读数据的对话框中；**Cancel** 按钮出现在允许作出修改的对话框中，点击 **Cancel** 按钮可关闭对话框，而不保存所修改的内容。

2.3.10　后处理

看到窗口左上角的 **Module** 列表已自动变为 **Visualization** 功能模块，视图区中显示出模型未变形时的轮廓图。

（1）显示未变形图　点击左侧工具区中的 ▦（Plot Undeformed Shape），或在主菜单中选择 **Plot → Undeformed Shape**，显示出未变形时的网格模型。

（2）显示变形图　点击左侧工具区中的 ▨（Plot Deformed Shape），或在主菜单中选择 **Plot→Deformed Shape**，显示出变形后的网格模型。

点击窗口右下角的 **Deformed Shape Options**，在弹出的对话框中，选中 **Superimpose undeformed plot**（覆盖未变形图），如图 2-22 所示，点击 **OK**，看到变形后的模型和未变形的模型一起显示出来（图 2-23）。

（3）显示云纹图　点击左侧工具区中的 ▨（Plot Contours），或在主菜单中选择 **Plot→ Contours**，显示出 Mises 应力的云纹图（见图 2-24）。

（4）显示动画　点击左侧工具区中的 ▤（Animate：Scale Factor），可以显示缩放系数变化时的动画，再次点击此图标即可停止动画。

（5）显示节点的 Mises 应力值　点击窗口顶部工具栏中的 ⓘ（Query Information），或在主菜单中选择 **Tools→Query**（查询），在弹出的 **Query** 对话框中选择 **Probe values**（查询值），然后点击 **OK**（见图 2-25）。

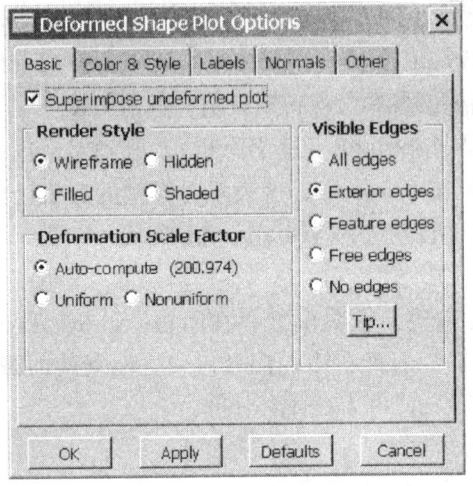

图 2-22　设置变形后的网格模型

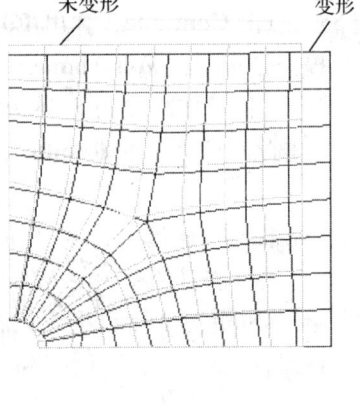

图 2-23　变形图覆盖在未变形图上

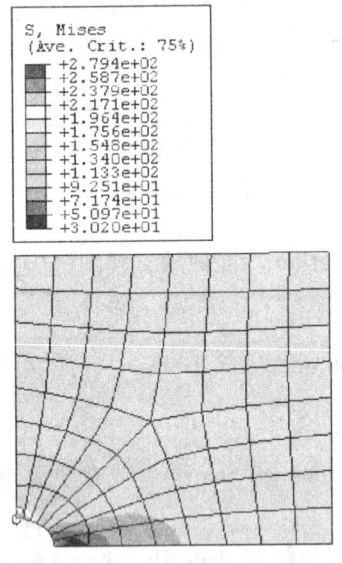

图 2-24　Mises 应力的云纹图

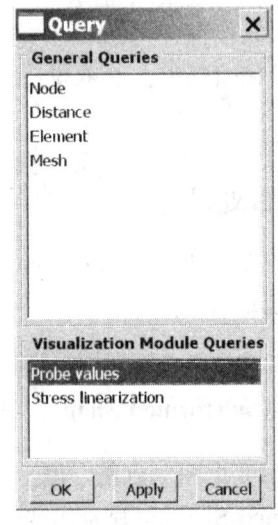

图 2-25　查询分析结果

　　在弹出的 **Probe Values** 对话框中，将 **Probe**（查询对象）设为 *Nodes*，选中 **S**，**Mises**，然后将鼠标移至圆孔顶部的应力最大处，此节点的 Mises 应力就会在 **Probe Values** 对话框中显示出来（如图 2-26 所示）。

　　（6）查询节点的位移值　在 **Probe Values** 对话框中点击 **Field Output**，弹出 **Field Output** 对话框，当前默认的输出变量是 **Name**：*S*（名称：应力），**Invariant**：*Mises*（变量：Mises 应力）。将输出变量改为 **Name**：*U*（名称：位移），**Component**：*U1*（变量：在方向 1 上的位移），如图 2-27 所示，点击 **OK**。此时云纹图变成对 *U1* 的结果显示（图 2-28）。将鼠标移至平板右下角节点处，此处的 *U1* 就会在 **Probe Values** 对话框中显示出来（图 2-29），点击 **Cancel** 可以关闭此对话框。

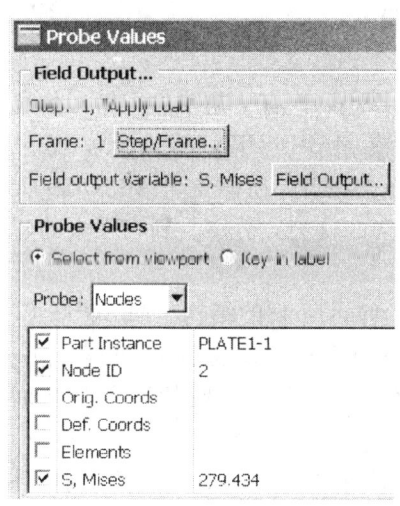

图 2-26　显示节点 2 的 Mises 应力

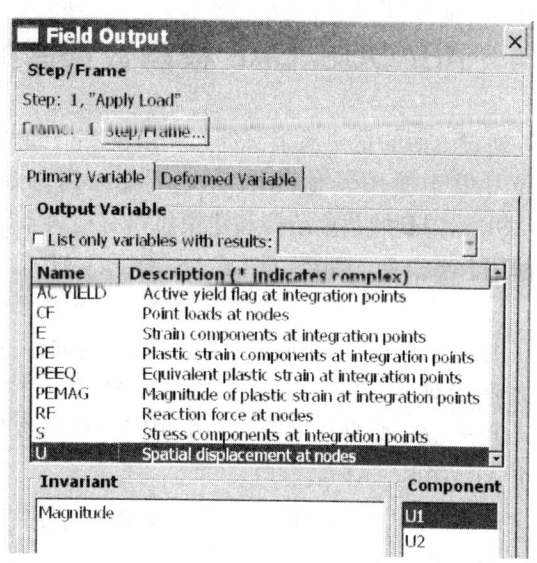

图 2-27　选择方向 1 上的变形 *U1* 作为当前显示结果

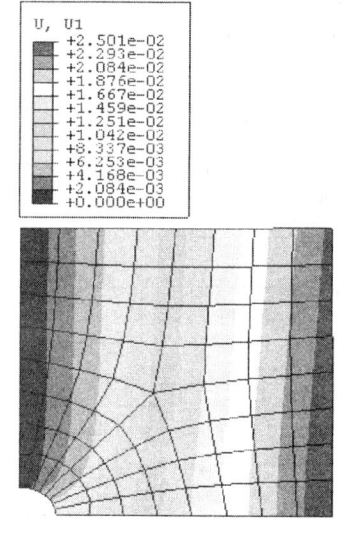

图 2-28　云纹图：方向 1 上的变形 *U1*

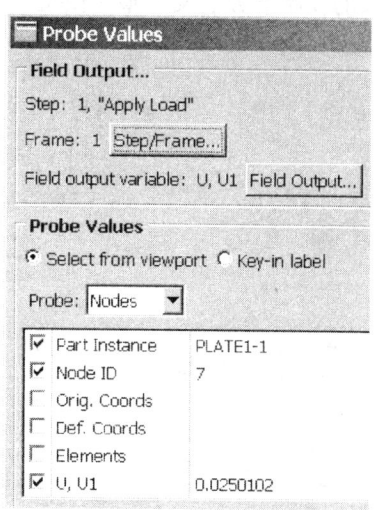

图 2-29　显示数值：节点 7 在方向 1 上的位移 *U1*

2.3.11　退出 ABAQUS/CAE

至此，对此实例的完整分析过程已经完成。点击窗口顶部工具栏中的 ![save] 来保存模型，然后点击窗口右上角的 ![X]，或在主菜单中选择 **File → Exit**，退出 ABAQUS/CAE。

2.4　ABAQUS/CAE 模型数据库的结构

通过上面的这个简单实例，相信读者已经对 ABAQUS/CAE 有了初步的了解。如果读者已经习惯于使用其他的前后处理器，例如 ANSYS 或 MARC/MENTAT，会发现它们与 ABAQUS/CAE 的菜单结构和建模思路有很大不同，甚至会在开始阶段觉得 ABAQUS/CAE 不易使用。事实上，如果习惯了 ABAQUS/CAE 的使用方法，就会充分感受到它强大的建模功能。

图 2-30 显示了 ABAQUS/CAE 模型数据库（model database）的结构。ABAQUS/CAE 模型数据库保存在扩展名为 .cae 的文件中，一个 ABAQUS/CAE 主窗口只能显示一个 ABAQUS/CAE 模型数据库。如果想同时显示多个 ABAQUS/CAE 模型数据库，可以同时启动多个 ABAQUS/CAE 主窗口。

一个 ABAQUS/CAE 模型数据库中可以包含多个互不相关的模型（model），利用环境栏中的 **Module** 列表可以在不同模型之间切换。每个模型中只能有一个装配件（assembly），它是由一个或多个实体（instance）组成的，所谓"实体"是部件（part）在装配件中的一种映射，一个部件可以对应多个实体。材料和截面属性定义在部件上，相互作用（interaction）、边界条件、载荷等定义在实体上，网格可以定义在部件上或实体上，对求解过程和输出结果的控制参数定义在整个模型上。下文将对上述这些概念进行详细解释。

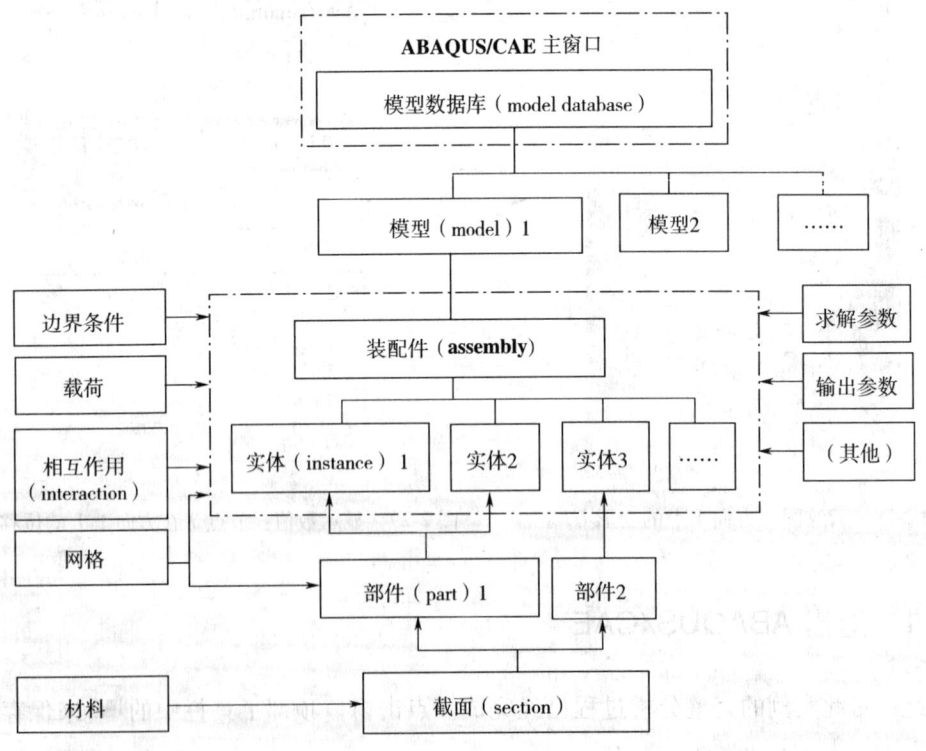

图 2-30　ABAQUS/CAE 模型数据库的结构示意图

2.5　ABAQUS/CAE 的功能模块

如上所述，ABAQUS/CAE 包括一系列的功能模块（module），每个模块均包含其特定的工具，例如，**Mesh**（网格）模块包含生成有限元网格的工具，**Job**（分析作业）模块包含创建、编辑、提交和监控分析作业的工具。

在 **Module**（模块）列表中可以选择各个功能模块（见图 2-7），这些模块的次序同时也是 ABAQUS/CAE 所推荐的模型创建顺序（如图 2-31 所示）。一般情况下，可以把材料、边界条件、载荷等直接定义在几何模型上，而不是定义在单元和节点上，这样在修改网格时不必重新定义材料和边界条件等模型参数。

当然也可以首先划分网格，如图 2-32 所示。这样做的好处是，往往在划分网格的过程中，会发现部件的几何模型需要进一步修改，例如存在过小的圆角或线段，导致不必要的细化网格；而经过这些修改后，已经定义好的边界条件、载荷和接触等可能变为无效的，需要再重新定义。

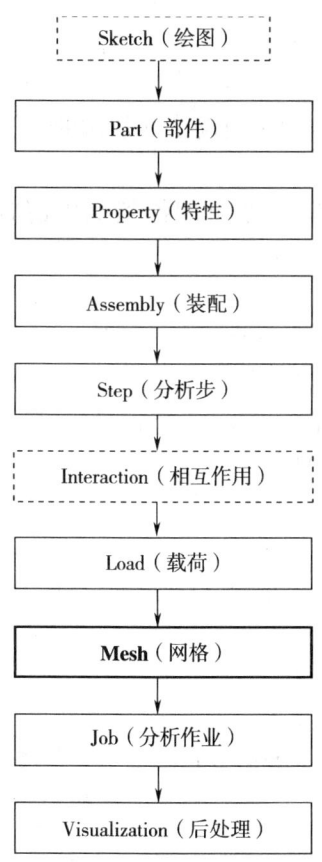

图 2-31　ABAQUS/CAE 推荐的建模次序
（带虚线的模块不一定在每次分析中都用到）

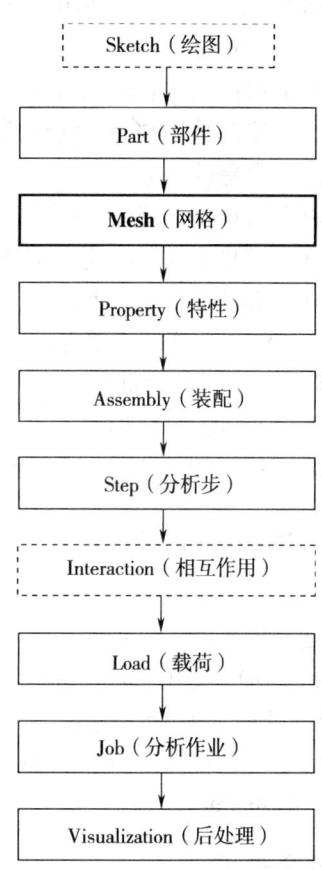

图 2-32　根据需要来选择适当的建模顺序

ABAQUS/CAE 原则上允许用户在任何时刻选择任意模块进行工作，而无需顾及模型的当前状态。当然要考虑一些明显的限制，例如生成装配件（assembly）之前必须先生成部件（part），再如梁的截面不能定义在一个未生成的几何形体上。

下面各节将分别介绍 ABAQUS/CAE 的各个功能模块。附录 E 列出了本书实例中用到的 ABAQUS/CAE 功能。

2.5.1 Part（部件）功能模块

ABAQUS/CAE 模型由一个或多个部件构成，用户可以在 **Part** 功能模块中创建和修改各个部件，然后在 **Assembly** 功能模块中把它们组装起来。ABAQUS/CAE 中的部件有两种：几何部件（native part）和网格部件（orphan mesh part），下面将分别介绍。

1. 几何部件（native part）

几何部件是基于"特征"的（feature-based），特征（feature）包含了部件的几何信息、设计意图和生成规则。例如部件上一个直径为 5mm 的通孔可以定义为一个切割（cut）特征，ABAQUS/CAE 在这个特征中储存以下信息。

1）圆孔的直径：5。

2）切割的深度：贯穿所有部件。

这样，当修改被切割部件的厚度时，ABAQUS/CAE 也将自动变化切割的深度，保证圆孔仍然贯穿整个部件。

ABAQUS/CAE 通过记录一系列的特征来储存每个部件，特征的各个参数（如拉伸长度、扫掠路径和旋转角度等）决定了部件的几何形状。

创建几何部件主要有以下两种方法。

1）使用 **Part** 功能模块中提供的拉伸（extrude）、旋转（revolve）、扫掠（sweep）、倒角（round/fillet）和放样（loft）等特征来直接创建几何部件。

2）导入已有的 CAD 模型文件，方法是：点击主菜单 **File → Import → Part**，弹出的 **Import Part** 对话框中显示了 ABAQUS/CAE 所支持的 CAD 文件类型（如图 2-33 所示）。

2. 网格部件（orphan mesh part）

网格部件不包含特征，只包含关于节点、单元、面、集合（set）的信息。可以用以下方法来创建网格部件。

1）导入 ODB 文件中的网格。

2）导入 INP 文件中的网格。

3）把几何部件转化为网格部件，具体方法是：在 **Mesh** 功能模块中点击主菜单 **Mesh → Create Mesh Part**。

3. 混合建模

几何部件和网格部件各有其优点，使用几何部件可以很方便地修改模型的几何形状，而且修改网格时不必重新定义材料、载荷和边界条件；使用网格部件可以更灵活地修改各个节点和单元的位置，定义集合和面。

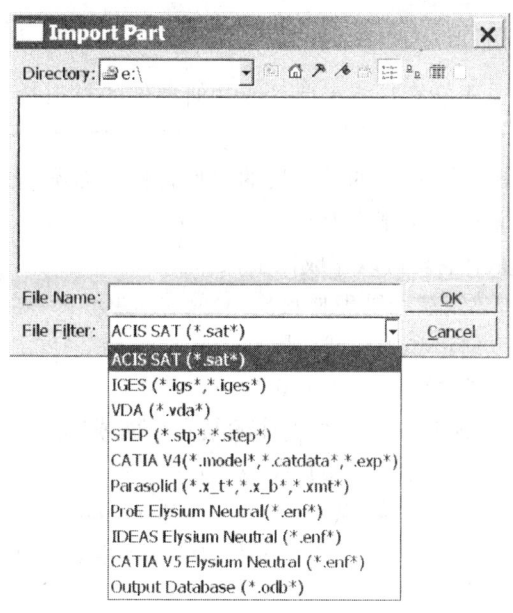

图 2-33　导入部件

在实际的分析过程中，几何部件和网格部件往往共存于模型中，在 ABAQUS/CAE 中可以很容易地完成这种混合建模。用户可以对几何部件进行操作，也可以处理单纯的节点和单元数据，接触、载荷以及边界条件既可以施加在几何部件上，也可以直接施加在单元的节点、边或面上。这种允许几何部件与网格部件混合使用的建模环境，为用户分析特定问题提供了极大的灵活性。

4. Part 模块的功能

在 **Part** 功能模块中可以创建、编辑和管理模型中的各个部件，具体包括以下功能。

（1）主菜单 **Part**　创建柔体部件（deformable part）、离散刚体部件（discrete rigid part）或解析刚体部件（analytical rigid part），对它们进行复制、重命名、删除、锁定和解除锁定等操作。

（2）主菜单 **Shape**　通过创建拉伸（extrude）、旋转（revolve）、扫掠（sweep）、倒角（round/fillet）和放样（loft）等特征来定义部件的几何形状。

（3）主菜单 **Feature**　编辑、重新生成（regenerate）、抑制（suppress）、恢复（resume）和删除几何部件的特征。

（4）主菜单 **Tools**　定义集合、基准、刚体部件的参考点，分割部件。

关于 **Part** 功能模块的详细介绍请参见 ABAQUS 帮助文件《ABAQUS/CAE User's Manual》第 11 章 "The Part Module"。

☆ 提示：在不同的功能模块中，主菜单的内容是不同的。在使用本书中提到的主菜单内容时，应注意首先要在 **Module** 列表中选择相应的功能模块。

2.5.2　Property（特性）功能模块

在 ABAQUS/CAE 中，不能直接指定单元或几何部件的材料特性，而是要首先定义相应的截面属性（section），然后指定截面属性的材料，再把此截面属性赋予相应的部件。注意这里的"截面属性"（section）包含的是广义的部件特性，而不是通常意义上的梁或板的截面形状。在 ABAQUS/CAE 中，梁截面形状称为 *Profile*。

在 **Property** 功能模块中主要可以完成以下操作。

（1）主菜单 **Material**　创建和管理材料。

（2）主菜单 **Section**　创建和管理截面属性。

（3）主菜单 **Profile**　创建和管理梁截面。

（4）主菜单 **Special → Skin**　在三维物体的某一个面或轴对称物体的一条边上附上一层皮肤，这种皮肤的材料可以与物体原来的材料不同。

（5）主菜单 **Assign**　指定部件的截面、取向（orientation）、法线方向和切线方向。

ABAQUS 定义了多种材料本构关系及失效准则模型，主要包括如下内容。

（1）弹性材料模型

1）线弹性：可以定义弹性模量、泊松比等弹性特性。

2）正交各向异性：具有多种典型失效理论，用于复合材料结构分析。

3）多孔结构弹性：用于模拟土壤和可压缩泡沫的弹性行为。

4）亚弹性：可以考虑应变对模量的影响。

5）超弹性：可以模拟橡胶类材料的大应变影响。

6）粘弹性：时域和频域的粘弹性材料模型。

（2）塑性材料模型

1）金属塑性：符合 Mises 屈服准则的各向同性塑性模型，以及遵循 Hill 准则的各向异性塑性模型。

2）铸铁塑性：拉伸为 Rankine 屈服准则，压缩为 Mises 屈服准则。

3）蠕变：考虑时间硬化和应变硬化定律的各向同性和各向异性蠕变模型。

4）扩展的 Druker-Prager 模型：适于模拟沙土等粒状材料的不相关流动。

5）Capped Drucker-Prager 模型：适合于地质、隧道挖掘等领域。

6）Cam-Clay 模型：适合于粘土类土壤材料的模拟。

7）Mohr-Coulomb 模型：与 Capped Druker-Prager 模型类似，但可以考虑不光滑小表面情况。

8）泡沫材料模型：可以模拟高度压缩材料，可应用于消费品包装及车辆安全装置等领域。

9）混凝土材料模型：使用混凝土弹塑性破坏理论。

10）渗透性材料模型：提供了各向同性和各向异性材料的渗透性模型，其特性与孔隙比率、饱和度和流速有关。

（3）其他材料模型　包括密度、热膨胀特性、热导率、电导率、比热容、压电特性、阻尼以及用户自定义材料特性等。

关于 **Property** 功能模块的详细介绍请参见 ABAQUS 帮助文件《ABAQUS/CAE User's

Manual》第 12 章 "The Property Module"。

2.5.3　Assembly（装配）功能模块

每个部件都被创建在自己的局部坐标系中，在模型中相互独立。使用 **Assembly**（装配）功能模块可以为各个部件创建实体（instance），并在整体坐标系中为这些实体定位，形成一个完整的装配件。

实体是部件在装配件中的一种映射，用户可以为一个部件重复地创建多个实体，每个实体总是保持着和相应部件的联系。如果在 **Part** 功能模块中修改部件的形状尺寸，或在 **Property** 功能模块中修改部件的材料特性，这个部件相应的实体就会自动随之改变。不能直接对实体进行上述修改。

整个模型只包含一个装配件，一个装配件可以由一个或多个实体构成。如果模型中只有一个部件（例如第 2.3 节所介绍的带孔方板），可以只为这个部件创建一个实体，而这个实体本身就构成了整个装配件。

在 **Assembly** 功能模块中主要可以进行以下操作。

（1）主菜单 **Instance**　创建实体，通过平移和旋转来为实体定位，把多个实体合并（merge）为一个新的部件，或者把一个实体切割（cut）为多个新的部件。

（2）主菜单 **Constraint**　通过建立各个实体间的位置关系来为实体定位，包括面与面平行（parallel face）、面与面相对（face to face）、边与边平行（parallel edge）、边与边相对（edge to edge）、轴重合（coaxial）、点重合（coincident point）、坐标系平行（parallel CSYS）等。

关于 **Assembly** 功能模块的详细介绍，请参见 ABAQUS 帮助文件《ABAQUS/CAE User's Manual》第 13 章 "The Assembly Module"。

2.5.4　Step（分析步）功能模块

在 **Step** 功能模块中主要可以完成以下操作：创建分析步，设定输出数据，设定自适应网格，控制求解过程。下面分别介绍这些操作。

1. 创建分析步

使用主菜单 **Step** 下的各菜单项可以创建和管理各个分析步。ABAQUS/CAE 的分析过程是由一系列的分析步组成的，其中包括两种分析步。

（1）初始分析步（initial step）　ABAQUS/CAE 自动创建一个初始分析步，可以在其中定义模型初始状态下的边界条件和相互作用（interaction）。初始分析步只有一个，名称是 "Initial"，它不能被编辑、重命名、替换、复制或删除。

（2）后续分析步（analysis step）　在初始分析步之后，需要创建一个或多个后续分析步，每个后续分析步描述一个特定的分析过程，例如载荷或边界条件的变化、部件之间相互作用的变化、添加或去除某个部件等等。

创建后续分析步时可以选择它的类型（见图 2-34），主要包括两大类。

（1）通用分析步（general analysis step）　可以用于线性或非线性分析。常用的通用分析步包括以下类型。

- **Static，General**：　　　使用 ABAQUS/Standard 进行静力分析。
- **Dynamics，Implicit**：　　使用 ABAQUS/Standard 进行隐式动力分析。
- **Dynamics，Explicit**：　　使用 ABAQUS/Explicit 进行显式动态分析。

（2）线性摄动分析步（linear perturbation step）　只能用来分析线性问题。在 ABAQUS/Explicit 中不能使用线性摄动分析步。在 ABAQUS/Standard 中，以下分析类型总是采用线性摄动分析步。

- **Buckle**：　　　　　　线性特征值屈曲。
- **Frequency**：　　　　　频率提取分析。
- **Modal dynamics**：　　瞬时模态动态分析。
- **Random response**：　　随机响应分析。
- **Response spectrum**：　反应谱分析。
- **Steady-state dynamics**：稳态动态分析。

关于摄动分析请参见 ABAQUS 帮助文件《ABAQUS Analysis User's Manual》第 6.1.2 节"General and linear perturbation procedures"。

创建后续分析步时，点击 **Create Step** 对话框中的 **Continue**（见图 2-34），弹出 **Edit Step** 对话框（见图 2-35），可以在其中设置分析步的参数：默认的分析步时间（time period）是 *1*，几何非线性参数 **Nlgeom** 是 *Off*，如果模型中存在大的位移或转动，应设置 **Nlgeom** 为 *On*。

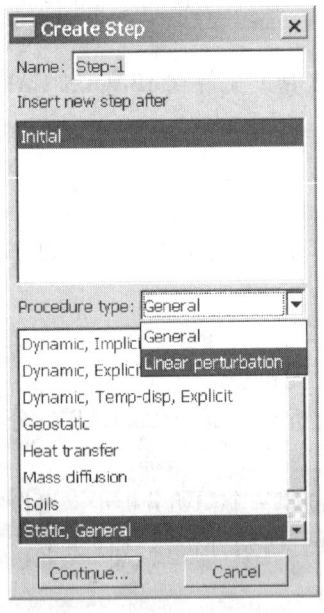

图 2-34　选择分析步的类型

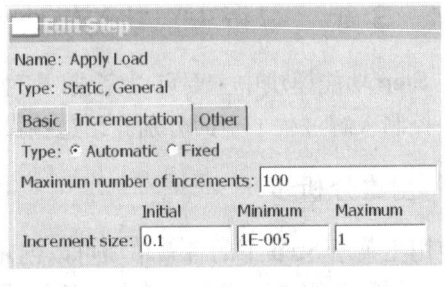

图 2-35　设置时间增量步

点击 **Edit Step** 对话框中的 **Incrementation** 标签，可以设置求解过程的时间增量步（见图 2-35）。例如，图 2-35 中的参数含义如下。

1）增量步的类型：*Automatic*，即增量步的大小由 ABAQUS 自动控制，根据分析结果的收敛情况自动增大或减小增量步。

2）允许的增量步最大数目：100，即如果经过 100 个增量步后结果还不收敛，则分析中止。

3）初始增量步大小：0.1。对于简单的问题，可以直接令初始增量步等于分析步时间（例如令初始增量步等于 1）。对于复杂的非线性问题（例如模型中有复杂的接触或大的塑性变形），分析不容易收敛，可以尝试减小初始增量步。

4）允许的最小增量步：10^{-5}。

5）允许的最大增量步：1。

> ☆ 提示：在静态分析中，如果模型中不包含阻尼或与速率相关的材料性质，"时间"就没有实际的物理意义。方便起见，一般都把分析步时间设为默认的 1。

2. 设定输出数据

使用 **Step** 功能模块主菜单 **Output** 下的各菜单项，可以控制和管理有限元分析的输出数据。从一个 ABAQUS 分析中可以输出以下数据文件。

（1）**ODB 文件**（output database file）　文件扩展名为 .odb，这是一种二进制文件，供 ABAQUS/CAE 用于后处理。

（2）**DAT 文件**（data file）　文件扩展名为 .dat，这是一个文本文件，可以存放用户所要求的输出结果。

（3）**RES 文件**（restart file）　文件扩展名为 .res，用于重启动分析。

（4）**FIL 文件**（results file）　文件扩展名为 .fil，这是一种二进制文件，供第三方软件进行后处理。

在默认情况下，ABAQUS/CAE 将分析结果写入 ODB 文件中，这是最常使用的输出文件。每创建一个分析步，ABAQUS/CAE 就自动生成一个该分析步的输出要求。

一般情况下，可以像第 2.3 节中的实例那样，不改变任何输出设置，接受 ABAQUS/CAE 默认的输出结果。用户也可以灵活地控制在各个分析步中的输出方式，即以什么样的输出频率，输出模型哪些区域的哪些变量。

ODB 文件中存储以下三种类型的信息。

（1）**场变量输出结果**（field output）　这些变量的输出结果来自于整个模型或模型的大部分区域，被写入输出数据库的频率相对较低，用来在 **Visualization** 功能模块中生成云纹图、变形位移图、矢量图和 XY 图。点击 **Step** 功能模块的主菜单 **Output → Field Output Requests → Create**，可以控制场变量输出结果（如图 2-36 所示）。例如，可以要求在一个分析步结束时输出整个模型的位移场。

（2）**历史变量输出结果**（history output）　这些变量的输出结果来自于模型的一小部分区域，被写入输出数据库的频率相对较高，用来在 **Visualization** 功能模块中生成 XY 图；点击 **Step** 功能模块的主菜单 **Output → History Output Requests → Create**，可以控制历史变量输出结果。例如，可以要求每隔 0.1 个分析步输出一次应力集中点处的应力结果。

（3）**诊断信息**（diagnostics information）　记录分析过程信息。

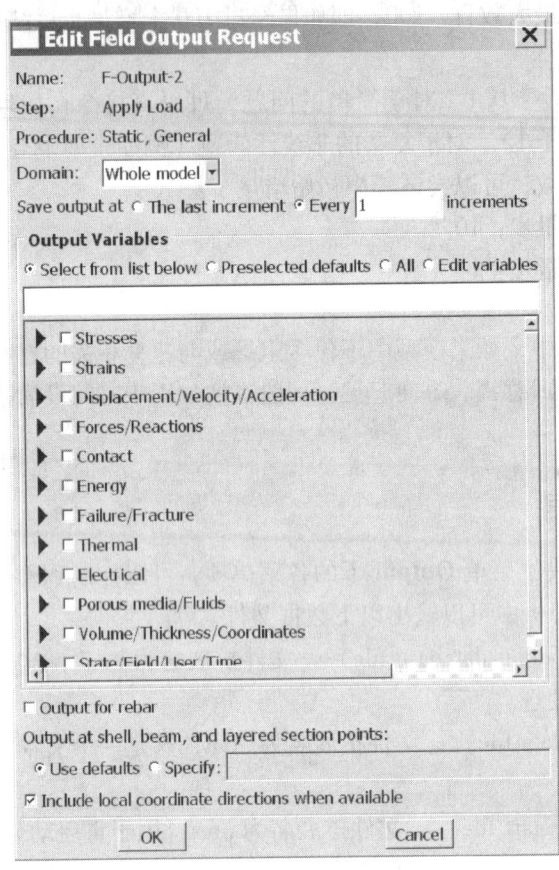

图 2-36　控制场变量输出

3. 设定自适应网格

分析锻压、拉拔和轧制等大变形问题时，模型的几何形状发生显著变化，网格会产生严重的扭曲变形，导致分析精度下降，稳定步长缩短，甚至无法达到收敛。ABAQUS 的自适应网格功能允许单元网格独立于材料移动，从而在大变形分析过程中也能始终保证高质量的网格。

自适应网格主要用于 ABAQUS/Explicit，以及 ABAQUS/Standard 中的表面磨损过程模拟。在一般的 ABAQUS/Standard 分析中尽管也可以设定自适应网格，但不会起到明显的作用。

点击 Step 功能模块的主菜单 Other → Adaptive Mesh Domain 可以设定自适应网格的有效区域，点击主菜单 Other → Adaptive Mesh Controls 可以设置自适应网格的参数。ABAQUS 的自适应网格不改变网格的拓扑结构（单元和连接关系），它结合了纯拉格朗日分析（网格跟随材料移动）和欧拉分析（网格位置固定，材料在网格中流动），被称为"任意拉格朗日-欧拉（ALE）分析"。它通常比纯拉格朗日分析更高效、更精确和更稳定。

4. 控制分析过程

通常情况下，使用 ABAQUS 的默认求解参数就可以得到良好的分析结果。对于高级用户，可以使用 **Step** 功能模块来进行一般求解控制（general solution controls）和求解器控制（solver controls），从而针对特定问题来提高分析效率。

对于 ABAQUS/Standard 的通用分析步，可以点击 **Step** 功能模块的主菜单 **Other → General Solution Controls** 来控制收敛算法和时间积分精度。对于静力问题的通用分析步和线性摄动分析步，以及稳态传热问题，可以点击主菜单 **Other → Solver Controls** 来控制迭代线性方程求解器的参数。

关于 Step 功能模块的详细介绍，请参见 ABAQUS 帮助文件《ABAQUS/CAE User's Manual》第 14 章 "The Step Module"。

2.5.5　Interaction（相互作用）功能模块

在 **Interaction** 功能模块中，主要可以定义模型的以下相互作用。

（1）主菜单 **Interaction**　定义模型的各部分之间或模型与外部环境之间的力学或热相互作用，例如接触、弹性地基、热辐射等。

（2）主菜单 **Constraint**　定义模型各部分之间的约束关系。

（3）主菜单 **Connector**　定义模型中的两点之间或模型与地面之间的连接单元（connector），用来模拟固定连接、铰接、恒定速度连接、止动装置、内摩擦、失效条件和锁定装置等。

（4）主菜单 **Special → Inertia**　定义惯量（包括点质量/惯量、非结构质量和热容）。

（5）主菜单 **Special → Crack**　定义裂纹。

（6）主菜单 **Special → Springs/Dashpots**　定义模型中的两点之间或模型与地面之间的弹簧和阻尼器。

（7）主菜单 **Tools**　常用的菜单项包括 **Set**（集合）、**Surface**（面）和 **Amplitude**（幅值）等。

1. 接触

即使两个实体之间或一个装配件的两个区域之间在空间位置上是互相接触的，ABAQUS/CAE 也不会自动认为它们之间存在着接触关系，需要使用 **Interaction** 模块中的主菜单 **Interaction** 来定义这种接触关系。相互作用与分析步有关，必须规定相互作用是在哪些分析步中起作用。本书第 5 章将专门介绍接触分析。

2. 约束

在 ABAQUS/CAE 的 **Assembly** 功能模块、**Load** 功能模块和 Interaction 功能模块中都有"约束"的概念，它们分别有着不同的含义。在 **Assembly** 功能模块中，主菜单 **Constraint**（约束）的作用是定义各个实体间的相互位置关系，从而确定它们在装配件中的初始位置。在 **Load** 功能模块中，主菜单 **BC** 的作用是定义边界条件，消除模型的刚体位移。在 **Interaction** 功能模块中，主菜单 **Constraint**（约束）的作用是定义模型各部分的自由度之间的约束关系，具体包括以下类型。

（1）**Tie**（绑定约束）　模型中的两个面被牢固地粘结在一起，在分析过程中不再分开。被绑定的两个面可以有不同的几何形状和网格。

（2）**Rigid Body**（刚体约束）　　在模型的某个区域和一个参考点之间建立刚性连接，此区域变为一个刚体，各节点之间的相对位置在分析过程中保持不变。

（3）**Display Body**（显示体约束）　　与 **Rigid Body** 类似，受到此约束的实体只用于图形显示，而不参与分析过程。

（4）**Coupling**（耦合约束）　　在模型的某个区域和参考点之间建立约束。

　　1）**Kinematic Coupling**（运动耦合）：即在此区域的各节点与参考点之间建立一种运动上的约束关系。

　　2）**Distributing Coupling**（分布耦合）：也是在此区域的各节点与参考点之间建立一种约束关系，但是对此区域上各节点的运动进行了加权平均处理，使此区域上受到的合力和合力矩与施加在参考点上的力和力矩相等效。换言之，分布耦合允许面上的各部分之间发生相对变形，比运动耦合中的面更柔软。

（5）**Shell-to-Solid Coupling**（壳体-实心体约束）　　在板壳的边和相邻实心体的面之间建立约束。

（6）**Embedded Region**（嵌入区域约束）　　模型的一个区域镶嵌在另一个区域中。

（7）**Equation**（方程约束）　　用一个方程来定义几个区域的自由度之间的相互关系。

关于 **Interaction** 功能模块的详细介绍，请参见 ABAQUS 帮助文件《ABAQUS/CAE User's Manual》第 15 章 "The Interaction Module"。

2.5.6　Load（载荷）功能模块

在 **Load** 功能模块中，主要可以定义载荷、边界条件、场变量（field）和载荷状况（load case）。

1. 载荷

点击主菜单 **Load → Create**，可以定义以下类型的载荷。

1）**Concentrated Force**：施加在节点或几何实体顶点上的集中力，表示为力在三个方向上的分量。

2）**Moment**：施加在节点或几何实体顶点上的弯矩，表示为力矩在三个方向上的分量。

3）**Pressure**：单位面积载荷（载荷的方向总是与面或边垂直，正值为压力，负值为拉力）。

4）**Shell Edge Load**：施加在板壳边上的力或弯矩。

5）**Surface Traction**：施加在面上的单位面积载荷，可以是剪力或任意方向上的力，通过一个向量来描述力的方向。

6）**Pipe Pressure**：施加在管子内部或外部的压强。

7）**Body Force**：单位体积上的体力。

8）**Line Load**：施加在梁上的单位长度线载荷。

9）**Gravity**：以固定方向施加在整个模型上的均匀加速度，例如重力；ABAQUS 根据此加速度和材料属性中的密度来计算相应的载荷。

10）**Bolt Load**：螺栓或紧固件上的紧固力，或其长度的变化。

11）**Generalized Plane Strain**：广义平面应变载荷，它施加在由广义平面应变单元所构成区域的参考点上。

12）**Rotational Body Force**：由于模型的旋转造成的体力，需要指定角速度或角加速度，以及旋转轴。

13）**Connector Force**：施加在连接单元上的力。

14）**Connector Moment**：施加在连接单元上的弯矩。

15）温度和电场变量。

关于如何施加不同类型的载荷，请参见 ABAQUS 帮助文件《ABAQUS/CAE User's Manual》第 16.9 节 "Using the load editors"。

2. 边界条件

使用主菜单 **BC** 可以定义以下类型的边界条件：对称/反对称/固支、位移/转角、速度/角速度、加速度/角加速度、连接单元位移/速度/加速度、温度、声音压力、孔隙压力、电势、质量集中。

载荷和边界条件与分析步有关，用户必须指定载荷和边界条件在哪些分析步中起作用。在第 2.3 节的实例中，如果在 **Load** 功能模块中点击主菜单 **Load→Manager**，可以看到，载荷 *Load-1* 是在分析步 *Apply Load* 中起作用（见图 2-37）；点击主菜单 **BC→Manager**，可以看到，边界条件 *Fix-X* 和 *Fix-Y* 在初始分析步中开始起作用，并且延续（propagate）到分析步 *Apply Load* 中（见图 2-38）。

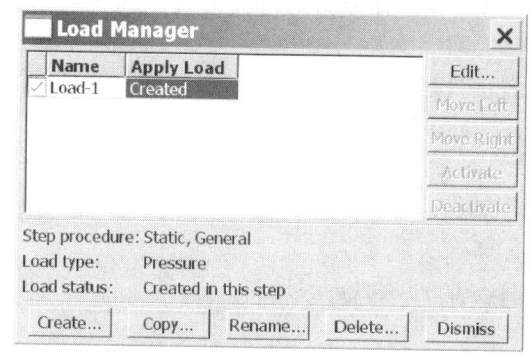

图 2-37　载荷 *Load-1*
在分析步 *Apply Load* 中起作用

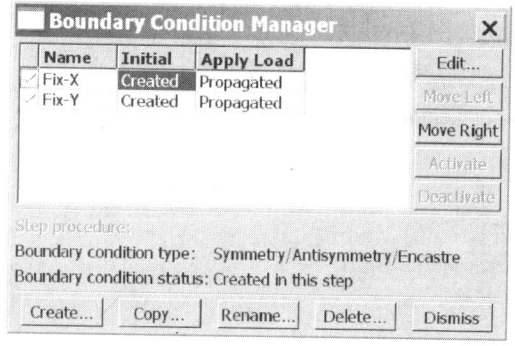

图 2-38　边界条件 *Fix-X* 和 *Fix-Y* 在初始分析步中
开始起作用，并且延续到分析步 *Apply Load* 中

3. 场变量和载荷状况

使用主菜单 **Field** 可以定义场变量（包括初始速度场和温度场变量）。有些场变量与分析步有关，也有些仅仅作用于分析的开始阶段。

使用主菜单 **Load Case** 可以定义载荷状况。载荷状况由一系列的载荷和边界条件组成，用于静力摄动分析和稳态动力分析。

关于 **Load** 功能模块的详细介绍，请参见 ABAQUS 帮助文件《ABAQUS/CAE User's Manual》第 16 章 "The Load Module"。

2.5.7　Mesh（网格）功能模块

在 **Mesh** 功能模块中主要可以实现以下功能：布置网格种子；设置单元形状、单元类型、网格划分技术和算法；划分网格；检验网格质量。在 ABAQUS/CAE 的建模过程中，划分网格是一个比较重要而复杂的步骤，需要根据经验来综合使用多种技巧。下面将在第 2.6 节中专门介绍划分网格的方法，并在第 2.7 节、第 2.8 节和第 2.9 节中介绍如何选择单元类型。

关于 **Mesh** 功能模块的详细介绍，请参见 ABAQUS 帮助文件《ABAQUS/CAE User's Manual》第 17 章 "The Mesh Module"。

2.5.8　Job（分析作业）功能模块

在 **Job** 功能模块中主要可以实现以下功能：创建和编辑分析作业；提交分析作业；生成 INP 文件；监控分析作业的运行状态；中止分析作业的运行。

1.　创建和编辑分析作业

在 **Job** 功能模块的主菜单中选择 **Job → Create**，弹出 **Create Job** 对话框，可以选择分析作业是基于 ABAQUS/CAE 的模型（model）还是基于某个 INP 文件（如图 2-39a 所示）。点击 **Continue** 按钮，弹出 **Edit Job** 对话框，在其中可以设置以下参数。

（1）**Submission**（提交分析）标签页　可以设置分析作业的类型、运行模式和提交时间，如图 2-39b 所示。

（2）**General**（通用参数）标签页　可以设置前处理器的输出数据、存放临时文件的文件夹（scratch directory）和需要用到的用户子程序（user subroutine）。

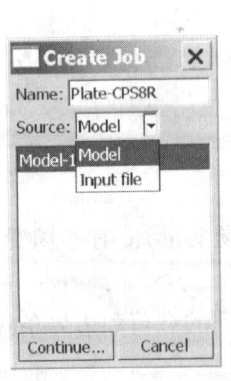

a) 选择分析作业的来源

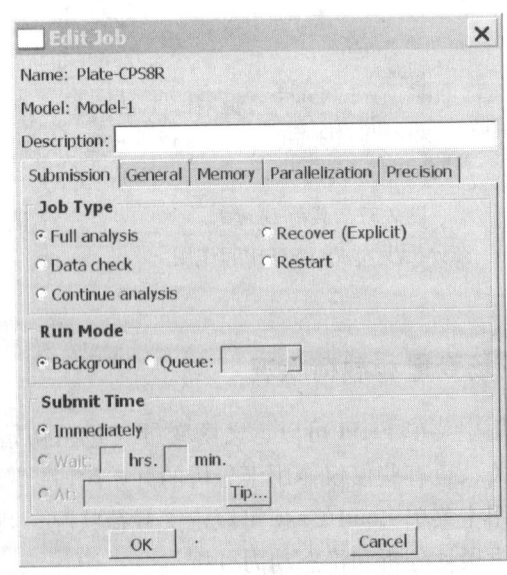

b) 设置分析作业的参数

图 2-39　创建和编辑分析作业

（3）**Memory**（内存）标签页　可以设置分析过程中允许使用的内存。如果这里设置的内存很小，而模型的规模很大，在运行过程中将会出现错误信息。

（4）**Parallelization**（并行分析）标签页　可以设置多个 CPU 的并行处理。例如，如果使用的计算机是双 CPU 的，可以在这里选中 **Use multiple processors**：**2**。

（5）**Precision**（分析精度）标签页　可以设置分析精度为单精度或双精度。

2. 提交分析和监控运行状态

在 **Job** 功能模块的主菜单中选择 **Job → Manager**，弹出 **Job Manager** 对话框，点击 **Submit**，可以提交分析作业；点击 **Monitor**，可以监控分析作业的运行状态，动态显示分析过程中出现的警告和错误信息。如图 2-40 所示，显示窗口的上半部分是 ABAQUS 状态文件（.sta）中关于分析步、增量步和迭代的信息，窗口的下半部分显示以下内容。

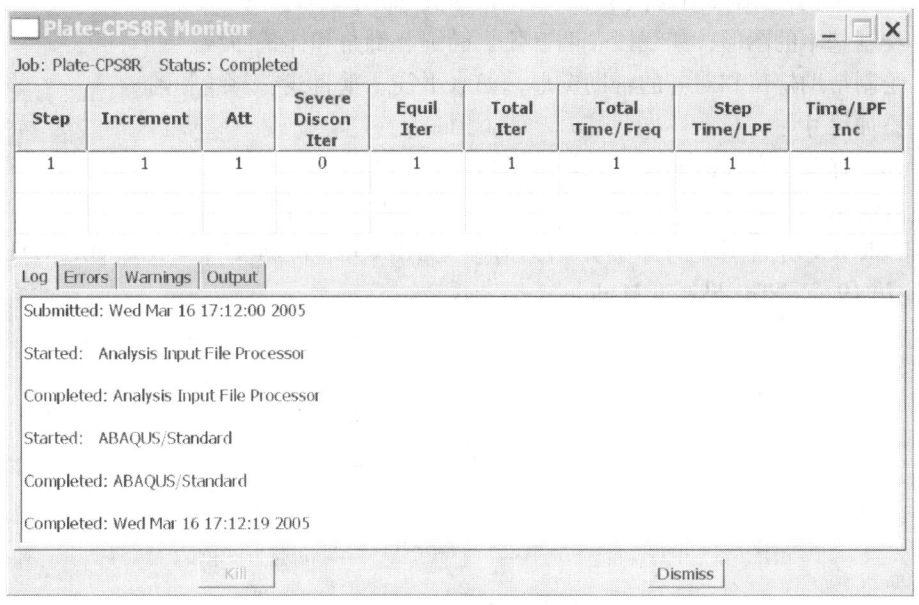

图 2-40　监控分析作业的运行状态

（1）**Log**（记录）标签页　ABAQUS 记录文件（.log）中所记载的分析开始时间和结束时间。

（2）**Errors** 和 **Warnings** 标签页　ABAQUS 数据文件（.dat）和消息文件（.msg）中显示的错误和警告信息。ABAQUS 会自动为出现问题的节点或单元生成相应的集合，在 **Visualization** 模块中可以显示这些集合。

（3）**Output** 标签页　写入输出数据库中的数据信息。

☆ 提示：分析过程中的警告信息（warning）不一定意味着模型不正确，而如果在分析过程中出现错误信息（error），分析将无法完成。因此，当出现错误信息时，一定要找出问题的原因并加以纠正。

关于 **Job** 功能模块的详细介绍，请参见 ABAQUS 帮助文件《ABAQUS/CAE User′s Manual》第 18 章 "The Job Module"。

2.5.9　Sketch（绘图）功能模块

使用 **Sketch** 功能模块可以为部件绘制二维平面图。在进行如下操作时，ABAQUS/CAE 会自动进入绘图环境。

1）在 **Module** 列表中选择 **Sketch** 功能模块。

2）在 **Part** 功能模块中创建或修改部件的特征。

3）在 **Part**、**Assembly** 和 **Mesh** 功能模块中分割（partition）某个面。

在 **Sketch** 功能模块的主菜单中选择 **File → Import → Sketch**，可以导入以下格式的二维 CAD 文件：AutoCAD（.dxf）、IGES（.igs）、ACIS（.sat）和 STEP（.stp）。

窗口左侧的绘图工具箱提供了以下绘图功能，如图 2-41 所示。

1）绘制基本的图形，如线段、圆、弧、椭圆、倒角和样条曲线。

2）绘制帮助定位和对齐的辅助图形，如水平线、垂直线、斜线和圆。

3）添加尺寸。

4）通过移动顶点或改变尺寸来修改平面图。

5）复制图形。

关于 **Sketch** 功能模块的详细介绍，请参见 ABAQUS 帮助文件《ABAQUS/CAE User′s Manual》第 19 章 "The Sketch Module"。

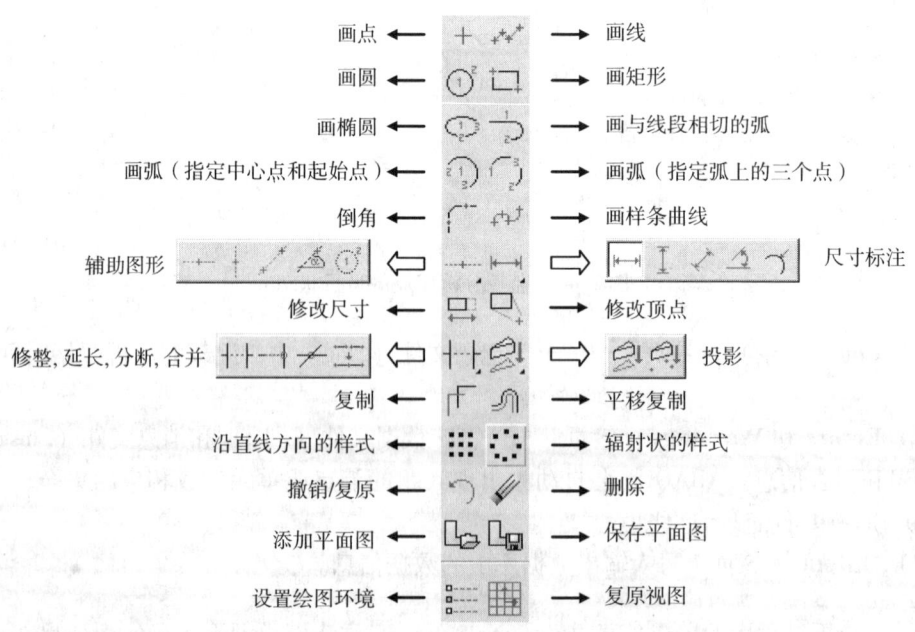

图 2-41　窗口左侧的绘图工具箱

2.5.10   Visualization（后处理）功能模块

在 **Visualization** 功能模块中可以显示 ODB 文件中的分析结果，窗口左侧工具区中主要包含以下按钮。

1）⬛ 显示未变形时的轮廓图。

2）⬛ 显示未变形时的网格模型。

3）⬛ 显示变形后的网格模型。

4）⬛ 以云纹图显示某个变量的分析结果，例如应力、应变。

5）⬛ 以符号（例如箭头）显示某个矢量或张量结果的大小和方向。图 2-42 显示了一个例子。

6）⬛ 在单元的积分点上显示单元的材料方向。

7）⬛ 以 X-Y 曲线图显示两个变量的关系。

8）⬛ 根据时间增量步来显示分析结果的动画。

9）⬛ 通过改变缩放系数来显示分析结果的动画。

10）⬛ 以简谐方式来显示分析结果的动画。

另外，**Visualization** 功能模块还提供以下功能。

1）主菜单 **Results → Field Output**：选择要显示的场变量输出结果。

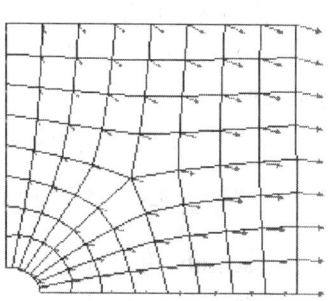

图 2-42   以箭头显示
节点位移的大小和方向

2）主菜单 **Results → History Output**：选择要以 X-Y 曲线图显示的历史变量输出结果。

3）主菜单 **Report → XY**：以 X-Y 数据值的形式生成数据列表。

4）主菜单 **Report → Field Output**：生成场变量输出结果的数据列表。

5）主菜单 **Options**：设置各种显示方式的相应参数。

6）主菜单 **Tools → Query**：显示鼠标所指向的节点或单元的相关信息和分析结果，或 X-Y 曲线图上某点的 X-Y 值，可以把这些结果写入一个文件里。

7）主菜单 **Tools → Color Code**：用不同颜色显示模型的各个区域。

8）主菜单 **Tools → Display Group**：定义显示组，从而显示或隐藏模型的某些部分。

9）主菜单 **Tools → Path**：定义由一系列点组成的路径。使用 X-Y 曲线图可以显示这条路径上的分析结果。

10）主菜单 **Tools → View Cut**：通过切面来观察模型内部的分析结果。切面可以是平面、圆柱面或球面，也可以是云纹图中的等值面。

11）主菜单 **Tools → Job Diagnostics**：显示各个分析步和增量步中的诊断信息，用来观察迭代收敛的过程。

关于 **Visualization** 功能模块的详细介绍，请参见 ABAQUS 帮助文件《ABAQUS/CAE User's Manual》第 22 至 38 章。

2.6　划分网格的基本方法

ABAQUS/CAE 划分网格的方法与其他前处理器有较大区别。以旋转体的网格划分为例，FEMAP 和 MENTAT 等前处理器的常用方法是首先在剖面上生成二维网格，然后通过旋转拉伸来得到三维网格，而 ABAQUS/CAE 是首先生成三维几何部件，再通过分割实体和布置种子来控制单元密度和位置，最后使用自动算法直接生成三维网格。下面简单介绍一下在 ABAQUS/CAE 中划分网格的方法。

使用 ABAQUS/CAE 的 **Mesh** 功能模块可以完成以下功能。

1）通过布置种子来控制网格密度。

2）设置单元形状、单元类型、网格划分技术和算法。

3）划分网格。

4）检验网格质量。

5）通过改变种子位置、分割（partition）实体、虚拟拓扑（virtual topology）、编辑网格等方法来控制单元大小，改善网格质量。

6）将已划分网格的装配件或实体保存为网格部件。

2.6.1　独立实体和非独立实体

在 **Assembly** 功能模块中可以创建以下两类实体（如图 2-9 所示）。

（1）**独立实体**（independent instance）　独立实体是对 **Part** 功能模块中部件的复制，可以直接对独立实体划分网格（即图 2-9 中显示的"mesh on instance"），而不能对相应的部件划分网格。如果对同一个部件创建了多个独立实体，则需要对每个独立实体分别划分网格。ABAQUS 6.4 以下版本中的实体都是独立实体。

（2）**非独立实体**（dependent instance）　非独立实体是 **Part** 功能模块中部件的指针（pointer），不能直接对非独立实体划分网格，而只能对相应的部件划分网格（即图 2-9 中显示的"mesh on part"）。如果对同一个部件创建了多个独立实体，则只需对部件划分一次网格，而不必再为每个非独立实体分别划分网格。在 ABAQUS 6.5 版本的 **Assembly** 功能模块中创建实体时，默认的选项是"非独立实体"。由网格部件（orphan mesh part）创建的实体都是非独立实体。

对非独立实体划分网格时，应在窗口顶部的环境栏中把 **Object** 选项设为 *Part*（见图 2-16），即对部件划分网格；反之，对独立实体划分网格时，应在环境栏中把 **Object** 选项设为 *Assembly*，即对整个装配件划分网格。如果此处没有设置正确，就会出现如图 2-17 所示的错误信息。

对于同一个部件，不能既创建独立实体，又创建非独立实体。换言之，如果对一个部件创建了独立（或非独立）实体，则在后续操作中对这个部件创建的实体就都是独立（或非独立）实体。

在窗口左侧的模型树中，把鼠标移动到某个实体上时，就会显示此实体是独立的还是非独立的（见图 2-43a）。非独立实体的网格显示在模型树中的 **Parts** 文件夹下（见图 2-43b），独立实体的网格显示在模型树中的 **Instance** 文件夹下（见图 2-43c）。

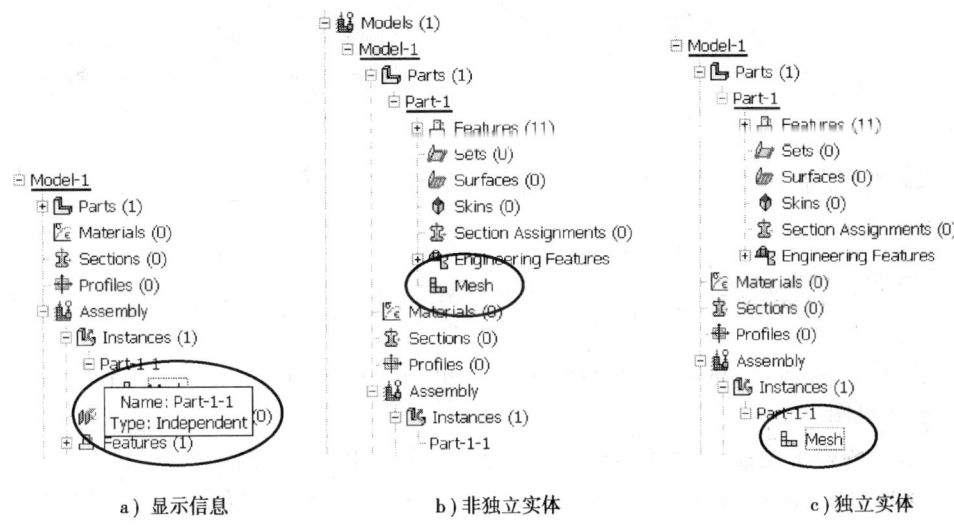

a）显示信息　　　　　　b）非独立实体　　　　　　c）独立实体

图 2-43　独立实体和非独立实体在模型树中的显示

2.6.2　网格种子（seed）

通过设置种子，可以控制节点的位置和密度。设置种子有两种方式。

（1）**设置全局种子**（global seed）
即设定整个部件或实体上的单元尺寸，
方法是：对于非独立实体，在 **Mesh** 功
能模块的主菜单中选择 **Seed → Part**；
对于独立实体，在主菜单中选择 **Seed →
Instance**。弹出的 **Global Seeds** 对话框如
图 2-44 所示，在其中的 **Approximate
global size** 后面可输入全局的单元尺寸。

（2）**设置边上的种子**（edge seed）
它又分为三种方式：设定边上的单元数
目（均匀分布）、设定边上的单元大小

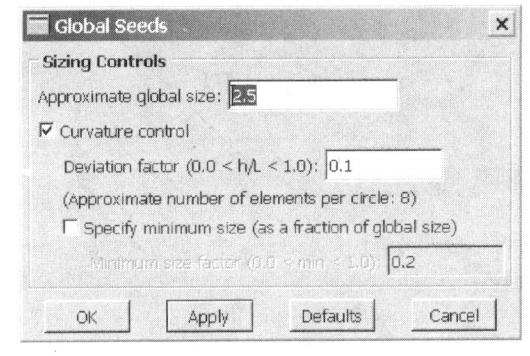

图 2-44　设置全局种子

（均匀分布）和设定边上的单元数目（非均匀分布），分别对应于主菜单 **Seed** 下的 **Edge by
number**，**Edge by size** 和 **Edge biased**。

设置边上的种子时，在输入单元数目或大小之前，可以点击窗口右下角的 **Constraints**
按钮（见图 2-45a），弹出 **Edge Seed Constraints** 对话框，其中有以下三种选择（见图
2-45b）。

1）**边上的种子无约束**：即划分网格时，边上的节点数目可以超出或少于种子的数目
（Allow the number of elements to increase or decrease），无约束的种子用圆圈表示（见图
2-46a）。

2）**边上的种子受部分约束**：即划分网格时，边上的节点数目可以超出种子的数目，但

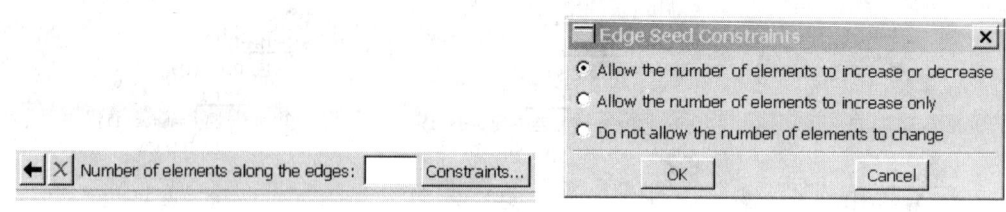

　　a)点击窗口右下角的Constraints按扭　　　　　　　　　b)Edge Seed Constraints对话框

图 2-45　设置边上种子的约束方式

不能少于种子的数目（Allow the number of elements to increase only）。受部分约束的种子用三角形表示（见图 2-46b）。

　　3）**边上的种子受完全约束**：即划分网格时，边上的节点位置与种子的位置严格吻合（Do not allow the number of elements to change），受完全约束的种子用方形表示（见图 2-46c）。

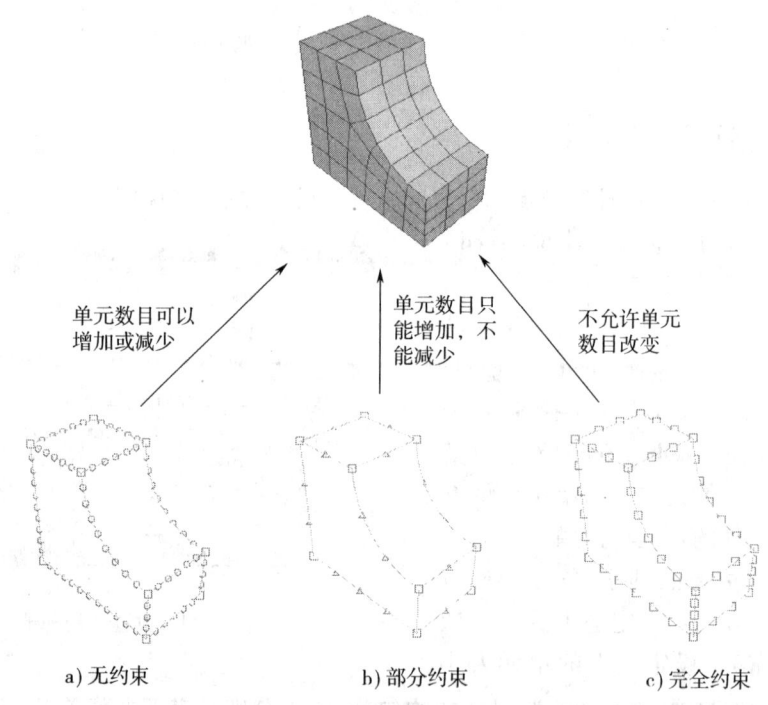

　　　a) 无约束　　　　　　　　b) 部分约束　　　　　　　c) 完全约束

图 2-46　设置边上种子的约束方式

2.6.3　单元形状

　　在 **Mesh** 功能模块的主菜单中选择 **Mesh→Controls**，弹出 **Mesh Controls** 对话框（见图 2-19），其中可以选择单元形状。对于二维问题，包括以下可供选择的单元形状。

　　1）**Quad**：网格中完全使用四边形单元。

　　2）**Quad-dominated**：网格中主要使用四边形单元，但在过渡区域允许出现三角形单元。选择 Quad-dominated 类型更容易实现从粗网格到细网格的过渡。

3）**Tri**：网格中完全使用三角形单元。

对于三维问题，包括以下可供选择的单元形状。

1）**Hex**：网格中完全使用六面体单元。

2）**Hex-dominated**：网格中主要使用六面体单元，但在过渡区域允许出现楔形（三棱柱）单元。

3）**Tet**：网格中完全使用四面体单元。

4）**Wedge**：网格中完全使用楔形单元。

Quad 单元（二维区域）和 Hex 单元（三维区域）可以用较小的计算代价得到较高的精度，因此应尽可能选择这两种单元。

2.6.4　网格划分技术

图 2-19 所示的 **Mesh Controls** 对话框中显示了三种网格划分技术。

（1）**Structured**（结构化网格）　将一些标准的网格模式应用于一些形状简单的几何区域，例如图 2-47 所示的棱柱。采用结构化网格的区域显示为绿色。关于结构化网格的详细介绍，请参见 ABAQUS 帮助文件《ABAQUS/CAE User's Manual》第 17.8.1 节"What is structured meshing"。

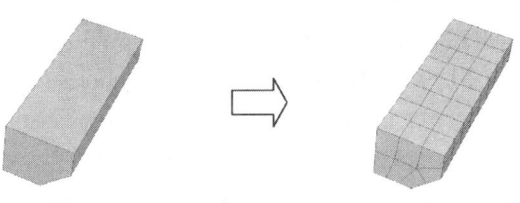

图 2-47　可使用结构化网格划分技术的部件

（2）**Sweep**（扫掠网格）　对于二维区域，首先在边上生成网格，然后沿扫掠路径拉伸，得到二维网格；对于三维区域，首先在面上生成网格，然后沿扫掠路径拉伸，得到三维网格。扫掠网格同样也只适用于某些特定的几何区域，例如图 2-48 所示的实体。采用扫掠网格的区域显示为黄色。关于扫掠网格的详细介绍，请参见 ABAQUS 帮助文件《ABAQUS/CAE User's Manual》第 17.10.1 节"What is swept meshing"。

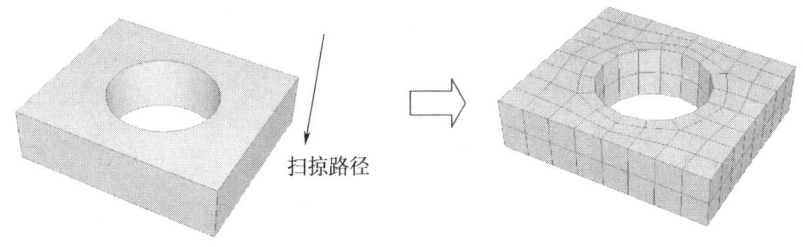

扫掠路径

图 2-48　可以使用扫掠网格划分技术的部件

（3）**Free**（自由网格）　自由网格是最为灵活的网格划分技术，几乎可以用于任意的几何形状。采用自由网格的区域显示为粉红色，例如图 2-49 所示的实体。关于自由网格的详细介绍，请参见 ABAQUS 帮助文件《ABAQUS/CAE User's Manual》第 17.9.1 节"What is free meshing"。

自由网格采用 Tri 单元（二维区域）和 Tet 单元（三维区域），一般应选择带内部节点的二次单元来保证精度。结构化网格和扫掠网格一般采用 Quad 单元（二维区域）和 Hex 单元（三维区域），分析精度相对较高，因此在划分网格时应尽可能优先选用这两种划分技术。

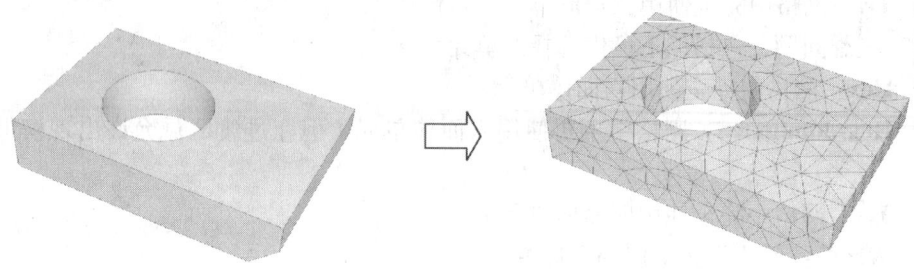

图 2-49　只能使用自由网格划分技术的部件（Tet 单元网格）

如果某个区域显示为橙色，表明无法使用目前赋予它的网格划分技术来生成网格。模型的几何形状复杂时，往往不能直接采用结构化网格或扫掠网格。这时可以首先把实体分割（partition）为几个简单的区域，然后再划分结构化网格或扫掠网格，图 2-50 显示了一个实例。在 **Mesh** 功能模块的主菜单中选择 **Tools → Partition**，可以分割边、面或三维区域（cell）。通过分割还可以更好地控制单元的位置和密度，对所关心的区域进行网格细化（见图 2-51），或为不同的区域赋予不同的单元类型。

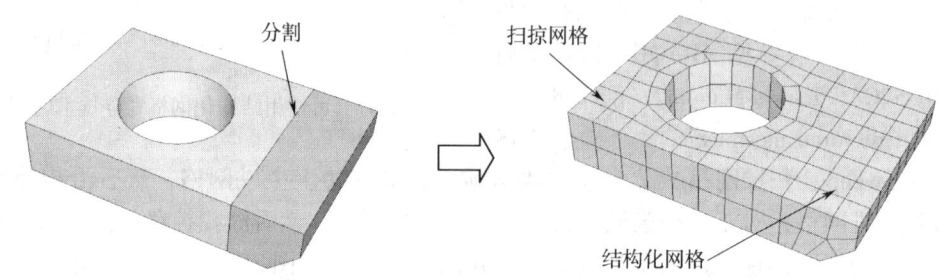

图 2-50　经过分割后，可以在不同区域分别使用结构化网格
和扫掠网格，从而得到 Hex 单元网格

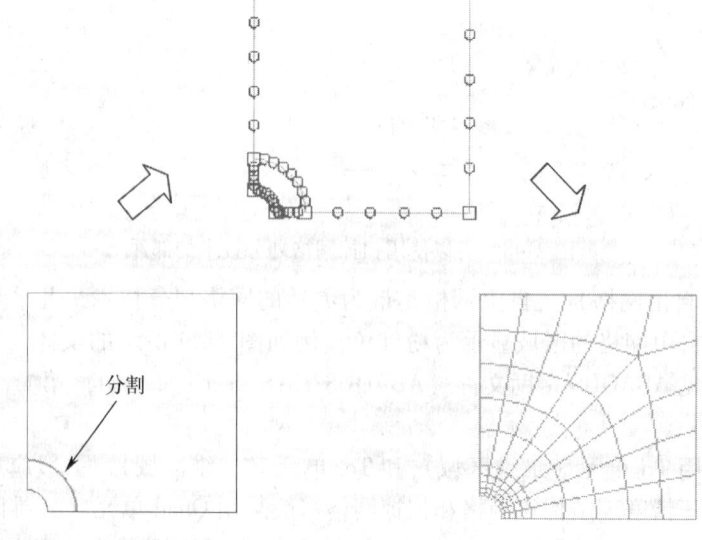

图 2-51　通过分割来对所关心的区域进行网格细化

使用自由网格划分技术时，一般来说节点的位置会与种子的位置相吻合。使用结构化网格或扫掠网格划分技术时，如果定义了受完全约束的种子，网格划分可能不成功，这时会出现如图 2-52 所示的错误信息，可以点击 **Yes**，允许 ABAQUS/CAE 去除对这些种子的约束，从而完成对网格的划分。

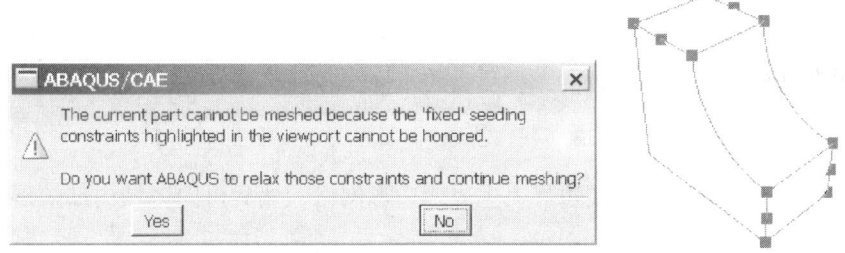

图 2-52　提示信息："由于视图中显示的种子受完全约束，网格
划分不成功，是否去除对这些种子的约束，然后继续划分网格？"

2.6.5　划分网格的算法

使用 Quad 单元或 Hex 单元划分网格时，有两种可供选择的算法：Medial Axis（中性轴算法）和 Advancing Front（进阶算法）。在 ABAQUS/CAE 中的操作方法是：在 **Mesh** 功能模块的主菜单中选择 **Mesh → Controls**，弹出 **Mesh Controls** 对话框（见图 2-53），就可以选择这两种算法。

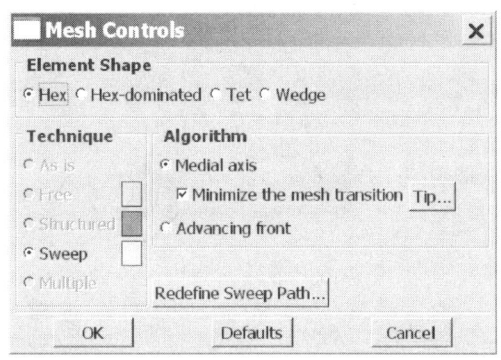

图 2-53　划分网格的两种算法：Medial Axis
（中性轴）算法和 Advancing Front（进阶）算法

1. Medial Axis 算法

Medial Axis 算法首先把要划分网格的区域分为一些简单的区域，然后使用结构化网格划分技术来为这些简单的区域划分网格。Medial Axis 算法具有以下特性：

1）使用 Medial Axis 算法更容易得到单元形状规则的网格，但网格与种子的位置吻合得较差。

2）在二维模型中使用 Medial Axis 算法时，选择 Minimize the mesh transition（最小化网格的过渡）可以提高网格的质量（如图 2-53 所示），但用这种方法生成的网格更容易偏离种子。

3）如果在模型的一部分边上定义了受完全约束的种子，Medial Axis 算法会自动为其他的边选择最佳的种子分布。

4）Medial Axis 算法不支持由 CAD 模型导入的不精确模型（imprecise part）和虚拟拓扑（virtual topology）。

2. Advancing Front 算法

Advancing Front 算法首先在边界上生成四边形网格，然后再向区域内部扩展。它具有以下特性。

1）使用 Advancing Front 算法得到的网格可以与种子的位置很好地吻合，但在较窄的区域内，精确匹配每粒种子可能会使网格歪斜。

2）使用 Advancing Front 算法更容易得到单元大小均匀的网格。有些情况下，单元尺寸均匀是很重要的，例如在 ABAQUS/Explicit 中，网格中的小单元会限制增量步长。

3）使用 Advancing Front 算法容易实现从粗网格到细网格的过渡。

4）Advancing Front 算法支持不精确模型和二维模型的虚拟拓扑。

在实际应用中，具体选择哪种算法更好，往往需要自己去尝试。图 2-54 和图 2-55 是使用两种算法划分网格的实例。图 2-56 显示了在应力集中部位划分的几种不同网格，并比较了它们的优缺点。

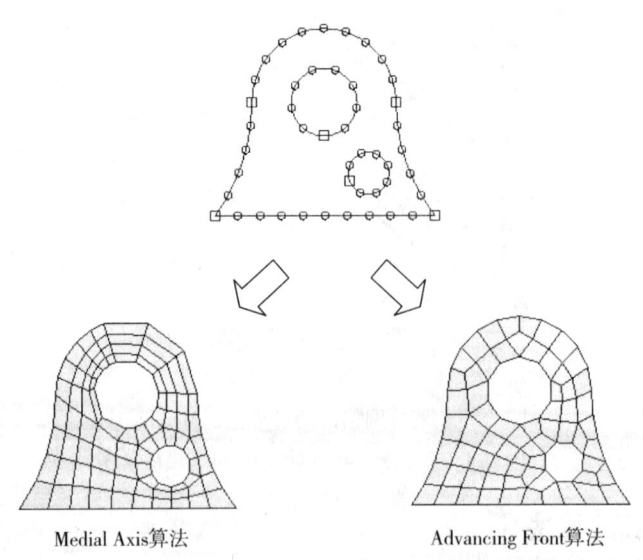

Medial Axis算法　　　　　　　　　　Advancing Front算法

图 2-54　在这个例子中，种子布置得较密，使用 Advancing Front
算法得到的单元大小更均匀，而且能与种子的位置精确地匹配

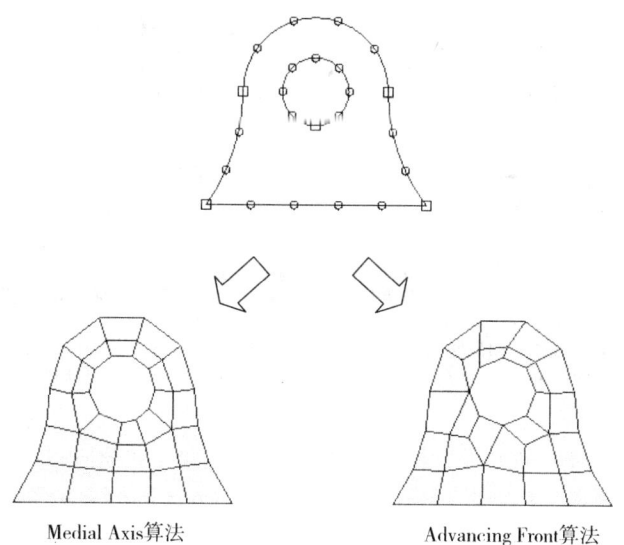

Medial Axis 算法　　　　　　　　Advancing Front 算法

图 2-55　在这个例子中，种子布置得较稀疏，使用 Medial Axis 算法
得到的单元形状更规则，但没有准确地匹配种子的位置；Advancing
Front 算法准确地匹配了种子的位置，但因此导致单元形状歪斜

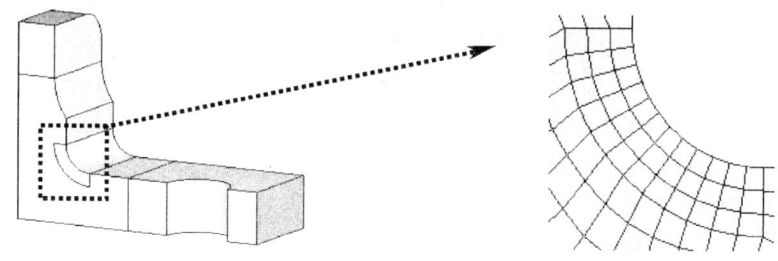

a) 理想的网格（网格划分技术：结构化网格或扫掠网格，算法：Medial Axis 或 Advancing Front）

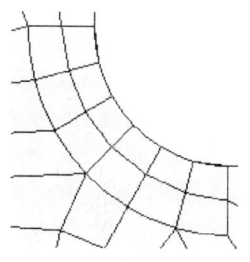

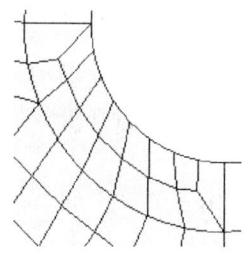

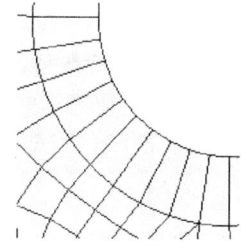

b) 如果使用一阶单元，　　　c) 网格扭曲较严重（有较小的尖角），　　　d) 单元过于狭长，
此网格过于粗糙　　　　　　　在使用非协调单元时，分析精度　　　　　分析精度会较差
　　　　　　　　　　　　　　　会较差

图 2-56　在应力集中处不同网格的优劣比较（事先使用 Partition
工具在应力集中处分割出了扇形区域，具体方法见第 3.1.6 节）

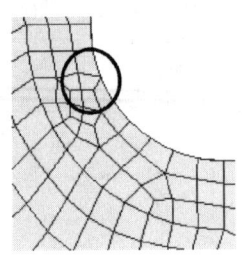 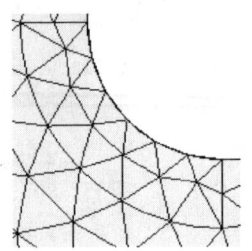

e) 图中所标出的单元只有一个节点位
于实体表面上, 分析精度会较差
（网格划分技术: 扫掠网格,
算法: Advancing Front）

f) 一阶Tri或Tet单元的精度很差, 二阶
Tri单元或Tet单元的自由度会大大增加,
因此应尽量使用Quad单元或Hex单元
（网格划分技术: 自由网格）

图 2-56　在应力集中处不同网格的优劣比较（事先使用 Partition
工具在应力集中处分割出了扇形区域, 具体方法见第 3.1.6 节）（续）

2.6.6　划分网格失败时的解决办法

划分网格失败时, ABAQUS/CAE 会显示错误信息, 解释无法划分网格的原因, 一般还会用高亮度显示存在问题的区域, 并将这一区域保存为一个集合（set）, 可以用显示组（display group）来单独显示这一区域。

在划分 Tet 单元网格时, ABAQUS/CAE 会首先在实体的外表面上划分三角形网格, 作为 Tet 单元网格的基础。如果模型的规模很大, 划分 Tet 单元网格会需要较长的时间, 可以在开始划分 Tet 单元网格之前, 首先预览外表面上的三角形网格, 以便尽早发现错误, 缩短建模时间。

划分网格失败可能有多种原因, 例如:

1）几何模型有问题, 例如模型中有自由边或很小的边、面、尖角、缝隙等。

2）种子布置得太稀疏。

如果无法成功地划分 Tet 网格, 可以尝试以下措施。

1）在 **Mesh** 功能模块中, 选择主菜单 **Tools** → **Query** 下的 *Geometry Diagnostics*, 检查模型中是否有自由边、短边、小平面、小尖角或微小的缝隙。如果几何部件是由 CAD 模型导入的, 则应注意检查是否模型本身就有这种问题（有时可能是数值误差导致的）; 如果几何部件是在 ABAQUS/CAE 中创建的, 应注意是否在进行拉伸或切割操作时, 由于几何坐标的误差, 出现了上述问题。

2）在 **Mesh** 功能模块中, 可以使用主菜单 **Tools** → **Virtual Topology**（虚拟拓扑）来合并小的边或面, 或忽略某些边或顶点。图 2-57 是一个实例。

3）在 **Part** 功能模块中, 点击主菜单 **Tools** → **Repair**, 可以修复存在问题的几何实体, 例如可以选择 **Face/Replace faces** 来合并两个面。

4）在无法生成网格的位置加密种子。

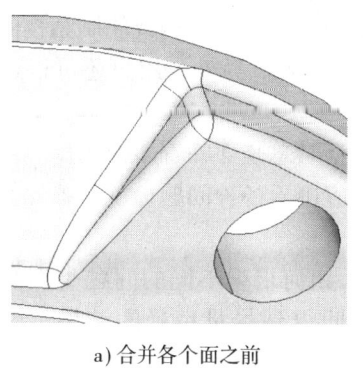 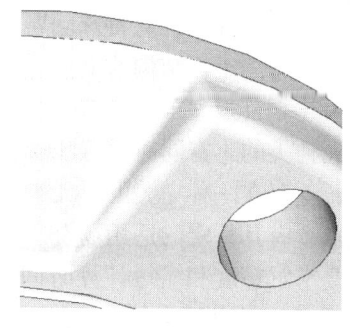

a) 合并各个面之前　　　　　　　　　　　　　　　b) 合并各个面之后

图 2-57　使用虚拟拓扑来合并模型中很小的面，从而成功地划分 Tet 单元网格

2.6.7　检查网格质量

在 **Mesh** 功能模块中点击左侧工具区中的 ▦✓（Verify Mesh），可以选择部件、实体、几何区域或单元，检查其网格的质量，获得节点和单元信息。图 2-58 是检查部件网格时的 **Verify Mesh** 对话框，选择 **Statistical Checks**（统计检查）可以检查单元的几何形状，选择 **Analysis Checks**（分析检查）可以检查分析过程中会导致错误或警告信息的单元。点击 **Highlight**（高亮度显示）按钮，符合检查判据的单元就会以高亮度显示出来。

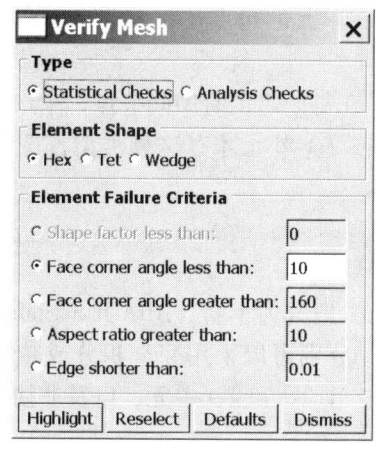 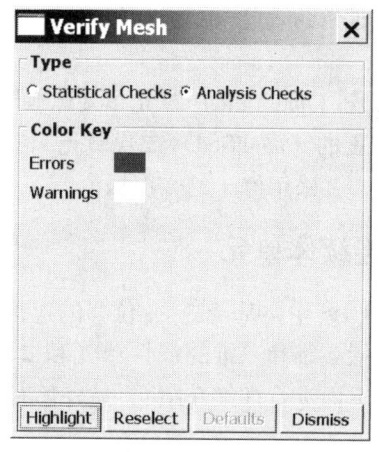

a) 统计检查（statistical checks）　　　　　　b) 分析检查（analysis checks）

图 2-58　检查网格质量

2.7　选择三维实体单元的类型

ABAQUS 具有丰富的单元库，单元种类多达 433 种，共分为 8 个大类：连续体单元（continuum element，又称 solid element，即实体单元）、壳单元、薄膜单元、梁单元、杆单

元、刚体单元、连接单元和无限元。

ABAQUS 还提供针对特殊问题的特种单元，如针对钢筋混凝土结构或轮胎结构的加强筋单元、针对海洋工程结构的土壤/管柱连接单元和锚链单元等。另外，用户还可以通过用户子程序来建立自定义单元。

单元种类的丰富同时也意味着，用户在设置单元类型时总是面临着多种选择。很遗憾的一点是，不存在一种完美的单元类型，可以不受限制地应用于各种问题。每种单元都有其优点和缺点，有其特定的适用场合。

提高求解精度和缩短计算时间是一对永恒的矛盾，如何根据不同的问题类型和求解要求，为模型选择出最合适的单元，用尽量短的计算时间得到尽量精确的结果，这是使用 ABAQUS 过程中一个复杂而重要的问题。

在第 2.7.11 节和第 3.4 节中，比较了同一问题使用不同单元类型得到的分析结果，以帮助读者加深对各种单元性能的了解。附录 C 列出了本书实例中用到的单元类型。

关于各种单元类型性能的详细讨论，请参见 ABAQUS 帮助文档《Getting Started with ABAQUS》第 4 章 "Using Continuum Elements"，以及《ABAQUS Benchmarks Manual》第 2.3.5 节 "Performance of continuum and shell elements for linear analysis of bending problems"

本节将详细讨论各种类型三维实体单元的性能，第 2.8 节和第 2.9 节将讨论如何选择壳单元和梁单元的类型。

2.7.1　节点数目和插值阶数

按照节点位移插值的阶数，可以将 ABAQUS 单元分为以下三类。

（1）**线性**（linear）**单元**　又称一阶单元，仅在单元的角点处布置节点，在各方向都采用线性插值；

（2）**二次**（quadratic）**单元**　又称二阶单元，在每条边上有中间节点，采用二次插值；

（3）**修正的**（modified）**二次单元**　只有 Tri 或 Tet 单元才有这种类型，即在每条边上有中间节点，并采用修正的二次插值。

2.7.2　连续体单元

在 ABAQUS 中，基于应力/位移的连续体单元类型最为丰富。ABAQUS/Standard 的连续体单元库包括二维和三维的线性单元和二次单元，分别可以采用完全积分或减缩积分（这些概念将在下面进行详细介绍），另外还有修正的二次 Tri 和 Tet 单元，以及非协调模式单元和杂交单元。

ABAQUS/Explicit 的连续体单元库包括二维和三维的线性减缩积分单元，以及修正的二次 Tri 和 Tet 单元。ABAQUS/Explicit 中没有二次完全积分的连续体单元。

2.7.3　线性完全积分（linear full-integration）**单元**

在 **Mesh** 功能模块的主菜单中选择 **Mesh → Element Type**，弹出 **Element Type** 对话框，保持默认的 **Linear** 参数，取消对 **Reduced integration**（减缩积分）的选择（见图 2-59a），就可以设置单元类型为线性完全积分单元，例如 CPS4 单元（4 节点四边形双线形平面应力完全积分单元）和 C3D8 单元（8 节点六面体线性完全积分单元）。

所谓"完全积分"是指当单元具有规则形状时，所用的高斯积分点的数目足以对单元刚度矩阵中的多项式进行精确积分。承受弯曲载荷时，线性完全积分单元会出现剪切自锁（shear locking）问题，造成单元过于刚硬，即使划分很细的网格，计算精度仍然很差。

关于单元的数学描述和积分，请参见 ABAQUS 帮助文件《Getting Started with ABAQUS》第 4.1 节 "Element formulation and integration"。

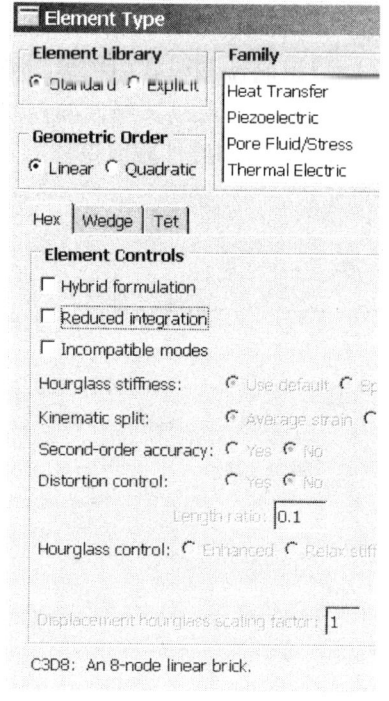

a) C3D8（8 节点六面体线性完全积分单元）

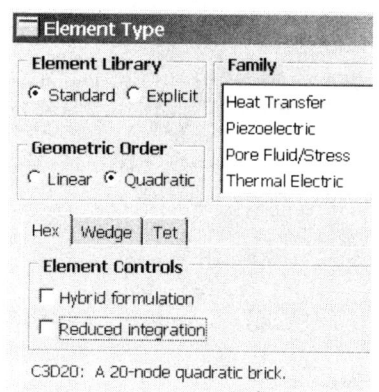

b) C3D20（20 节点六面体二次完全积分单元）

图 2-59　**Element Type** 对话框：将单元类型设置为线性完全积分 Hex 单元

2.7.4　二次完全积分（quadratic full-integration）单元

在 **Element Type** 对话框选择 **Quadratic** 参数，取消对 **Reduced integration** 的选择（见图 2-59b），就可以设置单元类型为二次完全积分单元，例如 CPS8（8 节点四边形二次平面应力完全积分单元）和 C3D20（20 节点六面体二次完全积分单元）。

二次完全积分单元的优点如下。

1）对应力的计算结果很精确，适于模拟应力集中问题。

2）一般情况下没有剪切自锁（shear locking）问题。

但使用这种单元时需要注意以下问题。

1）不能用于接触分析。

2）对于弹塑性分析，如果材料是不可压缩性的（例如金属材料），则容易产生体积自锁（volumetric locking）。

3）当单元发生扭曲或弯曲应力有梯度时，有可能出现某种程度的自锁。

2.7.5　线性减缩积分（linear reduced-integration）单元

对于 Quad 单元和 Hex 单元，ABAQUS/CAE 默认的单元类型是线性减缩积分单元（见图 2-60），例如 CPS4R（4 节点四边形双线形平面应力减缩积分单元）和 C3D8R（8 节点六面体线性减缩积分单元）。

减缩积分单元比普通的完全积分单元在每个方向少用一个积分点。线性减缩积分单元只在单元的中心有一个积分点，由于存在所谓"沙漏"（hourglass）数值问题而过于柔软。ABAQUS 在线性减缩积分单元中引入了"沙漏刚度"以限制沙漏模式的扩展。模型中的单元越多，这种刚度对沙漏模式的限制越有效。如图 2-60 所示，可以选择沙漏控制参数设置为 *Enhanced*、*Relax Stiffness*、*Stiffness*、*Viscous* 或 *Combined*。采用线性减缩积分单元模拟承受弯曲载荷的结构时，沿厚度方向上至少应划分四个单元。

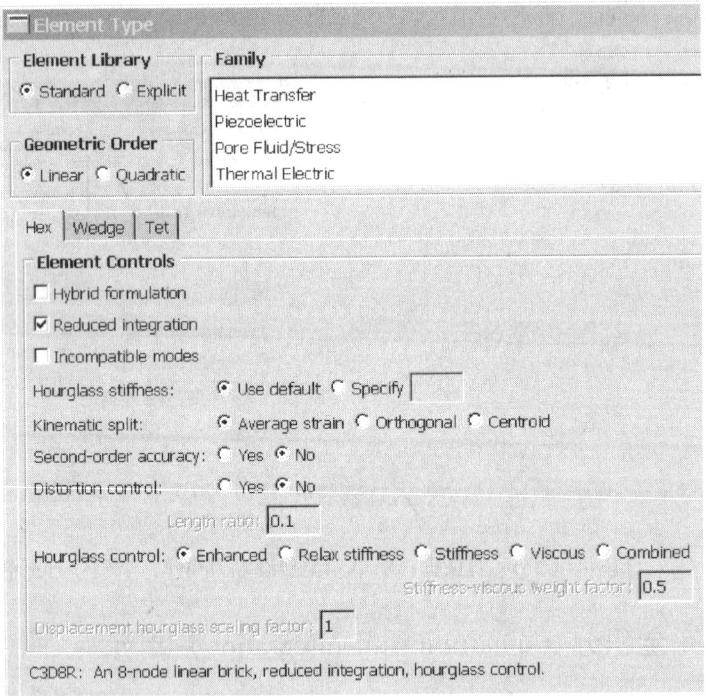

图 2-60　**Element Type** 对话框：将单元类型设置为 C3D8R
（8 节点六面体线性减缩积分单元）

线性减缩积分单元有以下优点。

1）对位移的求解结果较精确。

2）网格存在扭曲变形时（例如 Quad 单元的角度远远大于或小于 90°），分析精度不会受到大的影响。

3）在弯曲载荷下不容易发生剪切自锁。

其缺点如下。

1）需要划分较细的网格来克服沙漏问题。

2）如果希望以应力集中部位的节点应力作为分析指标，则不能选用此类单元，因为线性减缩积分单元只在单元的中心有一个积分点，相当于常应力单元，它在积分点上的应力结果是相对精确的，而经过外插值和平均后得到的节点应力则不精确。

> ☆ 提示：在查看模型的应力结果时有两种选择：
> ● 查看节点上的应力：这是最常用的方法，其优点是简单方便，但事实上，后处理中得到的节点应力是对单元积分点上的应力进行外插值和平均后得到的，并不精确。
> ● 查看单元积分点上的应力：这是 ABAQUS 所推荐的方法。线性减缩积分单元只有一个积分点，可以很方便地查看积分点上的分析结果，但其他类型的单元有多个积分点，就需要详细了解节点的编号顺序，并根据模型的实际情况来决定查看哪个积分点，这一过程很烦琐。另外要注意，单元积分点上的应力值往往不是应力集中区域的最大应力。
> （用户可以自己在上述两种方法中做出选择，需要注意的是，如果希望查看节点上的应力，就尽量不要使用线性减缩积分单元；如果使用了线性减缩积分单元，就应该查看单元积分点上的分析结果，并且要在应力变化剧烈的部位划分足够细的网格。）

2.7.6　二次减缩积分（quadratic reduced-integration）单元

对于 Quad 单元或 Hex 单元，可以在 **Element Type** 对话框中将单元类型设置为二次减缩积分单元（见图 2-61a），例如 CPS8R（8 节点四边形二次平面应力减缩积分单元）和 C3D20R（20 节点六面体二次减缩积分单元）。这种单元不但保持了前面介绍的线性减缩积分单元的优点，而且还具有以下特性。

1）即使不划分很细的网格也不会出现严重的沙漏问题。

2）即使在复杂应力状态下，对自锁问题也不敏感。

但使用这种单元时需要注意以下问题。

1）不能在接触分析中使用。

2）不适于大应变问题。

3）存在与线性减缩积分单元相类似的问题，由于积分点少，得到的节点应力的精度往往低于二次完全积分单元。

2.7.7　非协调模式（incompatible modes）单元

对于 Quad 单元或 Hex 单元，可以在 **Element Type** 对话框中将单元类型设置为非协调模式单元（见图 2-61b），例如 CPS4I（4 节点四边形双线形平面应力非协调模式单元）和 C3D8I（8 节点六面体线性非协调模式单元）。仅在 ABAQUS/Standard 中有非协调模式单元，其目的是克服在线性完全积分单元中的剪切自锁问题。

ABAQUS 中的非协调模式单元和 MSC. NASTRAN 中的 4 节点四边形单元或 8 节点六面体单元很相似，所以在比较这两种有限元软件的计算结果时会发现，如果在 ABAQUS 中选择

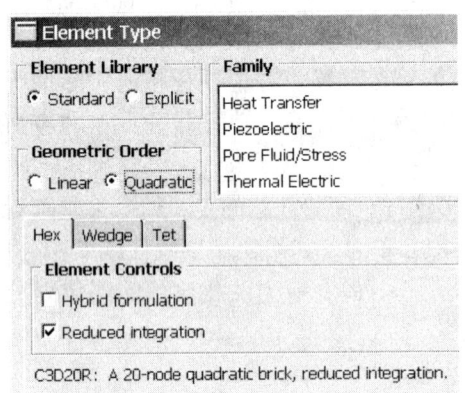

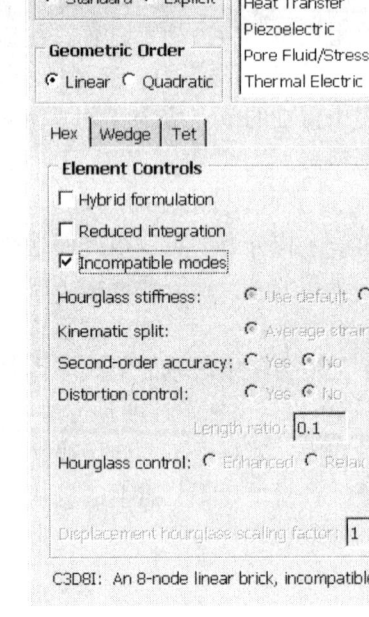

a) C3D20R（20节点六面体二次减缩积分单元）　　　　b) C3D8I（8节点六面体线性非协调模式单元）

图 2-61　**Element Type** 对话框：将单元类型设置为 C3D20R 或 C3D8I

了非协调模式单元，得到的分析结果会和 MSC. NASTRAN 的结果很一致。

非协调模式单元的优点如下。

1）克服了剪切自锁问题，在单元扭曲比较小的情况下（如图 2-62a 所示），得到的位移和应力结果很精确。

2）在弯曲问题中，在厚度方向上只需很少的单元，就可以得到与二次单元相当的结果，而计算成本却明显降低。

3）使用了增强变形梯度的非协调模式，单元交界处不会重叠或开洞，因此很容易扩展到非线性、有限应变的位移。

但使用这种单元时需注意，如果所关心部位的单元扭曲比较大，尤其是出现交错扭曲时（如图 2-62c 所示），分析精度会降低。

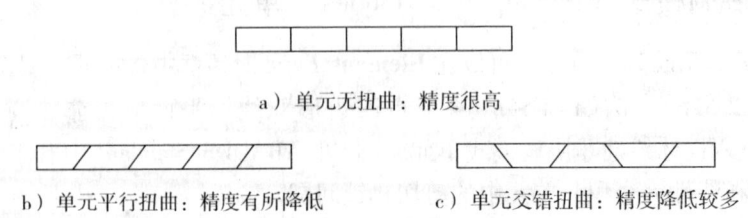

a）单元无扭曲：精度很高

b）单元平行扭曲：精度有所降低　　　　　　　　c）单元交错扭曲：精度降低较多

图 2-62　非协调单元对网格的扭曲较敏感

2.7.8　Tri 单元和 Tet 单元

对于使用了自由网格的二维模型，在 **Element Type** 对话框中选择 **Tri**（三角形），可以设置 Tri 单元的类型，例如 CPS3（3 节点线形平面应力三角形单元）、CPS6（6 节点二次平面应力三角形单元）和 CPS6M（修正的 6 节点二次平面应力三角形单元）。

对于使用了自由网格的三维模型，在 **Element Type** 对话框中选择 **Tet**（四面体），可以设置 Tet 单元的类型，包括 C3D4（4 节点线形四面体单元）、C3D10（10 节点二次四面体单元）和 C3D10M（修正的 10 节点二次四面体单元）。

使用 Tri 单元或 Tet 单元时应注意以下问题。

1）线性 Tri 单元和 Tet 单元的精度很差，所以不要在模型中所关心的部位及其附近区域使用。

2）二次 Tri 单元和 Tet 单元精度较高，而且能模拟任意的几何形状，但计算代价比 Quad 单元或 Hex 单元大，因此如果模型中能够使用 Quad 单元或 Hex 单元，尽量不要使用 Tri 单元或 Tet 单元。

3）二次 Tet 单元（C3D10）适于 ABAQUS/Standard 中的小位移无接触问题；修正的二次 Tet 单元（C3D10M）适于 ABAQUS/Explicit，以及 ABAQUS/Standard 中的大变形和接触问题。

4）使用自由网格不易通过布置种子来控制实体内部的单元大小。

2.7.9　杂交（hybrid）单元

在 ABAQUS/Standard 中，每一种实体单元（包括所有减缩积分和非协调模式单元）都有其相应的杂交单元，用于不可压缩材料（泊松比为 0.5）或近似不可压缩材料（泊松比大于 0.475）。橡胶就是一种典型的不可压缩材料。除了平面应力问题之外，不能用普通单元来模拟不可压缩材料的响应，因为此时单元中的压应力是不确定的。杂交单元在它的名字中含有字母"H"。ABAQUS/Explicit 中没有杂交单元。

2.7.10　混合使用不同类型的单元

当三维实体几何形状较复杂时，无法在整个实体上使用结构化网格或扫掠网格划分技术，得到 Hex 单元网格，这时一种常用的做法是，对于实体不重要的部分使用自由网格划分技术，生成 Tet 单元网格，而对于所关心的部分采用结构化网格或扫掠网格，生成 Hex 单元网格。在生成这样的网格时，ABAQUS 会给出如图 2-63 所示的信息，提示将生成非协调的网格，在不同单元类型的交界处将自动创建绑定（tie）约束。

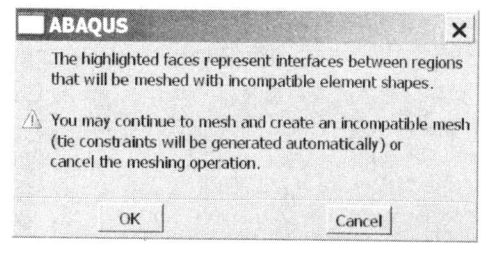

图 2-63　混合使用不同类型
的单元时出现的提示信息

需要注意的是，在不同单元类型网格的交界处，即使单元角部节点是重合的，仍然有可能出现不连续的应力场，而且在交界处的应力可能大幅度地增大。如果在同一实体中混合使用线性和二次单元，也会出现类似的问题。因此在混合使用不同类型的单元时，应确保其交界处远离所关心的区域，并仔细检查分析结果是否正确。

对于无法完全采用 Hex 单元网格的实体，还可以使用以下方法。

1）对整个实体划分 Tet 单元网格，使用二次单元 C3D10 或修正的二次单元 C3D10M，同样可以达到所需的精度，只是计算时间较长。

2）改变实体中不重要部位的几何形状，然后对整个实体采用 Hex 单元网格。

2.7.11　数值算例：不同单元类型和网格的结果比较

对于 2.3 节所介绍的实例，采用不同的三维实体单元类型和网格（见图 2-64），得到的应力和位移结果见表 2-1、表 2-2 和表 2-3。在随书光盘的如下文件夹中可以找到相应的 ABAQUS 结果文件：

\ Demo2-PlateWithHole \ Different Element Type and Mesh \

在分析生成的 DAT 文件中可以找到分析所需求解的方程数（NUMBER OF EQUATIONS）和花费的 CPU 时间（TOTAL CPU TIME）。

比较这些分析结果，可以得出以下结论。

1）应力集中处的网格细化对于提高应力结果的精度非常重要，对于减缩积分单元尤其如此。

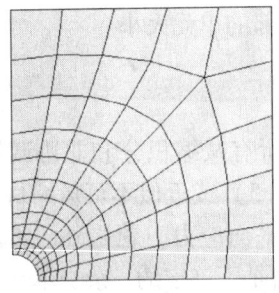

a) 网格A：Quad单元，在圆孔处
细化网格（97个单元）

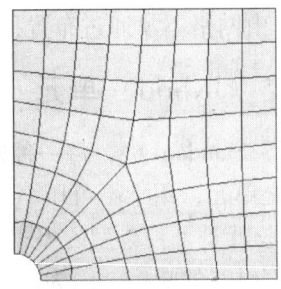

b) 网格B：Quad单元，在圆孔处的
网格较粗（80个单元，与2.3节
实例的网格相同）

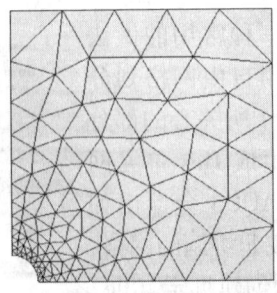

c) 网格C：Tri单元，在圆孔处细化网格（188个单元）

图 2-64　数值算例：基于 2.3 节实例的三种网格
（都是在圆孔边缘划分 8 个单元）

表 2-1　各种 Quad 单元基于细化网格 A 的分析结果比较

单 元 类 型	分 析 结 果		求解方程数	CPU 时间/s
	圆孔顶部 Mises 应力与单位面积载荷的比值	模型右下角在方向 1 上的位移 *U1*/mm		
解析解：无限大板的孔边应力分布	**3**	/	/	/
CPS4R，Hourgalss = Enhanced（4 节点四边形线性减缩积分单元）	**2. 37**	0. 02500	238	0. 3[①]
CPS4R，Hourgalss = Stiffness（4 节点四边形线性减缩积分单元）	**2. 38**	0. 02504	238	0. 3
CPS4（4 节点四边形线性完全积分单元）	**2. 89**	0. 02499	238	0. 3
CPS4I（4 节点四边形线性非协调模式单元）	**2. 95**	0. 02500	626	0. 2
CPS8R（8 节点四边形二次减缩积分单元）	**3. 06**	0. 02504	668	0. 3
CPS8（8 节点四边形二次完全积分单元）	**3. 11**[②]	0. 02504	668	0. 3

① 这个实例的节点数很少，因此使用不同单元类型时所需的计算时间没有很明显的差别。

② 解析解的模型是带孔的无限大板，而 ABAQUS 模型中的方板不是无限大的，因此 ABAQUS 分析结果中的应力值有可能高于解析解。如果增大方板相对于圆孔的尺寸，并划分足够细化的网格，ABAQUS 的结果会趋于解析解。

表 2-2　各种 Quad 单元基于粗网格 B 的分析结果比较

单 元 类 型	分 析 结 果		求解方程数	CPU 时间/s
	圆孔顶部 Mises 应力与单位面积载荷的比值	模型右下角在方向 1 上的位移 *U1*/mm		
解析解：无限大板的孔边应力分布	**3**	/	/	/
CPS4R，Hourgalss = Enhanced（4 节点四边形线性减缩积分单元）	**1. 52**	0. 02492	202	0. 3
CPS4R，Hourgalss = Stiffness（4 节点四边形线性减缩积分单元）	**1. 60**	0. 02513	202	0. 2
CPS4（4 节点四边形线性完全积分单元）	**2. 20**	0. 02488	202	0. 2
CPS4I（4 节点四边形线性非协调模式单元）	**2. 28**	0. 02491	522	0. 3
CPS8R（8 节点四边形二次减缩积分单元）	**2. 37**	0. 02504	562	0. 3
CPS8（8 节点四边形二次完全积分单元）	**2. 79**	0. 02501	562	0. 2

表 2-3　各种 Tri 单元基于细化网格 C 的分析结果比较

单元类型	分析结果		求解方程数	CPU 时间/s
	圆孔顶部 Mises 应力与单位面积载荷的比值	模型右下角在方向 1 上的位移 U1/mm		
解析解：无限大板的孔边应力分布	3	/	/	/
CPS3 （3 节点三角形线性单元）	2.85	0.02493	232	0.3
CPS6 （6 节点三角形二次单元）	3.10	0.2504	838	0.2
CPS6M （修正的 6 节点三角形二次单元）	3.09	0.2504	1214	0.4

2）如果所关心的是应力集中部位的应力结果，则尽量不要使用线性减缩积分单元，而应使用二次单元。如果在应力集中部位进行了网格细化，使用二次减缩积分单元与二次完全积分单元得到的应力结果相差不大。

3）如果能保证模型所关心部位的网格没有大的扭曲，使用非协调单元是一种可行的方案。

4）使用各种单元类型和三种不同网格，得到的位移结果相差不大。

本书中多处提到了"细化的网格"、"精度较高"、"计算代价较小"等，这都是一些相对的概念，具体在模型中应划分多少个单元，使用多长的计算时间，达到什么样的精度，以及以什么为参照来衡量精度，都需要根据具体问题来作具体分析，无法简单地给出一个通用的标准答案。

同样地，某一种单元的优点和缺点也是一种相对的概念，而且受到多方面因素的影响。如果希望更深入准确地了解某种单元的特性，最好的办法是像本节那样，自己设计一个与求解问题类型相似的实例（最好有相应的解析解或实验结果可供比较），使用简单的几何形状和少量的单元，然后在模型中尝试使用不同的单元类型，比较其分析结果和计算时间。

建议读者在开始学习使用一种陌生的 ABAQUS 分析类型或功能时，也从这样一些简单的实例开始。另外，ABAQUS 帮助文件《ABAQUS Example Problems Manual》、《ABAQUS Benchmark Manual》和《ABAQUS Verification Manual》中丰富的实例也具有很大的参考价值。

2.7.12　选择三维实体单元类型的基本原则

综上所述，选择三维实体单元类型时应遵循以下原则。

1）对于三维区域，尽可能采用结构化网格划分技术或扫掠网格划分技术，从而得到 Hex 单元网格，减小计算代价，提高计算精度。当几何形状复杂时，也可以在不重要的区域使用少量楔形（Wedge）单元。

2）如果使用了自由网格划分技术，Tet 单元的类型应选择二次单元。在 ABAQUS/Explicit 中应选择修正的 Tet 单元 C3D10M，在 ABAQUS/Standard 中可以选择 C3D10，但如果有大的塑性变形，或模型中存在接触，而且使用的是默认的"硬"接触关系（"hard" contact relationship），则也应选择修正的 Tet 单元 C3D10M。

3）ABAQUS 的所有单元均可用于动态分析，选取单元的一般原则与精力分析相同。但在使用 ABAQUS/Explicit 模拟冲击或爆炸载荷时，应选用线性单元，因为它们具有集中质量公式，模拟应力波的效果优于二次单元所采用的一致质量公式。

如果使用的求解器是 ABAQUS/Standard，在选择单元类型时还应注意以下方面。

1）对于应力集中问题，尽量不要使用线性减缩积分单元，可使用二次单元来提高精度。如果在应力集中部位进行了网格细化，使用二次减缩积分单元与二次完全积分单元得到的应力结果相差不大，而二次减缩积分单元的计算时间相对较短。

2）对于弹塑性分析，如果材料是不可压缩性的（例如金属材料），则不能使用二次完全积分单元，否则会出现体积自锁问题，也不要使用二次 Tri 单元或 Tet 单元。推荐使用的是修正的二次 Tri 单元或 Tet 单元、非协调单元，以及线性减缩积分单元。如果使用二次减缩积分单元，当应变超过 20% ~40% 时要划分足够密的网格。

3）如果模型中存在接触或大的扭曲变形，则应使用线性 Quad 或 Hex 单元，以及修正的二次 Tri 单元或 Tet 单元，而不能使用其他的二次单元。

4）对于以弯曲为主的问题，如果能够保证在所关心部位的单元扭曲较小，使用非协调单元（例如 C3D8I 单元）可以得到非常精确的结果。

5）除了平面应力问题之外，如果材料是完全不可压缩的（例如橡胶材料），则应使用杂交单元；在某些情况下，对于近似不可压缩材料也应使用杂交单元。

2.8　选择壳单元的类型

如果一个薄壁构件的厚度远小于其典型整体结构尺寸（一般为小于 1/10），并且可以忽略厚度方向的应力，就可以用壳单元来模拟此结构。壳体问题可以分为两类：薄壳问题（忽略横向剪切变形）和厚壳问题（考虑横向剪切变形）。对于单一各向同性材料，一般当厚度和跨度的比值小于 1/15 时，可以认为是薄壳；大于 1/15 时，则可以认为是厚壳。对于复合材料，这个比值需要更小一些。

ABAQUS 的壳单元可以有多种分类方法，按照薄壳和厚壳可划分为：

1）通用目的（general-purpose）壳单元：此类单元对薄壳和厚壳问题均有效。

2）特殊用途（special-purpose）壳单元：包括纯薄壳（thin-only）单元和纯厚壳（thick-only）单元。

根据单元的定义方式，还可以将 ABAQUS 壳单元划分为：

1）常规（conventional）壳单元：通过定义单元的平面尺寸、表面法向和初始曲率来对参考面进行离散，只能在截面属性中定义壳的厚度，而不能通过节点来定义壳的厚度。

2）连续体（continuum）壳单元：类似于三维实体单元，对整个三维结构进行离散。

选择壳单元的类型时可以遵循以下原则。

1）对于薄壳问题，常规壳单元的性能优于连续体壳单元；而对于接触问题，连续体壳单元的计算结果更加精确，因为它能在双面接触中考虑厚度的变化。

2）如果需要考虑薄膜模式或弯曲模式的沙漏问题，或模型中有面内弯曲，在 ABAQUS/Standard 中使用 S4 单元（4 节点四边形有限薄膜应变线性完全积分壳单元）可以获得很高的精度。

3）S4R 单元（4 节点四边形有限薄膜应变线性减缩积分壳单元）性能稳定，适用范围很广。

4）S3/S3R 单元（3 节点三角形有限薄膜应变线性壳单元）可以作为通用壳单元使用。由于单元中的常应变近似，需要划分较细的网格来模拟弯曲变形或高应变梯度。

5）对于复合材料，为模拟剪切变形的影响，应使用适于厚壳的单元（例如 S4、S4R、S3、S3R、S8R），并要注意检查截面是否保持平面。

6）四边形或三角形的二次壳单元对剪切自锁或薄膜自锁都不敏感，适用于一般的小应变薄壳。

7）在接触模拟中，如果必须使用二次单元，不要选择 STRI65 单元（三角形二次壳单元），而应使用 S9R5 单元（9 节点四边形壳单元）。

8）如果模型规模很大且只表现几何线性，使用 S4R5 单元（线性薄壳单元）比通用壳单元更节约计算成本。

9）在 ABAQUS/Explicit 中，如果包含任意大转动和小薄膜应变，应选用小薄膜应变单元。

第 8 章和第 9 章中的实例介绍了壳单元的使用方法。关于壳单元的详细信息，请参见 ABAQUS 帮助文件《Getting Started with ABAQUS》第 5 章 "Using Shell Elements" 和《ABAQUS Analysis User's Manual》第 15.6 节 "Shell Elements"。

2.9　选择梁单元的类型

如果一个构件横截面的尺寸远小于其轴向尺度（一般的判据为小于 1/10），并且沿长度方向的应力是最重要的因素，就可以用梁单元来模拟此结构。ABAQUS 中的所有梁单元都是梁柱类单元，即可以产生轴向变形、弯曲变形和扭转变形。Timoshenko 梁单元还考虑了横向剪切变形的影响。B21 和 B31 单元（线性梁单元）以及 B22 和 B32 单元（二次梁单元）是考虑剪切变形的 Timoshenko 梁单元，它们既适用于模拟剪切变形起重要作用的深梁，又适用于模拟剪切变形不太重要的细长梁。这些单元的横截面特性与厚壳单元的横截面特性相同。

ABAQUS/Standard 中的三次单元 B23 和 B33 被称为 Euler-Bernoulli 梁单元，它们不能模拟剪切变形，但适合于模拟细长的构件（横截面的尺寸小于轴向尺度的 1/10）。由于三次单元可以模拟沿长度方向的三阶变量，所以只需划分很少的单元就可以得到很精确的结果。

选择梁单元的类型可以遵循以下原则。

1）在任何包含接触的问题中，应使用 B21 或 B31 单元（线性剪切变形梁单元）。

2）如果横向剪切变形很重要，则应采用 B22 和 B32 单元（二次 Timoshenko 梁单元）。

3）在 ABAQUS/Standard 的几何非线性模拟中，如果结构非常刚硬或非常柔软，应使用杂交单元，例如 B21H 和 B32H 单元。

4）如果在 ABAQUS/Standard 中模拟具有开口薄壁横截面的结构，应使用基于横截面翘曲理论的梁单元，例如 B31OS、B32OS 单元。

第 8 章中的抓斗机构分析实例介绍了梁单元的使用方法。关于梁单元的详细信息，请参见 ABAQUS 帮助文件《Getting Started with ABAQUS》第 6 章 "Using Beam Elements" 和

《ABAQUS Analysis User's Manual》第 15.3 节 "Beam Elements"。

2.10 本章小结

1. ABAQUS 分析步骤

使用 ABAQUS 进行有限元分析包括三个步骤：使用 ABAQUS/CAE 或其他前处理器进行前处理、使用 ABAQUS/Standard 或 ABAQUS/Explicit 进行分析计算、使用 ABAQUS/Viewer 进行后处理。

2. ABAQUS/CAE 简介

1）ABAQUS/CAE 的模型数据库保存在扩展名为 .cae 的文件中，每个 ABAQUS 模型中只能有一个装配件（assembly），它是由一个或多个实体（instance）组成的，一个部件（part）可以对应多个实体。

2）ABAQUS/CAE 由以下功能模块构成：**Part**（部件）、**Property**（特性）、**Assembly**（装配）、**Step**（分析步）、**Interaction**（相互作用）、**Load**（载荷）、**Mesh**（网格）、**Job**（分析作业）、**Visualization**（后处理）、**Sketch**（绘图）。

3）**Part** 模块的主要功能包括：创建、编辑和管理部件，通过创建特征（feature）来定义部件的几何形状，指定刚体部件的参考点。

4）**Property** 模块的主要功能包括：创建和管理材料、截面属性、梁截面，指定部件的截面属性、取向、法线方向和切线方向。

5）**Assembly** 模块的主要功能包括：创建、合并和切割实体，为实体定位。

6）**Step** 模块的主要功能包括：创建分析步，设定输出数据，设定自适应网格，控制求解过程。

7）**Interaction** 模块的主要功能是定义相互作用（例如接触）、约束、连接件、惯量、裂纹、弹簧和阻尼器。

8）**Load** 模块的主要功能是定义载荷、边界条件、场变量和载荷状况。

9）**Mesh** 模块的主要功能包括：布置网格种子，设置单元形状、单元类型、网格划分技术和算法，划分网格，检验网格质量。

10）**Job** 模块的主要功能包括：创建分析作业，提交和运行分析作业，生成 INP 文件，监控分析作业的运行状态，中止分析作业的运行。

11）**Sketch** 模块的主要功能是绘制二维平面图。

12）**Visualization** 模块的主要功能是显示 ODB 文件中的分析结果。

3. 划分网格的基本方法

1）对于二维问题，可供选择的单元形状包括 Quad（四边形单元）和 Tri（三角形单元）；对于三维问题，可供选择的单元形状包括 Hex（六面体单元）、Tet（四面体单元）和 Wedge（楔形单元）。

2）Quad 单元和 Hex 单元可以用较小的计算代价得到较高的精度，因此应尽可能选择这种单元。

3）在 ABAQUS/CAE 中有三种网格划分技术：Structured（结构化网格）、Sweep（扫掠网格）和 Free（自由网格）。结构化网格和扫掠网格一般采用 Quad 单元和 Hex 单元，分析精度相对较高，因此应尽可能优先选用这两种划分技术。

4）使用 Quad 单元和 Hex 单元划分网格时，有两种可供选择的算法：Medial Axis（中性轴算法）和 Advancing Front（进阶算法），二者各有优缺点，可以根据模型的情况来选用。

5）有多种原因可能导致划分网格失败，例如种子设置得不恰当，模型中有自由边或很小的边、面、尖角、缝隙等。

6）如果无法成功地划分网格，可以尝试以下措施：检查几何模型，修复存在问题的几何实体，使用虚拟拓扑，加密种子，分割部件。

4. 选择单元类型

1）每种单元都有其优点和缺点，有其特定的适用场合。不存在一种完美的单元类型，可以不受限制地应用于各种问题。

2）按照节点位移插值的阶数，可以将 ABAQUS 单元分为线性单元、二次单元和修正的二次单元。

3）线性完全积分单元在承受弯曲载荷时会出现剪切自锁，造成单元过于刚硬，即使划分很细的网格，计算精度仍然很差。

4）二次完全积分单元适于模拟应力集中问题，一般情况下不会出现剪切自锁，但不能在接触分析和弹塑性分析中使用。

5）线性减缩积分单元对位移的求解结果较精确，在弯曲载荷下不容易发生剪切自锁，网格的扭曲变形（例如 Quad 单元的角度远远大于或小于 90°）对其分析精度影响不大，但这种单元需要划分较细的网格来克服沙漏问题，且不适于求解应力集中部位的节点应力。

6）二次减缩积分单元不但保持了线性减缩积分单元的优点，而且不划分很细的网格也不会出现严重的沙漏问题，即使在复杂应力状态下，对自锁问题也不敏感，但它不适于接触分析和大应变问题。

7）非协调模式单元克服了剪切自锁问题，在单元扭曲比较小的情况下得到的位移和应力结果很精确，但如果所关心部位的单元扭曲比较大，其分析精度会降低。

8）线性 Tri 单元和 Tet 单元的精度很差，二次 Tet 单元（C3D10）适于 ABAQUS/Standard 中的小位移无接触问题，修正的二次 Tet 单元（C3D10M）适于 ABAQUS/Explicit，以及 ABAQUS/Standard 中的大变形和接触问题。

9）ABAQUS 的壳单元可以有多种分类方法，按照薄壳和厚壳来划分，可以分为通用目的（general-purpose）壳单元和特殊用途（special-purpose）壳单元；按照单元的定义方式，可以分为常规（conventional）壳单元和连续体（continuum）壳单元。

10）ABAQUS 中的所有梁单元都可以产生轴向变形、弯曲变形和扭转变形，B21 和 B31 单元（线性梁单元）以及 B22 和 B32 单元（二次梁单元）既适用于模拟剪切变形起重要作用的深梁，又适用于模拟剪切变形不太重要的细长梁，三次单元 B23 和 B33 只需划分很少的单元就可以得到较精确的结果。

第3章 线性静力分析实例
（实体建模和后处理）

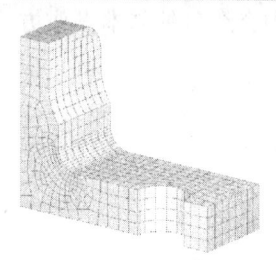

本章要点：

※ 支架的线性静力分析实例

※ 复杂实体建模方法

※ 后处理的主要方法

※ 改进零件的设计

※ 不同单元性能的比较

结构静力分析（static analysis）是有限元法的基本应用领域，适于求解惯性及阻尼对结构响应影响不显著的问题，主要用来分析由于稳态外载荷所引起的位移、应力和应变等，其中稳态载荷主要包括外部施加的力、稳态的惯性力（如重力和旋转速度）、位移和温度等。结构静力分析可以分为线性静力分析和非线性静力分析，本章主要介绍线性静力分析，非线性静力分析请参考第 5 章、第 6 章、第 8 章和第 10 章。

本章将介绍一个线性静力分析的工程实例，即使读者已经对线性静力分析的方法很熟悉，仍可以从这个实例中学习到很多 ABAQUS/CAE 复杂实体建模、划分网格和后处理的方法，这些内容在后面各章中将会经常涉及。为简明起见，凡在本实例中介绍过的基本操作方法，在以后的章节中不再详述，而把重点放在各章所要介绍的主要问题上。

3.1　支架的线性静力分析实例：建模和分析计算

在此实例中读者将学习 ABAQUS/CAE 的以下功能。

1）**Sketch** 功能模块：导入 CAD 二维图形，绘制线段、圆弧和倒角，添加尺寸，修改平面图，输出平面图。

2）**Part** 功能模块：通过拉伸来创建几何部件，通过切割和倒角来定义几何形状。

3）**Property** 功能模块：定义材料和截面属性。

4）**Mesh** 功能模块：布置种子，分割实体和面，选择单元形状、单元类型、网格划分技术和算法，生成网格，检验网格质量，通过分割来定义承受载荷的面。

5）**Assembly** 功能模块：创建非独立实体。

6）**Step** 功能模块：创建分析步，设置时间增量步和场变量输出结果。

7）**Interaction** 功能模块：定义分布耦合约束（distributing coupling constraint）。

8）**Load** 功能模块：定义幅值，在不同的分析步中分别施加面载荷和随时间变化的集中力，定义边界条件。

9）**Job** 功能模块：创建分析作业，设置分析作业的参数，提交和运行分析作业，监控运行状态。

10）**Visualization** 功能模块：后处理的各种常用功能。

在随书光盘的以下文件夹中可以找到本实例完成后的文件：

1）ABAQUS 模型数据库文件（.cae）：　\ Demo3-Bracket \ CAE Model \ Bracket. cae

2）INP 文件和结果文件：　　　　　　　\ Demo3-Bracket \ Analysis Results \

3.1.1　问题的描述

如图 3-1 所示的支架，一端牢固地焊接在一个大型结构上，支架的圆孔中穿过一个相对较软的杆件，圆孔和杆件用螺纹连接。材料的弹性模量 $E = 210000\text{MPa}$，泊松比 $\mu = 0.3$。支架有以下两种工况，如图 3-1 所示。

1）杆件的一端受到沿 Y 轴负方向上的集中力 $F = 2\text{kN}$，其大小随时间变化。

2）除了上述载荷之外，支架的自由端还在局部区域上受到均布的剪力 $p_s = 36\text{MPa}$。

要求确定这两种工况下支架挠度随时间变化的情况，以及内圆角处的最大主应力。根据分析结果来改进设计，以减小应力集中。

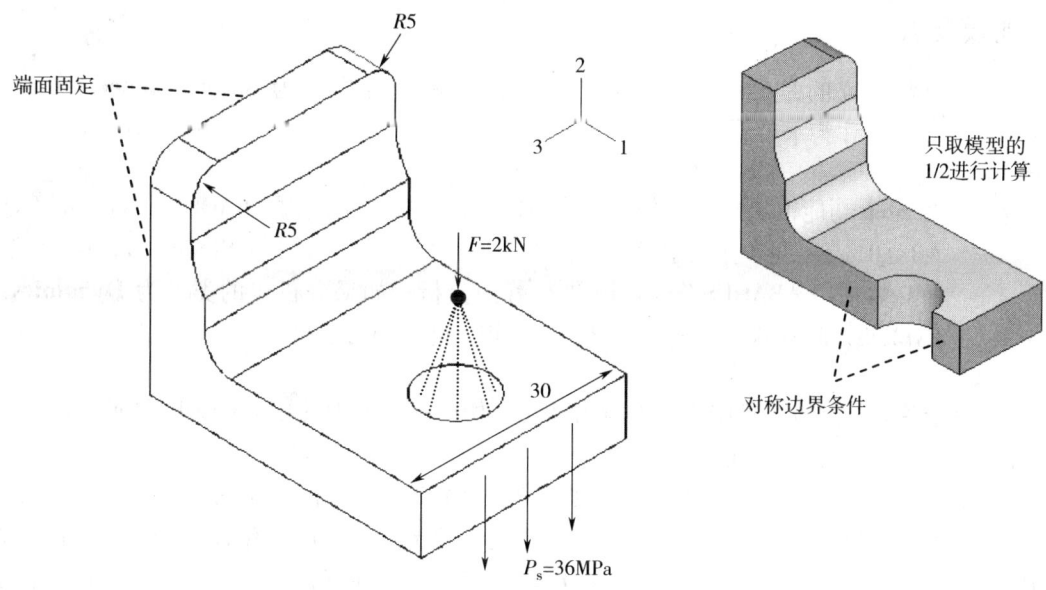

尺寸单位：mm

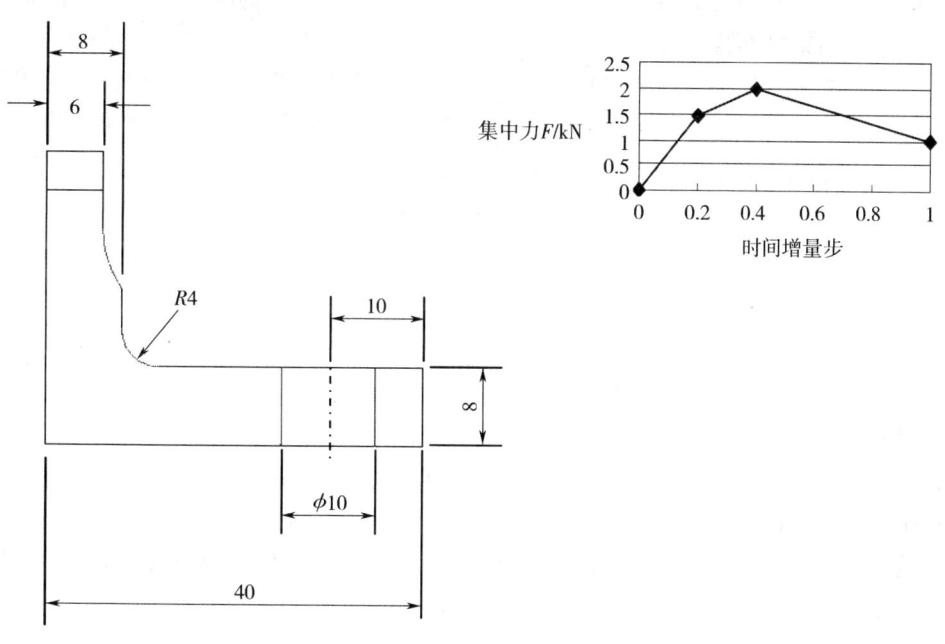

图 3-1　支架的分析模型

建模要点

1）此问题研究的是结构的静态响应，所以分析步类型应为 **Static，General**（使用 ABAQUS/Standard 作为求解器）。

☆ 提示：在 **Step** 功能模块中选择分析步的类型时，就决定了使用 ABAQUS/Standard 还是 ABAQUS/Explicit 作为求解器。例如，如果分析步的类型为 **Static，General**，就意味着使用 ABAQUS/Standard 进行静力分析；如果分析步的类型为 **Dynamics，Explicit**，就意味着使用 ABAQUS/Explicit 进行动力分析。

2）由于关心的是应力集中部位的应力状态，所以在模型中使用 C3D20R 单元（20 节点六面体二次减缩积分实体单元）。

3）基于结构和载荷的对称性，可以只取模型的 1/2 进行分析（见图 3-1）。

4）由于圆孔处螺纹的应力应变状态不是所关心的重点，可以简化杆件和圆孔之间的连接关系（如图 3-1 所示），不对杆件和螺纹精确建模，而是在杆件一端的受力点和圆孔内表面之间建立分布耦合约束（distributing coupling）。

☆ 提示：在第 2.5.5 节中介绍了运动耦合和分布耦合的概念。在本实例中使用分布耦合，即圆孔内表面可以自由变形，没有考虑杆件本身的刚度。如果使用运动耦合并约束全部自由度，相当于在受力点和圆孔内表面之间建立了刚性连接，会过于刚硬。如果杆件本身较硬，则选用运动耦合更为恰当。另外，只有当螺孔与所关心的部位（例如存在应力集中的内圆角）相距较远时，才可以进行上述简化建模。更精确的方法是对杆件建模，然后在杆件和圆孔内表面之间建立绑定约束（tie），详见第 5 章的螺钉接触分析实例。

3.1.2　创建二维平面图

首先导入随书光盘中的 CAD 平面图，修改其中圆角的尺寸，去掉不必要的小圆角和短边，从而得到三维支架部件的截面图。具体操作步骤如下。

（1）导入 CAD 平面图　启动 ABAQUS/CAE，在出现的 **Start Session** 对话框中选择 **Create Model Database**。

在主菜单中选择 **File → Import → Sketch**，在出现的 **Import Sketch** 对话框中设置 **File Filter** 为 *IGES*（＊.*igs*＊），然后选择随书光盘中的如下二维 CAD 模型文件：

　　　　\Demo3-Bracket\Sketch\Demo3-Original.igs

在出现的 **Create Sketch from IGES File** 对话框中点击 **OK**。ABAQUS/CAE 自动进入 **Sketch** 功能模块，在窗口顶部的环境栏中点击 **Sketch** 下拉列表框，选择 Demo3-Original，在视图区中就会显示出已导入的平面图。

（2）检查内圆角的半径　在左侧工具区中的 上面按住鼠标左键不放，然后在展开的

按钮栏中点击 ⌐ （Create Dimension：Radial），点击图 3-2 中所标注的内圆角，再点击此内圆角左下方的位置来为标注定位，视图区中显示出半径为 3。

☆ 提示：如果某项操作包含多个步骤，在操作过程中可以点击窗口底部提示区左侧的 ⏎ 来返回上一步操作，或点击 ⊠ 来终止当前操作。

（3）绘制内圆角　根据图 3-1，上述内圆角半径应修改为 4。点击左侧工具区中的 ⌐ （Create Fillet：Between 2 Curves），在窗口底部提示区的 **Fillet radius**（圆角半径）后面输入 4，按回车键来确认。先点击圆角右侧的水平线段，再点击圆角上方的竖直线段，得到新的内圆角（如图 3-3 所示）。

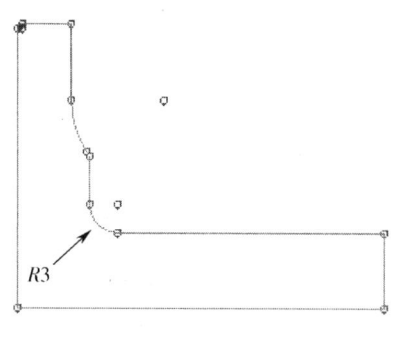

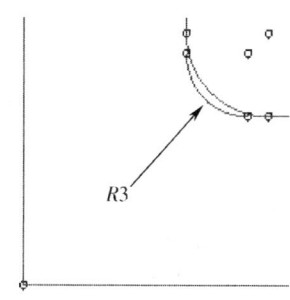

图 3-2　添加圆弧尺寸　　　　　　　　图 3-3　绘制半径为 4 的内圆角

☆ 提示：使用顶部工具栏中的 ✛ （平移）、↰ （旋转）、🔍 （缩放）、🔍 （放大局部）和 ⤢ （充满屏幕），可以灵活地控制模型的显示。

（4）删除原有半径为 3 的内圆角　点击左侧工具区中的 ✎ （Delete Entities），选择原有半径为 3 的内圆角，然后在视图区中点击鼠标中键来确认删除操作。

（5）去除部件左上角的小圆角　建模时要去掉模型中不重要部位的小圆角或短边，以免划分网格时在这些地方生成不必要的细化网格。点击顶部工具栏中的 🔍，放大显示模型左上角的小圆角（见图 3-4a），在视图区中点击鼠标中键来结束放大操作。选择此小圆角，然后在视图区中点击鼠标中键来确认删除，得到的图形如图 3-4b 所示。

（6）延长此小圆角处的水平和竖直线段，使二者相交　在左侧工具区中的 ┼ 上面按住鼠标左键不放，在展开的按钮栏中点击 ¬ （Trim/Extend），然后依次点击图 3-4b 中的竖直线段和水平线段，就延长了竖直线段。使用同样的方法再延长水平线段，完成后的图形如图 3-4c 所示。

（7）去掉短边　使用左侧工具区中的 ✎ 来删除图 3-5a 中的短边 CD，以及相邻的圆

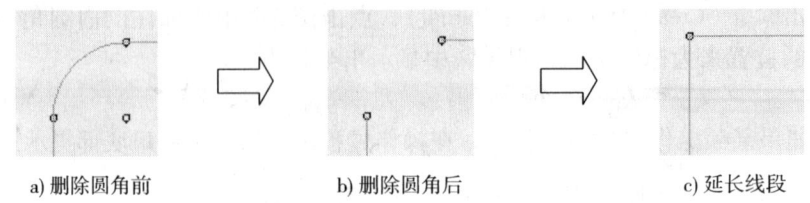

a) 删除圆角前　　　　　　b) 删除圆角后　　　　　　c) 延长线段

图 3-4　去除部件左上角的小圆角，然后延长此处的水平和竖直线段，使二者相交

弧 BC，删除后的图形见图 3-5b。点击左侧工具区中的 <img> （Create Arc：Tangent to Adjacent Curve），然后依次点击图 3-5a 中的 B 点和 D 点，得到与 AB 线段相切的新圆弧（见图3-5c）。

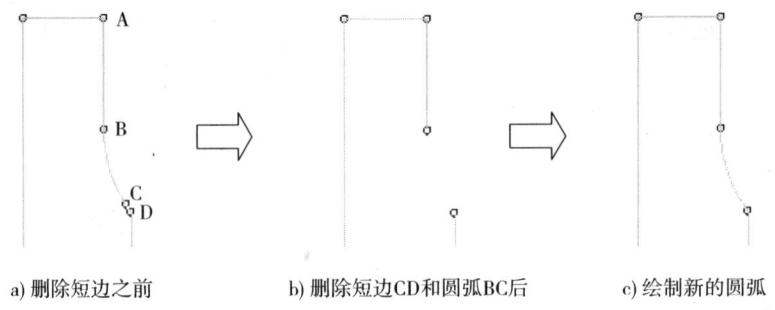

a) 删除短边之前　　　　　b) 删除短边CD和圆弧BC后　　　　c) 绘制新的圆弧

图 3-5　删除短边 CD 和圆弧 BC，代之以新的圆弧
（图中的字母是本书所加的标注，在 ABAQUS/CAE 中并不出现）

（8）结束绘制平面图　在视图区中连续点击鼠标中键，直到视图区变为空白，这样就把绘制好的图形保存在了当前的模型数据库中。

（9）更改平面图的名字　在主菜单中选择 **Sketch**→**Rename**→*Demo3-Original*，在出现的 **Rename Sketch** 对话框中输入新的名称 *Demo3-Modified*，然后点击 **OK**。

☆ 提示：上述平面图在模型树中的位置是：**Sketches**/*Demo3-Modified*。

☆ 提示：在 **Sketch** 功能模块中绘制的平面图可以输出为 ACIS SAT、IGES 或 STEP 格式的 CAD 文件，方法是在主菜单中选择 **File** → **Export** → **Sketch**。

（10）保存模型　在进行下一步之前，点击窗口顶部工具栏中的 <img> 来保存模型，键入文件名 *Bracket*。

3.1.3　创建部件

（1）通过拉伸（extrude）来创建部件　在窗口左上角的 **Module** 列表中选择 **Part** 功能模块，点击左侧工具区中的 <img>（Create Part），弹出 **Create Part** 对话框。在 **Name** 后面输入 *Bracket*，其余参数不需改变，点击 **Continue**，ABAQUS/CAE 自动进入绘图环境。

（2）使用已有的平面图来生成部件　在主菜单中选择 **Add → Sketch**，在弹出的 **Select Sketch** 对话框中已经自动选中了前面绘制的平面图 *Demo3-Modified*，点击 **OK**。

在视图区中点击鼠标中键两次来退出绘图环境，在弹出的 **Edit Base Extrusion** 对话框中将 **Depth**（拉伸长度）改为 15，然后点击 **OK**。点击窗口顶部工具栏中的 ▤（Turn Perspective Off），不以透视图方式显示部件，看到的三维部件如图 3-6 所示。

> ☆ 提示：上述拉伸特征在模型树中的位置是：**Parts**/*Bracket*/**Features**/*Solid Extrude-1*。

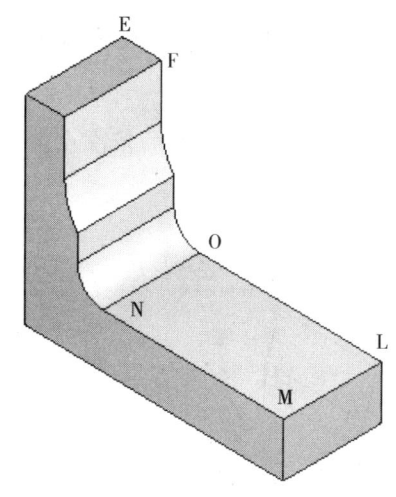

图 3-6　通过拉伸来生成部件

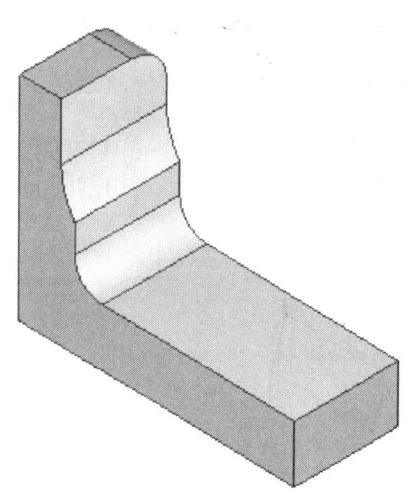

图 3-7　倒圆角后的部件

（3）倒圆角　点击左侧工具区中的 ⬚（Create Round or Fillet），点击部件顶部需要倒圆角的边（图 3-6 中的边 EF），在视图区中点击鼠标中键来确认。在窗口底部提示区的 **Radius**（半径）后面输入 5，按回车键来确认，得到的部件如图 3-7 所示。

> ☆ 提示：上述倒圆角特征在模型树中的位置是：**Parts**/*Bracket*/**Features**/*Round-1*。

（4）切割圆孔　选择左侧工具区中的 ⬚（Create Cut：Extrude），点击图 3-6 中的面 NMLO 作为切割的基准面，再点击图 3-6 中的边 LM，于是进入二维绘图环境，刚才选择的边 LM 出现在视图区的右侧。

使用顶部工具栏中的 ⬆ 来旋转部件，恢复至与图 3-6 相类似的视图。选择左侧工具区中的 ⬚（Project Edges），点击图 3-6 中的边 MN，在视图区中点击鼠标中键，于是三维部件的边 MN 被投影为当前二维绘图区域中的一条线段（下文中将其称作投影线段 M_0N_0）。

选择左侧工具区中的 ＋（Create Isolated Point），然后点击投影线段 M_0N_0 上的任意位置，得到一个点，它将作为切割圆的圆心。此圆心点的位置并不准确，接下来将先添加相应的尺寸标注，再修改此点的位置。

在左侧工具区中的 ⟨图标⟩ 上面按住鼠标左键不放，在展开的按钮栏中点击 ⟨图标⟩（Create Dimension：Horizontal），点击刚才绘制的圆心点（紫红色十字），再点击点 M，然后点击附近的位置来为尺寸标注定位。

选择左侧工具区中的 ⟨图标⟩（Edit Dimension Value），然后先点击尺寸标注线（它会变为红色），再点击需要修改位置的圆心点（紫红色十字），然后在视图区中点击鼠标中键，在窗口底部提示区中的 **New dimension**（新的尺寸）后面输入 10，按回车键确认，得到的图形如图 3-8 所示。

选择左侧工具区中的 ⟨图标⟩（Create Isolated Point），在窗口底部提示区中输入坐标（9，−7.5），按回车键确认，这样就绘制了切割圆上的一个点。

选择左侧工具区中的 ⟨图标⟩（Create Circle：Center and Perimeter），然后依次点击圆心点和刚才绘制的点，就完成了对切割圆的绘制（见图 3-9）。

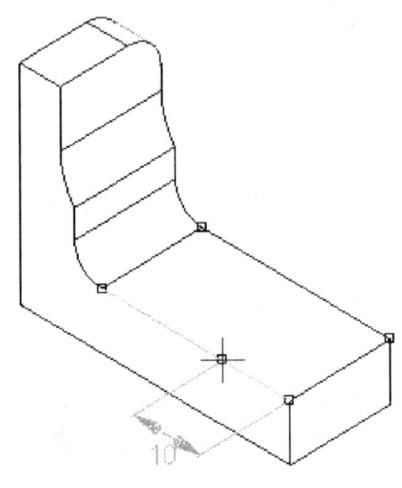

图 3-8　修改圆心点的位置

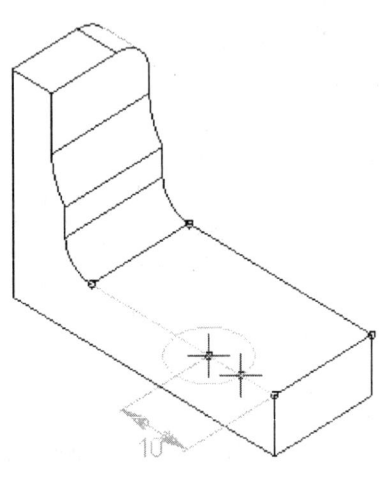

图 3-9　绘制切割圆

在视图区中点击鼠标中键两次来结束平面图的绘制，但此时会出现如图 3-10 所示的错误信息，意为"所绘制的截面中不能有相交的图形"，并以红色圆圈显示相交的位置。解决此问题的方法是使用左侧工具区中的 ⟨图标⟩ 来删除最初绘制的投影线段 M_0N_0，只保留切割圆。

再次在视图区中连续点击鼠标中键，在弹出的 **Edit Cut Extrusion** 窗口中，保持默认参数不变，即切割的深度为 *Through all*（穿透所有实体），点击 **OK**。至此就完成了切割操作，得到的部件如图 3-11 所示。

☆ 提示：上述倒圆角特征在模型树中的位置是：**Parts**/*Bracket*/**Features**/*Cut extrude-1*。

（5）保存模型　点击窗口顶部工具栏中的 ⟨图标⟩ 来保存所建的模型。

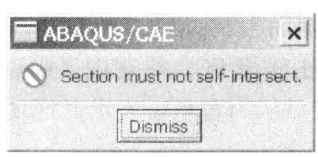

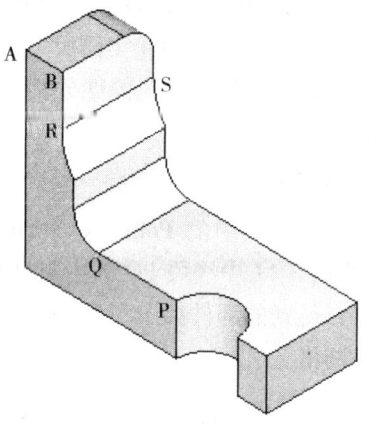

图 3-10　结束平面图的绘制时出现的错误信息　　　图 3-11　切割圆孔后的部件

3.1.4　创建材料和截面属性

（1）创建材料　在窗口左上角的 **Module** 列表中选择 **Property** 功能模块，点击左侧工具区中的 （Create Material），弹出 **Edit Material** 对话框，点击 **Mechanical→Elasticity → Elastic**，在数据表中设置**Young′s Modulus** 为 210000，**Poisson′s Ratio** 为 0.3，点击 **OK**。

☆ 提示：上述材料在模型树中的位置是：**Materials**/*Material-1*。

（2）创建截面属性　点击左侧工具区中的 （Create Section），点击 **Continue**，在弹出的 **Edit Section** 对话框中，保持默认参数不变（**Material**：*Material-1*；**Plane stress/strain thickness**：1），点击 **OK**。

☆ 提示：上述截面属性在模型树中的位置是：**Sections** /*Section-1*。

（3）给部件赋予截面属性　点击左侧工具区中的 （Assign Section），再点击支架部件，在视图区中点击鼠标中键，然后点击 **OK**。部件变为绿色，表明已经被赋予了截面属性。

3.1.5　定义装配件

在 **Module** 列表中选择 **Assembly** 功能模块。点击左侧工具区中的 （Instance Part），接受默认参数 **Instance Type**：*Dependent*（*mesh on part*），即类型为非独立实体，点击 **OK**。

☆ 提示：上述部件在模型树中的位置是：**Assembly/Instances**/*Bracket-1*。

3.1.6　划分网格

（1）进入 **Mesh** 功能模块　在 **Module** 列表中选择 **Mesh** 功能模块，在窗口顶部的环境

栏中把 **Object** 选项设为 **Part**：*Bracket*，即对部件 *Bracket* 划分网格，而不是对整个装配件划分网格（因为支架是非独立实体）。当前部件显示为橙色，表明无法使用默认的网格划分技术来生成网格，需要首先把部件分割为几个简单的区域，然后在每个区域上分别生成结构化网格或扫掠网格。

（2）分割部件　点击左侧工具区中的 ![icon]（Partition Cell：Define Cutting Plane），然后点击窗口底部提示区中的 **Point & Normal**（通过指定分割面上的一个点和法线来定义分割面）。点击图 3-11 中线段 PQ 的中点（黄色亮点），再点击线段 PQ，在视图区中点击鼠标中键来确认，得到的部件如图 3-12 所示。圆孔附近的区域显示为黄色，表示此区域已经可以生成扫掠网格。

> ☆ 提示：上述分割在模型树中的位置是：**Parts**/*Bracket*/**Features**/*Partition cell-1*。

（3）继续分割部件　在左侧工具区中的 ![icon] 上面按住鼠标左键不放，在展开的按钮栏中点击 ![icon]（Partition Cell：Extrude/Sweep Edges），然后点击需继续分割的橙色区域，在视图区中点击鼠标中键来确认。点击图 3-11 中的线段 RS（这是将要拉伸的线段），再次在视图区中点击鼠标中键来确认。

点击窗口底部提示区中的 **Extrude Along Direction**（沿指定的方向拉伸），再点击图 3-11中的线段 AB（这是拉伸的方向），然后在视图区中点击鼠标中键两次来确认。得到的部件如图 3-13 所示，这时整个部件都已显示为黄色，表示所有区域都可以生成扫掠网格。

（4）设置全局种子　点击左侧工具区中的 ![icon]（Seed Part），在弹出的 **Global Seeds** 对话框中，在 **Approximate global size**（全局的单元大小）后面输入 2，点击 **OK**，视图区中显示出全局种子。

（5）布置边上的种子　在左侧工具区中的 ![icon] 上面按住鼠标左键不放，在展开的按钮栏中点击 ![icon]（Seed Edge：By Number），然后点击图 3-13 中的圆弧 TQ，在视图区中点击鼠标中键来确认。在窗口底部的提示区中输入圆弧上的单元数 12，按回车键来确认。

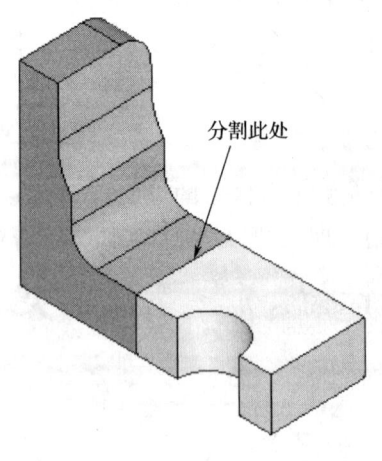

图 3-12　完成第一次分割后的部件

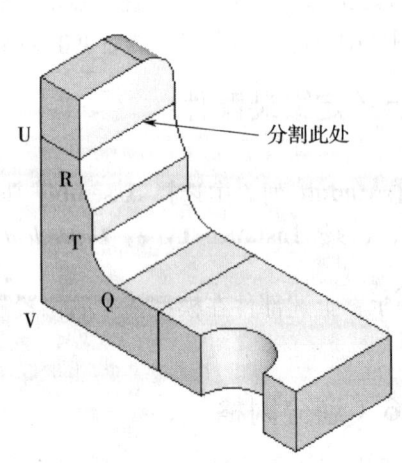

图 3-13　完成第二次分割后的部件

（6）设置网格参数　点击左侧工具区中的 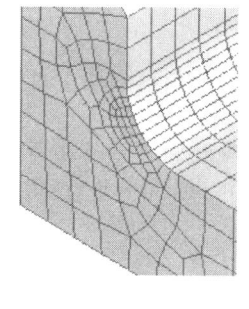 （Assign Mesh Controls），按住鼠标左键，在视图区中画一个矩形框来选中部件的所有区域，然后在视图区中点击鼠标中键。在弹出的 **Mesh Controls** 对话框中，默认参数为

　　Element Shape（单元形状）：*Hex*（六面体）

　　Techniques（网格划分技术）：*Sweep*（扫掠网格划分技术）

　　Algorithm（算法）：*Medial axis*（中性轴算法），选中 *Minimize the mesh*
　　　　　　　　　　　　transition（最小化网格过渡）

点击 **OK** 来确认上述参数。

（7）设置单元类型　点击左侧工具区中的 （Assign Element Type），画一个矩形框来选中部件的所有区域，然后在视图区中点击鼠标中键。在弹出的 **Element Type** 对话框中，将 **Geometric Order**（几何阶次）设为 **Quadratic**（二次单元），保持对 **Reduced integration**（减缩积分）的选择，即当前单元类型为 C3D20R（20 节点六面体二次减缩积分单元），点击 **OK**。

（8）划分网格　点击左侧工具区中的 （Mesh Part Instance），然后在视图区中点击鼠标中键，得到如图 3-14 所示的网格。

可以看出，尽管在所关心的应力集中部位（图 3-13 中的圆弧 TQ）布置了较密的种子，但此处的单元形状太狭长，这会对计算精度有很大影响（对于减缩积分单元尤其如此）。读者也可以尝试使用 Advancing Front 算法，得到的网格（见图 3-15）优于 Medial Axis 算法，但在应力集中部位的单元形状仍不规则。更好的方法是通过分割（Partition），在应力集中区域生成结构化网格，具体的操作方法介绍如下。

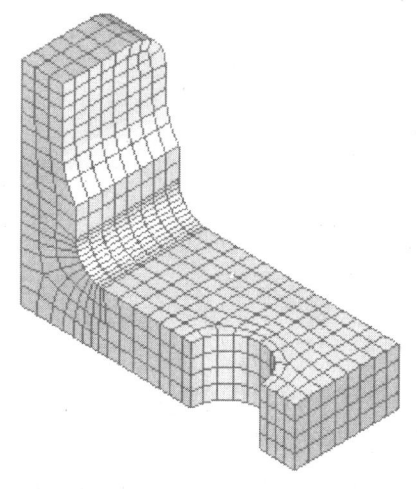

图 3-14　使用 Medial Axis 算法生成的
网格（未分割应力集中区域）

图 3-15　使用 Advancing Front 算法生成的
网格（未分割应力集中区域）

（9）在应力集中部位分割面　点击左侧工具区中的 （Partition Face：Sketch），然后点击图 3-13 中由顶点 AQTRUVW 所构成的面，在视图区中点击鼠标中键来确认。这时会弹

出一个信息窗口，提示将删除已有的网格，点击 **OK** 即可。点击图 3-13 中的线段 AW，ABAQUS／CAE 自动进入绘图环境。在应力集中区域附近绘制 90°的扇形区域（如图 3-16 所示，扇形外圆弧的半径为 6），然后在视图区中连续点击鼠标中键来退出绘图环境，得到的部件如图 3-17 所示。

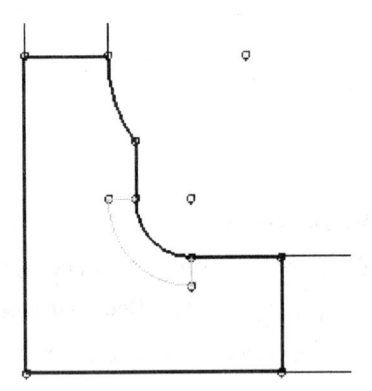

图 3-16　在应力集中部位绘制扇形区域

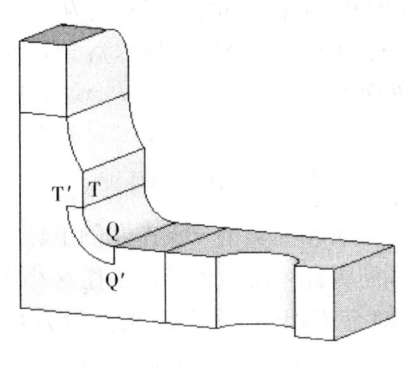

图 3-17　分割面后的部件

（10）在应力集中部位分割部件　点击左侧工具区中的 ⊞（Partition Cell：Extrude/Sweep Edges），然后点击扇形分割面所在的区域，在视图区中点击鼠标中键来确认。按住 Shift 键，依次点击图 3-17 中构成扇形的水平线 TT′、圆弧 T′Q′和竖直线 QQ′（这些是将要拉伸的线段），再次在视图区中点击鼠标中键来确认。点击窗口底部提示区中的 **Extrude Along Direction**，然后点击部件中任意一条沿 3 轴方向的线段（例如图 3-11 中的线段 RS），点击鼠标中键两次来确认。

这样通过拉伸扇形区域，完成了在应力集中部位的分割。分割后的扇形区域显示为绿色，表示在此区域可以使用结构化网格划分技术。

☆ 提示：点击窗口顶部工具栏的 ☐（Render Model：Wireframe），可以清楚地看到，扇形区域已经贯穿了整个部件（见图 3-18）。点击窗口顶部工具栏的 ☐（Render Model：Shaded）可恢复默认的阴影图。

（11）在应力集中区域布置种子　点击左侧工具区中的 ▤（Seed Edge：By Number），按住 Shift 键，依次选中图 3-17 中扇形区域的 2 条圆弧 TQ 和 T′Q′，在视图区中点击鼠标中键，在窗口底部的提示区中设置单元数为 12，并点击提示区右侧的 **Constraints** 按钮，选中 *Do not allow the number of elements to change*（种子受完全约束，不允许单元数目改变），点击 **OK**，然后再次在视图区中点击鼠标中键。

用同样的方法，选中图 3-17 中扇形区域的水平线 TT′和竖直线 QQ′，设置单元数为 3，并点击提示区右侧的 **Constraints** 按钮，选中 *Do not allow the number of elements to change*。布置种子后的部件如图 3-19 所示。

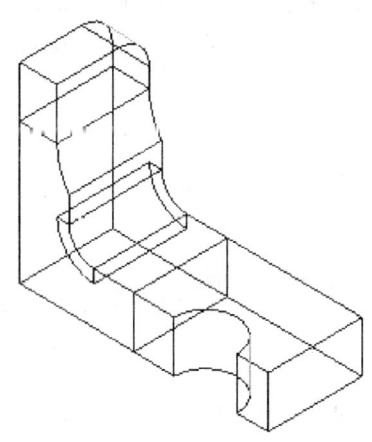

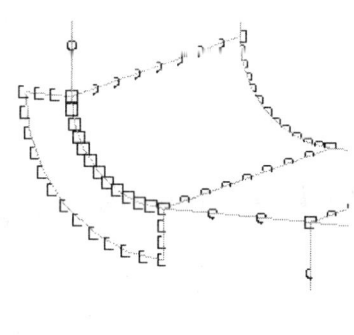

图 3-18   分割部件后的线框图   图 3-19   在应力集中区域布置受完全约束的种子

（12）设置网格划分方式   点击左侧工具区中的 （Assign Mesh Controls），点击与扇形区域相邻的黄色区域，在视图区中点击鼠标中键，弹出 **Mesh Controls** 对话框，将 **Algorithm** 设为 *Advancing front*，然后点击 OK。

（13）划分网格   点击左侧工具区中的 （Mesh Part Instance），在视图区中点击鼠标中键，得到的网格如图 3-20 所示。可以看出，在应力集中区域生成了形状规则的细化网格，其单元形状优于图 3-14 和图 3-15 所示的网格。

☆ 提示：上述网格在模型树中的位置是：**Parts**/*Bracket*/**Mesh**。

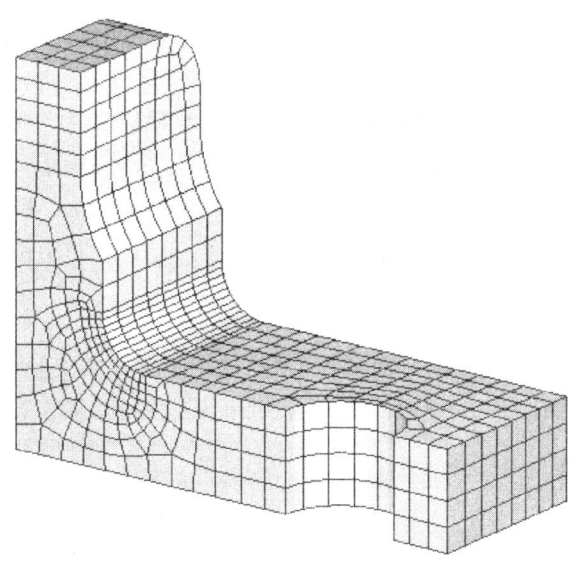

图 3-20   分割应力集中区域后，使用 Advancing front 算法生成的网格

（14）检验网格质量　在主菜单中选择 **Mesh → Verify**，画一个矩形框来选中所有单元，在弹出的 **Verify Mesh** 对话框中，将 **Type** 设为 *Analysis Checks*，然后点击 **Highlight**。在模型中没有单元显示为黄色或红色，这说明网格划分没有问题。窗口底部信息区中显示了所选中区域的单元总数。

（15）保存模型　点击窗口顶部工具栏中的 💾 来保存所建的模型。

3.1.7　设置分析步

下面将创建两个分析步，分别用来定义施加在杆件一端的集中载荷和施加在支架自由端上的剪力。

（1）创建第一个分析步　在 **Module** 列表中选择 **Step** 功能模块，点击左侧工具区中的 ⬚ （Create Step）。在 **Name** 后面输入 *Step-Load-1*，其余参数保持默认值（**Procedure type**：*General*；选中 **Static**，**General**），点击 **Continue**。在弹出的 **Edit Step** 对话框中，点击 **Incrementation** 标签，设置 **Increment size**：**Initial**（初始增量步大小）为 0.2，然后点击 **OK**。

☆ 提示：上述分析步在模型树中的位置是：**Steps**/*Step-Load-1*。

（2）创建第二个分析步　再次点击左侧工具区中的 ⬚ （Create Step），在 **Name** 后面输入 *Step-Load-2*，点击 **Continue**。在弹出的 **Edit Step** 对话框中，保持各参数的默认值不变（初始增量步大小为 1），点击 **OK**。

（3）设置场变量输出结果　在主菜单中选择 **Output → Field Output Requests → Manager**，在弹出的 **Field Output Requests Manager** 对话框中可以看到，ABAQUS/CAE 已经自动创建了一个名为 *F-Output-1* 的场变量输出控制，它在分析步 *Step-Load-1* 中开始起作用，并自动延续到分析步中 *Step-Load-2* 中。

点击 **Edit**，在弹出的 **Edit Field Output Request** 对话框中（如图 3-21 所示），点击 **Stresses** 前面的黑色三角，在下拉的选项中取消对 *VS*，*Stress in the elastic-viscous network* 和 *PS*，*Stress in the elastic-plastic network* 的选择，然后取消对 **Strains**、**Forces/Reactions** 和 **Contact** 的选择。这样，分析过程中将只输出两种场变量：应力结果 **S** 和位移结果 **U**。点击 **OK**，再点击 **Dismiss**。

☆ 提示：通常情况下，接受 ABAQUS/CAE 默认的场变量和历史变量输出结果即可。如果希望减小输出文件的规模，或者需要输出某些特殊的变量结果，则可进行上述设置。

☆ 提示：上述场变量输出结果在模型树中的位置是：**Field Output Request**/*F-Output-1*。

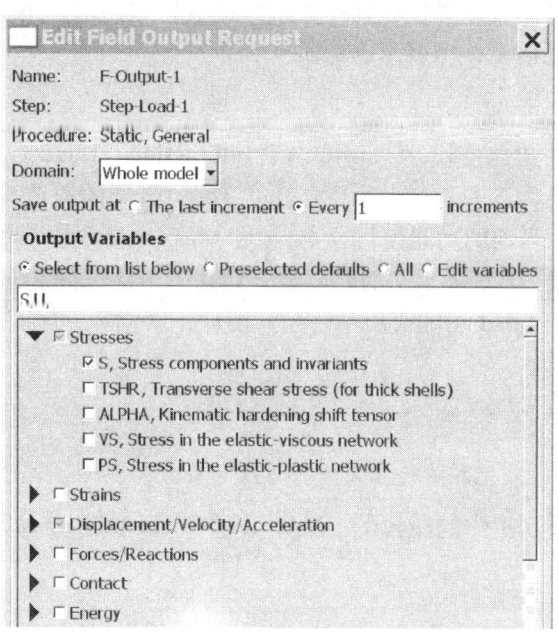

图 3-21　设定场变量输出结果

3.1.8　定义耦合约束

模型中将不对杆件建模，而只是在杆件一端的受力点处定义一个参考点，然后在此点和圆孔内表面之间建立分布耦合约束（distributing coupling constraint），从而模拟杆件和圆孔之间的连接关系（见图3-1）。

（1）定义参考点　在 **Module** 列表中选择 **Interaction** 功能模块，在主菜单中选择 **Tools → Reference Point**，在窗口底部的提示区中输入此点的坐标：（30，20，15），然后按回车键确认。视图区中显示出名为 *RP-1* 的参考点。

> ☆ 提示：如果在输入坐标时无法输入逗号，可能的原因是当前正处于中文输入法的状态，应切换到英文输入法。

> ☆ 提示：上述参考点在模型树中的位置是：**Assembly/Features/**_RP-1_。

（2）为参考点创建集合　在主菜单中选择 **Tools → Set → Manager**，点击 **Create**，弹出 **Create Set** 对话框。在 **Name** 后面输入 *Set-Point*，点击 **Continue**。点击标以 *RP-1* 的参考点，在视图区中点击鼠标中键来确认。

> ☆ 提示：上述集合在模型树中的位置是：**Assembly/Sets/**_Set-Point_。

（3）定义受约束的面　在主菜单中选择 **Tools → Surface →Manager**，点击 **Create**，弹

出 **Create Surface** 对话框。在 **Name** 后面输入 *Surf-Hole*，点击 **Continue**，再点击圆孔的内表面，然后在视图区中点击鼠标中键来确认。

> ☆ 提示：如果当前的功能模块是 **Assembly**、**Interaction**、**Load** 或 **Mesh**（处在为装配件划分网格的状态下），则使用主菜单 **Tools** 定义的面或集合是属于整个装配件的；而如果当前的功能模块是 **Part** 或 **Mesh**（处在为部件划分网格的状态下），则使用主菜单 **Tools** 定义的面或集合只是属于此部件的，不能在 **Assembly**、**Interaction** 或 **Load** 功能模块中使用。因此，创建集合或面时，要注意首先选择正确的功能模块。

> ☆ 提示：上述面在模型树中的位置是：**Assembly/Surfaces/***Surf-Hole*。

（4）定义耦合约束　点击左侧工具区中的 （Create Constraint），弹出 **Create Constraint** 对话框。在 **Name** 后面输入 *Constraint-Hole*，选择约束类型为 **Coupling**，点击 **Continue**。

点击窗口底部提示区右侧的 **Sets** 按钮，在弹出的 **Region Selection** 对话框中，选中 *Set-Point* 来作为耦合约束的控制点，点击 **Continue**。

点击窗口底部提示区中间的 **Surface** 按钮，在再次弹出的 **Region Selection** 对话框中，选中 *Surf-Hole* 来作为被约束的面，点击 **Continue**。

这时弹出如图 3-22 所示的 **Edit Constraint** 对话框，设置 **Coupling type**（耦合类型）为 *Distributing*，点击 **OK**。视图区中的模型将如图 3-23 所示。

> ☆ 提示：定义耦合约束时，也可以不事先定义相应的集合或面，而是直接点击模型中的相应位置，这样在图 3-22 中的参数 **Control point** 和 **Surface** 后面会显示 *Picked*。这种操作方法尽管简单，但在将来检查模型错误或修改模型时，会很不方便。本书推荐的做法是，在定义约束、边界条件、载荷、接触或场变量等模型参数时，都事先定义相应的集合和面，并给出容易识别的名称，这样在建立复杂模型时，会大大降低出错的可能性。

> ☆ 提示：上述耦合约束在模型树中的位置是：**Constraints/***Constraint-Hole*。

（5）保存模型　点击窗口顶部工具栏中的 来保存所建的模型。

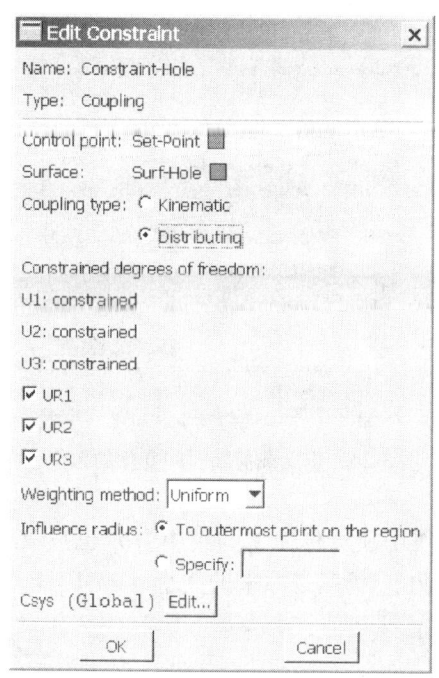

图 3-22 设置耦合约束

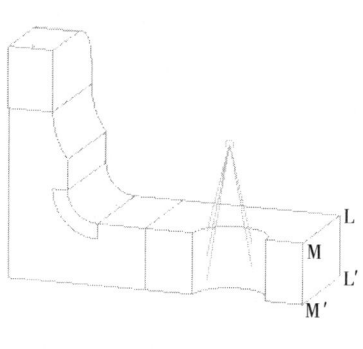

图 3-23 定义了耦合约束后的模型

3.1.9 定义载荷

穿过圆孔的杆件在一端受到沿 Y 轴负方向上的集中力，力的大小随时间变化（见图 3-1），下面首先定义此集中力。

（1）定义载荷随时间变化的幅值 在 **Module** 列表中选择 **Load** 功能模块，点击主菜单 **Tools → Amplitude**（幅值）**→ Create**，接受默认的幅值名称 *Amp-1* 和类型 *Tabular*（表格），点击 **Continue**。在弹出的 **Edit Amplitude** 对话框中，输入如图 3-24 所示的分析步时间和幅值（按回车键就可以添加新的数据行），然后点击 **OK**。

☆ 提示：在 **Edit Amplitude** 对话框中，**Time span**（时间跨度）的默认设置是 *Step time*（单个分析步中的时间），如果将其改为 *Total time*，就是整个分析过程中所有分析步的总体时间。

☆ 提示：在 **Edit Amplitude** 对话框中的数据表上点击右键，就可以进行下列操作：剪切/复制/粘贴数据，插入/删除数据行，清除表格，从文件中读入数据，创建 XY 数据。

☆ 提示：上述幅值在模型树中的位置是：**Amplitudes**/*Amp-1*。

（2）定义集中力　在主菜单中选择
Load → Manager，在弹出的 **Load Manager** 对话框中点击 **Create**，弹出
Create Load 对话框。在 **Name** 后面输入
Load-Point，将 **Step** 设为 *Step-Load-1*，载荷类型为默认的 *Concentrated force*（集中力），然后点击 **Continue**。

在弹出的 **Region Selection** 对话框中，选中 *Set-Point*，点击 **Continue**。在弹出的
Edit Load 对话框中，在 **CF2** 后面输入
−1000，将 **Amplitude** 设为 *Amp-1*，然后点击 **OK**。

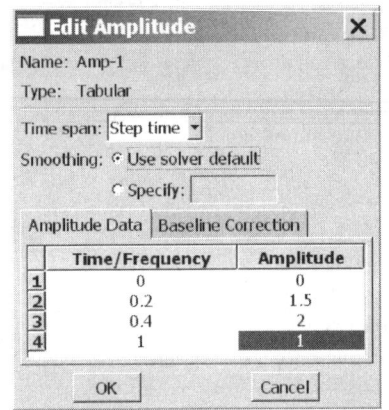

图 3-24　定义载荷随时间变化的幅值

☆ 提示：基于对称性，只分析模型的 1/2，因此作用在对称面上的集中力 *F* 也只取一半，即 1000N，而作用在支架自由端上的剪力 p_s 仍然是原来的大小（36MPa），因为此处 p_s 的含义是单位面积上的载荷。

☆ 提示：上述载荷在模型树中的位置是：**Loads** / *Load-Point*。

在 **Load Manager** 对话框中可以看到，名为 *Load-Point* 的载荷在分析步 *Step-Load-1* 中开始起作用，并延续（propagate）到分析步 *Step-Load-2* 中。

☆ 提示：默认情况下，所有在前一个分析步中定义的载荷都会延续到后面的分析步。根据载荷所遵循的幅值类型，有两种可能：
　　　● 如果载荷所遵循的幅值是基于单个分析步时间的（例如本实例中的载荷），或者遵循默认的 *Ramp* 幅值，那么此载荷将保持上一个分析步结束时的大小。
　　　● 如果载荷所遵循的幅值是基于所有分析步的总体时间，那么此载荷将继续遵循此幅值的定义。

☆ 提示：在一般分析步中，载荷必须以总量而不是以增量的形式给定。例如，如果在分析步 1 中有一个 10kN 的集中载荷，而在分析步 2 中此载荷变为 40kN，那么在这两个分析步中，对载荷的定义应该分别是 10kN 和 40kN，而不是 10kN 和 30kN。

下面定义在支架自由端在局部区域上受到的均布剪力 p_s（见图 3-1）。

（3）分割支架的端面　剪力只作用在支架端面的局部区域上，因此要首先使用左侧工具区中的 （Partition Face：Sketch）来把端面分割为两部分。

如果在 **Load** 功能模块中直接点击左侧工具区中的 （Partition Face：Sketch），会出现

错误信息："无法对非独立实体进行编辑"。这时应首先切换到 **Mesh** 功能模块，在窗口顶部的环境栏中把 **Object** 选项设为 *Part*：*Bracket*，然后再进行以下分割操作：

点击左侧工具区中的 ⌐，然后点击图 3-23 中要分割的端面 LMM′L′，在视图区中点击鼠标中键来确认。这时会弹出一个信息窗口，提示将删除已有的网格，点击 **OK** 即可。

点击图 3-23 中线段 LL′，ABAQUS/CAE 自动进入绘图环境，在矩形区域的正中绘制竖直线（见图 3-25），然后在视图区中连续点击鼠标中键来退出绘图环境，得到的部件如图 3-26 所示。

点击左侧工具区中的 ▦（Mesh Part Instance），在视图区中点击鼠标中键，重新划分网格。

（4）定义受剪力的面　返回 **Load** 功能模块，在主菜单中选择 **Tools → Surface → Create**，在弹出的 **Create Surface** 对话框中，在 **Name** 后面输入 *Surf-Load*，然后点击 **Continue**。点击图 3-26 中的面 NMM′N′，在视图区中点击鼠标中键来确认。

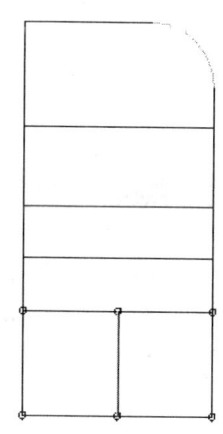

图 3-25　分割支架端面

（5）定义面载荷　在 **Load Manager** 对话框中再次点击 **Create**，在 **Name** 后面输入 *Load-Surface*，设置 **Step** 为 *Step-Load-2*，载荷类型为 *Surface Traction*（面载荷），然后点击 **Continue**。在弹出的 **Region Selection** 对话框中，选中 *Surf-Load*，点击 **Continue**。

在弹出的 **Edit Load** 对话框中，保持面载荷类型为默认的 **Traction**：*Shear*（剪力），点击 **Vector before projection**（投影前的面载荷向量）后面的 **Edit** 按钮，在窗口底部的提示区中可以看到，向量的起始点坐标为（0.0，0.0，0.0），按回车键确认，然后在提示区中输入向量的终点坐标（0.0，-10.0，0.0），再次按回车键确认。在重新出现的 **Edit Load** 对话框中，设置 **Magnitude**（大小）为 36，保持 **Amplitude** 为默认的 *Ramp*，点击 **OK**。得到的部件如图 3-27 所示。

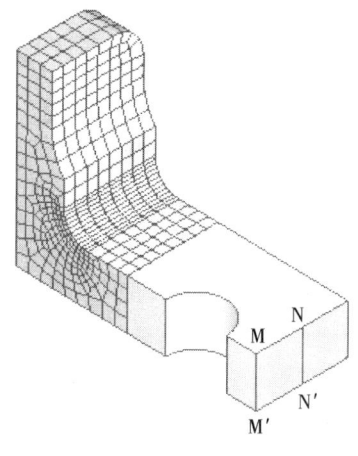

图 3-26　分割端面后的部件

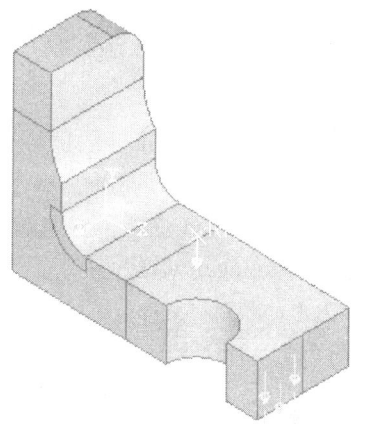

图 3-27　施加载荷后的部件

☆ 提示：面载荷类型为默认的 *Shear* 时，仍可以定义任意方向的面载荷向量，但此向量会被投影到载荷的作用面上。换言之，*Shear* 类型的面载荷方向总是作用面的切线方向。如果面载荷类型为 *General*，则会完全遵循面载荷向量所定义的方向。

☆ 提示：默认的幅值 *Ramp* 的含义是，在整个分析步中，幅值从零线性增长至给定值。例如，如果分析步时间是 1，载荷的大小是 100，幅值为 *Ramp*，则当分析步时刻为 0 时，载荷的大小为 0；分析步时刻为 0.2 时，载荷为 20；分析步时刻为 0.4 时，载荷为 40，以此类推。理解了这一点，就可以理解为什么在非线性问题中往往要设定一个较小的初始增量步，因为这同时也就意味着在模型上施加较小的载荷（以及位移边界条件、过盈配合等），分析就更容易达到收敛。

在 **Load Manager** 对话框中可以看到，名为 *Load-Surface* 的载荷在分析步 *Step-Load-2* 中开始起作用。点击 **Dismiss** 来退出 **Load Manager** 对话框。

3.1.10　定义边界条件

（1）为施加固支边界条件的区域创建集合　在 **Load** 功能模块中，选择主菜单 **Tools → Set → Manager**，点击 **Create**，在 **Name** 后面输入 *Set-Fix*，点击 **Continue**。按住 Shift 键，依次点击图 3-29 所示的两个区域，在视图区中点击鼠标中键来确认。

☆ 提示：定义上述集合时，要确保所选中的是正确的面，而不是某一条边。使用以下方法可以设置选择图形对象的方式：当窗口底部的提示区中出现 "Select the geometry for the set" 时，点击其后的 ▦ （Show/Hide Selection Options），就会弹出如图 3-28 所示的 **Options** 对话框，可以将 **Select from** 设为 *Faces*（只选择面）。

（2）为施加对称边界条件的区域创建集合　在 **Set Manager** 对话框中，再次点击 **Create**，在 **Name** 后面输入 *Set-Sym*，点击 **Continue**。按住 Shift 键，依次点击图 3-30 所示的各个区域和参考点 *RP-1*（注意不要遗漏应力集中处的扇形区域），在视图区中点击鼠标中键来确认。在 **Set Manager** 对话框中，点击 **Dismiss**。

☆ 提示：定义上述集合时，注意不要遗漏参考点 *RP-1*。

（3）定义固支边界条件　在主菜单中选择 **BC → Manager**，在弹出的 **Boundary Condition Manager** 对话框中点击 **Create**，弹出 **Create Boundary Condition** 对话框。在 **Name** 后面输入 *BC-Fix*，将 **Step** 设为 *Initial*，其余各参数保持默认值，点击 **Continue**。

在弹出的 **Region Selection** 对话框中，选中 *Set-Fix*，点击 **Continue**。在弹出的 **Edit**

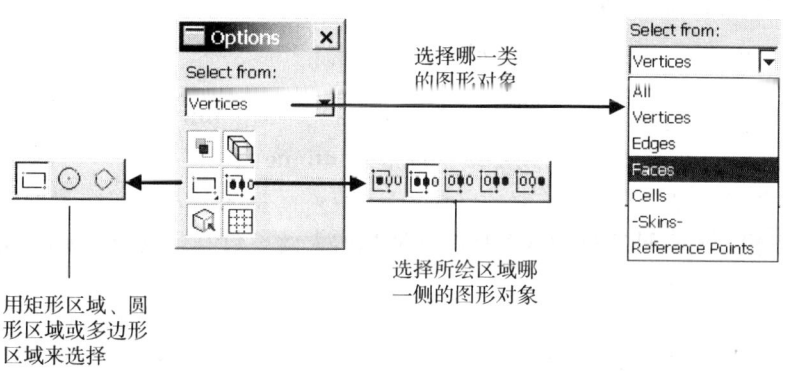

图 3-28　设置选择图形对象的方式

Boundary Condition 对话框中，选中 *ENCASTRE*（*U1 = U2 = U3 = UR1 = UR2 = UR3 = 0*），然后点击 OK。

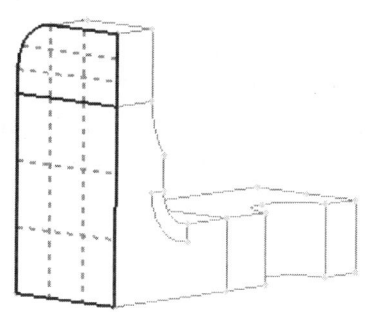

图 3-29　施加固支边界条件的区域

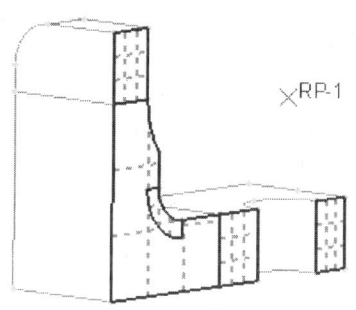

图 3-30　施加对称边界条件的区域

☆ 提示：上述边界条件在模型树中的位置是：**BCs**/*BC-Fix*。

（4）定义对称边界条件　在 **Boundary Condition Manager** 对话框中再次点击 **Create**，在 **Name** 后面输入 *BC-Sym*，点击 **Continue**。在 **Region Selection** 对话框中选中 *Set-Sym*，点击 **Continue**。在 **Edit Boundary Condition** 对话框中，选中 *ZSYMM*（*U3 = UR1 = UR2 = 0*），然后点击 **OK**。得到的部件如图 3-31所示。

（5）保存模型　点击窗口顶部工具栏中的 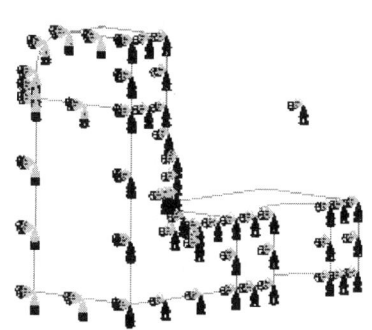 来保存所建的模型。

图 3-31　施加边界条件后的部件

3.1.11　提交分析作业

（1）创建分析作业　在 **Module** 列表中选择 **Job**

功能模块，点击左侧工具区中的 ▣（Job Manager），弹出 **Job Manager** 对话框。点击 **Cre-ate**，在 **Name** 后面输入 *Bracket-C3D20R*，点击 **Continue**。

在弹出的 **Edit Job** 对话框中，点击 **Memory** 标签页，ABAQUS 默认的使用内存是 256MB，可以根据自己计算机的内存情况，适当增大此参数值，以加快分析速度。

> ☆ 提示：如果在 **Memory** 标签页中设置的内存超出计算机或操作系统所允许的上限，在提交分析后会看到窗口底部提示区中显示以下错误信息：
> Error in job ＊＊＊：THE REQUESTED MEMORY CANNOT BE ALLOCATED……
> 此时应减小 **Memory** 标签页中的内存设置，然后再重新提交分析。

在 **Edit Job** 对话框中点击 **Parallelization** 标签页，如果计算机是双 CPU 的，可以选中 **Use multiple processors**，最后点击 **OK**。

> ☆ 提示：上述内存和 CPU 参数的默认值可以在 ABAQUS 环境文件 abaqus_v6. env 中修改，这样就不必在每次创建分析作业时都重新设定这些参数。具体的操作方法见第4.6节。

> ☆ 提示：上述分析作业位于模型树的最底部：**Jobs**/*Bracket-C3D20R*。

（2）提交分析作业　这时已返回 **Job Manager** 对话框，点击 **Submit**，然后点击 **Monitor** 来监控分析作业的运行状态。

> ☆ 提示：点击 **Monitor** 按钮后，在弹出的 **Bracket-C3D20R Monitor** 对话框中，如果看到 **Errors** 标签页中显示以下错误信息：
> 1677 elements have missing property definitions. The elements have been identified in element set ErrElemMissingSection.
> 这说明没有给模型的全部单元赋予材料和截面属性。这时应返回 **Property** 功能模块，重新为整个模型赋予截面属性，然后回到 **Job** 功能模块，重新提交分析作业。看到弹出提示信息："是否覆盖已有的 *Bracket-C3D20R* 分析作业结果文件"，点击 **OK**。

当 **Job Manager** 对话框中的 **Status** 变为 *Completed* 时，表示对模型的分析已经成功完成。点击 **Results**，进入 **Visualization** 功能模块。

3.2　后处理

如上所述，在 **Job** 功能模块中完成分析计算后可以直接进入 **Visualization** 功能模块进行后处理。除此之外，还可以按照以下方法来查看分析结果：在 ABAQUS/CAE 或 ABAQUS/Viewer 中点击主菜单 **File → Open**，在弹出的 **Open Database** 对话框中将 **File Filter**（文件类型）设置为 *Output Database*（*∗.odb*），打开与分析作业同名的 ODB 文件（在本实例中是 *Drucker-C3D20R.odb*）。

☆ 提示：如果希望把在后处理过程中生成的数据（例如 X-Y 曲线）保存在 ODB 文件中，则在打开 ODB 文件时，应在 **Open Database** 对话框中取消对 **Read Only**（只读）属性的选择。

☆ 提示：在安装 ABAQUS 时可以设置 ABAQUS 输出文件和分析结果文件的默认工作目录。完成 ABAQUS 的安装后，还可以按照如下方法来修改此工作目录（以 ABAQUS 6.5-1 版本为例）：在 Windows 操作系统中点击［开始］→［程序］→［**ABAQUS 6.5-1**］，在 **ABAQUS CAE** 上点击右键，选择［属性］，然后就可以把［起始位置］修改为所希望的工作目录（这同时也是使用 ABAQUS/CAE 打开文件时的默认路径）。同样方法，也可以对［**ABAQUS 6.5-1**］中的 **ABAQUS Command** 和 **ABAQUS Viewer** 进行类似的修改。

下面将练习 **Visualization** 模块中的以下功能。
1) 显示变形图、云纹图和矢量图。
2) 逐格显示各个时间增量步。
3) 通过切面来观察模型内部的分析结果。
4) 设置各种显示方式的参数。
5) 显示节点编号，边界条件。
6) 改变所要显示的场变量。
7) 查询节点的分析结果，并将其写入一个文件。
8) 更改背景颜色，保存图像。
9) 显示动画，把动画保存为 AVI 文件。
10) 显示 X-Y 曲线图和路径上的分析结果。
11) 生成数据报告。
具体的操作步骤如下。

1. 显示变形图

点击左侧工具区中的 ▨（Plot Deformed Shape），显示出变形后的网格模型。

2. 显示云纹图

点击左侧工具区中的 ▨（Plot Contours），显示出最后一个分析步结束时的 Mises 应力云纹图（见图 3-32）。

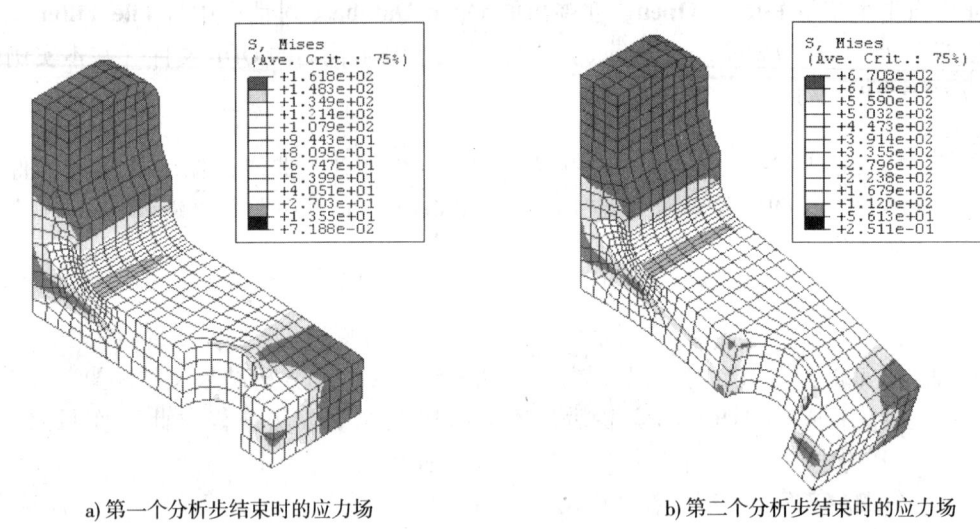

a) 第一个分析步结束时的应力场 　　　　　　　　b) 第二个分析步结束时的应力场

图 3-32　Mises 应力的云纹图（变形缩放系数为 30）

3. 逐格显示各个时间增量步

点击窗口底部提示区中的 ▶ （向前）或 ◀ （向后），可以逐格显示各个时间增量步下的云纹图。点击 ⏮ 或 ⏭ 可以直接跳至当前分析步的开始或结束时刻。

> ☆ 提示：在视图区底部的提示信息中可以看到，分析步 *Step-Load-1* 的初始时间增量步为 0.2，然后的增量时刻分别是 0.4、0.7 和 1，这是 ABAQUS 根据迭代的情况自动调整了时间增量步的大小。

4. 改变场变量

点击主菜单 **Results**→**Field Output**，在 **Field Output** 对话框中选择输出变量为 **Invariant**：*Max. Principle*，点击 **OK**。视图区中显示出最大主应力的云纹图。

5. 查询节点上的分析结果

点击窗口顶部工具栏中的 ⓘ （Query Information），在弹出的 **Query** 对话框中选择 **Probe values**（查询分析结果），点击 **OK**。在弹出的 **Probe Values** 对话框中，将 **Probe** 设为 *Nodes*，选择 **S, Max. Principle**，然后将鼠标移至应力集中处（红色区域），节点的最大主应力就会在 **Probe values** 对话框中显示出来。

可以看到，此区域的最危险部位为节点 46，在第二个分析步结束时，其最大主应力为 751.3MPa，需要改进支架的设计来减小应力集中。

6. 把查询结果写入文件

点击需要写入文件的节点，其查询结果就会在 **Probe Values** 对话框的底部显示出来。点击 **Write to File**，弹出 **Report Probe Values** 对话框，在 **Name** 后面输入希望保存的文件名，然后点击 **OK**，此文件会被保存在默认的工作目录下。

> ☆ 提示：只是在关闭了 **Probe Values**（查询结果）对话框和 **Create Display Group**（创建显示组）对话框时，在窗口底部提示区中才会显示出 ⏮ ◁ ▷ ⏭ 等按钮。

7. 通过切面视图来观察模型内部的分析结果

在主菜单中选择 **Tools→View Cut→Manager**，在 **View Cut Manager** 对话框可以看到，ABAQUS/CAE 已经建立了三个基于全局坐标系的切面视图：*x-plane*、*y-plane* 和 *z-plane*，点击其中的某个切面视图前面的小方框（见图3-33），视图区中会相应地显示出切面的效果。拖动 **View Cut Manager** 对话框底部的滚动条，可以看到切面的位置会随之移动。点击此对话框中的 **Create**，可以创建新的切面视图。

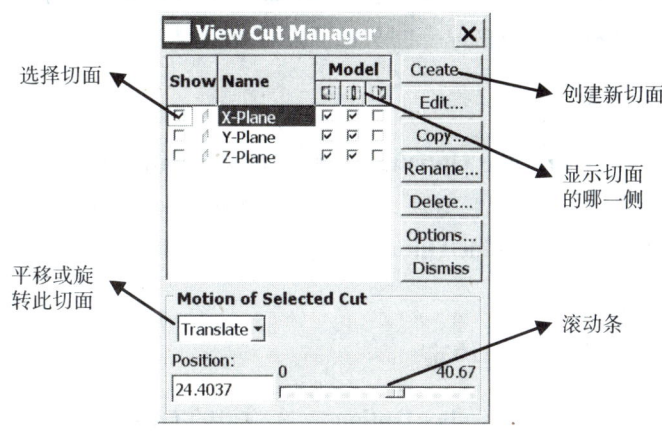

图 3-33　通过切面视图来观察模型内部的分析结果

8. 设置云纹图的显示方式

在显示云纹图的状态下，点击窗口底部提示区中的 **Contour Options**，弹出 **Contour Plot Options** 对话框。在 **Basic** 标签页中把 **Visible Edges**（可见的边）设置为 *Feature edges*（特征边），点击 **Apply**。可以看到，云纹图中不再显示单元网格，而是只显示出模型的轮廓线。把 **Contour Intervals**（云纹图间隔）设置为 *Continuous*，点击 **Apply**。可以看到，云纹图的颜色过渡变得更为连续。

9. 显示节点编号

在 **Contour Plot Option** 对话框中点击 **Labels** 标签页，然后选中 **Show node labels**（显示

节点编号），点击 **Apply**。可以看到，模型显示出节点编号。取消对 **Show node labels** 的选择，再次点击 **Apply**。

10. 设置变形的缩放系数

在 **Contour Plot Option** 对话框中点击 **Shape** 标签页，然后把 **Deformed Scale Factor**（变形显示比例）设置为 *Uniform*（各方向采用相同的比例），在 **Value** 后面输入 50，点击 **Apply**。可以看到，模型的变形程度增大了。把 **Plot Contours On** 设置为 *Undeformed shape*（未变形的模型），点击 **Apply**。可以看到，云纹图显示在未变形的模型上。

11. 设置云纹图的最大值

在 **Contour Plot Option** 对话框中点击 **Limits** 标签页，然后把 **Max**（云纹图的最大值）设置为 *Specify*：500，点击 **Apply**。可以看到，最大主应力大于 500 的区域显示为灰色。

12. 设置云纹图的颜色

在 **Contour Plot Option** 对话框中点击 **Color & Style** 标签页，然后再选择其中的 **Spectrum** 标签页，点击 **Greater than max** 后面的灰色方块。在弹出的 **Select Color** 对话框中，选择底部一排色块中的红色，点击 **OK**。在 **Contour Plot Option** 对话框中点击 **OK**，可以看到，最大主应力大于 500 的区域由原来的灰色变为红色。

13. 更改背景颜色

点击主菜单 **View → Graphic Options**，在弹出的 **Graphic Options** 对话框中点击 **Viewport Background**：**Solid** 后面的黑色方块，在弹出的 **Select Color** 对话框中，选择底部一排色块中的白色，点击 **OK**。在 **Graphic Options** 对话框中点击 **OK**，可以看到，视图区的背景颜色由原来的黑色变为白色。

14. 显示边界条件和耦合约束

点击主菜单 **View → ODB Display Options**，在弹出的 **ODB Display Options** 对话框中点击 **Entity Display** 标签页，选中 **Show boundary conditions** 和 **Show coupling constraints**，然后点击 **Apply**。可以看到，模型的边界条件和耦合约束都显示出来。取消对 **Show boundary conditions** 和 **Show coupling constraints** 的选择，然后点击 **OK**。

15. 将图像保存为文件

点击主菜单 **File → Print**，在弹出的 **Print** 对话框中，将 **Destination** 设为 *File*，在 **File name** 后面输入要保存的文件名，将 **Format** 设为所需的格式（例如 *TIFF*），然后点击 **OK**。

16. 显示动画

点击左侧工具区中的 （Animate：Time History），可以显示变形过程的动画，再次点击此图标即可停止动画。

17. 设置动画速度

在显示动画的状态下，点击窗口底部提示区中的 **Animation Options**，然后在 **Player** 标签页中拖动 **Frame Rate** 滚动条，再点击 **Apply**，就可以改变动画显示的速度。点击 **Time History** 标签页，可以选择显示哪个分析步的动画。

18. 保存动画

在播放动画的状态下，点击主菜单 **Animate → Save As**，在 **File name** 后面输入希望保存的文件名，然后点击 **OK**。

> ☆ 提示：如果发现生成的 AVI 文件只有一幅静止的画面，可能的原因是在点击主菜单 **Animate → Save As** 时，没有处在运行动画的状态下。

> ☆ 提示：如果在保存动画时出现图 3-34 所示的错误信息，可能的原因是有其他程序（例如 Windows Media Player 或 Real Player）正在使用此动画文件。解决方法是关闭正在使用此文件的程序，或者以其他的文件名保存动画文件。

19. 显示矢量图

点击主菜单 **Results→Field Output**，在 **Field Output** 对话框中选择输出变量为 **Name：** U，点击 **OK**。点击左侧工具区中的 ▛ （Plot Symbols for Vectors or Tensors），视图区中显示出位移的矢量图（见图 3-35）。

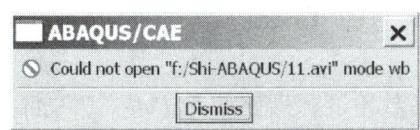

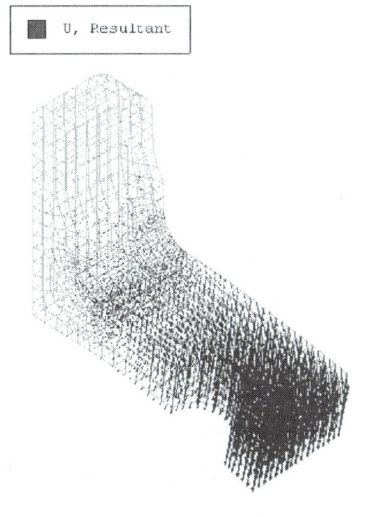

图 3-34　保存动画时的错误信息图　　　　图 3-35　显示位移的矢量图

20. 用 X-Y 曲线图来显示位移随时间的变化

点击左侧工具区中的 ⌐ 来恢复云纹图显示。在主菜单中选择 **Tools → XY Data → Manager**，点击 **Create**，在 **Create XY Data** 对话框中选择 **ODB Field output**，然后点击 **Continue**。

在 **XY Data from ODB Field Output** 对话框中将默认的 **Position**：*Integration Point* 改为 **Position**：*Unique Nodal*，点击 **U**：**Spatial displacement** 旁边的三角形，然后选中 **Magnitude**。点击此对话框中的 **Elements/Nodes** 标签页，再点击 **Edit Selection**。在视图区中点击图 3-23 中的 M 点，点击鼠标中键，然后点击对话框底部的 **Save**。在弹出的 **Save XYData** 对话框中点击 **OK**，然后在 **XY Data from ODB Field Output** 对话框中点击 **Dismiss**。

在 **XY Data Manager** 对话框中点击 **Plot**，视图区中就显示出节点位移随时间变化的曲线图（见图 3-36）。在此对话框中点击 **Edit**，在弹出的 **Edit XY Data** 对话框中拖动鼠标，选中所有数据，然后点击右键，选择 **Copy**，就可以把此曲线中的数据复制至剪贴板，供其他 Windows 程序（例如 Microsoft Excel）使用。

在 **XY Data Manager** 对话框中点击 **Copy to ODB**，就可以把当前的 X-Y 曲线保存在 ODB 文件中（其前提是此 ODB 文件不是以 Read Only 方式打开的）。

点击窗口顶部工具栏中的 ⓘ，在 **Query** 对话框中选择 **Probe values**，点击 **OK** 就可以查询曲线图上各点的数据。

21. 定义节点路径

点击左侧工具区中的 ⌐ 来恢复云纹图显示（如果以后需要重新显示 X-Y 曲线图，可以点击工具区中的 ▦）。在主菜单中选择 **Tools → Path → Create**，在 **Create Path** 对话框中点击 **Continue**，然后在 **Edit Node List Path** 对话框中点击 **Add After**。在视图区中依次点击图 3-23 中的从点 M 到点 L 的各个节点，最后点击鼠标中键，然后在 **Edit Node List Path** 对话框中点击 **OK**。

22. 沿路径显示分析结果

在主菜单中选择 **Tools → XY Data → Manager**，点击 **Create**，在 **Create XY Data** 对话框中选择 **Path**，然后点击 **Continue**。

在 **XY Data from Path** 对话框中，保持默认参数不变，即路径为 *Path-1*，X 值为 *True distance*（路径上的实际距离），Y 值为 Step 2 结束时的 *UMagnitude*（合位移），点击 **Save As**，在弹出的 **Save XY Data As** 对话框中点击 **OK**。

在 **XY Data from Path** 对话框中点击 **Plot**，视图区中显示出节点位移随路径变化的曲线图（见图 3-37）。

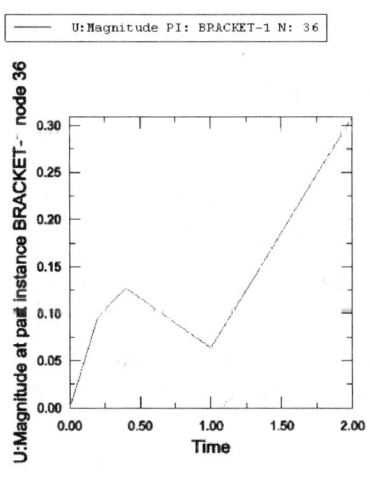

图 3-36 节点位移随时间的变化

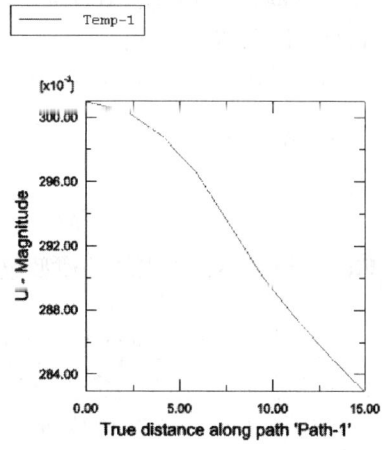

图 3-37 路径上的节点位移

23. 生成数据报告

在主菜单中选择 **Report → XY**，在弹出的 **Report XY Data** 对话框中拖动鼠标，选中所有曲线。点击 **Setup** 标签页，在 **Name** 后面输入报告文件名，然后点击 **OK**。在默认的工作目录下可以找到生成的报告文件。

3.3 改进支架的设计

如上所述，支架内圆角处的应力较大，需要改进设计。本实例中的材料、边界条件、载荷等都直接定义在参数化的几何模型上，因此在修改部件的几何尺寸时，已经定义过的大部分模型参数都不受影响，可以很容易地对设计方案进行改进。

通常可以考虑使用以下方法来改善内圆角处的应力状态和疲劳强度。

1）增大内圆角的半径。

2）改善内圆角处的表面粗糙度，以降低疲劳强度。

3）增大部件在内圆角处的厚度。

4）改变边界条件和载荷的状况。

5）使用强度更高的材料。

6）通过加工硬化或热处理，使内圆角处产生残余压应力。

☆ 提示：在 7.3 节中将介绍如何利用热应力来模拟热处理后的残余应力。

在选择使用上述方法时，要考虑相邻部件的尺寸限制、零件的重量限制、材料成本和生产加工成本等因素。下面将修改几何模型，使支架底部的厚度增大 2mm，重新分析计算。

在随书光盘的如下文件夹中可以找到改进后的模型文件。

1）ABAQUS 模型数据库文件（.cae）：

\Demo3-Bracket\CAE Model\BracketNew. cae

2）INP 文件和结果文件：

\Demo3-Bracket\Different Element Type and Mesh\BracketNew-C3D20R. *

3.3.1   修改部件

（1）保存模型   点击窗口顶部工具栏中的 来保存原有的模型 Bracket. cae。在主菜单中选择 **File→Save As**，输入新的模型数据库文件名 *BracketNew. cae*。

> ☆ 提示：也可以不使用 **File→Save As**，而是在主菜单中选择 **Model→Copy Model**，让新旧模型共存于同一个 . cae 文件中，但这样容易造成误操作，因此本书中总是为新的分析模型创建单独的 . cae 文件。

（2）修改几何尺寸   在 **Module** 列表中选择 **Part** 功能模块，如果视图区中没有显示出支架，可以在窗口顶部的环境栏的右侧选择 **Part**：*Bracket*。点击左侧工具区中的 （Edit Feature），把鼠标移动到支架上，看到整个支架的轮廓被高亮度显示，点击鼠标左键。在弹出的 **Edit Feature** 对话框中，点击 **Edit Section Sketch**，于是 ABAQUS/CAE 自动进入绘图环境。点击窗口顶部的 ，拖动鼠标来缩小对模型的显示。

（3）改变顶点位置   选择左侧工具区中的 （Edit Vertex Location），按住鼠标左键不放，在屏幕上画一个矩形框来选中图 3-38 中的顶点 A 和 B，在视图区中点击鼠标中键。点击窗口底部提示区中的 **Translate**（平移），然后在提示区中输入平移向量的起始点坐标（0，0），按回车键确认，再输入平移向量的终点坐标（0，−2），按回车键确认，在视图区中点击鼠标中键，得到如图 3-39 所示的图形。

> ☆ 提示：在修改部件几何形状时，尽量使用 来改变顶点位置，或使用 来修改尺寸，而不要创建或删除线段，这样可以减少对已定义的部件特征、集合和面的影响。

在视图区中点击鼠标中键来退出绘图环境，在 **Edit Feature** 对话框中点击 **OK**，得到如图 3-40 所示的部件。

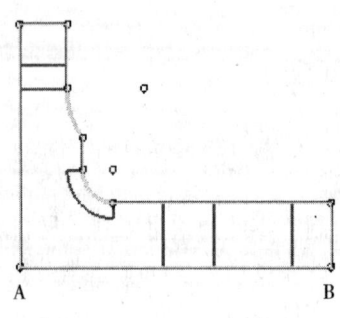

图 3-38   初始的截面图形

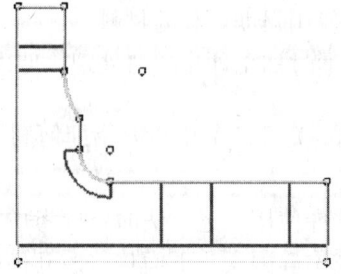

图 3-39   增大支架底部的厚度

可以看到，改变支架厚度后，已有的倒角、切割圆孔和对三维区域的分割都没有受到影响，只有端面受力区域的分割线没有随着厚度的增大而延长（见图 3-40）。下面将修改此分割线，使其贯穿整个端面。

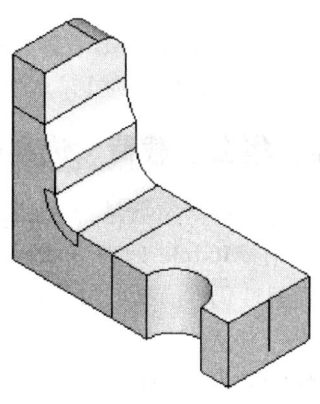

图 3-40　加大底部厚度后的部件

（4）修改端面受力区域的分割线　在窗口左侧的模型树中逐级展开 **Parts**/*Bracket*/**Features**（见图 3-41），当点击此层次下的各个特征时，视图区中会以红色高亮度显示此特征，在 *Partition Face-2* 上点击右键，然后选择 **Edit**，在 **Edit Feature** 对话框中点击 **Edit Section Sketch**。

在绘图环境中，点击左侧工具区中的 ，延长端面受力区域的分割线，使其贯穿整个端面（见图 3-42）。在视图区中点击鼠标中键来退出绘图环境，在 **Edit Feature** 对话框中点击 **OK**。

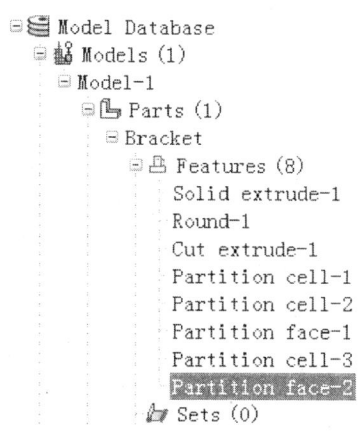

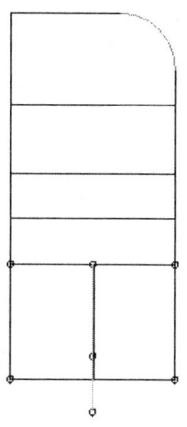

图 3-41　在模型树中找到对端面
　　　　受力区域所做的分割

图 3-42　延长端面受力区域的分割线

3.3.2　设置时间增量步

为缩短分析时间，将分析步 *Step-Load-1* 的初始增量步增大为 1，具体操作方法是：在 **Module** 列表中选择 **Step** 功能模块，在主菜单中选择 **Step→Manager**。在弹出的 **Step Manager** 对话框中，选择 *Step-Load-1*，点击 **Edit**。在随后弹出的 **Edit Step** 对话框中，点击 **Incrementation** 标签，设置 **Increment size**：**Initial** 为 1，点击 **OK**。

3.3.3　检查截面属性、面、集合、载荷、边界条件和约束

下面检查修改几何模型后，原有的模型参数是否受到影响。

（1）检查已定义的截面属性　在 **Module** 列表中选择 **Property** 功能模块，看到整个模型仍然是绿色的，表明原有的截面属性仍然有效；如果模型变为灰色，表明需要重新赋予截面属性。

（2）检查已定义的面　在 **Module** 列表中选择 **Load** 功能模块，在主菜单中选择 **Tools → Surface → Manager**，在 **Surface Manager** 对话框中选择 *Surf-Load*，点击 **Edit**，可以看到，在视图区中显示出的面是不正确的。点击正确的面（图 3-26 中的面 NMM′N′），在视图区中点击鼠标中键来确认。类似地，检查 *Surf-Hole* 面，看到其位置是正确的。

（3）检查已定义的集合　在主菜单中选择 **Tools→Set→Manager**，在 **Set Manager** 对话框中逐个选择各个集合，点击 **Edit**，可以看到，原有的集合都还是正确的。

（4）检查已定义的载荷　在主菜单中选择 **Load→Manager**，在 **Load Manager** 对话框中逐个选择各个载荷相应的 **Created** 栏，点击 **Edit**，视图区中施加载荷的区域显示为红色，可以看到，原有的载荷都还是正确的。

（5）检查已定义的边界条件　在主菜单中选择 **BC→Manager**，使用类似的方法可以看到，原有的边界条件都还是正确的。

（6）检查已定义的耦合约束　在 **Module** 列表中选择 **Interaction** 功能模块，在主菜单中选择 **Constrain→Manager**，使用类似的方法可以看到，原有的耦合约束也还是正确的。

3.3.4　重新划分网格

修改几何模型后需要重新划分网格。在 **Module** 列表中选择 **Mesh** 功能模块，在窗口顶部的环境栏中把 **Object** 选项设为 *Part*：*Bracket*。

点击左侧工具区中的 （Mesh Part Instance），在视图区中点击鼠标中键，得到新的网格。可以看到，修改部件的几何尺寸后，可以很容易地基于原有的网格种子来重新划分网格。

3.3.5　分析计算和后处理

在 **Module** 列表中选择 **Job** 功能模块。点击左侧工具区中的 （Job Manager），弹出 **Job Manager** 对话框，点击 **Rename**，输入新的分析作业名称 *BracketNew-C3D20R*，然后点击 **OK**。

在 **Job Manager** 对话框中点击 **Submit**。当 **Status** 由 *Running* 变为 *Completed* 时，点击 **Results** 来进入 **Visualization** 功能模块。按照第 3.2 节介绍的方法，查询出内圆角处最危险部位的最大主应力为 616.4MPa，应力集中得到了改善。

至此，对此实例的完整分析过程已经完成。点击窗口顶部工具栏中的 ⊞ 来保存模型，然后点击窗口右上角的 ✕ ，退出 ABAQUS/CAE。

3.4 不同单元性能的比较

采用不同的单元类型来分析增大厚度后的支架模型，得到的应力和位移结果见表 3-1 和表 3-2。其中 Hex 单元都使用第 3.3.4 节中的网格，Tet 单元网格（见图 3-43）与 Hex 单元网格具有相同的种子分布。在随书光盘的如下文件夹中可以找到相应的 ABAQUS 文件：\ Demo3-Bracket \ Different Element Type and Mesh \ 。

通过这些分析结果，可以得出与第 2.7.11 和第 2.7.12 节相一致的结论。

1）如果希望以应力集中部位的节点应力作为分析指标，则不要选用线性减缩积分单元（C3D8R）。

2）如果在应力集中部位进行了网格细化，使用六面体二次减缩积分单元（C3D20R）与六面体二次完全积分单元（C3D20）得到的应力结果很接近，都具有较高的精度。

3）如果能保证模型所关心部位的网格没有大的扭曲，使用非协调单元（C3D8I）可以用较小的计算代价得到较高的精度，是一种可行的方案。

4）基于相同的网格种子，使用四面体二次单元（C3D10 或 C3D10M）与六面体二次单元得到的应力结果很接近，但四面体二次单元的计算代价很大。

5）采用六面体线性完全积分单元（C3D8）或四面体线性单元（C3D4）得到的分析结果都很差，因此尽量不要使用这两种单元。

6）除四面体线性单元（C3D4）之外，采用各种单元类型得到的位移结果相差不大。

表 3-1　各种 Hex 单元的分析结果比较

单 元 类 型	分 析 结 果		求解方程数	CPU 时间/s
	内圆角应力集中处的最大主应力/MPa	支架端部顶点在 Y 方向上的位移 U2/mm		
C3D20R （20 节点六面体二次减缩积分单元）	**616.4**	0.1995	28230	43.5
C3D20 （20 节点六面体二次完全积分单元）	**629.4**	0.1994	28230	55.1
C3D8I （8 节点六面体线性非协调模式单元）	**621.3**	0.1971	32305	8.9
C3D8 （8 节点六面体线性完全积分单元）	**563.9**	0.1965	7566	6.3
C3D8R，Hourglass = Enhanced （8 节点六面体线性减缩积分单元）	**507.2**	0.1971	7566	6.1

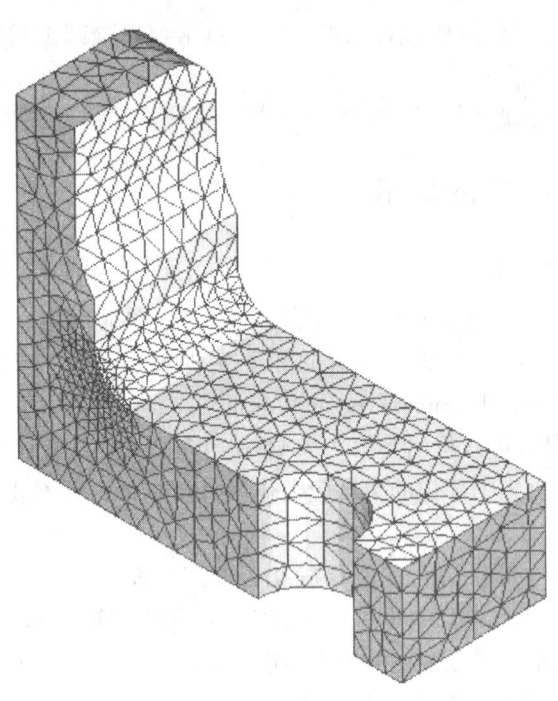

图 3-43   Tet 单元网格

表 3-2   各种 Tet 单元的分析结果比较

单 元 类 型	分 析 结 果		求解 方程数	CPU 时间 /s
	内圆角应力集中处的 最大主应力/MPa	支架端部顶点在 Y 方向上的位移 U2/mm		
C3D10M （修正的 10 节点四面体二次单元）	**642. 5**	0. 2042	83398	93. 3
C3D10 （10 节点四面体二次单元）	**636. 2**	0. 2044	49872	75. 9
C3D4 （4 节点四面体线性单元）	**554. 2**	0. 1883	7107	8. 1

3.5   本章小结

本章通过一个线性静力分析的工程实例，详细介绍了 ABAQUS 建模、分析和后处理的主要方法，练习了 ABAQUS/CAE 的以下功能。

1. 实体建模

1）**Sketch** 功能模块：导入 CAD 二维图形，绘制线段、圆弧和倒角，添加尺寸，修改平面图，输出平面图。

2）**Part** 功能模块：通过拉伸来创建几何部件，通过切割和倒角来定义几何形状。

3）**Property** 功能模块：定义材料和截面属性。

4）**Mesh** 功能模块：布置种子，分割实体和面，选择单元形状、单元类型、网格划分技术和算法，生成网格，检验网格质量，通过分割来定义承受载荷的面。

5）**Assembly** 功能模块：创建非独立实体。

6）**Step** 功能模块：创建分析步，设置时间增量步和场变量输出结果。

7）**Interaction** 功能模块：定义分布耦合约束。

8）**Load** 功能模块：定义幅值，在不同的分析步中分别施加面载荷和随时间变化的集中力，定义边界条件。

9）**Job** 功能模块：创建分析作业，设置分析作业的参数，提交和运行分析作业，监控运行状态。

2. 后处理

1）显示变形图、云纹图和矢量图。

2）逐格显示各个时间增量步。

3）通过切面来观察模型内部的分析结果。

4）设置各种显示方式的参数。

5）显示节点编号，边界条件。

6）改变所要显示的场变量。

7）查询节点的分析结果，并将其写入一个文件。

8）更改背景颜色，保存图像。

9）显示动画，把动画保存为 AVI 文件。

10）显示 X-Y 曲线图，显示路径上的分析结果。

11）生成数据报告。

3. 不同的单元类型的性能比较

1）如果希望以应力集中部位的节点应力作为分析指标，则不能选用线性减缩积分单元（C3D8R），而要使用六面体二次减缩积分单元（C3D20R）或六面体二次完全积分单元（C3D20）。如果能保证模型所关心部位的网格没有大的扭曲，使用非协调单元（C3D8I）可以用较小的计算代价得到较高的精度，是一种可行的方案。

2）四面体二次单元的精度很高，但计算代价很大。

3）采用六面体线性完全积分单元（C3D8）或四面体线性单元（C3D4）得到的分析结果都很差，因此尽量不要在模型中使用这两种单元。

第4章　ABAQUS 的主要文件类型

```
*PART
......
*END PART
......
*ASSEMBLY
*INSTANCE
......
*END INSTANCE
......
*END ASSEMBLY
......
*STEP
......
*END STEP
```

本章要点：

※　INP 文件的基本格式

※　带孔方板实例的 INP 文件

※　支架实例的 INP 文件

※　修改和运行 INP 文件

※　查看分析过程信息：STA 文件，
MSG 文件，DAT 文件

※　设置 ABAQUS 的运行环境

前面介绍了使用 ABAQUS/CAE 建模的方法，在使用 ABAQUS 的过程中，还会用到多种不同类型的文件，例如 INP 文件（输入数据文件）、STA 文件（状态文件）、MSG 文件（消息文件）、DAT 文件（打印输出文件）和环境文件 *abaqus_v6.env*。关于 ABAQUS 的文件类型，请参见 ABAQUS 帮助文件《ABAQUS Analysis User's Manual》第 3.6.1 节 "File extensions used by ABAQUS"。

本章将介绍 INP 文件的作用、生成方法、基本格式和运行方式，并详细分析第 2 章和第 3 章中的实例所对应的 INP 文件，帮助读者掌握常用关键词的使用方法。另外，还将讨论如何利用 STA 文件、MSG 文件和 DAT 文件来得到分析过程的信息，以及如何使用环境文件 *abaqus_v6.env* 来设置 ABAQUS 的运行环境。

4.1　INP 文件简介

1. INP 文件的作用

INP 文件（扩展名为 .inp）是一种文本文件，它包含了对整个模型的完整描述，在前处理器（例如 ABAQUS/CAE）和求解器（ABAQUS/Standard 或 ABAQUS/Explicit）之间建立了一个传递数据的桥梁。

☆ 提示：ABAQUS/Standard 和 ABAQUS/Explicit 的分析对象都是 INP 文件，而不是 .cae 文件。在 ABAQUS 的早期版本中，并没有 ABAQUS/CAE 这一前处理器，用户只能直接使用 INP 文件来建模。

前面介绍的实例都是只使用 ABAQUS/CAE 来完成整个前处理过程。事实上，在很多情况下，使用 INP 文件不但可以更方便地修改模型参数，控制分析过程，还可以完成一些 ABAQUS/CAE 所不支持的功能。

2. INP 文件的生成方法

各种常用的前处理器（例如 MSC.PATRAN、FEMAP）大多都支持以 INP 文件的格式来输出模型。在 ABAQUS/CAE 中，如果在 **Job** 功能模块中提交分析作业，或者点击 **Job Manager** 对话框中的 **Write Input**，就会在默认的工作目录下生成 INP 文件。

3. INP 文件的格式

INP 文件由一系列的数据块构成，每个数据块描述模型的某部分特定信息。一个数据块总是以带有 * 号的关键词（keyword）开始，其后往往带有相应的参数，以及一个或多个数据行（data line），例如：

ELEMENT, TYPE = CPS4, ELSET = My-Elem-Set

1, 1, 12, 57, 23

2, 12, 13, 58, 57

其含义是：定义单元，其类型为 *CPS4*，属于名为 *My-Elem-Set* 的单元集合。单元 1 由节点 1、12、57 和 23 构成，单元 2 由节点 12、13、58 和 57 构成。

附录 D 列出了本书实例中用到的关键词。在 ABAQUS 帮助文档《ABAQUS Keywords Reference Manual》中可以查到每个关键词的用法。例如，查询上述 *ELEMENT 的用法，可以看到，TYPE 是必不可少的参数（required parameter），而 ELSET 是可供选择的参数（optional parameter）。

INP 文件的格式遵循以下规则。

1）如果一行以 ** 开始，则为注释行，其内容在分析过程中不起作用。

2）整个 INP 文件中不应有空行，否则会在分析时出现异常错误。如果希望使用空行来隔开两部分内容，应在此行的开头输入 **，表明这行是注释行。

3）关键词、参数、集合名称和面的名称都不区分大小写（用户子程序中用到的集合或面除外）。

4）INP 文件的每一行不能超过 256 个字符，有些关键字对此还有进一步的规定。例如，前面介绍的 *ELEMENT 要求在每个数据行中包含的节点数不超过 15 个，总共最多 80 个字符；*ELSET 和 *NSET 要求在每个数据行中包含的数据不超过 16 个，如果超出 16 个，超出的部分会被忽略。

5）如果一行没有结束而需要换行时，需要在此行的结尾加上逗号，表明下一行将是这一行的延续。

6）在关键词和各个参数之间，以及数据行中的各个数据之间都要用逗号分隔。如果一个数据行中只包含一个数据项，也要在结尾处加上一个逗号。

7）对关键词、参数和数据行的书写位置没有像 FORTRAN 文件那样的严格限制，在词与词之间的空格或制表符（按 TAB 键）不影响其内容。

8）对于浮点数，下列表示方法都是有效的：

5	5.0	5.
5.0E +0	.5E +1	50. E – 1

☆ 提示：在本书第 11.1 节 "DAT 文件中的错误信息和警告信息" 中，举例介绍了常见的 INP 格式错误。

4. INP 文件的结构

图 4-1 显示了 INP 文件的基本结构，其各个部分的内容将在下文中详细说明。在 ABAQUS 帮助文档《ABAQUS Keywords Reference Manual》中，可以查询到每个关键词应出现在 INP 文件的什么位置。例如，在对关键词 *NSET（节点集合）的解释中可以看到如下说明："**Level**: *Part Part Instance Assembly Model Step*"，其含义为：此关键词可以出现在 INP 文件的以下位置。

1）Part 数据块中，即 *PART 和 *END PART 之间。

2）Instance 数据块中，即 *INSTANCE 和 *END INSTANCE 之间。

3）Assembly 数据块中，即 *ASSEMBLY 和 *END ASSEMBLY 之间。

4）Step 数据块中，即 ∗STEP 和 ∗END STEP 之间。

5）整个模型层（Model），即上述 Part、Instance、Assembly 和 Step 数据块之外。

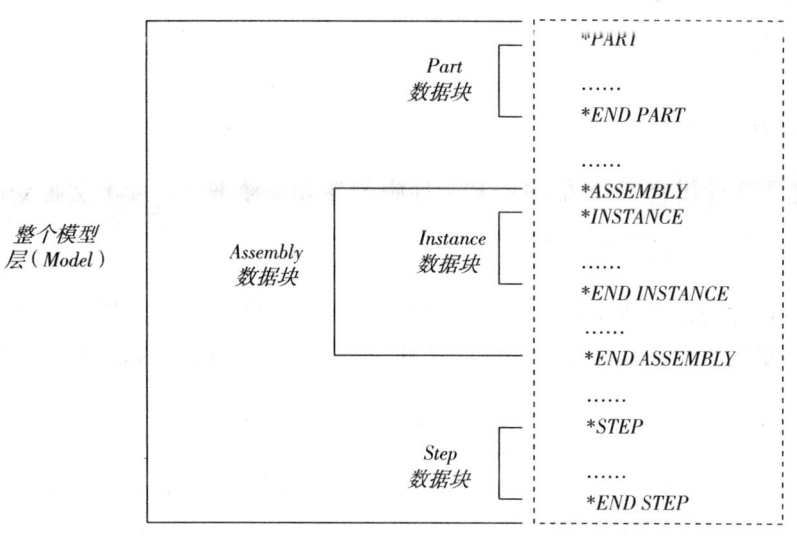

图 4-1　INP 文件的基本结构

☆ 提示：本书中使用省略号来表示此处略去 INP 文件中的具体数据。

4.2　带孔方板实例的 INP 文件

下面详细分析一下第 2 章中带孔方板实例的 INP 文件 *Plate-CPS8. inp*。在随书光盘的以下目录中可以找到此文件：\Demo2-PlateWithHole\Analysis Results\。

☆ 提示：查看和修改 INP 文件时，建议使用 EditPlus 或 UltraEdit 等专门的文本编辑软件。
　　　　如果使用 Windows 操作系统中的记事本，当 INP 文件较大时运行速度会很慢。

1.　∗HEADING

INP 文件总是以 ∗HEADING 开头，接下来可以用一行或多行来写下此模型的标题和相关信息。*Plate-CPS8. inp* 文件中的 ∗HEADING 后面没有出现具体的信息。

2.　∗PREPRINT

使用关键词 ∗PREPRINT 可以设置在 DAT 文件（. dat）中记录的内容。*Plate-CPS8. inp* 文件中的相关语句为

∗Preprint, echo = NO, model = NO, history = NO, contact = NO

其含义是：在 DAT 文件中不记录对 INP 文件的处理过程，以及详细的模型和历史数据，这是 ABAQUS 的默认设置。

3. ∗ PART

Part 数据块的格式为

> ∗ *PART*, *NAME* = <部件名称 >
>
> ……
>
> ∗ *END PART*

☆ 提示：本书中使用 < > 来描述 INP 文件中的参数或数据，例如上文提到的 <部件名称> ，在 *Plate-CPS8. inp* 文件中就是 *Plate1*。

如果此部件相应的实体是非独立实体（即网格划分在部件上），则 Part 数据块中将包含下面将要介绍的节点、单元、集合和截面属性等数据。*Plate-CPS8. inp* 文件中的实体就是非独立实体。

如果此部件相应的实体是独立实体，则 Part 数据块中只包含上述 ∗ PART 和 ∗ END PART 两行，而没有实质性的数据，诸如节点、单元、集合和截面属性等数据将出现在 Instance 数据块（ ∗ INSTANCE）中。

☆ 提示：如果 INP 文件是由 ABAQUS/CAE 生成的，其结构会包含部件（ ∗ PART）、装配件（ ∗ ASSEMBLY）、实体（ ∗ INSTANCE）等数据块。本书中介绍的 INP 文件都是这种形式的。如果 INP 文件是由其他前处理器（例如 MSC. PATRAN、FE-MAP 等）生成的，其结构将不包含部件、装配件和实体等数据块，而是直接定义节点和单元等数据。

4. ∗ NODE

对于一维模型，节点的基本表示方法是

> ∗ *NODE*
>
> <节点编号 > , <节点坐标 >

对于二维模型，其基本表示方法是

> ∗ *NODE*
>
> <节点编号 > , <节点坐标1 > , <节点坐标2 >

对于三维模型，其基本表示方法是

> ∗ *NODE*
>
> <节点编号 > , <节点坐标1 > , <节点坐标2 > , <节点坐标3 >

☆ 提示：节点和单元的编号可以不从 1 开始，也可以是不连续的。

在 INP 文件中，不同的部件或实体可以有相同的节点或单元编号。例如，部件 Part-A 的节点编号是 1、2、3、……，部件 Part-B 的节点编号也可以是 1、2、3、……。

☆ 提示：如果在定义载荷、边界条件或约束时需要引用这些节点编号，需要加上相应的实体名称作为前缀。例如，若部件 Part-A 和 Part-B 的相应实体分别名为 Part-A-1 和 Part-B-1，则实体 Part-A-1 的节点 5 就记作 Part-A-1.5，而实体 Part-B-1 的节点 5 记作 Part-B-1.5。

5. *ELEMENT

前面已经介绍过，使用关键词 *ELEMENT 可以定义单元，其基本形式是：
   *ELEMENT, TYPE = <单元类型>
   <单元编号>，<节点 1 编号>，<节点 2 编号>，<节点 3 编号>，……
在 Plate-CPS8.inp 文件中的 Element 数据块表示为
   *ELEMENT, TYPE = CPS8
   1, 1, 12, 57, 23, 102, 103, 104, 105
   2, 12, 13, 58, 57, 106, 107, 108, 103
   ……

6. 定义在 Part 或 Instance 数据块中的集合

集合有两种：节点集合（*NSET）和单元集合（*ELSET），它们又分为以下两类。
1）定义在 Part 或 Instance 数据块中的集合：这类集合出现在 *PART 和 *END PART 之间，或 *INSTANCE 和 *END INSTANCE 之间，一般用来定义截面属性。

☆ 提示：所有单元都必须被赋予截面属性，因此一般每个单元都会属于至少一个定义在 Part 或 Instance 数据块中的集合。

2）定义在 Assembly 数据块中的集合：这类集合出现在 *END INSTANCE 之后、*END ASSEMBLY 之前，一般用来定义载荷、边界条件、面、接触或约束等。

☆ 提示：节点集合和单元集合的名称不得超过 80 个字符，必须以字母开头（可以是下划线）。

节点集合和单元集合一般有两种表示方法，下面以定义在 Part 或 Instance 数据块中的集合为例分别加以介绍。
1）如果集合中的节点或单元编号是连续的，则可以表示为
   节点集合：   *NSET, NSET = <节点集合名称>，GENERATE
                   <起始节点编号>，<结束节点编号>，<节点编号增量>
   单元集合：   *ELSET, ELSET = <单元集合名称>，GENERATE
                   <起始单元编号>，<结束单元编号>，<单元编号增量>
例如，在 Plate-CPS8.inp 文件中定义了如下单元集合
   *ELSET, ELSET = _PickedSet2, INTERNAL, GENERATE

　　　　　1，80，1

　　其含义是：单元集合的名称为 _ PickedSet2，包含单元 1、2、3、……、80。参数 IN-TERNAL 不是必需的，它只是表明此集合是在 ABAQUS/CAE 中生成的。

　　2）如果集合中的节点或单元编号是不连续的，则可以依次列出集合中的所有节点或单元（每个数据行中的节点或单元编号不得超过 16 个），其格式为

　　　　节点集合：　　　　*NSET, NSET = <节点集合名称>
　　　　　　　　　　　　　<节点编号 1>，<节点编号 2>，……，<节点编号 16>
　　　　　　　　　　　　　……

　　　　单元集合：　　　　*ELSET, ELSET = <单元集合名称>
　　　　　　　　　　　　　<单元编号 1>，<单元编号 2>，……，<单元编号 16>
　　　　　　　　　　　　　……

7. *SOLID SECTION

截面属性的基本表示方法为

　　　　*SOLID SECTION, ELSET = <单元集合名称>，MATERIAL = <材料名称>
　　　　<截面参数>

其中的 <截面参数> 可以是二维模型的厚度或一维模型的截面面积等。在 *Plate-CPS8. inp* 文件中，此数据块表示为

　　　　*SOLID SECTION, ELSET = _ PickedSet2, MATERIAL = Steel
　　　　1.，

☆ 提示：材料名称不得超过 80 个字符，必须以字母开头（不可以是下划线）。

8. *ASSEMBLY

Assembly 数据块的格式为

　　　　*ASSEMBLY, NAME = <装配件名称>
　　　　……
　　　　*END ASSEMBLY

其中的省略号代表下面介绍的 Instance 数据块、定义在 Assembly 数据块中的集合数据块，以及与面和约束有关的数据块等。

9. *INSTANCE

Instance 数据块的格式为

　　　　*INSTANCE, NAME = <实体名称>，PART = <部件名称>
　　　　……
　　　　*END INSTANCE

Plate-CPS8. inp 文件中的实体是非独立实体，因此 Instance 数据块中不包含节点、单元、集合和截面属性等数据，只是简单表示为

　　*INSTANCE, NAME = Plate1-1, PART = Plate1
　　*END INSTANCE

10. 定义在 Assembly 数据块中的集合

对于定义在 Assembly 数据块中的集合，其表示方法与前面介绍过的定义在 Part 或 Instance 数据块中的集合基本相同，只是需要加上参数 INSTANCE = <实体名称>。例如，在 *Plate-CPS8. inp* 文件中定义了如下单元集合

　　*NSET, NSET = _ PickedSet5, INTERNAL, INSTANCE = Plate1-1
　　1, 2, 11, 12, 13, 14, 54, 55, 56, 102, 106, 109, 112, 260, 268, 276
　　281,

11. *SURFACE

面的基本表示方法为

　　*SURFACE, TYPE = <面的类型>, NAME = <面的名称>
　　<构成此面的集合 1>, <名称 1>
　　……

其中 <面的类型> 的默认值为 ELEMENT，即由单元构成的面。在 *Plate-CPS8. inp* 文件中的面表示为

　　*SURFACE, TYPE = ELEMENT, NAME = _ PickedSurf4, INTERNAL
　　_ PickedSurf4 _ S2, S2
　　_ PickedSurf4 _ S1, S1

其中的 __ PickedSurf4 _ S2 和 __PickedSurf4 _ S1 是两个单元集合的名称。

上面介绍了出现在 *ASSEMBLY 和 *END ASSEMBLY 之间的数据块。下面介绍的材料、边界条件、分析步、载荷和输出设置等数据块出现在 *END ASSEMBLY 之后。

12. *MATERIAL

线弹性材料的基本表示方法是

　　*MATERIAL, NAME = <材料名称>
　　*ELASTIC
　　<弹性模量>, <泊松比>

在 *Plate-CPS8. inp* 文件中的材料表示为

　　*MATERIAL, NAME = Steel
　　*ELASTIC
　　210000., 0. 3

如果需要定义弹塑性金属材料，还应使用关键词 *PLASTIC 来定义塑性应力应变曲线（详见第 6 章）。对于热传导分析、热力耦合分析和热电耦合分析，需要使用关键词 *CONDUCTIVITY 来定义传导率，并使用关键词 *SPECIFIC HEAT 来定义比热容。对于热膨胀问题，需要使用关键词 *EXPANSION 来定义热膨胀系数。对于以下类型的分析，需要使用关键词 *DENSITY 来定义密度。

1）使用 ABAQUS/Standard 进行特征频率分析、瞬态动力学分析、瞬态热传导分析、绝热应力分析或声学分析。

2）在 ABAQUS/Standard 中使用重力载荷、离心力载荷或旋转加速度载荷。

3）所有使用 ABAQUS/Explicit 的分析（流体静力学问题除外）。

13. ＊BOUNDARY

使用关键词 ＊BOUNDARY 可以定义边界条件。如果一个边界条件定义在初始分析步（Initial）中，则相应的 Boundary 数据块将出现在 ＊STEP 之前；如果一个边界条件定义在后续分析步中，则相应的 Boundary 数据块将出现在此后续分析步的 ＊STEP 和 ＊END STEP 之间。

> ☆ 提示：边界条件既可以被创建在初始分析步中，也可以被创建在后续分析步中；而载荷不能被创建在初始（initial）分析步中，只能被创建在后续分析步中。

下面以位移边界条件为例来介绍边界条件的表示方法。对于其他类型的边界条件，只需要把下文中的"位移"替换为相应的量（例如"速度"或"加速度"）即可。

图 4-2 描述了 ABAQUS 模型中的 6 个自由度，其中的坐标轴编号是 1、2、3，而不是常用的 X、Y、Z，因为模型的坐标系也可以是柱坐标系或球坐标系等。边界条件的定义方法主要有两种（这两种方法可以混合使用）：

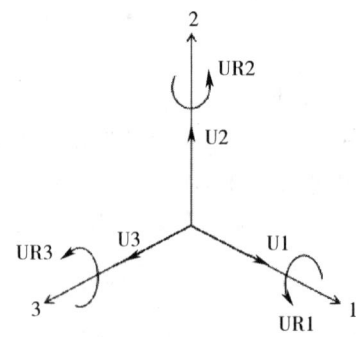

自由度1（U1）：沿坐标轴1方向上的平移自由度

自由度2（U2）：沿坐标轴2方向上的平移自由度

自由度3（U3）：沿坐标轴3方向上的平移自由度

自由度4（UR1）：坐标轴1上的旋转自由度

自由度5（UR2）：坐标轴2上的旋转自由度

自由度6（UR3）：坐标轴3上的旋转自由度

图 4-2　ABAQUS 模型中的 6 个自由度

（1）定义方法 1：使用 ABAQUS 约定的名称来表示某些常用的边界条件类型，其格式为

＊BOUNDARY

＜节点编号或节点集合＞，＜约定的边界条件类型＞

其中＜约定的边界条件类型＞包括以下几种：

XSYMM：　对称边界条件，对称面为与坐标轴 1 垂直的平面，即 U1 = UR2 = UR3 = 0；

YSYMM：　对称边界条件，对称面为与坐标轴 2 垂直的平面，即 U2 = UR1 = UR3 = 0；

ZSYMM：　对称边界条件，对称面为与坐标轴 3 垂直的平面，即 U3 = UR1 = UR2 = 0；

XASYMM：　反对称边界条件，对称面为与坐标轴 1 垂直的平面，即 U2 = U3 = UR1 = 0；

YASYMM：　反对称边界条件，对称面为与坐标轴 2 垂直的平面，即 U1 = U3 = UR2 = 0；

ZASYMM：　反对称边界条件，对称面为与坐标轴 3 垂直的平面，即 U1 = U2 = UR3 = 0；

PINNED：　约束所有平移自由度，即 U1 = U2 = U3 = 0；

ENCASTRE：约束所有自由度（固支边界条件），即 U1 = U2 = U3 = UR1 = UR2 = UR3 = 0。

在 *Plate-CPS8. inp* 文件中的 Boundary 数据块表示为

*　*　*Name*：*Fix-X Type*：*Symmetry/Antisymmetry/Encastre*

*　* BOUNDARY*

*　_PickedSet5 , XSYMM*

*　*　*

*　*　*Name*：*Fix-Y Type*：*Symmetry/Antisymmetry/Encastre*

*　* BOUNDARY*

*　_PickedSet6 , YSYMM*

其中的 _PickedSet5 和 _PickedSet5 是施加边界条件的节点集合。

（2）定义方法 2：直接定义受约束的自由度，其格式为

*　* BOUNDARY*

< 节点编号或节点集合 > , < 第一个自由度的编号 > , < 最后一个自由度的编号 > , < 位移值 >

如果边界条件中的位移为 0，上面的 < 位移值 > 可以省略；如果边界条件中只有一个自由度受约束，上面的 < 最后一个自由度的编号 > 也可以省略。例如，在 *Plate-CPS8. inp* 文件中的上述 XSYMM 边界条件（U1 = UR2 = UR3 = 0）也可以表示为

*　* BOUNDARY*

*　_PickedSet5 , 1*

*　_PickedSet5 , 5 , 6*

其中的 1 表示自由度 1（即 U1），5，6 表示从自由度 5（即 UR2）到自由度 6（即 UR3）。再比如，可以用下列语句来表示施加在实体 Plate1-1 节点 3 上的 ENCASTRE 边界条件（即 U1 = U2 = U3 = UR1 = UR2 = UR3 = 0）。

*　* BOUNDARY*

*　Plate1-1. 3 , 1 , 6*

其中的 1，6 表示从自由度 1 到自由度 6 的所有自由度。

下面再举一个给定位移值的例子，边界条件"实体 Plate1-1 节点 3 在 Y 轴方向上的位移值为 50"可以表示为

*　* BOUNDARY*

*　Plate1-1. 3 , 2 , 2 , 50*

14. *STEP

对于静力分析，Step 数据块的格式为

   *STEP, NAME = <分析步名称>

   *STATIC

   <初始增量步>，<分析步时间>，<最小增量步>，<最大增量步>

在 Plate-CPS8. inp 文件中的 Step 数据块表示为

   *STEP, NAME = "Apply Load"

   *STATIC

   1. , 1. , 1e-05 , 1.

其中的"Apply Load"是分析步名称。

15. 载荷

描述载荷的常用关键词为 *CLOAD（集中载荷）、*DLOAD（定义在单元上的分布载荷）和 *DSLOAD（定义在面上的分布载荷），其基本形式如下。

1）集中载荷

   *CLOAD

   <节点编号或节点集合>，<自由度编号>，<载荷值>

2）定义在单元上的分布载荷

   *DLOAD

   <单元编号或单元集合>，<载荷类型的代码>，<载荷值>

3）定义在面上的分布载荷

   *DSLOAD

   <面的名称>，<载荷类型的代码>，<载荷值>

其中 <载荷类型的代码> 的具体表示方法见 ABAQUS 帮助文件《ABAQUS Analysis User's Manual》第 19.4.3 节 "Distributed loads"。在 Plate-CPS8. inp 文件中的分布载荷表示为

   *DSLOAD

   _ PickedSurf4 , P , – 100.

其中，_ PickedSurf4 是承受载荷的面，P 表示载荷的类型为均布面载荷，– 100 是单位面积上的力（负号表示拉力）。

16. 设置输出数据

在 Plate-CPS8. inp 文件中，使用下列三个语句来设置写入 ODB 文件的分析结果。

   *RESTART, WRITE, FREQUENCY = 0

其含义是：不输出用于重启动分析的数据。关于重启动分析将在本书第 10.2.16 节进行详细介绍。

   *OUTPUT, FIELD, VARIABLE = PRESELECT

其含义是：将 ABAQUS 默认的场变量写入 ODB 文件。

   *OUTPUT, HISTORY, VARIABLE = PRESELECT

其含义是：将 ABAQUS 默认的历史变量写入 ODB 文件。

最后，使用关键词 ∗ END STEP 来表示当前分析步的内容结束。至此，整个 *Plate-CPS8. inp* 文件全部结束。

4.3　支架实例的 INP 文件

下面详细分析一下第 3 章中的支架实例所对应的 INP 文件 *Bracket-C3D20R. inp*。在随书光盘的以下目录中可以找到此文件：\Demo3-Bracket\Analysis Results\。此文件中包含以下数据。

```
** ------------------------------------------------------------
* Heading
** Job name：Bracket-C3D20R Model name：Model-1
**
**        设置 DAT 文件中记录的内容
* Preprint，echo = NO，model = NO，history = NO，contact = NO
** ------------------------------------------------------------
**        定义部件 Bracket
* Part，name = Bracket
**
**        定义节点:编号和坐标
* Node
    1，  8.，  12.，  15.
    2，  12.，  8.，  15.
……
**        定义单元:类型、单元编号和节点编号
**        (为了便于排版,下面节点编号的换行位置与原始文件不同)
* Element，type = C3D20R
1，113，496，1211，468，1，39，314，74，2257，2256，2255，2254，2258，
        2259，2260，2261，2263，2262，2264，2265
2，496，497，1212，1211，39，40，315，314，2268，2267，2266，2256，
        2269，2270，2271，2259，2262，2272，2273，2264
……
**        定义单元集合_ PickedSet33(包含部件 Bracket 的全部单元)
* Elset，elset = _ PickedSet33，internal，generate
  1，1677，1
**
**        定义截面属性:单元集合_ PickedSet33 的材料为 Material-1
* Solid Section，elset = _ PickedSet33，material = Material-1
1.，
```

```
**
**        结束对部件 Bracket 的定义
```
* **End Part**
```
** --------------------------------------------------------------------------
**        定义装配件
```
* **Assembly**, name = Assembly
```
**
**        定义实体 Bracket-1,其相应的部件是 Bracket
** (此实体是非独立实体,因此不包含节点、单元、集合和截面属性等数据)
```
* **Instance**, name = Bracket-1, part = Bracket
```
**
**        结束对实体 Bracket-1 的定义
```
* **End Instance**
```
**
**        定义参考点:节点编号为 1,坐标为 30,20,15
```
* **Node**
```
  1,    30. ,    20. ,    15.
**
**        为参考点定义节点集合 Set-Point
```
* **Nset**, nset = Set-Point
```
1 ,
**
**        定义节点集合 Set-Sym,它包含实体 Bracket-1 中的节点和参考点
```
* **Nset**, nset = Set-Sym, instance = Bracket-1
```
  1, 2, 5, 6, 15, 16, 17, 18, 19, 20, 21, 24, 28, 31, 32, 33
```
* **Nset**, nset = Set-Sym
```
1 ,
......
**        定义单元集合 Set-Sym,它包含实体 Bracket-1 中的单元
```
* **Elset**, elset = Set-Sym, instance = Bracket-1
```
  1, 2, 3, 4, 5, 6, 7, 8, 9, 10, 11, 12, 97, 98, 99, 100
......
**        定义单元集合_ Surf-Hole _ S5(用于定义面 Surf-Hole),它包含实体 Bracket-1 中的单元
```
* **Elset**, elset = _ Surf-Hole _ S5, internal, instance = Bracket-1
```
1374, 1391, 1392, 1393, 1456, 1473, 1474, 1475, 1538, 1555, 1556
1557, 1620, 1637, 1638, 1639
**        定义单元集合_ Surf-Hole _ S4(用于定义面 Surf-Hole),它包含实体 Bracket-1 中的单元
```
* **Elset**, elset = _ Surf-Hole _ S4, internal, instance = Bracket-1

1371，1372，1373，1431，1453，1454，1455，1513，1535，1536，1537，1595
1617，1618，1619，1677
**
**　　　　定义面 Surf-Hole，类型为 ELEMENT
* **Surface**，type = ELEMENT，name = Surf-Hole
_ Surf-Hole _ S5，S5
_ Surf-Hole _ S4，S4
**
**　　　　定义耦合约束 Constraint-Hole，参考点为节点集合 Set-Point，约束面为 Surf-Hole
* **Coupling**，constraint name = Constraint-Hole，ref node = Set-Point，surface = Surf-Hole
**　　　　约束类型为分布耦合，加权方式为 UNIFORM
* **Distributing**，weighting method = UNIFORM
**
**　　　　结束对装配件的定义
* **End Assembly**
** --
**　　　　定义幅值，名称为 Amp-1
* **Amplitude**，name = Amp-1
**　　　　增量时刻 1，幅值 1，增量时刻 2，幅值 2，……
0.，0.，0.2，1.5，0.4，2.，1.，1.
**
**　　　　定义线弹性材料，名称为 Material-1，弹性模量为 210000，泊松比为 0.3
* **Material**，name = Material-1
* **Elastic**
210000.，0.3
**
**　　　　定义固支边界条件，施加在节点集合 Set-Fix 上
* **Boundary**
Set-Fix，ENCASTRE
**
**　　　　定义对称边界条件，施加在节点集合 Set-Sym 上
* **Boundary**
Set-Sym，ZSYMM
** --
**　　　　定义分析步 Step-Load-1
* **Step**，name = Step-Load-1
**
**　　　　分析步类型为静力分析
**　　　　初始增量步 0.2，分析步时间 1，最小增量步 1e-05，最大增量步 1

* **Static**

0. 2 , 1. , 1e-05 , 1.

**

**　　　定义集中力,幅值为 Amp-1

**　　　施加在节点集合 Set-Point 上,方向为 Y 轴的负方向,大小为 1000

* **Cload** , amplitude = Amp-1

Set-Point , 2 , − 1000.

**

**　　　不输出用于重启动分析的数据

* **Restart** , write , frequency = 0

**

**　　　设置写入 ODB 文件的场变量

* **Output** , field

**　　　写入 ODB 文件的节点分析结果:节点位移 U

* **Node Output**

U ,

**　　　写入 ODB 文件的单元分析结果:应力 S

* **Element Output** , directions = YES

S ,

**

**　　　将 ABAQUS 默认的历史变量写入 ODB 文件

* **Output** , history , variable = PRESELECT

**

**　　　结束对此分析步的定义

* **End Step**

** --

**　　　定义分析步 Step-Load-2

* **Step** , name = Step-Load-2

**

* **Static**

1. , 1. , 1e-05 , 1.

**

**　　　定义分布面载荷:施加在面 Surf-Load 上,类型为均布剪力(TRSHR),

**　　　　　　　　　大小为 36,剪力的方向为(0, −1, 0)

* **Dsload**

Surf-Load , TRSHR , 36. , 0. , − 1. , 0.

**

**　　　(对输出数据的设置与分析步 Step-Load-1 相同)

……

∗ **End Step**

∗ ∗ --

4.4　修改和运行 INP 文件

从上面介绍的两个实例可以看出，使用 INP 文件可以很方便地描述模型参数，控制分析过程。另外，有些关键词所代表的功能是 ABAQUS/CAE 所不支持的，而只能通讨 INP 文件来实现。例如，多点约束 ∗MPC 就无法在 ABAQUS/CAE 中直接实现（但使用 ABAQUS/CAE 中的约束和连接件可以代替 ∗MPC 所提供的绝大部分功能）。

> ☆ 提示：在 ABAQUS 帮助文档《ABAQUS/CAE User's Manual》的附录 A.1 "ABAQUS keyword browser table" 中，可以查询到每个关键词所代表的功能是否可以在 ABAQUS/CAE 中实现，在哪个功能模块中实现。

在实际应用中，可以使用 ABAQUS/CAE 或其他前处理器来生成初步的 INP 文件，然后直接修改此 INP 文件的数据，从而更快捷地调整模型的参数，高效地完成分析。下面介绍一下修改和运行 INP 文件的方法。

4.4.1　使用文本编辑软件修改 INP 文件

使用 EditPlus 或 UltraEdit 等文本编辑软件可以很方便地修改 INP 文件。但需要注意，使用这种方法完成的修改不会影响模型数据库（.cae 文件）。换言之，在 ABAQUS/CAE 的 **Job Manager** 对话框中点击 **Write Input**，得到 INP 文件，然后使用文本编辑软件修改此 INP 文件，这时 ABAQUS/CAE 中的模型并没有随之发生变化。如果在 **Job Manager** 对话框中点击 **Submit**，得到的分析结果仍然是基于原有模型的，对 INP 文件所做的修改没有起作用。

使用以下三种方法，可以将修改后的 INP 文件提交分析。

方法 1：在 ABAQUS/CAE 中为修改后的 INP 文件创建分析作业，从而运行此 INP 文件。具体方法是：在 ABAQUS/CAE 的 **Job** 功能模块中，点击 **Job Manager** 对话框中的 **Create**，在 **Create Job** 对话框中将 **Source** 设为 **Input file**，然后点击 **Select**，选中修改后的 INP 文件，点击 **Continue**，再点击 **OK**。这样就可以像第 2、3 章中介绍的那样，在 **Job Manager** 对话框中点击 **Submit** 来提交分析，然后点击 **Monitor** 来监控分析过程。

方法 2：将 INP 文件导入 ABAQUS/CAE，从而创建一个新的模型。具体方法是：在 ABAQUS/CAE 的任何一个功能模块下，点击主菜单 **File → Import → Model**，选择要导入的 INP 文件。在窗口顶部环境栏的 **Model** 下拉列表中，就会出现与此 INP 文件同名的模型。

> ☆ 提示：INP 文件中不包含模型的几何信息，因此导入 INP 文件所生成的模型也同样不包含几何信息。

☆ 提示：如果 INP 文件中包含 ABAQUS/CAE 所不支持的关键词（例如用户子程序），则有可能无法顺利导入 INP 文件。在 ABAQUS 帮助文档《ABAQUS/CAE User's Manual》的附录 A. 2 "Keyword support from the input file reader" 中，可以查询那些关键词是可以导入 ABAQUS/CAE 的。

方法 3：使用 ABAQUS 命令来将 INP 文件提交分析，具体方法是（以 ABAQUS 6.5-1 版本为例）：在 Windows 操作系统中点击［开始］→［程序］→［**ABAQUS 6.5-1**］→［**ABAQUS Command**］，然后在 **ABAQUS Command** 窗口中输入命令

$$abaqus\ job = <INP\ 文件的名称>$$

☆ 提示：**ABAQUS Command** 窗口中显示出当前的工作目录（本书第 3.2 节中介绍了如何修改 ABAQUS 的默认工作目录）。如果 INP 文件不在此工作目录下，运行上述命令时 ABAQUS 会要求键入正确的 INP 文件名，然后出现以下错误信息："ABAQUS Error：The following file（s）could not be located：*. inp. ABAQUS/Analysis exited with error（s）."。这时应首先使用 DOS 命令来进入 INP 文件所在的路径。分析过程中生成的文件（例如 ODB、DAT 和 MSG 文件）总是出现在 INP 文件所在的路径下。

☆ 提示：可以首先将 INP 文件名复制至 Windows 剪贴板，然后在 **ABAQUS Command** 窗口中点击右键，粘贴 INP 文件名。

举一个修改和运行 INP 文件的例子：修改第 2 章中带孔方板实例的 INP 文件 *Plate-CPS8. inp*，将面载荷增大一倍，即将关键词

　　　* DSLOAD

　　　_ PickedSurf4，P，-100.

修改为

　　　* DSLOAD

　　　_ PickedSurf4，P，-200.

将修改后的 INP 文件另存为 *Plate-P200. inp*，在 **ABAQUS Command** 窗口中输入命令

$$abaqus\ job = Plate\text{-}P200$$

等待运行结束后，可以使用 ABAQUS/CAE 或 ABAQUS/Viewer 打开结果文件 *Plate-P200. odb*，进行后处理。

☆ 提示：利用 Windows 操作系统的任务管理器，可以判断分析过程是否已经结束。具体方法是：按 Ctrl + Alt + Del 键，选择"任务管理器"，点击"系统性能"标签页，可以看到 CPU 和内存的使用比率都大大增加。当分析结束或出现错误而中止时，CPU 和内存的使用比率会随之恢复正常水平。

4.4.2　使用 Edit Keywords 功能来修改 INP 文件

如上所述，使用文本编辑软件对 INP 文件所做的修改不会被保存在模型数据库（.cae 文件）中。下面介绍另外一种修改 INP 文件的方法。

在 ABAQUS/CAE 的任何一个功能模块下，点击主菜单 **Model→Edit Keywords→<模型的名称>**（例如 *Model-1*），在弹出的 **Edit Keywords** 对话框中就可以修改 INP 文件。在 **Job** 功能模块中提交分析或生成 INP 文件时，在 **Edit Keywords** 对话框中所做的修改会起作用。当保存模型数据库（.cae 文件）时，这些修改也会被一起保存。

需要注意的是，这些对 INP 文件的修改并没有真正影响模型数据库。举例如下：在 **Edit Keywords** 对话框中对单元类型进行修改（比如将 *＊Element，type＝C3D20R* 改为 *＊Element，type＝C3D20*），然后进入 **Mesh** 功能模块，点击窗口顶部工具栏中的 ⓘ （Query Information），在 **Query** 对话框中选择 **Element**，点击 **OK**，然后点击模型中的相应单元，可以看到，在窗口底部提示区中显示的单元类型仍然是 *C3D20R*，而不是修改后的 *C3D20*。因此，应谨慎地使用 **Edit Keywords** 来修改 INP 文件，尽量避免模型数据库与 INP 文件的不一致，能够在 ABAQUS/CAE 中直接实现的功能，就不要通过修改 INP 文件来完成。

4.5　查看分析过程信息

在第 2 章和第 3 章中介绍了如何在 ABAQUS/CAE 的 **Job** 功能模块中监控分析作业的运行。实际上，在分析过程中生成的 STA 文件（扩展名为 .sta）、MSG 文件（扩展名为 .msg）和 DAT 文件（扩展名为 .dat）包含着更完整的分析信息。这些文件总是与分析作业同名，一般都生成在 INP 文件所在的路径下，格式为文本文件。关于这些文件的详细介绍，请参见 ABAQUS 帮助文件《ABAQUS Analysis User's Manual》第 4.1.1 节"Output"。

在进行非线性分析时（例如接触分析和弹塑性分析），往往会出现不收敛的问题，此时上述文件中的信息是查找模型问题的重要依据。在第 11 章中介绍了这些文件中的常见错误信息和警告信息。

用户提交分析作业后，ABAQUS 对各个文件的处理过程如下。

1）首先对 INP 文件进行预处理，此时按下 Ctrl＋Alt＋Del 键，打开 Windows 任务管理器，可以看到名为 *pre.exe* 的进程。预处理过程中出现的错误信息（ERROR）和警告信息（WARNING）会显示在 DAT 文件中。

2）如果在 DAT 文件中出现了错误信息，说明在 INP 文件中存在严重的错误，ABAQUS 不会开始分析计算。用户必须修改相应的错误，然后重新分析计算。

3）如果 INP 文件中没有错误，ABAQUS 就会开始分析。在 Windows 任务管理器中会出现相应的进程，对于 ABAQUS/Standard，进程名为 *Standard.exe*；对于 ABAQUS/Explicit，进程名为 *Explicit.exe*。如果希望在分析完成前中止它，可以直接在 Windows 任务管理器中点击"结束进程"。

4）如果 ABAQUS/Standard 在分析过程中发现问题，会在 MSG 文件中显示相应的错误信息或警告信息。另外各个时间增量步的迭代过程也将显示在 MSG 文件中。

下面分析第 3 章中的支架实例所生成的文件 *Bracket-C3D20R. sta*、*Bracket-C3D20R. msg* 和 *Bracket-C3D20R. dat*。在随书光盘的以下目录中可以找到这些文件：\ Demo3-Bracket \ Analysis Results \ 。

4.5.1　STA 文件

ABAQUS/Explicit 会在 STA 文件中详细地列出分析过程信息，ABAQUS/Standard 只是在 STA 文件中简要列出已完成的分析步和迭代收敛的情况。例如，在 *Bracket-C3D20R. sta* 文件中包含以下数据。

分析步 STEP	增量步 INC	尝试 次数 ATT	严重不连续 的迭代 SEVERE DISCON ITERS	平衡的 迭代 EQUIL ITERS	总迭代 次数 TOTAL ITERS	总时间/ 频率 TOTAL TIME/ FREQ	分析步长 STEP TIME/LPF	增量步长 INC OF TIME/LPF
1	1	1	0	1	1	0. 200	0. 200	0. 2000
1	2	1	0	1	1	0. 400	0. 400	0. 2000
1	3	1	0	1	1	0. 700	0. 700	0. 3000
1	4	1	0	1	1	1. 00	1. 00	0. 3000
2	1	1	0	1	1	2. 00	1. 00	1. 000

THE ANALYSIS HAS COMPLETED SUCCESSFULLY（"分析顺利完成"）

4.5.2　MSG 文件

ABAQUS/Standard 会在 MSG 文件中详细列出与迭代收敛有关的参数设置和分析过程信息。第 3 章中的支架实例所生成的文件 *Bracket-C3D20R. msg* 中主要包含以下数据。

☆ 提示：下文中的省略号表示此处略去文件中的具体数据，括号中的文字是对下面一行数据的注释。

......

（分析步 1，静力分析）
STEP 1 STATIC ANALYSIS

......

（增量步 1 开始，第 1 次尝试，增量步长为 0.2）
INCREMENT 1 STARTS. ATTEMPT NUMBER 1, TIME INCREMENT **0. 200**

（平衡迭代 1）
EQUILIBRIUM ITERATION　1

（关于迭代过程的信息）
　　AVERAGE FORCE　　　　　　　9.32　　　TIME AVG. FORCE　　　9.32
LARGEST RESIDUAL FORCE　　　　　1.774E-10 AT NODE　　　8084 DOF 2
INSTANCE：BRACKET-1
LARGEST INCREMENT OF DISP.　　　-9.483E-02 AT NODE　　　278 DOF 2
　　INSTANCE：BRACKET-1
LARGEST CORRECTION TO DISP.　　　-9.483E-02 AT NODE　　　278 DOF 2
　　INSTANCE：BRACKET-1
　　THE FORCE　EQUILIBRIUM RESPONSE WAS LINEAR IN THIS INCREMENT

AVERAGE MOMENT　　　　　　　7.786E-16　TIME AVG. MOMENT　　　14.5
　　　　　　　　　（FROM FORCE FIELD）
LARGEST RESIDUAL MOMENT　　　　-4.209E-15　AT NODE　　　1 DOF 6
　　INSTANCE：POINT-FOR-LOAD-1
LARGEST INCREMENT OF ROTATION　　-3.560E-03　　AT NODE　　　1 DOF 6
　　INSTANCE：POINT-FOR-LOAD-1
LARGEST CORRECTION TO ROTATION　　-3.560E-03　　AT NODE　　　1 DOF 6
　　INSTANCE：POINT-FOR-LOAD-1
　　THERE IS ZERO MOMENT EVERYWHERE

ITERATION SUMMARY FOR THE INCREMENT：1 TOTAL ITERATIONS, OF WHICH
　　0 ARE SEVERE DISCONTINUITY ITERATIONS AND 1 ARE EQUILIBRIUM ITERATIONS.

（完成的增量步长为 0.2，当前分析步已完成了 0.2）
TIME INCREMENT COMPLETED 0.200, FRACTION OF STEP COMPLETED 0.200

（分析步时间已完成了 0.2，所有分析步总共已完成了 0.2）
STEP TIME COMPLETED　0.200, TOTAL TIME COMPLETED　0.200

INCREMENT 2 STARTS. ATTEMPT NUMBER 1, TIME INCREMENT 0.200
……
（由于上面的迭代很容易地达到了收敛，ABAQUS 将尝试将增量步长增大 50%，即由 0.2 增加到 0.3）
　　　　TIME INCREMENT MAY NOW INCREASE TO **0.300**
……
TIME INCREMENT COMPLETED 0.200, FRACTION OF STEP COMPLETED 0.400
STEP TIME COMPLETED 0.400, TOTAL TIME COMPLETED　0.400

INCREMENT 3 STARTS. ATTEMPT NUMBER 1, TIME INCREMENT **0.300**
……
TIME INCREMENT COMPLETED 0.300, FRACTION OF STEP COMPLETED 0.700

STEP TIME COMPLETED 0. 700, TOTAL TIME COMPLETED　　0. 700

INCREMENT 4 STARTS. ATTEMPT NUMBER 1, TIME INCREMENT **0. 300**

……

（完成的增量步长为0.3，当前分析步已完成了1）

TIME INCREMENT COMPLETED 0. 300, FRACTION OF STEP COMPLETED 1. 00

（分析步长已完成了1，所有分析步总共已完成了1）

STEP TIME COMPLETED 1. 00, TOTAL TIME COMPLETED　　1. 00

……

　　　　（分析步2，静力分析）

　　　STEP 2 STATIC ANALYSIS

……

　INCREMENT 1 STARTS. ATTEMPT NUMBER 1, TIME INCREMENT 1. 00

……

　（完成的增量步长为1，当前分析步已完成了1）

　　TIME INCREMENT COMPLETED 1. 00, FRACTION OF STEP COMPLETED 1. 00

（分析步时间已完成了1，所有分析步总共已完成了2）

　STEP TIME COMPLETED　　1. 00 , TOTAL TIME COMPLETED　　2. 00

（ "**分析顺利完成**"。如果在 MSG 文件的结尾没有出现这行信息，表明分析过程尚未结束，或由于某种原因而无法顺利完成。）

　　　THE ANALYSIS HAS BEEN COMPLETED

JOB TIME SUMMARY

（用户时间：秒）　　　　USER TIME（SEC）　= 36. 900

（系统时间：秒）　　　　SYSTEM TIME（SEC）　= 6. 5000

（总共的 CPU 时间：秒）TOTAL CPU TIME（SEC）　= 43. 400

（实际时间：秒）　　　　WALLCLOCK TIME（SEC）　= 80

4. 5. 3　DAT 文件

　　DAT 文件的前半部分显示了 ABAQUS 对 INP 文件进行预处理所生成的信息，以及相应的错误信息和警告信息。将 INP 文件提交分析后，可以在 DAT 文件中搜索 "error"，如果发现这样的错误信息，必须首先根据其提示来更正相应的错误，才能顺利完成分析。在第11. 1 节中介绍了 DAT 文件中常见错误信息的含义及其解决方法。

　　ABAQUS/Standard 会在 DAT 文件的后半部分显示用户所要求输出的分析结果，以及模型的规模、求解所占用的内存和磁盘空间、分析所用时间等内容。以第 3 章中的支架实例所生成的文件 *Bracket-C3D20R. dat* 为例，在其结尾处显示了以下数据。

……

（分析步 2，静力分析）

STEP　2　STATIC ANALYSIS

......

　　　SIZE　ESTIMATES　FOR　CURRENT　STEP

（求解方程数）　　　　　　NUMBER OF EQUATIONS　　　25170
（最大自由度波阵面）　　　MAX DOF WAVEFRONT　　　　1767
（每次求解器迭代的浮点操作）FLOATING POINT OPS PER SOLVER ITERATION 1. 12E +010
（此分析步使用的内存）　　MEMORY USED FOR STEP　　28. 25 MBYTES

　　（预计的文件大小）
　　ESTIMATED FILE SIZES

FILE	MWORDS	MBYTES
unit 10	0. 005	0. 035
. fct	13. 903	106. 075
. nck	0. 101	0. 771
. opr	3. 240	24. 722
-------	-------	-------
TOTAL	17. 249	131. 603

　　（"分析顺利完成"）
　　THE ANALYSIS HAS BEEN COMPLETED

　　JOB TIME SUMMARY
　　USER TIME（SEC）=36. 900
　　SYSTEM TIME（SEC）=6. 5000
　　TOTAL CPU TIME（SEC）=43. 400
　　WALLCLOCK TIME（SEC）=80

　　DAT 文件的另外一个主要作用是输出分析结果数据。如果在 INP 文件的 Step 数据块中使用 * NODE PRINT 或 * EL PRINT 等关键词，就可以将节点或单元的分析结果输出到 DAT 文件中。例如，修改 *Bracket-C3D20R. inp* 文件，在结尾的 * End Step 之前加入以下语句来输出节点集合 *Set-Point* 的位移结果。

　　　　 * *NODE PRINT*, *NSET = Set-Point*
　　　 U,

　　提交分析后，得到的 *Bracket-C3D20R. dat* 文件中会显示以下结果。

　　　NODE OUTPUT

THE FOLLOWING TABLE IS PRINTED FOR NODES BELONGING TO NODE SET ASSEMBLY _

SET-POINT

NODE FOOT-NOTE	U1	U2	U3	UR1	UR2	UR3
8387	0.1896	-0.1749	1.4489E-02	9.0104E-04	1.8942E-06	-1.2068E-02
MAXIMUM	0.1896	-0.1749	1.4489E-02	9.0104E-04	1.8942E-06	-1.2068E-02
AT NODE	8387	8387	8387	8387	8387	8387
MINIMUM	0.1896	-0.1749	1.4489E-02	9.0104E-04	1.8942E-06	-1.2068E-02
AT NODE	8387	8387	8387	8387	8387	8387

4.6 设置 ABAQUS 的运行环境

使用环境文件 *abaqus _ v6. env* 可以设置 ABAQUS 的运行环境，详见 ABAQUS 帮助文件《ABAQUS Installation and Licensing Guide》第 4.1 节 "Using the ABAQUS environment file" 和《ABAQUS Analysis User's Manual》第 3.4.1 节 "Using the ABAQUS environment settings"。

在 ABAQUS 安装目录下的文件夹 *site* 中可以找到环境文件 *abaqus _ v6. env*，这是一个文本文件，可以使用各种文本编辑器来修改。

☆ 提示：修改环境文件 *abaqus _ v6. env* 后，需要重新启动 ABAQUS/CAE，或重新提交分析，所作的修改才会生效。

此文件的格式遵循以下规则。

1）数据行的基本格式

参数名称 = 参数值

例如 *cpus* = 2 表示在分析时使用 2 个 CPU 来并行处理。如果有多个参数值，其格式为

参数名称 = （参数值1，参数值2，参数值3，……）

2）书写时区分大小写。

3）字符串必须加上单引号或双引号。

4）以符号 # 开始的行是注释行，其内容在分析过程中不起作用（单引号或双引号中的符号 # 是字符串的一部分，而不再代表注释行）。

5）文件中可以有空行。

例如，ABAQUS 6.5-1 版本自动生成的环境文件 *abaqus _ v6. env* 中，包含以下参数设置（只列出部分内容）。

对 INP 文件进行预处理所允许使用的最大内存

pre _ memory = "256 mb"

#

使用 ABAQUS/Standard 求解时所允许使用的最大内存

standard _ memory = "256 mb"

......

许可文件的位置,其中 *1726* 是端口号,*ServerName* 是服务器名称

abaquslm _ license _ file = "1726@ ServerName"

#

ABAQUS 帮助文档的地址,其中 *MyComputerName* 是本地计算机的名称

doc _ root = "http://MyComputerName:2080/v6. 5"

建议读者根据自己计算机的内存情况,适当增大上述内存值 *pre _ memory* 和 *standard _ memory*,以加快分析速度。

☆ 提示:如果在此处设置的内存太小或太大,在提交分析后都可能出现错误信息,详见
　　　本书第 11. 1. 14 节、第 11. 2. 8 节、第 11. 2. 9 节、第 11. 3. 1 节、第 3. 1. 11 节。

另外,还建议读者在环境文件 *abaqus _ v6. env* 中添加参数

split _ dat = ON

此参数的作用是将对 INP 文件进行预处理所生成的信息写入 PRE 文件（扩展名为
. pre）,而不再显示在 DAT 文件的开始部分。这样 DAT 文件只用于存放分析结果数据（见
本书第 4. 5. 3 节）,可以大大减小 DAT 文件的规模,使用户更方便地看到所需要的结果。

4.7　本章小结

1. INP 文件

1）INP 文件（扩展名为 . inp）包含对整个模型的完整描述,可以用来方便地修改模型
参数,控制分析过程。

2）INP 文件由一系列的关键词（keyword）构成,是一种文本文件。

3）INP 文件可以使用文本编辑软件来修改,也可以在 ABAQUS/CAE 中使用 Edit Key-
words 功能来修改。

4）将 INP 文件提交分析有两种方法:①在 ABAQUS/CAE 中为 INP 文件创建分析作业;
②使用 ABAQUS 命令来将 INP 文件提交分析。

2. STA 文件

在 STA 文件中简要列出了已完成的分析步和迭代收敛的情况。

3. MSG 文件

1）如果 ABAQUS/Standard 在分析过程中发现问题,会在 MSG 文件中显示相应的错误
信息或警告信息,这是用户找出模型错误的重要依据。

2）在 MSG 文件中显示了各个时间增量步的迭代过程。

4. DAT 文件

1）DAT 文件的前半部分显示了 ABAQUS 对 INP 文件进行预处理所生成的信息,以及相

应的错误信息和警告信息。

2）ABAQUS/Standard 会在 DAT 文件的后半部分显示用户所要求输出的分析结果，以及模型的规模、求解所占用的内存和磁盘空间、分析所用时间等内容。

5. 设置 ABAQUS 的运行环境

使用环境文件 *abaqus _ v6. env* 可以设置 ABAQUS 的运行环境，例如预处理所使用的内存、ABAQUS/Standard 所使用的内存等。

第 5 章　接触分析实例

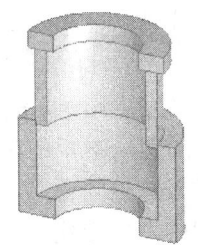

本章要点：

※　实例 1：带孔方板的接触分析实例

※　接触分析中的主要问题

※　解决接触分析中的收敛问题

※　实例 2：过盈装配过程模拟实例

前面各章介绍的实例均为线性分析（linear analysis），即外载荷与系统的响应之间为线性关系。事实上，这种线性关系仅是一种理论上的理想近似，在真实的物理结构中，结构的刚度会随变形而发生改变，即所谓的"非线性分析"（nonlinear analysis）。ABAQUS 被称为"国际上最先进的大型通用非线性有限元分析软件"，并拥有世界最大的非线性力学用户群，非线性分析正是 ABAQUS 最具优势的领域。

非线性问题可以分为以下三种类型。

（1）材料非线性（material nonlinearity）　即材料的应力应变关系为非线性。在第 6 章中将介绍如何使用 ABAQUS 进行弹塑性分析。

（2）几何非线性（geometric nonlinearity）　即位移的大小对结构的响应发生影响，包括大位移、大转动、初始应力、几何刚性化和突然翻转（snap through）等问题。本章的过盈配合装配实例、第 6 章中的弹塑性分析实例和第 8 章中的多体分析都将涉及这一问题。

（3）边界条件非线性（boundary nonlinearity）　即边界条件在分析过程中发生变化。接触问题就是一种典型的边界条件非线性问题，其特点是：边界条件不是在计算的开始就可以全部给出，而是在计算过程中确定的，接触体之间的接触面积和压力分布随外载荷变化，同时还可能需要考虑接触面间的摩擦行为和接触传热。本章将重点讨论接触问题的分析模拟。

ABAQUS/Standard 使用 Newton-Raphson 算法来求解非线性问题，它把分析过程划分一系列的载荷增量步，在每个增量步内进行若干次迭代（iteration），得到可接受的解后，再求解下一个增量步，所有增量响应的总和就是非线性分析的近似解。

ABAQUS/Explicit 在求解非线性问题时不需要进行迭代，而是显示地从上一个增量步的静力学状态来推出动力学平衡方程的解。ABAQUS/Explicit 的求解过程需要大量的增量步，但由于不进行迭代，也不需要求解全体方程组，其每个增量步的计算成本很小，可以很高效地求解复杂的非线性问题。

本章主要介绍如何使用 ABAQUS/Standard 分析接触问题。接触分析涉及较复杂的概念和综合技巧，因此下面将首先介绍一个简单的平板接触分析实例，让读者对接触分析的基本方法有一个感性的认识，然后再详细讨论接触分析的一些关键问题，最后介绍一个较复杂的过盈装配过程模拟实例。另外，第 6 章中的两个弹塑性分析实例和第 10 章中的两个复杂工程实例都将涉及接触分析。

5.1　实例 1：带孔方板的接触分析

从下面的这个简单实例中，读者可以学习 ABAQUS 的以下功能。

1）定义刚体部件和参考点。

2）定义默认的接触属性。

3）定义接触面。

4）定义接触关系。

5）在 **Visualization** 功能模块中，通过延展平面应力单元来构造等效的三维视图，查看接触压强（CPRESS）和接触状态（COPEN），绘制接触面的法线。

在随书光盘的以下文件夹中可以找到本实例完成后的文件。

1）ABAQUS 模型数据库文件（.cae）：

　　　　　　　　　\Demo5-Plate-Contact\CAE Model\Plate-Contact. cae

2）INP 文件和结果文件：

　　\Demo5-Plate-Contact\Analysis Results\

5.1.1　问题的描述

　　在第 2.3 节中介绍了带孔平板的应力分析实例，下面将保持此 1/4 模型的几何尺寸和边界条件不变，在模型中增加一个刚硬的（无弹性和塑性变形）圆形薄片，圆片的顶部与平板圆弧部分的顶部恰好相接触（见图 5-1），在圆片上沿 Y 轴方向施加 6kN 的力。接触面润滑良好，无摩擦。除了圆片的接触力之外，平板不承受其他载荷。要求分析模型的受力状态。

> ☆ 提示：增加了圆片和载荷后，此模型不再具有关于 X 轴的对称性，但为简单起见，本实例保持第 2.3 节中模型的几何尺寸和边界条件不变，以便简化建模步骤，并使读者更容易地比较这两个实例的区别和联系。因此本实例的分析对象就不再是带孔平板的 1/4 模型，而只是如图 5-1 所示的平板模型。

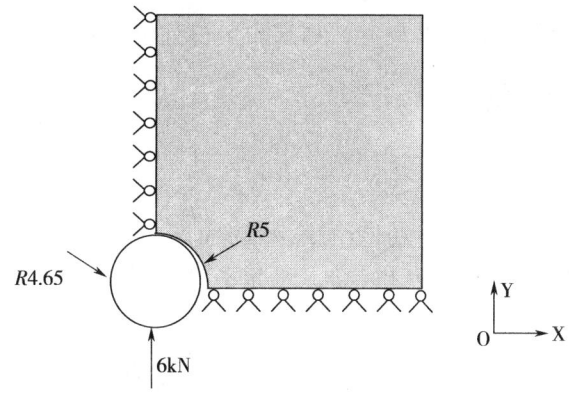

图 5-1　平板接触实例的模型示意图（为方便读者看清
接触部位的细节，图中的尺寸比例和真实模型不同）

建模要点

　　1）此问题研究的是结构的静态响应，所以分析步类型应为 **Static，General**（使用 ABAQUS/Standard 作为求解器）。

　　2）在接触分析中，如果接触属性为默认的"硬接触"（hard contact），则应尽可能使用一阶单元，本实例中选用 CPS4I 单元（平面应力 4 节点四边形双线性非协调单元）。

　　3）圆片很刚硬，且几何形状简单，可以用解析刚体（analytical rigid part）来模拟。

> ☆ 提示：如果一个部件很刚硬，而且它的变形和应力情况不是所关心的重点，就可以把它作为刚体部件来建模，从而减小模型的规模。

本实例将以第 2.3 节中的模型为基础。为提高分析结果精度，需要对圆孔边缘的网格进行局部细化，在随书光盘中可以找到完成后的模型数据库文件

\Demo2-PlateWithHole\CAE Model\PlateWithHole-Refined. cae

将此文件复制到硬盘中，去掉其只读属性，改名为 *Plate-Contact. cae*，然后在 ABAQUS/CAE 中打开。屏幕上会出现如图 5-2 所示的提示信息，直接点击 **Dismiss** 即可。

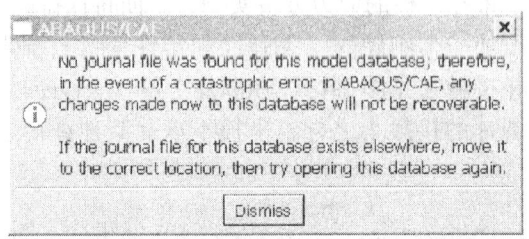

图 5-2　提示信息：此模型数据库没有日志文件（. jnl），
如果 ABAQUS/CAE 出现错误，将无法自动恢复模型

☆ 提示：由光盘上复制而来的文件都是只读文件，应首先去掉其只读属性。

☆ 提示：此模型在圆孔边缘有 8 个单元，如果希望得到更精确的应力结果，应在此处划分更细的网格。

5.1.2　创建部件

（1）创建刚性圆片　进入 **Part** 功能模块，点击 （Create Part），在 **Name** 后面输入 *Cylinder*，将 **Modeling Space** 设为 *2D Planar*（二维平面），将 **Type** 设为 *Analytical rigid*（解析刚体），点击 **Continue**。

点击左侧工具区中的 ，输入圆心坐标（0，0.35），按回车键，再输入圆弧的起点坐标（0，5），按回车键，最后输入圆弧的终点坐标（4.65，0.35），按回车键，就绘制了圆片截面的 1/4 圆弧。类似地，再绘制圆形截面的以下 3 段圆弧。

1）圆心坐标（0，0.35），圆弧起点坐标（4.65，0.35），圆弧终点坐标（0，-4.3）；

2）圆心坐标（0，0.35），圆弧起点坐标（0，-4.3），圆弧终点坐标（-4.65，0.35）；

3）圆心坐标（0，0.35），圆弧起点坐标（-4.65，0.35），圆弧终点坐标（0，5）。

最后，在视图区中连续点击鼠标中键来退出绘图操作。

☆ 提示：不能使用左侧工具区中的 来直接绘制整个圆，否则会看到如下错误信息：
"Analytic rigid shell section may contain only lines, arcs of less than 180 degrees, and parabolaes. Error: Section contains a circle"（解析刚体截面的图形中只能包含线段、小于 180°的弧和抛物线。错误：截面图形中包含圆）。

（2）指定刚体部件的参考点（reference point）　用户必须为刚体部件指定一个参考点，

刚体部件上的边界条件和载荷都要施加在此参考点上，在分析过程中，整个刚体部件各处的位移都和此参考点的位移相同。具体方法是：在主菜单中选择 **Tools → Reference Point**，然后点击圆形截面底部的点（图 5-1 中的受力点）。参考点在视图区中显示为一个黄色的叉子，旁边标以 RP。

5.1.3　定义装配件

进入 **Assembly** 功能模块，点击 （Instance Part），在弹出的 **Create Instance** 对话框中选中部件 *Cylinder*，然后点击 **OK**。两个部件的位置都已经是正确的，不需要再重新定位。

☆ 提示：关于如何在 **Assembly** 功能模块中为实体定位，将在第 10.1.4 节中作详细介绍。

5.1.4　设置单元类型

进入 **Mesh** 功能模块，在窗口顶部的环境栏中把 **Object** 选项设为 **Part**：*Plate1*。点击 （Assign Element Type），将 **Geometric Order** 设为 **Linear**（线性单元），选中 **Incompatible modes**（非协调模式），看到对话框底部显示单元类型为 CPS4I（平面应力 4 节点四边形双线性非协调单元），点击 **OK**。

☆ 提示：圆片是解析刚体部件，不需要为其划分网格和设置单元类型，也不需在 **Property** 功能模块中为其指定材料和截面属性。

5.1.5　设置分析步

本模型中将包含以下分析步。

1）初始分析步 *initial*：定义边界条件。

2）第一个分析步 *InContact*：在圆片上施加一个很小的力（10N）。

3）第二个分析步 *Apply Load*：将圆片上的作用力改为 6000N。

☆ 提示：在接触分析中，如果在第一个分析步中就把全部载荷施加到模型上，有可能分析无法收敛。建议读者像上面这样，先定义一个只有很小载荷的分析步，让接触关系平稳地建立起来，然后在下一个分析步中再施加真实的载荷。这样虽然分析步的数目增多了，但减小了收敛的困难，计算时间可能反而会缩短。

具体操作步骤如下。

（1）在原有的分析步 *Apply Load* 之前插入一个新的分析步 *InContact*　进入 **Step** 功能模块，点击 （Create Step），在 **Name** 后面输入 *InContact*，把 **Insert new step after** 设为 *Initial*（在初始分析步 *initial* 后面插入新的分析步），类型为默认的 **Static**，**General**，点击 **Continue**，再点击 **OK**。

在主菜单中选择 **Step → Manager**，弹出 **Step Manager** 对话框，可以看到已有的各个分析步，如图 5-3 所示。

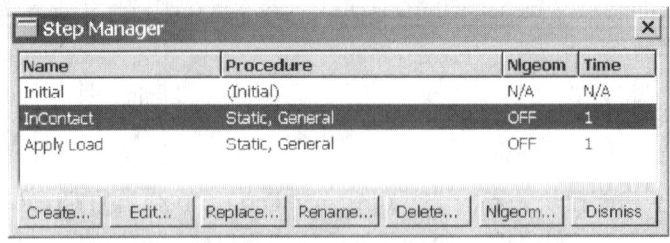

图 5-3   各个分析步

（2）为新的分析步 *InContact* 设置场变量输出结果   在主菜单中选择 **Output → Field Output Requests → Manager**，点击 *F-Output-1* 在第二个分析步 *Apply Load* 下面的 **Created**，然后点击 **Move Left** 按钮。

（3）为新的分析步 *InContact* 设置历史变量输出结果   在主菜单中选择 **Output → History Output Requests → Manager**，点击 *H-Output-1* 在第二个分析步 *Apply Load* 下面的 **Created**，然后点击 **Move Left** 按钮。

5.1.6 定义接触

（1）定义各个接触面   进入 **Interaction** 功能模块，在主菜单中选择 **Tools→Surface → Manager**，点击 **Create**，在 **Name** 后面输入 *Surf-Plate*，类型为 **Geometry**，点击 **Continue**。点击平板与圆片相接触的圆弧（见图 5-4），然后在视图区中点击鼠标中键来确认。

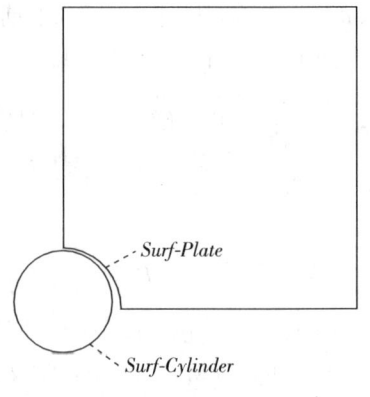

用类似的方法来定义圆片的面 *Surf-Cylinder*，由于圆片是解析刚体部件，在创建面时 ABAQUS/CAE 会在窗口底部提示区中显示 "Choose a side for the edges：Magenta, Yellow"（选择刚体哪一侧的面：紫色，黄色），这时应选择刚体的外侧所对应的颜色。

图 5-4   定义各个面

☆ 提示：一对接触面的法线方向应该相反，都指向实体的外部。

（2）定义无摩擦的接触属性   点击 ▤（Create Interaction Property），点击 **Continue**，各项参数都保持默认值，直接点击 **OK**。

（3）定义接触   点击 ▤（Create Interaction），然后点击 **Continue**。此时要求选择主面（master surface），点击窗口底部提示区右侧的 **Surface** 按钮，在弹出的 **Region Selection** 对话框中，选中 *Surf-Cylinder*，再点击 **Continue**。

此时要求选择从面（slave surface），点击窗口底部提示区中的 **Surface** 按钮，在再次弹出的 **Region Selection** 对话框中，选中 *Surf-Plate*，点击 **Continue**。

在弹出的 **Edit Interaction** 对话框中（见图 5-5），不改变默认的参数 **Sliding formulation**：*Finite sliding*（有限滑移），直接点击 **OK**。

☆ 提示：解析刚体的面或由刚性单元构成的面必须作为主面，在第 5.2.2 节中将详细介绍主面和从面的具体含义和定义方法。

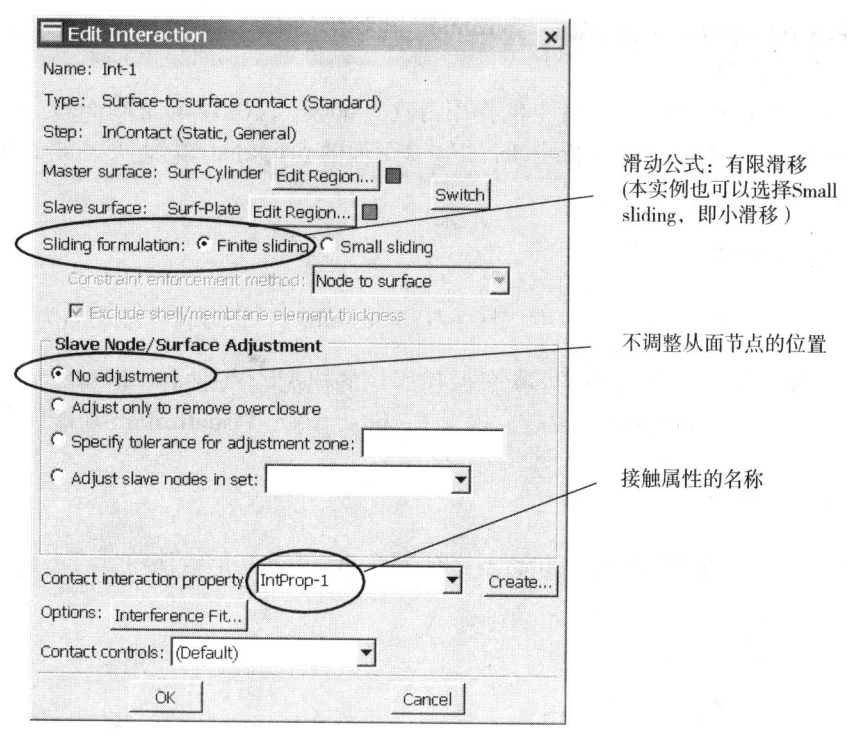

图 5-5　**Edit Interaction** 对话框中的接触参数

在主菜单中选择 **Interaction → Manager**，在弹出的 **Interaction Manager** 对话框中选中已定义的接触 *Int-1* 后面的 **Created**，再点击 **Edit**，可以查看接触面的位置是否正确。

5.1.7　定义边界条件和载荷

下面将保持平板的边界条件不变，去掉其原有的拉伸载荷，约束圆片在 X 方向的位移 *U1* 和面内的转动 *UR3*，并施加 Y 方向的载荷。

（1）为圆片的参考点创建集合　进入 **Load** 功能模块，在主菜单中选择 **Tools → Set → Manager**，点击 **Create**，在 **Name** 后面输入 *Set-Cylinder-Ref*，点击 **Continue**。点击圆片的参考点 RP，在视图区中点击鼠标中键来确认。

（2）在圆片的参考点上定义边界条件　在主菜单中选择 **BC → Manager**，点击 **Create**，在 **Name** 后面输入 *BC-Cylinder*，将 **Step** 设为 *Initial*，将 **Types for Selected Step** 设为 *Displacement/Rotation*，点击 **Continue**。在 **Region Selection** 对话框中，选中集合 *Set-Cylinder-Ref*，然后点击 **Continue**。在弹出的 **Edit Boundary Condition** 对话框中，选中 *U1* 和 *UR3*，然后点击

OK。

（3）去掉平板上原有的拉伸载荷　在主菜单中选择 **Load → Manager**，在 **Load Manager** 对话框中，点击载荷 *Load-1* 左侧的对号，使其变为叉号（也可以点击 **Delete** 按钮来删除它）。

（4）在第一个分析步中，在圆片上施加一个很小的力（10N）　在 **Load Manager** 对话框中，点击 **Create**，在 **Name** 后面输入 *Load-Cylinder*，将 **Step** 设为 *InContact*，点击 **Continue**。选中集合 *Set-Cylinder-Ref*，点击 **Continue**。在弹出的 **Edit Load** 对话框中，在 *CF2* 后面输入 10，然后点击 **OK**。

（5）第二个分析步中，将圆片上的作用力改为 6000N　在 **Load Manager** 对话框中，点击载荷 *Load-Cylinder* 在第二个分析步 *Apply Load* 下面的 **propagated**，然后点击 **Edit** 按钮，把 *CF2* 的值改为 6000，再点击 **OK**。

5.1.8　提交分析作业

进入 **Job** 功能模块，在主菜单中选择 **Job → Manager**，把分析作业改名为 *Plate-Contact-CPS4I*，点击窗口顶部工具栏中的 💾 来保存所建的模型。点击 **Job Manager** 对话框中的 **Submit** 来提交分析，等待分析完成后，点击 **Results**，进入 **Visualization** 功能模块。

5.1.9　后处理

（1）显示 Mises 应力的云纹图和动画　在 **Visualization** 功能模块中，点击 来显示 Mises 应力的云纹图，点击 来显示动画，从而查看分析结果是否正常。

（2）延展平面应力单元来构造三维视图　点击主菜单 **View → ODB Display Options**，选择 **Sweep & Extrude** 标签页，选中 **Extrude elements**，然后点击 **OK**。旋转模型，可以看到等效的三维视图（见图5-6）。

（3）显示接触压强 **CPRESS** 和接触状态 **COPEN**　节点上因接触而产生的单位面积压力称为"接触压强"。点击主菜单 **Results → Field Output**，在 **Field Output** 对话框中选择输出变量 **CPRESS**，点击 **Apply**，可以看到接触面上的接触压强。

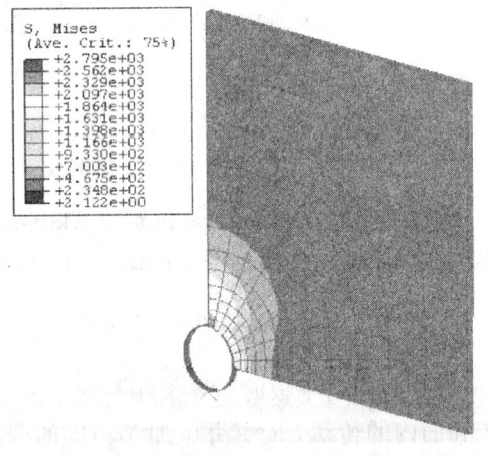

图5-6　分析步 *Apply Load* 结束时，Mises 应力云纹图的三维视图

类似地，在 **Field Output** 对话框中选择输出变量为 **COPEN**（从面节点与主面的距离），点击 **Apply**，就可以显示各节点的接触状态。如果 **COPEN** >0，表示此节点与主面没有接触；如果 **COPEN** 为 0 或非常接近于 0（例如 −2.3e−19），表示此节点与主面相接触。

☆ 提示：**CPRESS** 和 **COPEN** 都显示在从面上。

（4）显示各个面的法线方向　点击 来显示未变形图，点击窗口底部提示区右侧的
Undeformed Shape Options，在 **Normals** 标签页中选择 **Show Normals**：*On surfaces*（面的法
线），并把 **Length**（箭头长度）设置为 *Short*，点击 **OK**。

> ☆ 提示：如果法线方向错误，接触分析无法得到正确的结果。因此当接触分析出现收敛
> 问题时，可以使用上述方法来查看接触面的法线方向是否正确。

至此，就完成了这个简单的接触分析实例，可以看出，接触分析中的关键问题是定义接
触属性、接触面和接触关系，在第 5.2 节中将详细讨论这些问题。

5.1.10　INP 文件

下面解释一下本实例所对应的 INP 文件 *Plate-Contact-CPS4I. inp*。在随书光盘的以下文
件夹中可以找到此文件：\Demo5-Plate-Contact\Analysis Results\。此文件中包含以下数据。

```
** -------------------------------------------------------------------------------
**        圆片部件(解析刚体)
* Part, name = Cylinder
**
**        圆片的参考点:节点编号和坐标
* Node
1,       0. ,       -4. 30000019,       0.
**
**        为参考点定义节点集合:名称为 Cylinder-RefPt _
* Nset, nset = Cylinder-RefPt _, internal
1,
* End Part
**
**        平板部件
* Part, name = Plate1
......
* End Part
** -------------------------------------------------------------------------------
**        装配件
* Assembly, name = Assembly
**
**        平板实体
* Instance, name = Plate1-1, part = Plate1
* End Instance
**
```

**　　　圆片实体
* Instance, name = Cylinder-1, part = Cylinder
**
**　　　圆片的解析面:类型为 **SEGMENTS**(二维解析面),名称为 **Surf-Cylinder**
* **Surface**, **type = SEGMENTS**, **name = Surf-Cylinder**
START, 　　0., 　　　5.
CIRCL, 　　4.65, 　　0.35, 　　0., 　　　0.35
CIRCL, 　　0., 　　　−4.3, 　　0., 　　　0.35
CIRCL, 　　−4.65, 　　0.35, 　　0., 　　　0.35
CIRCL, 　　0., 　　　5., 　　0., 　　　0.35
**
**　　　定义解析刚体:参考点为 **Cylinder-RefPt _**,解析面为 **Surf-Cylinder**
* **Rigid Body**, **ref node = Cylinder-RefPt _**, **analytical surface = Surf-Cylinder**
* End Instance
……
**　　　定义平板上的接触面:类型为 **ELEMENT**(基于单元的面),名称为 **Surf-Plate**
* **Surface**, **type = ELEMENT**, **name = Surf-Plate**
……
* End Assembly
** --
**　　　材料属性
* Material, name = Steel
* Elastic
210000., 0.3
**
**　　　接触属性:名称为 **IntProp-1**,面的厚度为默认值 **1**,摩擦属性为默认值(无摩擦)
* **Surface Interaction**, **name = IntProp-1**
1.,
**
**　　　圆片参考点上的边界条件:固定 U1 和 UR3
* Boundary
Set-Cylinder-Ref, 1, 1
Set-Cylinder-Ref, 6, 6
**
**　　　平板上的边界条件
* Boundary
_ PickedSet5, XSYMM
* Boundary
_ PickedSet6, YSYMM

```
**
**          定义接触对:接触属性为 IntProp-1
* *                        从面为 Surf-Plate,主面为实体 Cylinder-1 的解析面 Surf-Cylinder
* Contact Pair, Interaction = IntProp-1
Surf-Plate, Cylinder-1. Surf-Cylinder
** --------------------------------------------------------------
**          第一个分析步 InContact
* Step, name = InContact
* Static
1. , 1. , 1e-05 , 1.
**
**          在圆片的参考点上施加一个很小的力:沿 Y 轴方向,大小为 10N
* Cload
Set-Cylinder-Ref, 2, 10.
……
* End Step
** --------------------------------------------------------------
**          第二个分析步 Apply Load
* Step, name = " Apply Load"
* Static
1. , 1. , 1e-05 , 1.
**
**          圆片参考点上的力增大至 6000N
* Cload
Set-Cylinder-Ref, 2, 6000.
……
* End Step
** --------------------------------------------------------------
```

5.2 接触分析中的主要问题

在第 5.1 节的接触分析实例中可以看到,ABAQUS/CAE 中的接触分析主要包括以下建模步骤。

1) 在 **Interaction** 功能模块、**Assembly** 功能模块或 **Load** 功能模块中定义各个接触面。

2) 在 **Interaction** 功能模块中定义接触属性(包括法向接触属性和切向的摩擦属性)。

3) 在 **Interaction** 功能模块中定义接触(包括主面、从面、滑动公式、从面位置调整、接触属性、接触面距离和接触控制等)。

4) 在 **Load** 功能模块中定义边界条件,保证消除模型的刚体位移。

下面将详细讨论 ABAQUS 接触分析中的主要问题,以及解决收敛问题的常用方法。

5.2.1　ABAQUS/Standard 和 ABAQUS/Explicit 中的接触分析

在 ABAQUS/Standard 中可以通过定义接触面（surface）或接触单元（contact element）来模拟接触问题。接触面分为以下 3 类。

1）由单元构成的柔体接触面或刚体接触面。

2）由节点构成的接触面。

3）解析刚体接触面。

一对相互接触的面称为"接触对"（contact pair），一个接触对中最多只能有一个由节点构成的接触面。如果只有一个接触面，则称为"自接触"（self-contact）。

ABAQUS/Explicit 提供两种算法来模拟接触问题。

（1）通用接触算法　这种算法可以很简单地定义接触，对接触面的类型限制很少。采用通用接触算法时，常用的方法是让 ABAQUS/Explicit 自动生成包含所有实体的面，在这个面上定义自接触。如果希望细化接触区域，可以选定特定的接触面。

（2）接触对算法　这种算法定义接触的过程较复杂，对接触面的类型有较多限制，但可以解决通用接触算法所不适用的某些问题。使用接触对算法时，需要指定相互接触的面。

在下面的讨论中，如果没有特别说明，都指的是 ABAQUS/Standard 中的接触分析。

5.2.2　定义接触对

ABAQUS/Standard 的接触对由主面（master surface）和从面（slave surface）构成。在模拟过程中，接触方向总是主面的法线方向，从面上的节点不会穿越主面，但主面上的节点可以穿越从面。定义主面和从面时要注意以下问题。

1）应选择刚度较大的面作为主面。这里所说的"刚度"不但要考虑材料特性，还要考虑结构的刚度。解析面（analytical surface）或由刚性单元构成的面必须作为主面，从面则必须是柔体上的面（可以是施加了刚体约束的柔体）。

2）如果两个接触面的刚度相似，则应选择网格较粗的面作为主面。

3）两个面的节点位置不要求是一一对应的，但如果能够令其一一对应，可以得到更精确的结果。

4）主面不能是由节点构成的面，并且必须是连续的。如果是有限滑移（finite sliding），主面在发生接触的部位必须是光滑的（即不能有尖角）。

5）如果接触面在发生接触的部位有很大的凹角或尖角，应该将其分别定义为两个面。

6）如果是有限滑移（finite sliding），则在整个分析过程中，都尽量不要让从面节点落到主面之外（尤其是不要落到主面的背面），否则容易出现收敛问题。

7）一对接触面的法线方向应该相反，换言之，如果主面和从面在几何位置上没有发生重叠，则一个面的法线应指向另一个面所在的那一侧（对于三维实体，法线应该指向实体的外侧）。如果法线方向错误，ABAQUS 往往会将其理解为具有很大过盈量的过盈接触，因而无法达到收敛。

一般来说，对于柔性的三维实体，ABAQUS 会自动选择正确的法线方向，而在使用梁单元、壳单元、膜单元、桁架单元或刚体单元来定义接触面时，用户往往需要自己指定法线方向，就容易出现错误。

☆ 提示：如果法线方向定义错误，或从面节点落到了，则有可能在 MSG 文件中看到以下
　　　信息："CONTACT PAIR（ASSEMBLY ＿ SURF-1，ASSEMBLY ＿ SURF-2）NODE
　　　SPECIMEN-1.148 IS OVERCLOSED BY 1.60194 WHICH IS TOO SEVERE."

使用以下关键词可以定义接触对

CONTACT PAIR，*INTERACTION* = ＜接触属性的名称＞
＜从面名称＞，＜主面名称＞

☆ ABAQUS/CAE 操作：**Interaction** 模块，主菜单 **Interaction** → **Create**。

在第 5.2.5 节中将介绍如何设定接触属性。

5.2.3　有限滑移和小滑移

在 ABAQUS/Standard 中，有两种接触公式来描述两个接触面的相对滑动：

（1）**有限滑移**（finite sliding）　两个接触面之间可以有任意的相对滑动，这是定义接触时的默认特性，其关键词为

CONTACT PAIR，*INTERACTION* = ＜接触属性的名称＞
＜从面名称＞，＜主面名称＞

☆ ABAQUS/CAE 操作：**Interaction** 模块，主菜单 **Interaction** → **Create**，在 **Edit Interaction** 对话框中不改变默认的参数 **Sliding formulation**：*Finite sliding*。

前面介绍的带孔平板实例中使用了有限滑移算法。在有限滑移的分析过程中，ABAQUS/Standard 需要不断地判定从面节点和主面的哪一部分发生接触，因此计算代价较大。有限滑移要求主面是光滑的（即每个点都有惟一的法线方向），否则会出现收敛问题。如果主面在发生接触的部位存在尖锐的凸角或凹角，应该在此尖角处把主面分为两部分来分别定义。对于由单元构成的主面，ABAQUS 会自动进行平滑处理。

（2）**小滑移**（small sliding）　两个接触面之间只有很小的相对滑动，滑动量的大小只是单元尺寸的一小部分。使用以下关键词可以定义小滑移的接触对

CONTACT PAIR，*INTERACTION* = ＜接触属性的名称＞，*SMALL SLIDING*
＜从面名称＞，＜主面名称＞

☆ ABAQUS/CAE 操作：**Interaction** 模块，主菜单 **Interaction** → **Create**，在 **Edit Interaction** 对话框中将参数 **Sliding formulation** 改为 *Small sliding*。

对于小滑移的接触对，ABAQUS/Standard 在分析的开始就确定了从面节点和主面的哪一部分发生接触，在整个分析过程中这种接触关系不会再发生变化。因此，小滑移的计算代价小于有限滑移。

小滑移也可以用于几何非线性问题（即使用＊STEP，NLGEOM 定义的分析步），并考虑主面的大转动和大变形，更新接触力的传递路径。如果在模型中没有几何非线性，则忽略主面的转动和变形，载荷的路径保持不变。

小滑移有两种算法：点对面（node to surface）和面对面（surface to surface）。面对面算法的应力结果精度较高，并且可以考虑板壳和膜的初始厚度，但在有些情况下计算代价较大。

小滑移问题的接触压强总是根据未变形时的接触面积来计算的，有限滑移问题的接触压强则是根据变化的接触面积来计算。

5.2.4　设定接触面之间的距离或过盈量

定义两个接触面的距离或过盈量主要有以下三种方法。

1. 根据模型的几何尺寸位置和 ADJUST 参数

如果不做特别的设置，ABAQUS 会直接根据模型的尺寸位置来判断从面和主面的距离，从而确定二者的接触状态，这就要求在建模时精确地定义接触面的坐标。第5.3 节中的实例就使用了这种方法来定义内圈和基座之间的过盈配合。

模型的尺寸往往会存在数值误差，所以一般应在定义接触时设置一个位置误差限度，用来调整从面节点的初始坐标，其关键词为

　　＊*CONTACT PAIR*, *INTERACTION* = <接触属性的名称>, ***ADJUST*** = <位置误差限度>
　　<从面名称>, <主面名称>

其中<位置误差限度>的含义：如果从面节点与主面的距离小于此限度，ABAQUS 将调整这些节点的初始坐标，使其与主面的距离为0。

> ☆ ABAQUS/CAE 操作：**Interaction** 模块，主菜单 **Interaction → Create**，在 **Edit Interaction** 对话框中选中 **Specify tolerance for adjustment zone**，在其后输入位置误差限度的值。

在定义绑定约束和接触时，都需要适当地调整从面节点的初始坐标，以保证从面和主面之间建立正确的接触关系。

2. ＊CONTACT INTERFERENCE

在第 10.1.15 节的螺钉接触分析实例中，将介绍如何使用 ＊CONTACT INTERFERENCE 来定义过盈接触。此关键词的使用方法为

　　＊*CONTACT PAIR*, *INTERACTION* = <接触属性的名称>, ***ADJUST*** = <位置误差限度>
　　<从面名称>, <主面名称>
　　……
　　＊*AMPLITUDE*, *NAME* = <幅值曲线的名称>
　　……
　　＊*STEP*

......

CONTACT INTERFERENCE,*AMPLITUDE* = <*幅值曲线的名称*>

<*从面名称*>,<*主面名称*>,<*过盈量或间隙量*>

......

END STEP

其中，参数<*过盈量或间隙量*>为负值表示过盈量，正值表示间隙量。使用 *CONTACT INTERFERENCE 类似于施加载荷，不能在 *initial* 分析步中对其进行定义，而只能在后续分析步中定义。

> ☆ ABAQUS/CAE 操作：**Interaction** 模块，主菜单 **Interaction → Create**，点击 **Edit Interaction** 对话框底部的 **Interference fit**（详见第 10. 1. 15 节）。

如果在分析结果中看到，使用 *CONTACT INTERFERENCE 所定义的过盈接触没有在模型中起作用，则有可能是以下原因引起的。

1）*CONTACT INTERFERENCE 不能使用 ABAQUS 默认的幅值曲线 **Ramp**（从 1 降至 0），而要使用自定义的幅值曲线，使过盈接触的幅值在整个分析步中从 0 到 1 逐渐增大。

2）如果在 ABAQUS/CAE 模型中两个接触面之间有宽度为 t 的缝隙，而事实上它们之间应该存在接触关系，则关键词 *CONTACT PAIR 中的参数 ADJUST = <*位置误差限度*>必须略大于此缝隙的宽度 t，否则 ABAQUS 会认为这两个接触面没有接触，*CONTACT INTERFERENCE 中的参数<*过盈量或间隙量*>不会起作用。

3）参数<*过盈量或间隙量*>为负值才表示过盈接触，正值表示两个面之间存在缝隙。

3. *CLEARANCE

使用关键词 *CLEARANCE 可以定义两个接触面之间的初始过盈量或间隙量，它只适用于小滑移（small sliding），并且不需要使用 ADJUST 参数来调整从面节点的位置。ABAQUS/CAE 不支持关键词 *CLEARANCE，只能手工修改 INP 文件来添加此关键词，其使用方法为

CONTACT PAIR, *INTERACTION* = <*接触属性的名称*>, *SMALL SLIDING*

<*从面名称*>,<*主面名称*>

......

CLEARANCE, *SLAVE* = <*从面名称*>, *MASTER* = <*主面名称*>, *VALUE* =
　　<*过盈量或间隙量*>

如果过盈接触是通过节点坐标或 *CLEARANCE 来定义的，在分析的一开始全部过盈量就会被施加在模型上，而且无法在分析过程中改变过盈量的大小。如果此过盈量太大，ABAQUS 就可能无法达到收敛，而且即使减小时间增量步也无助于解决此问题。

如果使用 *CONTACT INTERFERENCE，并且采用从 0 上升到 1 的幅值曲线（如第 10. 1. 15 节所示），当过盈量很大时可以通过减小时间增量步来达到收敛。另外使用 *CONTACT INTERFERENCE 可以像施加载荷那样，在分析步中改变大小、被激活或被去除。

5.2.5　接触属性

接触属性（contact property）包括两部分：接触面之间的法向作用和切向作用。对于法向作用，ABAQUS 中接触压力和间隙的默认关系是"硬接触"（hard contact），其含义为：接触面之间能够传递的接触压力的大小不受限制；当接触压力变为零或负值时，两个接触面分离，并且去掉相应节点上的接触约束。另外，ABAQUS 还提供了多种"软接触"（softened contact），包括指数模型、表格模型、线性模型等。

对于切向作用，ABAQUS 中常用的摩擦模型为库伦摩擦，即使用摩擦系数来表示接触面之间的摩擦特性。默认的摩擦系数为零，即无摩擦。库伦摩擦的计算公式为

$$\tau_{\mathrm{crit}} = \mu \times p$$

其中，τ_{crit} 是临界切应力，μ 是摩擦系数，p 是法向接触压强（即 **CPRESS**）。在切向力达到临界切应力之前，摩擦面之间不会发生相对滑动。

另外，ABAQUS 还提供了其他类型的摩擦模型，包括 ABAQUS/Standard 中的 Lagrange 摩擦、粗糙（rough）摩擦、ABAQUS/Explicit 中的动力学摩擦等，详见 ABAQUS 帮助文件《ABAQUS Analysis User's Manual》的第 22.1.4 节 "Frictional behavior"。

接触属性可以使用以下关键词来定义

SURFACE INTERACTION, *NAME* = <接触属性的名称>
FRICTION
<摩擦系数>

> ☆ ABAQUS/CAE 操作：**Interaction** 模块，主菜单 **Interaction → Property → Create**，在 **Edit Interaction Property** 对话框中选择 **Mechanical → Tangential Behavior** 来设定摩擦，选择 **Mechanical → Normal Behavior** 来设定法向作用的类型。

5.2.6　将接触信息输出至 DAT 文件

在对分析步的定义中可以使用以下关键词来将接触信息输出至 DAT 文件（ABAQUS/CAE 不支持此项操作）：

CONTACT PRINT
<结果变量名称>

其中，常用的 <结果变量名称> 包括

1）**CFN**：　　　　接触压力的合力。
2）**CFS**：　　　　摩擦应力的合力。
3）**CAREA**：　　　接触面积。
4）**CMN**：　　　　接触压力相对于原点的合力矩。
5）**CMS**：　　　　摩擦应力相对于原点的合力矩。
6）**CFT**：　　　　接触压力和摩擦应力的合力。
7）**CMT**：　　　　接触压力和摩擦应力相对于原点的合力矩。

如果用户没有给出 <结果变量名称>，ABAQUS 会把从面节点的以下变量结果写入 DAT 文件

1）**STATUS**：　　　　接触状态。
2）**CPRESS**：　　　　接触压强。
3）**CSHEAR1**：　　　在局部方向 1 上的摩擦剪应力。
4）**COPEN**：　　　　从面节点与主面的距离。
5）**CSLIP1**：　　　　在局部方向 1 上的相对切向滑移（各增量步中滑移的总和）。

> ☆ 提示：**CPRESS** 和 **CFN** 的区别是：**CPRESS** 是从面各个节点上各自的接触压强，而 **CFN** 代表接触面所有节点接触力的合力，**CFN** 包括四个变量：CFNM、CFN1、CFN2 和 CFN3。接触面所有节点在垂直于接触面方向上接触力的合力称为法向接触力。如果接触面是曲面，就无法由 **CFN** 直接得到法向接触力，这时可以通过各个从面节点的 **CPRESS** 来计算法向接触力
>
> 法向接触力 = 从面上所有节点的 CPRESS 之和 × 从面的面积/从面上的节点数
> 由法向接触力可以计算库伦摩擦的摩擦力
> 摩擦力 = 法向接触力 × 摩擦系数

下列语句将输出从面 *surf1* 在节点集合 *node-set-1* 上的接触信息

　　CONTACT PRINT，*SLAVE = surf1*，*MASTER = surf2*，*NSET = node-set-1*

分析生成的 DAT 文件中会显示如下结果

NODE	STATUS	CPRESS	CSHEAR1	COPEN	CSLIP1
101	OP	0.	$-4.5870E-14$	0.66	-0.24
102	ST	6.59	-2.585	$-3.3168E-14$	-0.4598
103	SL	4.32	-1.73	$-2.6276E-13$	-0.9946

上述信息的含义如下。

1）从面节点 101 的接触状态为 **OP**，即此节点和主面没有接触，相应地 **CPRESS** = 0，**CSHEAR1** ≈ 0，**COPEN** > 0。

2）从面节点 102 的接触状态为 **ST**，即此节点和主面相接触且没有滑移，相应地 **CPRESS** > 0，**CSHEAR1** < μ · **CPRESS**（摩擦系数 μ = 0.4），**COPEN** ≈ 0。

3）从面节点 103 的接触状态为 **SL**，即此节点和主面相接触且发生滑移，相应地 **CPRESS** > 0，**CSHEAR1** = μ · **CPRESS**（摩擦系数 μ = 0.4），**COPEN** ≈ 0。

5.2.7　迭代过程和 MSG 文件中的信息

如果以当前的时间增量步无法在规定的迭代次数内达到收敛，ABAQUS 会自动减小时间增量步，重新开始迭代，即所谓的 "Cutback"。如果这样仍不能收敛，则会继续减小时间增量步。如果达到了规定的 Cutback 最大次数（默认值为 5 次），或时间增量步长减小到所规定的最小限度（默认值为 10^{-5}），ABAQUS 就会中止分析，并在 MSG 文件的结尾处显示以下错误信息。

***ERROR：*TOO MANY ATTEMPTS MADE FOR TTHIS INCREMENT；ANALYSIS TERMINATED*

或 ***ERROR：*TIME INCREMENT REQUIRED IS LESS THAN THE MINIMUM SPECIFIED*

关于收敛控制的详细内容，请参见 ABAQUS 帮助文件《ABAQUS Analysis User's Manual》的第 8.3 节 "Analysis convergence controls"。

在 **Visualization** 功能模块的主菜单中选择 **Tools → Job Diagnostics**，可以查看收敛过程的诊断信息（见第 6.4.10 节的实例）。利用 MSG 文件也可以查看分析迭代的详细过程，在第 10.1.15 节介绍的螺钉接触分析实例中，其 MSG 文件的结尾显示了如下迭代信息（在随书光盘的如下目录中可以找到此文件：\Demo10-Bolt\Analysis Results*Bolt-C3D8R. msg*）。

（时间增量步 1）
INCREMENT 1 STARTS. ATTEMPT NUMBER 1，TIME INCREMENT 1.00

（严重不连续迭代 1）
SEVERE DISCONTINUITY ITERATION 1 ENDS
（接触状态的变化：1 个节点闭合，10 个节点开放）
CONTACT CHANGE SUMMARY：**1 CLOSURES 10 OPENINGS.**

SEVERE DISCONTINUITY ITERATION 2 ENDS
CONTACT CHANGE SUMMARY：**0 CLOSURES 4 OPENINGS.**

（平衡迭代 1）
EQUILIBRIUM ITERATION 1

AVERAGE FORCE 6.89 TIME AVG. FORCE 6.89
LARGEST RESIDUAL FORCE 7.14 AT NODE 2824 DOF 1
INSTANCE：BASE-1-1
LARGEST INCREMENT OF DISP. 0.186 AT NODE 16 DOF 2
INSTANCE：PLATE-1
LARGEST CORRECTION TO DISP. 9.057E-03 AT NODE 15 DOF 2
INSTANCE：PLATE-1
FORCE EQUILIBRIUM NOT ACHIEVED WITHIN TOLERANCE.

（平衡迭代 2）
EQUILIBRIUM ITERATION 2
……
（平衡迭代 3）
EQUILIBRIUM ITERATION 3
……
TIME INCREMENT COMPLETED 1.00 ，FRACTION OF STEP COMPLETED 1.00

STEP TIME COMPLETED　　1.00 , TOTAL TIME COMPLETED　　　5.00

（分析顺利完成）
THE ANALYSIS HAS BEEN COMPLETED

从面节点有开放（opening）和闭合（closure）两种接触状态。如果在一次迭代中节点的接触状态发生了变化，则称之为"严重不连续迭代"（severe discontinuity iteration）。在 MSG 文件中显示了接触状态发生变化的节点数目（例如上面的"0 CLOSURES, 10 OPEN-INGS"）。

如果分析能够收敛，每次严重不连续迭代中 CLOSURES 和 OPENINGS 的数目会逐渐减少。当所有从面节点的接触状态都不再发生变化，就进入平衡迭代，最终达到收敛。上面列出的 MSG 文件就是一个达到收敛的例子。

如果无法达到收敛，MSG 文件中显示的迭代信息有以下几种常见的情况。

1）CLOSURES 和 OPENINGS 的数目时而减小，时而增大。下面是一个例子。

　　SEVERE DISCONTINUITY ITERATION 1 ENDS
　CONTACT CHANGE SUMMARY：**0 CLOSURES 55 OPENINGS.**
　　SEVERE DISCONTINUITY ITERATION 2 ENDS
　CONTACT CHANGE SUMMARY：**1 CLOSURES 25 OPENINGS.**
　……
　　SEVERE DISCONTINUITY ITERATION 9 ENDS
　CONTACT CHANGE SUMMARY：**0 CLOSURES 1 OPENINGS.**

　SEVERE DISCONTINUITY ITERATION 10 ENDS
　CONTACT CHANGE SUMMARY：**13 CLOSURES 0 OPENINGS.**

出现这种问题时，可以观察一下，减小时间增量步后是否能够达到收敛，如果仍然不行，可以使用第 5.2.8 节介绍的解决方法。

2）CLOSURES 和 OPENINGS 的数目逐渐减小，但最终不断重复出现"0 CLOSURES, 1 OPENINGS"和"1 CLOSURES, 0 OPENINGS"（此处的数字也可以大于1）。下面是一个例子。

　　SEVERE DISCONTINUITY ITERATION 1 ENDS
　CONTACT CHANGE SUMMARY：5 CLOSURES 19 OPENINGS.
　……
　　SEVERE DISCONTINUITY ITERATION 9 ENDS
　CONTACT CHANGE SUMMARY：**0 CLOSURES 1 OPENINGS.**

　　SEVERE DISCONTINUITY ITERATION 10 ENDS
　CONTACT CHANGE SUMMARY：**1 CLOSURES 0 OPENINGS.**

　　SEVERE DISCONTINUITY ITERATION 11 ENDS

CONTACT CHANGE SUMMARY：**0 CLOSURES 1 OPENINGS.**

SEVERE DISCONTINUITY ITERATION 12 ENDS
CONTACT CHANGE SUMMARY：**1 CLOSURES 0 OPENINGS.**

上述迭代信息意味着有一个从面节点的接触状态不断在 CLOSURE 和 OPENING 之间变换，即所谓的"振颤"（chattering）。出现这种问题时，往往无法通过减小时间增量步来达到收敛，第 5.2.8 节将讨论其解决方法。

3）CLOSURES 和 OPENINGS 的数目逐渐减小，但减小的速度很慢，达到第 12 次严重不连续迭代后，ABAQUS 就自动减小增量步长，重新开始迭代。下面是一个例子。

SEVERE DISCONTINUITY ITERATION 1 ENDS
CONTACT CHANGE SUMMARY：**0 CLOSURES 75 OPENINGS.**

SEVERE DISCONTINUITY ITERATION 2 ENDS
CONTACT CHANGE SUMMARY：**3 CLOSURES 45 OPENINGS.**
……
SEVERE DISCONTINUITY ITERATION 11 ENDS
CONTACT CHANGE SUMMARY：**0 CLOSURES 8 OPENINGS.**

SEVERE DISCONTINUITY **ITERATION 12** ENDS
CONTACT CHANGE SUMMARY：**0 CLOSURES 6 OPENINGS.**

出现这种情况时，往往并不是真的无法达到收敛，而是因为 ABAQUS 默认的严重不连续迭代的最大次数只有 12 次。如果增大这个最大次数，允许 ABAQUS 多进行几次迭代，就有可能达到收敛。在分析步中使用关键词 ∗CONTROLS 可以改变迭代参数的设置，例如：

∗ STATIC
1，　1，　1E-5，　1
∗ CONTROLS，PARAMETERS = TIME INCREMENTATION
，，，，，，25，，，，

其中，逗号之间省略的参数表示保持 ABAQUS 的默认值不变，25 表示将严重不连续迭代的最大次数变为 25 次，这同时也就意味着，只有当严重不连续迭代达到 25 次时，ABAQUS 才会减小时间增量步，重新开始迭代。因此改变此迭代参数时要谨慎，不适当的参数可能会造成计算时间大大延长。

> ☆ ABAQUS/CAE 操作：**Step** 模块，主菜单 **Other→Gerneral Solution Controls→Edit**，选择相应的分析步，点击 **Continue**，选中 **Specify**，点击 **Time Incrementation** 标签页，点击第一个 **More**，把 I_s 由默认的 12 改为适当的值（例如 25），然后点击 **OK**。

如果希望在 MSG 文件中看到更详细的接触分析信息，可以在 ABAQUS/CAE 的 **Step** 功

能模块中选择菜单 **Output** → **Diagnostic Print**，然后选中 **Contact**。其相应的关键词是：

PRINT, CONTACT = YES

5.2.8 解决接触分析中的收敛问题

分析无法达到收敛，往往是因为模型中有问题，例如存在刚体位移、过约束、接触定义不当等等，这时应查看 MSG 文件中是否有本书第 11.2.1~11.2.5 节所介绍的警告信息，然后采取相应措施。

关于接触分析中的常见问题，请参见 ABAQUS 帮助文件《ABAQUS Analysis User's Manual》第 21.2.9 节"Common difficulties associated with contact modeling in ABAQUS/Standard"。

在接触分析中出现收敛问题时，可以考虑以下解决方法：

1. 检查接触关系、边界条件和约束

首先应检查所定义的接触面、接触参数和边界条件是否正确，具体方法是：打开模型数据库（.cae）文件，在 **Interaction** 功能模块中点击主菜单 **Interaction** → **Manager**，在 **Interaction Manager** 对话框中依次选中已定义的接触，再点击 **Edit**，查看接触面的位置是否正确。类似地，可以在 **Load** 功能模块中查看边界条件和载荷是否正确。

另外，可以打开 ODB 文件，点击窗口顶部工具栏中的 ▣，利用显示组来查看各个单元集合、节点集合和面的定义是否正确。还可以在 **Visualization** 功能模块中点击主菜单 **View** → **ODB Display Options**，在 **Entity Display** 标签页中选中 **Show boundary conditions** 和 **Show coupling constraints**，从而显示出模型的边界条件和约束，查看其作用区域是否正确。

2. 消除刚体位移

在静力分析中，必须对模型中所有实体都定义足够的约束条件，以保证它们在各个平移和转动自由度上都不会出现不确定的刚体位移（rigid body motion）。表 5-1 列出了各种模型类型可能出现的刚体位移。

表 5-1 可能出现的刚体位移

模 型 类 型	刚 体 位 移
三维实体模型	U1、U2、U3（方向 1、2、3 上的平移） UR1、UR2、UR3（关于轴 1、2、3 的转动）
轴对称模型	U2（方向 2 上的平移） UR3（关于轴 3 的转动，只适用于轴对称刚体）
平面应力模型	U1、U2（方向 1、2 上的平移）
平面应变模型	UR3（关于轴 3 的转动）

☆ 提示：在动态分析中不要求约束刚体位移。上面提到的"静态分析需要约束刚体位移"，意思是不能因为缺少约束而出现不确定的或无限大的刚体位移，而不是不可以让实体发生大的位移或转动（例如在位移边界条件中给定一个位移值），否则就没有"几何非线性"的说法了。

如果在静力分析中没有对刚体位移定义足够的约束条件，得到的分析结果会有以下两种可能。

1）分析过程无法达到收敛。

2）虽然能够达到收敛，但在 **Visualization** 模块中显示变形图或云纹图时，由于刚体位移量远远大于模型的尺寸，会看到视图区中所显示的默认缩放系数非常小（例如 10^{-8}），或者出现如下错误信息。

"*Deformation and/or analytical surface extent is too large as compared with the model.*"

出现刚体位移时，在 MSG 文件中会显示 Numerical Singularity（数值奇异）警告信息，例如：

　　　＊＊＊WARNING：SOLVER PROBLEM. NUMERICAL SINGULARITY WHEN PROCESSING NODE AR-MERGED-1.890 D. O. F. 3 RATIO = 1.06886E + 012.

上述警告信息中提到的实体 *AR-MERGED-1* 就是出现刚体位移的实体，*D. O. F. 3* 表明在第 3 个自由度上出现了刚体位移，可以按照这些线索来查找模型中的问题。

有些情况下，ABAQUS 还会显示 Negative Eigenvalue（负特征值）警告信息，例如

　　　＊＊＊WARNING：THE SYSTEM MATRIX HAS 1 NEGATIVE EIGENVALUES.

查看 ODB 文件中的诊断信息会有助于找出问题的原因，具体操作方法是，在 **Visualization** 功能模块的主菜单中选择 **Tools → Job Diagnostics**（详见第 6.4.10 节的实例）。图 5-7 是一个诊断信息的例子，选中图中的 **Highlight selections in viewport**，可以显示出现了 Numerical Singularity 的节点。

如果在各个增量步中反复出现 Numerical Singularity 警告信息，即使分析达到了收敛，如图 5-7 所示，其结果也往往是错误的或不准确的。

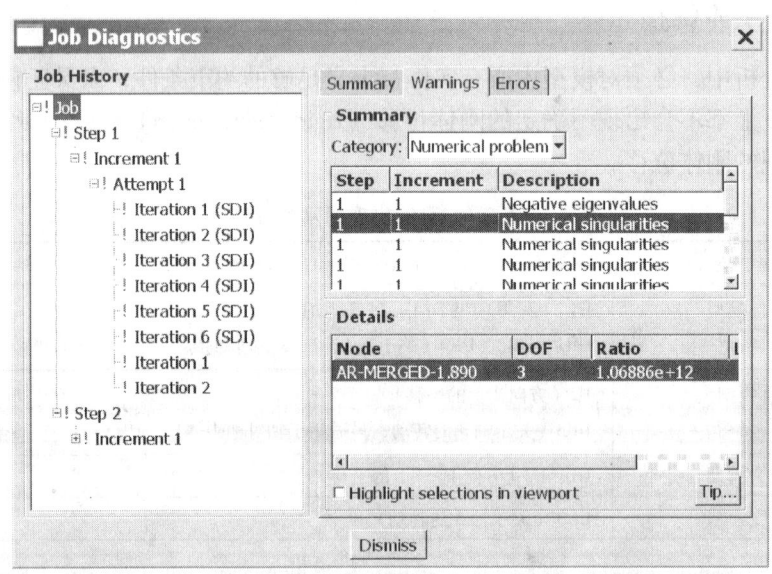

图 5-7　在诊断信息中出现了 Numerical Singularity 警告信息

出现了刚体位移时，应仔细检查已有的边界条件、约束和接触关系是否足以约束每个部件的刚体平移和转动。如果需要利用接触或摩擦来约束刚体位移，可以在接触对上设置微小

的过盈量，以保证在分析的一开始就已经建立起接触关系，另外还可以施加临时边界条件，以保证在接触关系建立之前，模型也不会出现不确定的刚体位移，具体方法请参见第 10.1.8 节的实例。

另外，还可以在实体上的任意一点和地面之间定义一个很软的弹簧，来约束刚体位移，其操作方法是：在 **Interaction** 模块中，点击菜单 **Special→Springs/Dashpots→Create**，设置弹簧类型为 **Connect points to ground**，选择一个节点，将 **Degree of freedom** 设为出现了刚体位移的自由度，将 **Spring stiffness** 设为一个较小的值（太小则不足以约束刚体位移，太小则会影响变形）。如果在多个方向上出现了刚体位移，就要分别在相应的方向上各定义一个弹簧。

☆ 提示：使用弹簧来约束刚体位移时，在开始的几次迭代中可能会看到 Numerical Singularity 警告信息，但只要在后面的分析过程中不再出现 Numerical Singularity，就没有问题。

3. 使用绑定约束

如果某一对接触面的接触状态对整个模型的影响不大，或者这一对接触面在整个分析过程中都是始终紧密接触的，可以考虑将它们之间的接触关系改为绑定约束（tie），这样会有助于消除刚体位移，并且大大减少计算接触状态所需的迭代。例如在第 10.1.7 节的螺钉实例中，就用绑定约束来模拟了螺纹处的连接关系，大大简化了建模和分析的过程。

☆ ABAQUS/CAE 操作：**Interaction** 模块，主菜单 **Interaction → Constraint → Create**，**Type** 为默认的 *Tie*。

4. 正确地定义绑定约束和过盈接触

如果定义了绑定约束，或使用了 ＊CONTACT INTERFERENCE 来定义过盈接触（见第 10.1.7 节的实例），必须让位置误差限度（关键词 ＊CONTACT PAIR 中的参数 ADJUST）略大于主面和从面在模型中的距离，否则这两个面之间不会建立过盈接触或绑定约束。

使用 ＊CONTACT INTERFERENCE 来定义过盈接触时，还要注意（详见第 5.2.4 节）

1）不能使用 ABAQUS 默认的幅值曲线 **Ramp**（从 1 降至 0），而要使用自定义的幅值曲线，使过盈接触的幅值在整个分析步中从 0 到 1 逐渐增大。

2）过盈量为负值才表示过盈接触，正值表示两个面之间存在间隙。

5. 平稳地建立接触关系

如果在第一个分析步中就把全部载荷施加到模型上，使接触状态的发生剧烈改变，会有可能造成收敛的困难。因此一般应首先定义一个只有很小载荷的分析步，让接触关系平稳地建立起来，然后在下一个分析步中再施加真实的载荷。尽管这样可能需要更多的分析步，但这减小了收敛的困难，会提高求解的效率。具体方法请参见第 10.1.8 节的实例。

6. 细化网格

细化从面和主面的网格是解决收敛问题的一个重要方法。过于粗糙的网格会使 ABAQUS 难以确定接触状态，例如，如果在接触面的宽度方向上只有一个单元，则常常会出现收敛问题。一般来说，如果从面上有 90°的圆角，建议在此圆角处至少划分 10 个单元。

7. 使用一阶单元

如果接触属性为默认的"硬"接触，则不能使用六面体二次单元（C3D20 和 C3D20R），以及四面体二次单元（C3D10），而应尽可能使用六面体一阶单元。如果无法划分六面体单元网格，可以使用修正的四面体二次单元（C3D10M）。

关于接触分析中的单元选择，请参见 ABAQUS 帮助文件《ABAQUS Analysis User's Manual》第 21.2.1 节 "Defining contact pairs in ABAQUS/Standard"。

8. 正确地定义主面和从面

对主面和从面的定义应满足第 5.2.2 节中所介绍的要求。

1）选择刚度较大、网格较粗的面作为主面。

2）主面在发生接触的部位不要有尖角或大的凹角。

3）如果是有限滑移，则在整个分析过程中，都尽量不要让从面节点落到主面之外。

4）如果主面和从面在几何位置上没有发生重叠，则一个面的法线应指向另一个面所在的那一侧（对于三维实体，法线应该指向外侧）。

9. 避免过约束

如果在节点的某个自由度上同时定义了两个以上的约束条件，就会发生所谓"过约束"（overconstraint）。可能造成过约束的有以下主要因素。

1）接触：从面节点会受到沿主面法线方向的约束。

2）边界条件。

3）连接单元（connector）：请参见第 8.3 节。

4）子模型边界（*SUBMODEL）：请参见第 6.5.2 节。

5）各种约束，例如耦合约束（*COUPLING）、刚体约束（*RIGID BODY）、绑定约束（*TIE）、旋转周期对称约束（*TIE, CYCLIC SYMMETRY）、多点约束（*MPC）、线性方程约束（*EQUATION）等。

例如，如果在节点上同时定义了绑定约束和边界条件，或者既约束了沿切向的位移，又定义了使用 Lagrange 摩擦或粗糙摩擦的接触关系，都会造成过约束。

在对 INP 文件进行预处理时，ABAQUS 会检查模型中是否存在过约束，如果有过约束，会在 DAT 文件中显示以下警告信息

*　*　*WARNING：**OVERCONSTRAINT** *CHECKS*.

在接下来的分析过程中会有两种可能。

1）对于一些常见的过约束，ABAQUS 会自动去除不需要的约束条件，在 MSG 文件中不会看到 Zero Pivot（零主元）和 Overconstraint Checks 警告信息，可以得到正确的分析结果。

例如在本书第 10.1 节的实例中，在对称面的螺纹连接处，即施加了绑定约束，又定义了对称边界条件，产生了过约束。ABAQUS 会自动去除这些节点上的对称边界条件（不会影响分析结果的正确性），并在 DAT 文件中显示下列警告信息

*** WARNING：DEGREE OF FREEDOM 3 HAS BEEN ELIMINATED AT NODE 9 INSTANCE BOLT-STEP-1 BOUNDARY CONDITION TYPE ZSYMM MAY NOT BE APPLIED AT THIS NODE

*** WARNING：34 nodes have dof on which incorrect boundary conditions may have been specified.

The nodes have been identified in node set WarnNodeBCIncorrectDof.

2）对于某些过约束，ABAQUS 无法自动找出好的解决方法，就会在 MSG 文件中显示以下警告信息。

*** WARNING：SOLVER PROBLEM. ZERO PIVOT……

OVERCONSTRAINT CHECKS：An overconstraint was detected……

这时分析往往会反复迭代而达不到收敛，即使达到了收敛，其分析结果也往往是错误的。对于这种问题，需要在建模时就避免出现过约束。第 8.3 节和第 10.2.2 节介绍了解决此类问题的实例。

如果 ABAQUS 在分析过程中发现了过约束，将会自动为这些节点创建一个集合（例如名称为 WarnNodeOverconTieContact），保存在 ODB 文件中。在 **Visualization** 功能模块中打开 ODB 文件，点击窗口顶部工具栏中的 ⊞，利用显示组来高亮度显示此节点集合，从而发现哪里出现了过约束。

关于过约束的详细介绍，请参见 ABAQUS 帮助文件《ABAQUS Analysis User's Manual》的第 20.6.1 节 "Overconstraint checks"。

10. 谨慎地定义摩擦

对摩擦的计算会增大收敛的难度，摩擦系数越大，就越不容易达到收敛。因此如果摩擦对分析结果影响不大（例如接触面之间没有大的滑动），可以尝试令摩擦系数为 0。

> ☆ 提示：如果需要摩擦来消除刚体位移，则不能随意令摩擦系数为 0。另外，摩擦总是会对分析结果有一定的影响，因此只要不出现收敛困难，就应尽可能根据真实情况来定义摩擦。

11. 解决振颤问题

第 5.2.7 节所提到的振颤是一种常见的收敛问题，除了前面提到的解决方法之外，还可以考虑以下方面。

1）主面必须足够大，保证从面节点不会滑出主面或落到主面的背面。如果无法在模型中直接定义足够大的主面，可以在关键词 *CONTACT PAIR 中使用参数 EXTENSION ZONE 来扩大主面的尺寸

* CONTACT PAIR，SMALL SLIDING，EXTENSION ZONE = <扩展尺寸>

关于此问题的详细介绍,请参见 ABAQUS 帮助文件《ABAQUS Analysis User's Manual》的第21.2.6节"Extending master surfaces and slide lines"。

2)使用自动过盈接触限度(automatic overclosure tolerance)会有助于解决振颤问题,其相应关键词为

CONTACT CONTROLS, MASTER = <从面>, SLAVE = <主面>, AUTOMATIC TOLERANCES

☆ ABAQUS/CAE 操作:**Interaction** 模块,主菜单 **Interaction → Contact Controls → Create**,然后点击 **Continue**,选中 **Automatic overclosure tolerance**,再点击 **OK**。在图5-5所示的 **Edit Interaction** 对话框中,将 **Contact Controls** 设置为已定义的接触控制名称。

3) 主面应足够平滑,尽量使用解析刚性面,而不要用由单元构成的刚性面。对于解析刚性面,可以使用以下关键词来使其平滑

SURFACE, FILLET RADIUS

对于由单元构成的刚性面,可以使用以下关键词来使其平滑:

CONTACT PAIR, SMOOTH

4) 如果只有很少的从面节点和主面接触,则应细化接触面的网格,或将接触属性设置为"软接触"。

5) 如果模型有较长的柔性部件,并且接触压力较小,则应将接触属性设置为"软接触"。

12. 减小初始时间增量步

如果模型中有塑性材料,或分析过程中会发生很大的位移或局部变形,或施加载荷后会使接触状态发生很大的变化,则应在关键词 *STATIC 中设置较小的初始时间增量步。

☆ ABAQUS/CAE 操作:**Step** 模块,主菜单 **Step → Create**,点击 **Continue**,在 **Edit Step** 对话框中,点击 **Incrementation** 标签页,设置 **Initial** 的值。

5.3　实例2:过盈装配过程模拟

下面再介绍一个接触分析的实例:圆柱套筒的过盈装配过程模拟。在此实例中读者将学习 ABAQUS/CAE 的以下功能。

1) **Mesh** 功能模块:使用轴对称单元。

2) **Interaction** 功能模块:设置摩擦系数。

3) 使用显示组(display group)来显示或隐藏模型的局部。

4) **Load** 功能模块:使用位移边界条件来定义实体的运动。

5) **Step** 功能模块:设置历史输出变量,输出接触力 **CFN**。

6）**Visualization** 功能模块：查看接触力 **CFN** 随时间的变化，延展轴对称单元来构造等效的三维视图，查看反作用力 **RF**。

在随书光盘的以下文件夹中可以找到本实例完成后的文件

1）ABAQUS 模型数据库文件（. cae）：\Demo5-Assembly\CAE Model\Assem. cae

2）INP 文件和结果文件：　　　　　　　　\Demo5-Assembly\Analysis Results\

5. 3. 1　问题的描述

如图 5-8 所示，压头将内圈缓慢地压入基座中，内圈和基座之间在径向有 0. 07mm 的过盈配合。基座的底部固定，压头和内圈之间无摩擦，内圈和基座之间的摩擦系数为 0. 2。内圈和基座的材料特性为：弹性模量 $E = 210000$ MPa，泊松比 $\mu = 0. 3$，压头可看作刚性体。要求模拟装配过程中内圈所受压力随时间的变化。

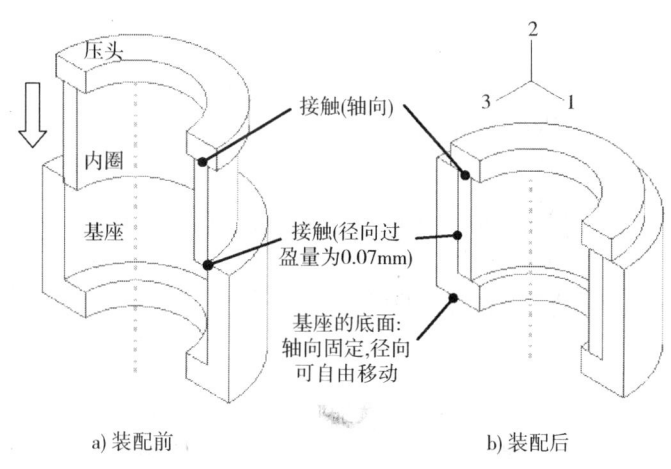

图 5-8　过盈装配的三维模型示意图（只显示了模型的 1/2）

建模要点

1）尽管装配是一个动态过程，但此问题所关心的不是瞬时的冲击响应，而是当内圈运动到不同位置时结构的静态响应，所以仍设置分析步类型为 **Static**，**General**（使用 ABAQUS/Standard 作为求解器）。

2）基于结构和载荷的特点，按照轴对称问题来建模。

☆ 提示：按照轴对称、平面应力或平面应变问题来建模可以将三维问题简化为二维问题，从而大大降低模型的规模，缩短计算时间。

3）这是一个大位移问题，应在 **Step** 功能模块中把参数 **Nlgeom**（几何非线性）设为 **On**，其等效的关键词是 ＊STEP，NLGEOM = Yes。

4）内圈和基座是柔体，选用 CAX4I 单元（4 节点四边形双线性非协调轴对称单元）；压头使用解析刚体（analytical rigid）来模拟。

5）为了利于达到收敛，要让各接触对在分析的一开始就互相接触。因此可以将模型的初始状态设置为内圈已经被压入了基座 3mm，如图 5-9 所示。

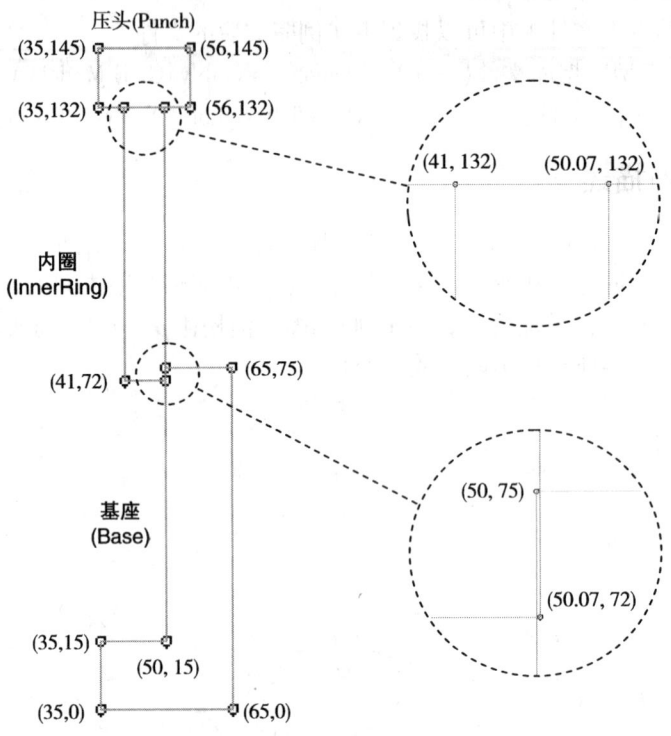

图 5-9　轴对称模型：二维平面图中各点的坐标（虚线
只是本书添加的标注，并不出现在模型中）

6）接触属性设置为"硬接触"、库伦摩擦。

7）分析过程中出现很大的滑动，因此选用有限滑移。

8）过盈配合通过内圈和基座的节点坐标来模拟。

> ☆ 提示：此问题的过盈配合也可以通过过盈接触（＊CONTACT INTERFERENCE）来定义，但不能使用＊CLEARANCE，因为此问题是有限滑移，而＊CLEARANCE 只适用于小滑移。

5.3.2　绘制二维平面图

下面首先绘制整个模型的二维平面图，具体操作步骤如下：启动 ABAQUS/CAE，点击 **Create Model Database**。进入 **Sketch** 功能模块，点击 （Create Sketch），保持默认的平面图名称 *Sketch-1* 不变，点击 **Continue**。

绘制如图 5-9 所示的二维平面图（三个部件绘制在同一张平面图内），然后在左侧工具区中的 上面按住鼠标不放，选择 （Create Construction：Vertical Line Thru Point），绘制经过原点（0, 0）的竖直辅助线，它将是轴对称部件的旋转轴。在视图区中连续点击鼠标中键来退出绘图环境。

> ☆ 提示：在创建轴对称部件时，ABAQUS/CAE 要求旋转轴必须是竖直方向的辅助线，而且轴对称部件的整个平面图都要位于旋转轴的右侧。

> ☆ 提示：在 **Sketch** 功能模块中将整个模型的二维平面图绘制在一起，可以保证各部件的相对位置正确。在 **Part** 功能模块中可以通过导入此平面图来逐个生成各个部件，接下来在 **Assembly** 功能模块中就不必再调整部件的相对位置。

5.3.3　创建部件

下面依次创建内圈、基座和压头，具体操作步骤如下。

（1）创建内圈（轴对称柔体）　进入 **Part** 功能模块，点击 (Create Part)，在 **Name** 后面输入 *InnerRing*，将 **Modeling Space** 设为 *Axisymmetric*（轴对称），保持默认的参数 **Type**：*Deformable*（柔体）；**Base Feature**：*Shell*，然后点击 **Continue**。

点击左侧工具区中的 (Add Sketch)，在弹出的 **Select Sketch** 对话框中点击 **OK**。使用 来删除压头和基座所对应的线段，只保留构成内圈的矩形（见图 5-9）和作为旋转轴的竖直辅助线。在视图区中连续点击鼠标中键来完成操作，视图区中显示出所创建的二维内圈部件。

（2）创建基座（轴对称柔体）　再次点击 ，在 **Name** 后面输入 *Base*，点击 **Continue**。再次点击 来导入平面图 *Sketch-1*，删除压头和内圈所对应的线段，只保留构成基座的线段（见图 5-9）和作为旋转轴的竖直辅助线，在视图区中连续点击鼠标中键来完成操作。

（3）创建压头（轴对称解析刚体）　再次点击 ，在 **Name** 后面输入 *Punch*，将 **Type** 改为 *Analytical rigid*（解析刚体），点击 **Continue**。再次导入平面图 *Sketch-1*，删除基座和内圈所对应的线段，只保留构成压头的矩形（见图 5-9）和竖直辅助线，在视图区中连续点击鼠标中键来完成操作。

（4）指定刚体部件的参考点　在主菜单中选择 **Tools→Reference Point**，点击压头顶边的中点。参考点在视图区中显示为一个黄色的叉子，旁边标以 RP。

> ☆ 提示：在此实例中，可以随意选择刚体部件参考点的位置，对分析结果不会有影响。

点击窗口顶部环境栏中的 **Part** 下拉列表，依次选择三个部件 *InnerRing*、*Base* 和 *Punch*，确认它们都已顺利创建。

5.3.4　创建材料和截面属性

（1）创建材料　进入 **Property** 功能模块，点击 (Create Material)，设置 **Young's**

Modulus 为 210000，**Poisson's Ratio** 为 0.3，点击 **OK**。

（2）创建截面属性　点击 ![icon]（Create Section），点击 **Continue**，然后点击 **OK**。

（3）赋予截面属性　使用窗口顶部环境栏中的 **Part** 下拉列表，切换至柔体部件 *InnerRing*。点击 ![icon]（Assign Section），为部件 *InnerRing* 赋予截面属性。再使用 **Part** 下拉列表切换至部件 *Base*，为其赋予截面属性。

☆ 提示：被赋予了截面属性的部件会变为绿色。

5.3.5　定义装配件

进入 **Assembly** 功能模块，点击 ![icon]（Instance Part），在弹出的 **Create Instance** 对话框中拖动鼠标来选中三个部件，接受默认参数 **Instance Type**：*Dependent（mesh on part）*，即类型为非独立实体，点击 **OK**。三个部件的位置都已经是正确的，不需要再重新定位。

5.3.6　划分网格

（1）为内圈划分网格　进入 **Mesh** 功能模块，在窗口顶部的环境栏中把 **Object** 选项设为 **Part**：*InnerRing*。

点击 ![icon]，把 **Approximate global size** 设为 3。

点击 ![icon]，选中 **Incompatible modes**（非协调模式），即单元类型为 CAX4I（4 节点四边形双线性非协调轴对称单元）。

点击 ![icon]，得到如图 5-10 所示的网格。

（2）为基座划分网格　在窗口顶部的环境栏中把 **Object** 选项设为 **Part**：*Base*。与上面的操作类似，将全局单元大小设为 3，将单元类型设为 CAX4I，得到如图 5-11 所示的网格。

图 5-10　内圈的网格　　　　　　　　　　　图 5-11　基座的网格

5.3.7　设置分析步

本模型中将包含以下分析步。

1）初始分析步 *initial*：定义基座和压头上的边界条件。

2）第一个分析步 *InContact*：让压头向下运动 0.001mm，使各个接触关系平稳地建立起来。

3）第二个分析步 *Press*：让压头向下运动 57mm，将内圈完全压入基座。在每个增量步中让压头向下运动一个单元的长度（3mm），因此这个分析步需要 57/3 = 19 个时间增量步，每个增量步长为 1/19 = 0.05263。

进入 **Step** 功能模块，然后按照以下操作来创建分析步。

（1）创建第一个分析步 *InContact*　点击 ^{○→■}（Create Step），在 **Name** 后面输入 *InContact*，类型为默认的 **Static**，**General**，点击 **Continue**，在弹出的 **Edit Step** 对话框中，把 **Nlgeom**（几何非线性）设为 **On**，再点击 **OK**。

☆ 提示：如果在一个分析步中把 **Nlgeom** 设为 **On**，则在随后的分析步中都会保持 **Nlgeom** = **On**，不能再改变。

（2）创建第二个分析步 *Press*　再次点击 ^{○→■}，在 **Name** 后面输入 *Press*，点击 **Continue**。在 **Edit Step** 对话框中，点击 **Incrementation** 标签页，把 **Initial**（初始增量步大小）和 **Maximum**（最大增量步大小）都改为 0.05263，点击 **OK**。

☆ 提示：如果只把 **Initial** 设置为 0.05263，而保持 **Maximum** 为默认值 1，ABAQUS 会根据收敛情况来自动调整增量步的大小，这样就无法保证让内圈在每个增量步内均匀地移动 3mm。

5.3.8　定义接触

下面将定义在压头和内圈之间以及内圈和基座之间的接触。

（1）定义各个接触面　进入 **Interaction** 功能模块，在主菜单中选择 **Tools→Surface→Manager**，点击 **Create**，在 **Name** 后面输入 *Surf-Base-Radial*，点击 **Continue**。点击基座与内圈相接触的面（见图 5-12），然后在视图区中点击鼠标中键来确认。

用类似的方法来定义以下接触面（见图 5-12）。

1）内圈与基座相接触的面 *Surf-InnerRing-Radial*。

2）压头与内圈相接触的面 *Surf-Punch-Axial*。

☆ 提示：由于压头是解析刚体部件，在创建面时 ABAQUS/CAE 会在窗口底部提示区中显示 "Choose a side for the edges：Magenta，Yellow"，这时应根据视图区中所显示的颜色来选择刚体的外侧。如果选错了刚体表面的法向，就可能导致收敛问题，或得到错误的分析结果。

3）内圈与压头相接触的面 *Surf-InnerRing-Axial*。这需要首先利用显示组（display group）来单独显示内圈，具体操作方法如下。

点击窗口顶部工具栏中的 ^{□□}（Create Display Group），在弹出的 **Create Display Group**

对话框中，选择 **Part instances**：*InnerRing*，然后点击此对话框左下角的 **Replace**（替换），视图区中就只显示出内圈，而隐藏了模型的其他部分。

完成对上述各个面的定义后，在 **Create Display Group** 对话框中选择 **All**，然后点击此 **Replace**，视图区中就显示出模型中的所有实体。

> ☆ 提示：在 **Create Display Group** 对话框中可以选择模型中的实体、分割区域、面、边、单元或节点，然后进行 **Replace**（替换）、**Add**（添加）、**Remove**（去除）、**Intersect**（相交）、**Either**（或）等操作，来显示或隐藏模型的某些部分。这些操作并不是真的添加或删除了模型的某些部分，而只是改变了其显示状态。

（2）定义接触属性　首先定义无摩擦的接触属性。点击 ![icon]（Create Interaction Property），在 **Name** 后面输入 *IntProp-NoFriction*，点击 **Continue**，再点击 **OK**。

再定义带库伦摩擦的接触属性（摩擦系数为 0.2）。再次点击 ![icon]，在 **Name** 后面输入 *IntProp-Friction02*，点击 **Continue**。点击 **Mechanical → Tangential Behavior**，把 **Friction formulation**（摩擦公式）改为 *Penalty*（库伦摩擦），在 **Friction Coeff**（摩擦系数）下面输入 0.2，然后点击 **OK**。

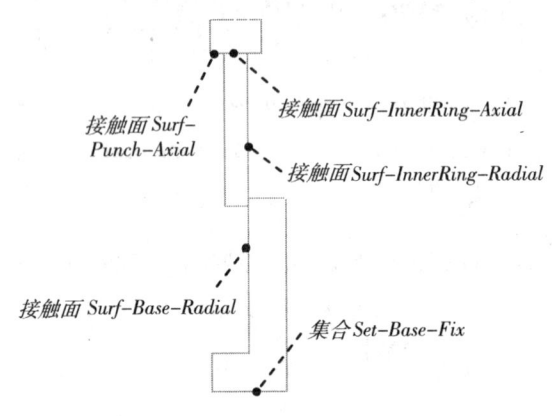

图 5-12　定义各个面和集合

（3）定义基座和内圈之间的接触　在主菜单中选择 **Interaction→Manager**，点击 **Create**，在 **Name** 后面输入 *Int-Base-InnerRing*，设置 **Step** 为 *initial*，然后点击 **Continue**。

点击窗口底部提示区右侧的 **Surface** 按钮，在弹出的 **Region Selection** 对话框中，选中 *Surf-Base-Radial* 作为主面，点击 **Continue**。点击窗口底部提示区中的 **Surface** 按钮，在再次弹出的 **Region Selection** 对话框中，选中 *Surf-InnerRing-Radial* 作为从面，点击 **Continue**。

在弹出的 **Edit Interaction** 对话框中，不改变默认的参数 **Sliding formulation**：*Finite sliding*，将 **Contact interaction property**（接触属性）设为 *IntProp-Friction02*，点击 **OK**。

（4）定义压头和内圈之间的接触　使用类似的方法，定义名为 *Int-Punch-InnerRing* 的接触，选择 *Surf-Punch-Axial* 作为主面，*Surf-InnerRing-Axial* 作为从面，把接触属性设为 *IntProp-NoFriction*。

> ☆ 提示：应选择刚度较大的面作为主面。

在 **Interaction Manager** 对话框中依次选中已定义的接触，再点击 **Edit**，查看接触面的位置是否正确。

（5）设置历史输出变量（输出压头和内圈之间的接触力 **CFN**）　切换到 **Step** 功能模

块，点击主菜单 **Output → History Output Requests → Manager**，在弹出的 **History Output Requests Manager** 对话框中可以看到，ABAQUS/CAE 已经自动创建了一个名为 *H-Output-1* 的场变量输出控制。

点击 **Edit**，在弹出的 **Edit History Output Request** 对话框中，把 **Domain** 设为 **Interaction**：*Int-Punch-InnerRing*（压头和内圈之间的接触），点击 **Contact** 前面的黑色三角，在下拉的选项中选择 **CFN**，然后点击 **OK**。

5.3.9　定义边界条件

内圈和基座是轴对称柔体，惟一可能出现的刚体位移是轴向位移 *U2*（见表 5-1）。在基座的底边上施加边界条件 *U2 = 0*；内圈的轴向刚体位移通过摩擦力来消除，因此不需要在内圈上定义额外的边界条件。

压头是轴对称刚体，其运动完全由参考点来决定，需要通过边界条件来消除其各个方向上的刚体位移和转动。施加在压头参考点上的边界条件为

第一个分析步 *InContact*：使压头向下移动 0.001mm（*U1 = 0*，*U2 = -0.001*，*UR3 = 0*）。

第二个分析步 *Press*：使压头向下移动 57mm（*U1 = 0*，*U2 = -57*，*UR3 = 0*）。

定义边界条件的具体操作如下。

（1）为基座的底边创建集合　进入 **Load** 功能模块，在主菜单中选择 **Tools→Set→Manager**，点击 **Create** 来分别创建以下集合。

1）集合 *Set-Base-Fix*：基座的底边（见图 5-12）。

2）集合 *Set-Punch-Ref*：压头的参考点。

（2）在基座的底边上定义边界条件　在主菜单中选择 **BC→Manager**，点击 **Create**，在 **Name** 后面输入 *BC-Fix-Base*，将 **Step** 设为 *Initial*，将 **Types for Selected Step** 设为 *Displacement/Rotation*，点击 **Continue**。选中集合 *Set-Base-Fix*，点击 **Continue**。在弹出的 **Edit Boundary Condition** 对话框中，选中 *U2*，然后点击 **OK**。

（3）在第一个分析步中，让压头下移 0.001mm　在 **Boundary Condition Manager** 对话框中再次点击 **Create**，在 **Name** 后面输入 *BC-Move-Punch*，将 **Step** 设为 *InContact*，点击 **Continue**。选中集合 *Set-Punch-Ref*，点击 **Continue**。在弹出的 **Edit Boundary Condition** 对话框中，选中 *U1*、*U2* 和 *UR3*，并将 *U2* 的位移值改为 -0.001，然后点击 **OK**。

（4）在第二个分析步中，让压头下移 57mm　在 **Boundary Condition Manager** 对话框中，点击边界条件 *BC-Move-Punch* 在第二个分析步 *Press* 下面的 **propagated**，然后点击 **Edit** 按钮，把 *U2* 的位移值改为 -57，再点击 **OK**。

> ☆ 提示：在边界条件中给出的位移值是相对于模型初始状态的绝对位移值，而不是当前分析步中的增量值。

完成上述对边界条件的定义后，**Boundary Condition Manager** 对话框中显示的信息将如图 5-13 所示。

5.3.10　提交分析作业

进入 **Job** 功能模块，在主菜单中选择 **Job→Manager**，创建名为 *Assem* 的分析作业，点

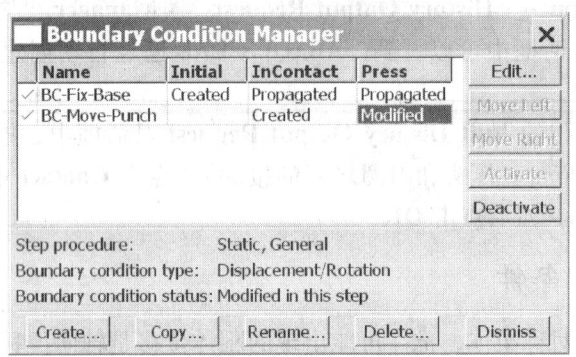

图 5-13　完成对边界条件的定义后，**Boundary Condition Manager** 对话框中显示的信息

击窗口顶部工具栏中的 来保存所建的模型。点击 **Job Manager** 对话框中的 **Submit** 来提交分析，等待分析完成后，点击 **Results**，进入 **Visualization** 功能模块。

5.3.11　后处理

（1）延展轴对称单元来构造等效的三维视图　在 **Visualization** 功能模块中，点击 来显示 Mises 应力的云纹图（见图 5-14）。点击主菜单 **View→ODB Display Options**，选择 **Sweep & Extrude** 标签页，选中 **Sweep elements**，然后点击 **OK**。视图区中显示出等效的三维模型。

☆ 提示：如果模型中包含三维刚体部件，也可以使用上述方法来控制其显示方式。

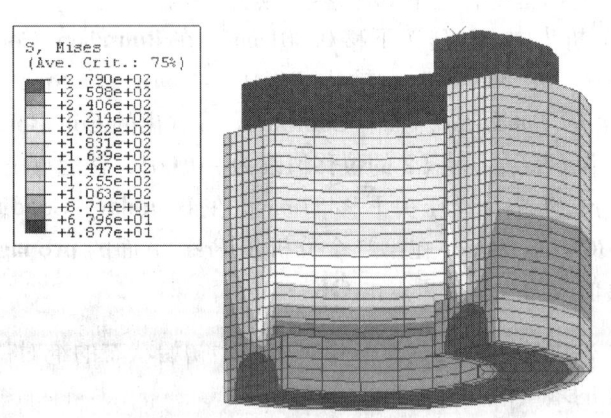

图 5-14　分析步 *Press* 结束时，Mises 应力的云纹图

（2）显示动画　点击 来显示动画，查看分析结果是否正常。

（3）显示接触压强 **CPRESS**　点击窗口顶部工具栏中的 ，利用显示组来隐藏基座和压头，只显示内圈。点击主菜单 **Results → Field Output**，选择输出变量为 **CPRESS**，点击 **OK**。旋转模型，可以看到内圈上的接触压强。点击窗口顶部工具栏中的 ⓘ，可以查询各个节点上的 **CPRESS**。

> ☆ 提示：尽管视图区中显示了三维模型，但点击 ⓘ 来查询结果时，只有当鼠标移至轴对称单元所在的截面上时，才会显示出分析结果。

点击窗口底部提示区中的 ▷ 和 ◁ 来逐格显示 **CPRESS** 随时间的变化，可以看到，内圈与基座相接触的节点 **CPRESS** > 0，而没有接触的节点 **CPRESS** = 0。在整个装配过程中，**CPRESS** > 0 的区域不断扩大。

（4）查看压头和内圈之间的接触力 **CFN**　点击主菜单 **Results→History Output**，选中轴向接触力 **CFN2**，点击 **Plot**，视图区中显示出如图 5-15 所示的曲线，其中时间 0.0 到 1.0 是第一个分析步，1.0 到 2.0 是第二个分析步。在 **History Output** 对话框中点击 **Save As**，然后点击 **OK**。

在主菜单中选择 **Tools→XY Data→Manager**，点击 **Edit**，就显示出刚才保存的接触力 **CFN2** 的数值。可以看到，分析步时间为 2.0 时（分析步 *Press* 的结束时刻），**CFN2** = 140802。

点击窗口顶部工具栏中的 ⓘ，在 **Query** 对话框中选择 **Probe values**，点击 **OK** 就可以查询曲线图上各点的数据。

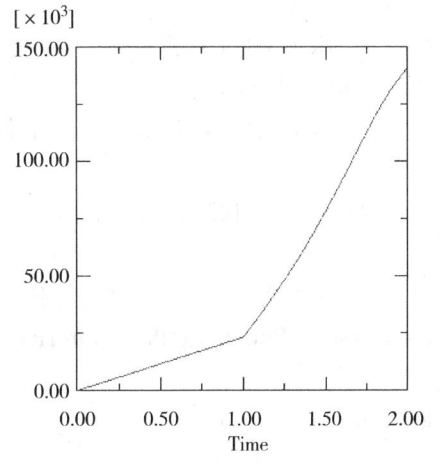

图 5-15　压头和内圈之间
的轴向接触力 **CFN2**

（5）显示压头参考点上的反作用力 **RF2**　压头和内圈之间的轴向接触力 **CFN2** 应该等于压头参考点上的轴向反作用力 **RF2**，由此可以验证分析结果是否正确。点击 ⌐ 来恢复对云纹图的显示，点击窗口顶部的 ⊡，显示模型中的所有实体。

> ☆ 提示：只有定义了边界条件的节点（基座的底面和压头的参考点）才会有反作用力 **RF**，因此如果视图区中只显示出内圈，会看到 **RF2** 处处都为 0。

点击主菜单 **Results→Field Output**，选择输出变量为 **Output Variable**：*RF*；**Component**：*RF2*。点击窗口顶部工具栏中的 ⓘ，可以查询到分析步 *Press* 的结束时，压头参考点上的 **RF2** = 140802，与前面得到的 **CFN2** 相等。

5.3.12　INP 文件

下面解释一下本实例所对应的 INP 文件 *Assem.inp*。在随书光盘的以下文件夹中可以找到此文件：\Demo5-Assembly\Analysis Results\。此文件中包含以下数据。

```
** -------------------------------------------------------------------------
**          基座部件
* Part，name = Base
……
* End Part
**
**          内圈部件
* Part，name = InnerRing
……
* End Part
**
**          压头部件(解析刚体)
* Part，name = Punch
**       压头的参考点：节点编号和坐标
* Node
1，    45.5，    145.，    0.
**
**          为参考点定义节点集合：名称为 Punch-RefPt _
* Nset，nset = Punch-RefPt _，internal
1，
* End Part
** -------------------------------------------------------------------------
**          装配件
* Assembly，name = Assembly
**
* Instance，name = Base-1，part = Base
* End Instance
**
* Instance，name = InnerRing-1，part = InnerRing
* End Instance
**
* Instance，name = Punch-1，part = Punch
**
**       压头的解析面：类型为 SEGMENTS(二维解析面)，名称为 Surf-Punch-Axial
* Surface，type = SEGMENTS，name = Surf-Punch-Axial
START，    56.，    132.
LINE，    35.，    132.
LINE，    35.，    145.
LINE，    56.，    145.
```

LINE,　　56.,　　132.

**

**　　　定义解析刚体:参考点为 **Punch-RefPt**_,解析面为 **Surf-Punch-Axial**

* Rigid Body, ref node = Punch-Ref Pt _, analytical surface = Surf-Punch-Axial

* End Instance

……

**　　　定义各个接触面:类型为 **ELEMENT**(基于单元的面)

* **Surface**, type = ELEMENT, name = **Surf-Base-Radial**

……

* **Surface**, type = ELEMENT, name = **Surf-InnerRing-Radial**

……

* **Surface**, type = ELEMENT, name = **Surf-InnerRing-Axial**

……

* End Assembly

** --

**　　　材料属性

* Material, name = Material-1

* Elastic

210000. , 0. 3

**

**　　　接触属性:名称为 **IntProp-Friction02**,面的厚度为默认值 **1**,

**　　　摩擦属性为库伦摩擦,允许的滑动量为默认值 **0. 005**,摩擦系数为 **0. 2**

* **Surface Interaction**, name = **IntProp-Friction02**

1. ,

* **Friction**, slip tolerance = 0. 005

0. 2 ,

**

**　　　接触属性:名称为 **IntProp-NoFriction**,面的厚度为默认值 **1**,

**　　　　　　摩擦属性为缺省值(无摩擦)

* **Surface Interaction**, name = **IntProp-NoFriction**

1. ,

**

**　　　基座底边上的边界条件:轴向固定

* Boundary

Set-Base-Fix, 2, 2

**

**　　　基座与内圈之间的接触:接触属性为 **IntProp-Friction02**,

**　　　从面为 **Surf-InnerRing-Radial**,主面为 **Surf-Base-Radial**

* **Contact Pair**, interaction = IntProp-Friction02

Surf-InnerRing-Radial，**Surf-Base-Radial**

**

**　　　　压头与内圈之间的接触:接触属性为 **IntProp-NoFriction**，

**　　　　从面为 **Surf-InnerRing-Axial**，主面为实体 **Punch-1** 的解析面 **Surf-Punch-Axial**

* Contact Pair，interaction = IntProp-NoFriction

Surf-InnerRing-Axial，**Punch-1. Surf-Punch-Axial**

** --

**　　　　第一个分析步(考虑几何非线性)

* Step，name = InContact，**nlgeom = YES**

* Static

1.，1.，1e-05，1.

**

**　　　　压头参考点上的边界条件:$U1 = 0$，$U2 = -0.001$，$UR3 = 0$

* Boundary

Set-Punch-Ref，1，1

Set-Punch-Ref，2，2，-0.001

Set-Punch-Ref，6，6

……

**　　　　输出历史变量:压头和内圈之间的接触力 **CFN**

* Output，history

* Contact Output，master = Punch-1. Surf-Punch-Axial，slave = Surf-InnerRing-Axial

CFN，

**

* End Step

** --

**　　　　第二个分析步(考虑几何非线性)

* Step，name = Press，**nlgeom = YES**

**

**　　　　初始时间增量步为 **0. 05263**，最大时间增量步为 **0. 05263**

* **Static**

0. 05263，1.，1e-05，0. 05263

**

**　　　　将压头参考点上的边界条件改为 $U2 = -57$

* Boundary

Set-Punch-Ref，2，2，$-57.$

……

* End Step

** --

5.4　本章小结

1. 实例 1：平板的接触分析

此实例主要练习了 ABAQUS 的以下功能。

1）定义刚体部件和参考点。

2）定义默认的接触属性。

3）定义接触面。

4）定义接触关系。

5）在 **Visualization** 功能模块中，通过延展平面应力单元来构造等效的三维视图，查看接触压强（CPRESS）和接触状态（COPEN），绘制接触面的法线。

2. 接触分析中的主要问题

（1）非线性问题可以分为三种类型　边界条件非线性、材料非线性和几何非线性。接触分析是一种典型的边界条件非线性问题。

（2）在 ABAQUS/CAE 中，接触分析的建模主要包括以下步骤。

1）定义接触面。

2）定义接触属性和接触。

3）定义边界条件，保证消除模型的刚体位移。

（3）对主面和从面的定义应满足以下要求。

1）选择刚度较大、网格较粗的面作为主面。

2）主面在发生接触的部位不要有尖角或大的凹角。

3）如果是有限滑移，不要让从面节点落到主面之外。

4）法线方向要正确。

（4）在 ABAQUS/Standard 中有两种接触公式　有限滑移和小滑移。

（5）定义两个接触面的距离或过盈量主要有三种方法。

1）直接根据模型的尺寸位置和 ADJUST 参数来判断。

2）使用关键词 ∗ CONTACT INTERFERENCE。

3）使用关键词 ∗ CLEARANCE。

（6）使用 ∗ CONTACT INTERFERENCE 来定义过盈接触时，要注意三个要点。

1）关键词 ∗ CONTACT PAIR 中的参数 ADJUST = <位置误差限度 > 要略大于接触面之间缝隙的宽度。

2）使用自定义的幅值曲线，使过盈接触的幅值在整个分析步中从 0 到 1 逐渐增大。

3）要把过盈量设为负值。

（7）接触属性包括两部分　接触面之间的法向作用和切向作用。对于法向作用，ABAQUS 中的默认关系是"硬接触"；对于切向作用，ABAQUS 中常用的摩擦模型为库伦摩擦。

（8）在 MSG 文件中可以查看分析迭代的详细过程。

3. 解决接触分析中的收敛问题

在接触分析中出现收敛问题时，可以考虑以下解决方法。

1）检查所定义的接触面、接触参数和边界条件是否正确。

2）在静力分析中，必须定义足够的约束条件，以保证它们在各个平移和转动自由度上都不会出现不确定的刚体位移。

3）避免过约束。

4）合理地定义接触面、接触参数和过盈配合。

5）使用足够细化的网格。

6）不要在接触面上使用 C3D20、C3D20R 和 C3D10 等单元。

7）在接触对上设置微小的过盈量，以保证在分析的一开始就已经建立起接触关系。

8）施加临时边界条件，以保证在接触关系建立之前，模型也不会出现刚体位移。

9）将分析过程分解为多个分析步来完成，让各个载荷分别在不同的分析步中逐步施加到模型上，避免使接触状态发生剧烈的改变。

4. 实例2：过盈装配过程模拟

此实例主要练习了 ABAQUS/CAE 的以下功能。

1）**Mesh** 功能模块：使用轴对称单元。

2）**Interaction** 功能模块：设置摩擦系数。

3）使用显示组来显示或隐藏模型的局部。

4）**Load** 功能模块：定义位移边界条件。

5）**Step** 功能模块：设置历史输出变量，输出接触力 **CFN**。

6）**Visualization** 功能模块：延展轴对称单元来构造等效的三维视图，查看接触力 **CFN** 随时间的变化，查看反作用力 **RF**。

第6章　弹塑性分析实例

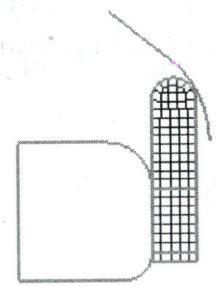

本章要点：

※　弹塑性分析中的主要问题

※　实例1：带孔平板的弹塑性分析

※　实例2：单向压缩试验过程模拟

※　实例3：弯曲成形过程模拟

※　使用子模型来分析弯曲成形过程

前面各章介绍的实例都使用了线弹性材料（即弹性模量为常数）。ABAQUS 提供了多种材料本构关系及失效准则模型，包括正交各向异性的复合材料、多孔结构弹性材料、亚弹性材料、超弹性材料、粘弹性材料、金属塑性材料、铸铁塑性材料、粒状材料（如沙土）、粘土类材料、泡沫材料、混凝土材料、渗透性材料、蠕变等。

本章主要介绍如何使用 ABAQUS/Standard 进行金属材料的弹塑性分析，首先将讨论弹塑性分析的一些基本问题，然后介绍三个工程实例：①带孔方板的弹塑性分析；②圆柱形试样压缩试验过程模拟；③弯曲成形过程模拟，并使用子模型（submodel）对大变形的部位作进一步分析。

6.1 弹塑性分析中的主要问题

6.1.1 弹塑性变形行为

ABAQUS 默认的塑性材料特性应用金属材料的经典塑性理论，采用 Mises 屈服面来定义各向同性屈服，详见 ABAQUS 帮助文件《ABAQUS Analysis User's Manual》的第 11.2.1 节"Classical metal plasticity"。

金属材料的弹塑性变形行为可以简述如下（见图 6-1）：在小应变时，材料性质基本为线弹性，弹性模量 E 为常数；应力超过屈服应力（yield stress）后，刚度会显著下降，此时材料的应变包括塑性应变（plastic strain）和弹性应变（elastic strain）两部分；在卸载后，弹性应变消失，而塑性应变是不可恢复的；如果再次加载，材料的屈服应力会提高，即所谓的加工硬化（work hardening）。

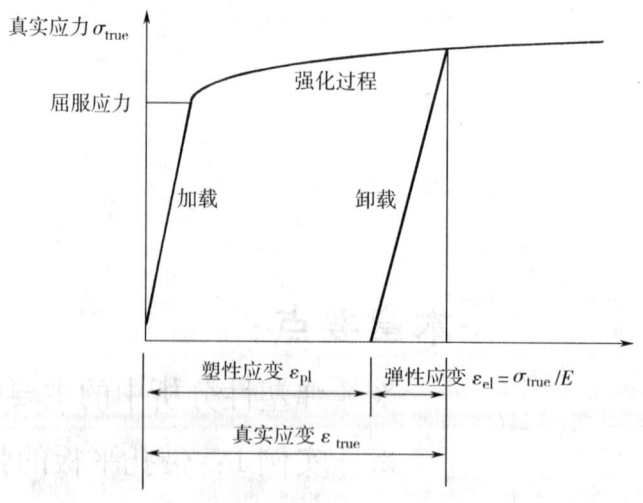

图 6-1　材料的弹塑性行为

在单向拉伸/压缩试验中得到的数据通常是以名义应变 ε_{nom} 和名义应力 σ_{nom} 表示的，其计算公式为

$$\varepsilon_{\text{nom}} = \frac{\Delta l}{l_0} \qquad \sigma_{\text{nom}} = \frac{F}{A_0} \qquad\qquad (6\text{-}1)$$

其中，Δl 是试样的长度变化量；l_0 是试样的初始长度；F 是载荷；A_0 是试样的初始截面面积。

为了准确地描述大变形过程中截面面积的改变，需要使用真实应变 $\varepsilon_{\text{true}}$（又称对数应变）和真实应力 σ_{true}，它们与名义应变 ε_{nom} 和名义应力 σ_{nom} 之间的换算公式为

$$\varepsilon_{\text{true}} = \int_{l_0}^{l} \frac{\mathrm{d}l}{l} = \ln\left(\frac{l}{l_0}\right) = \ln(1 + \varepsilon_{\text{nom}}) \qquad (6\text{-}2)$$

$$\sigma_{\text{true}} = \frac{F}{A} = \frac{F}{A_0\,\dfrac{l_0}{l}} = \sigma_{\text{nom}}(1 + \varepsilon_{\text{nom}}) \qquad (6\text{-}3)$$

其中，l 是试样的当前长度；A 是试样当前的截面面积。

☆ 提示：对于拉伸试验，上式中的 ε_{nom} 是正值；对于压缩试验，ε_{nom} 是负值。

真实应变 $\varepsilon_{\text{true}}$ 是由塑性应变 ε_{pl} 和弹性应变 ε_{el} 两部分构成的。在 ABAQUS 中定义塑性材料参数时，需要使用塑性应变 ε_{pl}，其表达式为

$$\varepsilon_{\text{pl}} = |\varepsilon_{\text{true}}| - |\varepsilon_{el}| = |\varepsilon_{\text{true}}| - \frac{|\sigma_{\text{true}}|}{E}(\text{对于拉伸和压缩试验都适用}) \qquad (6\text{-}4)$$

上述各量在 ABAQUS 分析结果中所对应的变量为

1）真实应力 σ_{true}：Mises 应力 **S, Mises**。

2）真实应变 $\varepsilon_{\text{true}}$：对于几何非线性问题（ * STEP, NLGEOM = Yes），ABAQUS 在 ODB 文件中默认的输出变量是对数应变 **LE**；对于几何线性问题（ * STEP, NLGEOM = No），ABAQUS 默认的输出变量是总应变 **E**。

3）塑性应变 ε_{pl}：等效塑性应变 **PEEQ**，塑性应变量 **PEMAG**，塑性应变分量 **PE**。

4）弹性应变 ε_{el}：弹性应变 **EE**。

5）名义应变 ε_{nom}：名义应变 **NE**。

☆ 提示：在比例加载时（即加载过程中主应力方向和比值不变），大多数材料的 **PEMAG** 和 **PEEQ** 相等。这两个量的区别在于，**PEMAG** 描述的是变形过程中某一时刻的塑性应变，与加载历史无关，而 **PEEQ** 是整个变形过程中塑性应变的累积结果。例如，单向拉伸一个圆柱体，使其发生塑性应变，再通过单向压缩使其恢复初始长度，则最终的 **PEMAG** 为 0，而 **PEEQ** 是拉伸和压缩过程中塑性应变的累积。

等效塑性应变 **PEEQ** 大于 0 表明材料发生了屈服。在工程结构中，等效塑性应变一般不应超过材料的破坏应变（failure strain）。对于金属成形等大变形问题，应根据生产工艺要求来确定许可的等效塑性应变量。

ABAQUS/Standard 无法准确模拟构件因塑性变形过大而破坏的过程，此问题应使用 ABAQUS/Explicit 来分析，详见 ABAQUS 帮助文件《ABAQUS Analysis User's Manual》的第 11.6 节 "Progressive damage and failure"。

6.1.2 ABAQUS 弹塑性分析的基本方法

在 ABAQUS 中进行弹塑性分析时，最主要的操作是按照下面介绍的方法来定义塑性材料数据（即应力应变关系）。如果模型的位移较大，则应设定几何非线性参数 **Nlgeom**，相应的关键词为 ∗STEP，NLGEOM = Yes。

☆ ABAQUS/CAE 操作：**Step** 模块，主菜单 **Step→Create**，在 **Edit Step** 对话框中把 **Nlgeom** 设为 **On**。

☆ 提示：弹塑性分析中并不一定总要考虑几何非线性。"几何非线性"的含义是位移的大小对结构的响应发生影响，例如大位移、大转动、初始应力、几何刚性化和突然翻转等。

在 ABAQUS 中定义塑性材料数据的方法是：按照上节的式（6-2）~ 式（6-4），将单向拉伸或压缩试验得到的名义应力 σ_{nom} 和名义应变 ε_{nom} 数据换算为真实应力 σ_{true} 和塑性应变 ε_{pl}，然后在 ABAQUS/CAE 或 INP 文件中给出一系列由真实应力和塑性应变所构成的数据点，ABAQUS 将自动在各数据点之间进行线性插值。在 ABAQUS 中定义塑性材料的关键词为

> ∗MATERIAL，NAME = <材料名称>
> ……
> ∗PLASTIC
> <屈服点处的真实应力>，0
> <真实应力>，<塑性应变>
> ……

☆ 提示：关键词 ∗PLASTIC 下面第一行中的第二项数据必须为 0，其含义为：在屈服点处的塑性应变为 0。如果此处的值不为 0，在运行时会出现以下错误信息："∗∗∗ ERROR：THE PLASTIC STRAIN AT FIRST YIELD MUST BE ZERO"。

☆ ABAQUS/CAE 操作：**Property** 模块，主菜单 **Material→Create**，选择 **Edit Material** 对话框中的 **Mechanical→Plasticity→Plastic**（金属材料的经典塑性理论），然后将真实应力和塑性应变输入数据表中。

例如，下面的语句定义了图 6-2 所示的塑性材料数据（由钢的单向压缩试验而得到）

> *Material, name = Material-1
> *Elastic
> 210000. , 0.3
> *Plastic
> 418 , 0
> 500 , 0.01581
> 605 , 0.02983
> 695 , 0.056
> 780 , 0.095
> 829 , 0.15
> 882 , 0.25
> 908 , 0.35
> 921 , 0.45
> 932 , 0.55
> 955 , 0.65
> 988 , 0.75
> 1040 , 0.85

☆ 提示：关键词 *PLASTIC 下面各个数据行中的塑性应变必须按照递增的顺序排列，否则在运行时会出现以下错误信息："***ERROR：THE INDEPENDENT VARIABLES MUST BE ARRANGED IN ASCENDING ORDER"。

☆ 提示：上例中的最大塑性应变为 0.85，相应的真实应力为 1040MPa，其含义为：材料的 Mises 应力达到 1040MPa 后，材料变为理想塑性（图 6-2 中的虚线部分），即材料会持续变形，直到应力降至小于或等于 1040MPa。换言之，在理想塑性状态下，应力和应变值不是一一对应的，而这有可能会造成收敛问题，因此，在设定关键词 *PLASTIC 的塑性数据时，应尽可能让其中最大的真实应力和塑性应变大于模型中可能出现的应力应变值。

☆ 提示：塑性应变较小时，由单向拉伸试验和单向压缩试验所得到的真实应力-真实应变关系曲线是基本一致的。当塑性应变很大时，单向拉伸试验中的试样会出现缩颈，而单向压缩试验中摩擦力的影响变大，试样会出现鼓形，因此这两种试验的结果在塑性应变很大时都是不精确的，用户应仔细考察大变形分析结果的准确性。

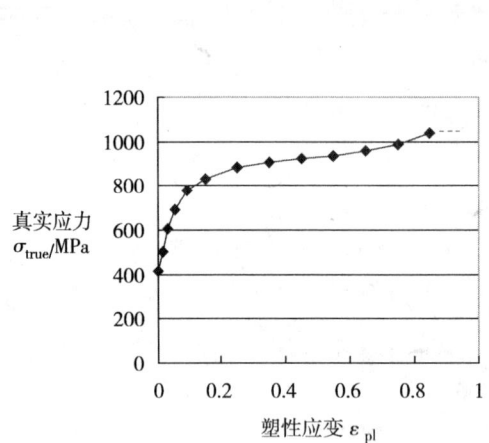

真实应力/MPa	塑性应变
418	0
500	0.01581
605	0.02983
695	0.056
780	0.095
829	0.15
882	0.25
908	0.35
921	0.45
932	0.55
955	0.65
988	0.75
1040	0.85

图 6-2　真实应力和塑性应变的关系曲线

在同一个模型中可以混合使用弹塑性材料和线弹性材料。为缩短计算时间，可以只将所关心的重要部位设置为弹塑性材料，而将不重要的部位设置为线弹性材料，前提是这样的设置不会影响对重要部位的分析精度。

6.1.3　解决弹塑性分析中的收敛问题

在弹塑性材料上施加载荷时要注意，如果此载荷会造成很大的局部应变（使用点载荷时尤其容易出现此问题），就可能造成收敛问题，其现象如下。

1）在 MSG 文件中看到警告信息，例如：

*** *WARNING：THE STRAIN INCREMENT HAS EXCEEDED FIFTY TIMES THE STRAIN TO CAUSE FIRST YIELD AT 16 POINTS.*

2）迭代过程中的增量步长不断减小，直至分析失败。

3）在后处理中把变形缩放系数设为1时，仍在施加载荷处看到由于过度变形而扭曲的单元。

对于此问题可以考虑以下解决方法。

1）设定关键词 * PLASTIC 的塑性数据时，应让其中最大的真实应力和塑性应变大于模型中可能出现的应力应变值。

2）对于出现很大局部塑性应变的部件，如果不关心其准确的应力和塑性变形，可以将其设置为线弹性材料。

3）尽量不要对塑性材料施加点载荷，而是根据实际情况来使用面载荷或线载荷。

4）如果必须在某个节点上施加点载荷，可以使用耦合约束（coupling constraint）来为载荷作用点附近的几个节点建立刚性连接，这样这些节点就会共同承担点载荷。

☆ ABAQUS/CAE 操作：**Interaction** 模块，主菜单 **Interaction** → **Constraint** → **Create**，**Type** 为 *Coupling*。

如果在应力应变关系曲线中有负斜率（例如在拉伸试验中，试样断裂前的那部分曲线），则可能会在 MSG 文件中看到 Negative Eignevalue 警告信息（详见 11.2.3 节），例如：

　　＊＊＊WARNING：THE SYSTEM MATRIX HAS 1 NEGATIVE EIGENVALUES.

下面的应力应变关系曲线是一个负斜率的例子。

　　＊Material，name＝Steel

　　＊Plastic

　　418.，0.

　　780.，0.095

　　500，0.15

另外，如果材料是不可压缩性的（例如金属材料），在弹塑性分析中使用二次完全积分单元（C3D20）容易产生体积自锁。如果使用二次减缩积分单元（C3D20R），当应变大于 20% ～ 40%时，需要划分足够密的网格才不会产生体积自锁。因此，建议使用的单元是：非协调单元（C3D8I）、一次减缩积分单元（C3D8R）和修正的二次四面体单元（C3D10M）。

6.2　实例 1：带孔平板的弹塑性分析

从下面的这个简单实例中，读者可以学习 ABAQUS 弹塑性分析的基本方法，掌握 ABAQUS/CAE 的以下功能。

1）**Material** 功能模块：定义塑性材料数据。

2）**Visualization** 功能模块：查看等效塑性应变 **PEEQ**，判断材料是否发生了屈服。

在随书光盘的以下文件夹中可以找到本实例完成后的文件。

1）ABAQUS 模型数据库文件：\ Demo6-Plate-Plastic \ CAE Model \ Plate-Plastic.cae

2）INP 文件和结果文件：　　\ Demo6-Plate-Plastic \ Analysis Results \

6.2.1　问题的描述

在第 2.3 节中介绍了带孔平板的线弹性分析实例，下面对此模型作以下修改。

1）在材料特性中添加塑性数据，此模型的塑性材料数据包含两个数据点（如图 6-3 所示）：①屈服点处真实应力为 418MPa，相应的塑性应变为 0；②真实应力 780MPa，相应的塑性应变为 0.095。

2）将单元类型改为适合弹塑性分析的 **CPS4I**（平面应力 4 节点四边形双线性非协调单元）。

3）将拉伸载荷 q 增大至 400N/mm^2，使应力集中部位产生塑性变形。

对模型的几何尺寸和边界条件不作改变，重新分析此模型，查看应力集中处的 Mises 应力和等效塑性应变 **PEEQ**。

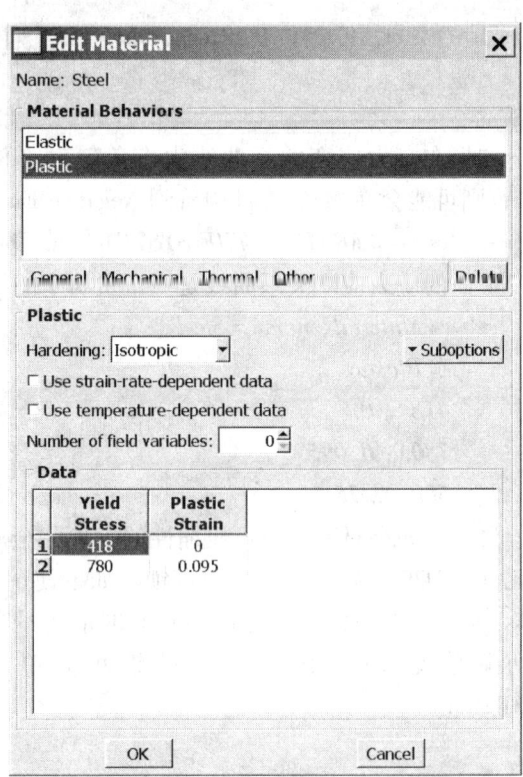

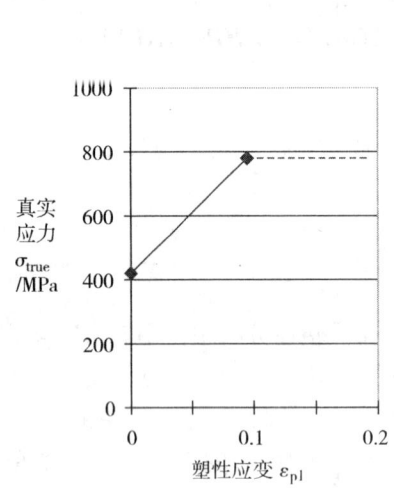

图 6-3　带孔平板的塑性材料数据

6.2.2　建模分析过程

（1）复制模型　在随书光盘中找到具有局部细化网格的模型数据库文件

\Demo2-PlateWithHole\CAE Model\PlateWithHole-Refined. cae

将此文件复制到硬盘中，去掉其只读属性，改名为 *Plate-Plastic.cae*，然后在 ABAQUS/CAE 中打开。

（2）定义材料的塑性数据　进入 **Property** 功能模块，点击主菜单 **Material→Edit→** *Steel*，选择对话框中的 **Mechanical→Plasticity→Plastic**（金属材料的经典塑性理论），将塑性材料数据输入数据表中（如图 6-3 所示），然后点击 **OK**。

> ☆ 提示：在图 6-3 所示的对话框中输入一行塑性材料数据后，按回车键可以继续输入下一行。

（3）修改单元类型　进入 **Mesh** 功能模块，在窗口顶部的环境栏中把 **Object** 选项设为 **Part**：*Plate1*，点击 ![图标]（Assign Element Type），选中 **Incompatible modes**（非协调模式），看到对话框底部显示单元类型为 **CPS4I**（平面应力 4 节点四边形双线性非协调单元），然后点击 **OK**。

（4）增大载荷　进入 **Load** 功能模块，点击主菜单 **Load→Edit→** *Load1*，将载荷大小改

为 –400（载荷类型为 *Pressure*，负值表示拉力），然后点击 **OK**。

（5）提交分析作业　进入 **Job** 功能模块，将分析作业名称改为 *PlatePlastic-CPS4I*，点击窗口顶部工具栏中的 ⊞ 来保存所建的模型，然后提交分析。分析完成后，点击 **Results**，进入 **Visualization** 功能模块。

（6）后处理　在 **Visualization** 功能模块中，点击 ⊔ 来显示 Mises 应力的云纹图，可以看到，圆孔应力集中处的 Mises 应力为 602.9 MPa（见图 6-4）。读者可自行验证，对于当前的载荷（$400N/mm^2$）和单元类型（CPS4I），如果去掉材料的塑性数据（即将材料特性改为线弹性材料），得到的应力集中处 Mises 应力为 1174MPa。

点击主菜单 **Results→Field Output**，选择输出变量为 **PEEQ**（等效塑性应变），得到的云纹图如图 6-5 所示。可以看到，应力集中部位的 **PEEQ** >0，说明材料发生了屈服。

由上面的这个实例可以看出，在 ABAQUS 中进行弹塑性分析的方法非常简单，只需定义塑性材料数据，并选择适当的单元类型即可。

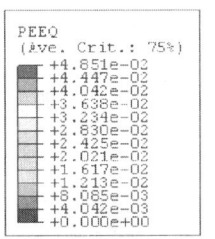

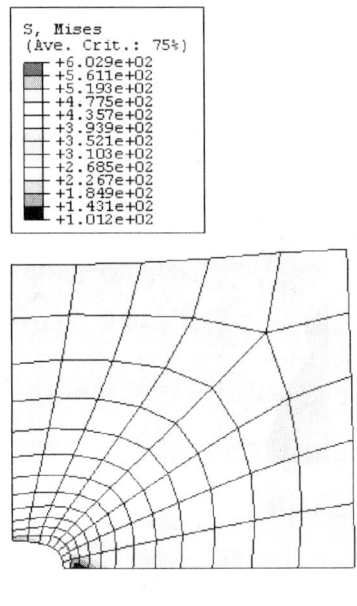

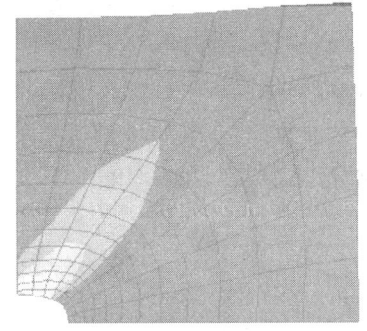

图 6-4　Mises 应力的云纹图　　　　　　图 6-5　等效塑性应变的云纹图

6.2.3　INP 文件

下面解释一下本实例所对应的 INP 文件 *PlatePlastic-CPS4I. inp*。在随书光盘的以下文件夹中可以找到此文件：\ Demo6-Plate-Plastic \ Analysis Results \ 。文件中包含以下数据。

* * --

* Part, name = Plate1

……

* *　　　　单元类型：**CPS4I**

* **Element**，**type = CPS4I**

……

* End Part

** ---

* Assembly，name = Assembly

**

* Instance，name = Plate1 -1，part = Plate1

* End Instance

……

* End Assembly

** ---

**　　　材料属性

* **Material**，**name = Steel**

**　　　弹性参数

* Elastic

210000.，0. 3

**　　　塑性参数

* **Plastic**

418.，0.

780.，0. 095

**

**　　　边界条件

* Boundary

_ PickedSet5，XSYMM

**

* Boundary

_ PickedSet6，YSYMM

** ---

**　　　分析步

* Step，name = " Apply Load"

* Static

1.，1.，1e-05，1.

**

**　　　载荷

* Dsload

_ PickedSurf4，P，-400.

……

* End Step

** ---

6.3 实例 2：单向压缩试验过程模拟

塑性材料的数据一般是由单向拉伸或压缩试验得到的，在应用这些数据分析实际的工程问题之前，应该首先使用这些数据在 ABAQUS 中模拟一下相应的单向拉伸或压缩试验过程，将分析结果和试验结果相比较，从而验证 ABAQUS 模型中的各项参数设置是否正确，然后再对复杂模型进行分析。

下面将模拟一下单向压缩试验的塑性变形过程，帮助读者进一步学习弹塑性分析的方法，并练习 ABAQUS 的以下功能。

1）接触分析和弹塑性分析的结合。

2）查询模型中的节点或顶点坐标，以及两点之间的距离。

3）查看 DAT 文件中的反作用力 **RF**。

在随书光盘的以下文件夹中可以找到本实例完成后的文件。

1）ABAQUS 模型数据库文件：　　　\Demo6-Specimen\CAE Model\Specimen. cae

2）INP 文件和结果文件：　　　　　\Demo6-Specimen\Analysis Results\

6.3.1 问题的描述

如图 6-6 所示，圆柱形试样高 30mm，直径 20mm，压缩后高度变为 15mm，试样的上下底面润滑良好。压头可看作刚体，试样的弹性模量 $E = 210000\text{N/mm}^2$，泊松比 $\mu = 0.3$。由单向压缩试验得到试样的名义应力和名义应变数据，根据第 6.1.1 节中的公式，将其转换为真实应力和塑性应变（见图 6-2），作为本模型中的塑性材料数据。

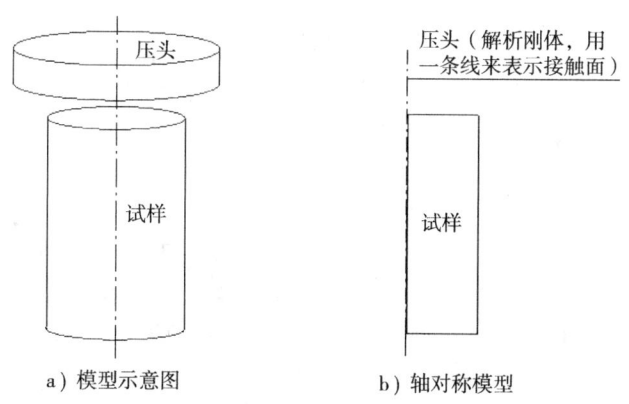

a）模型示意图　　　　　　　　b）轴对称模型

图 6-6　单向压缩试验的分析模型

要求模拟试样的压缩过程，查看分析结果中的应力应变是否和图 6-2 中的塑性材料数据相吻合，以验证建模过程的正确性。

建模要点

1）此问题研究的是结构的静态响应，所以分析步类型应为 **Static**，**General**（使用 ABAQUS/Standard 作为求解器）。

2）基于结构和载荷的特点，按照轴对称问题来建模。

3）这是一个大位移问题，应在 **Step** 功能模块中把参数 **Nlgeom**（几何非线性）设为 **On**。

4）试样的单元类型选择 CAX4I 单元（4 节点四边形双线性非协调轴对称单元），压头使用解析刚体来建模。

5）接触属性为默认的"硬接触"。摩擦系数为 0，这样整个试样会被均匀压缩，不出现鼓形，试样上各点的应力和应变值都会是相同的，更方便验证分析结果。

6）分析过程中会出现很大的滑动，因此选用有限滑移。

6.3.2　创建部件

（1）创建试样　启动 ABAQUS/CAE，点击 **Create Model Database**。进入 **Part** 功能模块，点击🗋，在 **Name** 后面输入 *Specimen*，将 **Modeling Space** 设为 *Axisymmetric*（轴对称），保持默认的参数 **Type**：*Deformable*（柔体）；**Base Feature**：*Shell*，然后点击 **Continue**。

点击左侧工具区中的🖵来绘制顶点坐标为（0，30）和（10，0）的矩形。ABAQUS 已经自动生成了一条经过原点的竖直辅助线，它将是轴对称部件的旋转轴。在视图区中连续点击鼠标中键来完成操作。

（2）创建压头　再次点击🗋，在 **Name** 后面输入 *Head*，参数 **Modeling Space** 仍为 *Axisymmetric*，将 **Type** 改为 *Analytical rigid*（解析刚体），点击 **Continue**。点击左侧工具区中的✱来绘制一条顶点为（0，35）和（30，35）的直线，来代表压头的底面。在视图区中连续点击鼠标中键来完成操作。

> ☆ 提示：绘制压头时要注意以下几点：
> - 如果将压头绘制为矩形，其接触部位的尖角会造成错误的分析结果（见图 6-7）。第 5.3.2 节中的压头可以绘制为矩形，是因为其尖角处不发生接触。
> - 代表压头底面的直线必须绘制得足够长，因为在压缩过程中，试样的截面尺寸会增大。如果增大后的试样直径超出了压头底面的直径，就意味着从面节点（试样）落在了主面（压头）之外，这会造成接触分析的收敛问题，在 MSG 文件中会显示如下错误信息："CONTACT PAIR（ASSEMBLY _ SURF-SPECIMEN，ASSEMBLY _ HEAD-1 _ SURF-HEAD）NODE SPECIMEN-1. 148 IS OVER-CLOSED BY 1. 60194 WHICH IS TOO SEVERE"。

（3）指定刚体部件的参考点　在主菜单中选择 **Tools→Reference Point**，点击压头的中点。参考点在视图区中显示为一个黄色的叉子，旁边标以 RP。

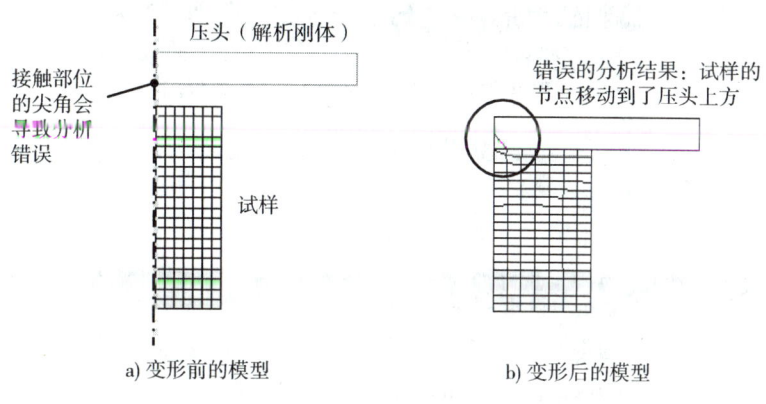

a) 变形前的模型　　　　　　　　b) 变形后的模型

图 6-7　如果将压头绘制为矩形，其接触部位的
尖角会导致错误的分析结果

6.3.3　创建材料和截面属性

（1）创建材料　进入 **Property** 功能模块，点击 ，设置 **Young′s Modulus** 为 210000，**Poisson′s Ratio** 为 0.3。

再选择对话框中的 **Mechanical→Plasticity→Plastic**，将图 6-2 所示的真实应力和塑性应变输入数据表中（如图 6-8 所示），然后点击 **OK**。

☆ 提示：随书光盘中提供了上述塑性数据的 Excel 文件：\Demo6-Specimen\Stress-Strain.xls，可以复制其中的数据，然后在如图 6-8 所示的数据表上点击右键，选择 **Paste**。

（2）创建截面属性　点击 ，点击 **Continue**，然后点击 **OK**。

（3）赋予截面属性　点击 ，为柔体部件 *Specimen* 赋予截面属性。

6.3.4　定义装配件

进入 **Assembly** 功能模块，点击 ，在弹出的 **Create Instance** 对话框中拖动鼠标来选中全部部件，然后点击 **OK**。试样和压头的位置都已经是正确的，不需要再重新定位。

☆ 提示：点击窗口顶部工具栏中的 ，在弹出的对话框中选中 **Point/Node**，然后点击 **Apply**，就可以查询模型中的顶点坐标；如果选中 **Distance**，就可以查询模型上两个点的相互距离。此模型中压头和试样顶面在 Y 方向的初始距离应该是 5。

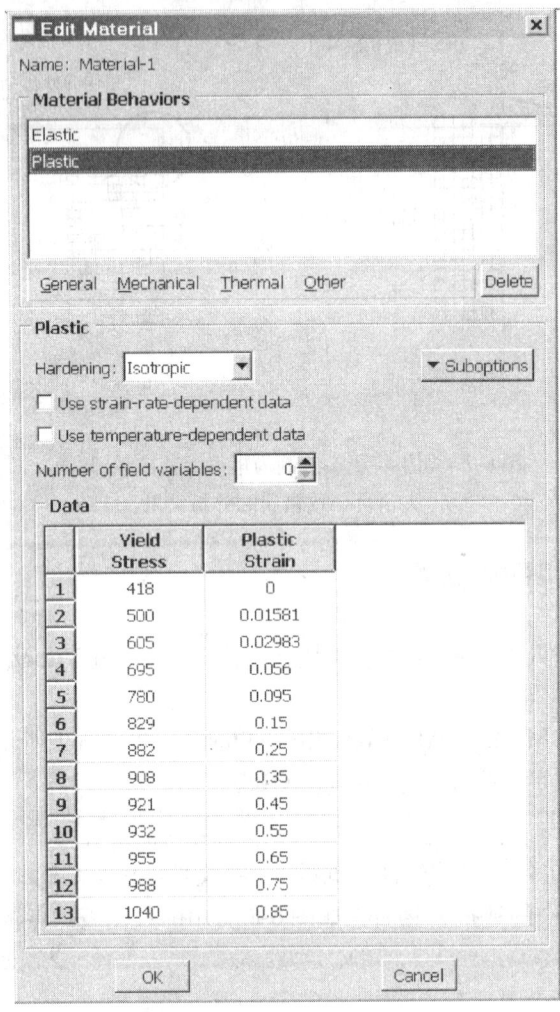

图 6-8 输入材料的塑性数据

6.3.5 划分网格

进入 **Mesh** 功能模块，在窗口顶部的环境栏中把 **Object** 选项设为 **Part**：*Specimen*。

点击 ▢，把 **Approximate global size** 设为 1.5。

点击 ▦，选中 **Incompatible modes**（非协调模式），即单元类型为 CAX4I（4 节点四边形双线性非协调轴对称单元）。

点击 ▦，得到如图 6-7 所示的网格。

6.3.6 设置分析步

本模型中将包含以下分析步：

1）第一个分析步 *InContact*：设定压头在 Y 方向的位移为 −5.001mm，使接触关系平稳地建立起来。

2）第二个分析步 *Press*：设定压头在 Y 方向的位移为 - 20mm（试样被压缩了15mm）。此分析步分为 15 个时间增量步，每个增量步长为 1/15 = 0.06667。

进入 **Step** 功能模块，然后按照以下操作来创建分析步。

（1）创建第一个分析步 *InContact*　点击 ，在 **Name** 后面输入 *InContact*，点击 **Continue**，在弹出的 **Edit Step** 对话框中，把 **Nlgeom**（几何非线性）设为 **On**，再点击 **OK**。

（2）创建第二个分析步 *Press*　再次点击 ，在 **Name** 后面输入 *Press*，在 **Edit Step** 对话框中点击 **Incrementation** 标签，把 **Initial**（初始增量步大小）和 **Maximum**（最大增量步大小）都改为 0.06667，然后点击 **OK**。

6.3.7　定义接触

（1）定义各个接触面（见图6-9）　进入 **Interaction** 功能模块，在主菜单中选择 **Tools→Surface→Manager**，点击 **Create**，在 **Name** 后面输入 *Surf-Specimen*，点击 **Continue**。点击试样的顶面，然后在视图区中点击鼠标中键来确认。

用类似的方法来定义压头与试样相接触的面 *Surf-Head*。由于压头是解析刚体部件，窗口底部提示区中会显示"Choose a side for the edges：Magenta，Yellow"，这时应根据视图区中所显示的颜色来选择刚体的外侧。

（2）定义无摩擦的接触属性　点击 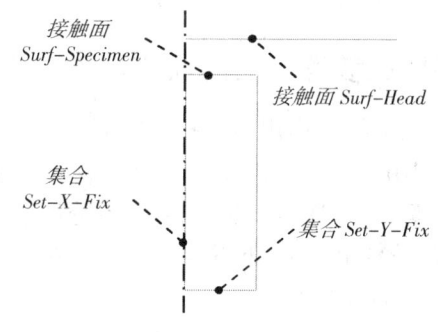（Create Interaction Property），点击 **Continue**，再点击 **OK**。

（3）定义试样和压头之间的接触

图 6-9　定义各个面和集合

在主菜单中选择 **Interaction→Manager**，点击 **Create**，设置 **Step** 为 *initial*，然后点击 **Continue**。选择 *Surf-Head* 作为主面，*Surf-Specimen* 作为从面，在弹出的 **Edit Interaction** 对话框中，保持各项默认参数不变（**Sliding formulation**：*Finite sliding*），点击 **OK**。

6.3.8　定义边界条件

试样是轴对称柔体，需要施加的边界条件是：固定对称轴上的径向位移 *U1* 和底边的轴向位移 *U2*。压头是轴对称刚体，需要施加在压头参考点上的边界条件为：

1）第一个分析步 *InContact*：使压头向下移动 5.001mm（*U1 = 0*，*U2 = - 5.001*，*UR3 = 0*）。

2）第二个分析步 *Press*：使压头向下移动 20mm（*U1 = 0*，*U2 = - 20*，*UR3 = 0*）。

定义边界条件的具体操作如下。

（1）创建各个集合　进入 **Load** 功能模块，在主菜单中选择 **Tools→Set→Manager**，点击 **Create**，依次定义以下集合（见图6-9）。

1）集合 *Set-Y-Fix*：基座的底边。

2）集合 *Set-X-Fix*：试样位于对称轴上的边。

3）集合 *Set-Head-Ref*：压头的参考点。

（2）约束试样底边的轴向位移 *U2*　在主菜单中选择 **BC→Manager**，点击 **Create**，在 **Name** 后面输入 *BC-Fix-Y*，将 **Step** 设为 *Initial*，将 **Types for Selected Step** 设为 *Displacement/Rotation*，点击 **Continue**。选中集合 *Set-Y-Fix*，点击 **Continue**，选中轴向位移 *U2*，然后点击 **OK**。

（3）约束试样对称轴上的径向位移 *U1*　与上面的操作类似，创建名为 *BC-Fix-X* 的边界条件，选中集合 *Set-X-Fix*，然后约束径向位移 *U1*。

（4）在第一个分析步中，让压头下移 5.001mm　在 **Boundary Condition Manager** 对话框中再次点击 **Create**，在 **Name** 后面输入 *BC-Move*，将 **Step** 设为 *InContact*，将 **Types for Selected Step** 设为 *Displacement/Rotation*，点击 **Continue**。选中集合 *Set-Head-Ref*，点击 **Continue**，选中 *U1*、*U2* 和 *UR3*，并将 *U2* 的位移值改为-5.001，然后点击 **OK**。

（5）在第二个分析步中，让压头下移 20mm　在 **Boundary Condition Manager** 对话框中，点击边界条件 *BC-Move* 在第二个分析步 *Press* 下面的 **propagated**，然后点击 **Edit** 按钮，把 *U2* 的位移值改为 −20，再点击 **OK**。

6.3.9　将压头参考点上的反作用力写入 DAT 文件

压头参考点上的反作用力 **RF** 即压缩过程中的载荷，根据 ABAQUS 默认的输出设置，**RF** 会被写入 ODB 文件，在后处理中可以看到其分析结果。下面介绍查看 **RF** 的另外一种方法：使用关键词 ∗NODE PRINT 来将节点分析结果输出至 DAT 文件。

点击主菜单 **Model→Edit Keywords→***Model-1*，在弹出的 **Edit Keywords** 对话框中，找到第一个分析步的以下语句

　　　　∗ *Output*，*field*，*variable* = *PRESELECT*

在其后添加以下语句：

　　　　∗ *NODE PRINT*，*NSET* = *Set-Head-Ref*

　　　RF，

其中，*Set-Head-Ref* 是为压头的参考点创建的集合。

6.3.10　提交分析作业

进入 **Job** 功能模块，创建名为 *Specimen* 的分析作业，点击窗口顶部工具栏中的 💾 来保存所建的模型，然后提交分析。分析完成后，点击 **Results**，进入 **Visualization** 功能模块。

6.3.11　后处理

（1）显示 Mises 应力和等效塑性应变　在 **Visualization** 功能模块中，点击 📇 来显示 Mises应力的云纹图，可以看到，在分析步 *Press* 结束时，试样上各点的 Mises 应力均为 967.7MPa。

点击主菜单 **Results→Field Output**，选择输出变量为 **PEEQ**，可以看到，此时试样上各点的等效塑性应变 **PEEQ** 均为 0.6884。

在图 6-2 中的塑性材料参数中，与上述结果接近的两个数据点是 $\sigma_{\text{true}} = 955\text{MPa}$，$\varepsilon_{\text{pl}} = 0.65$ 和 $\sigma_{\text{true}} = 988\text{MPa}$，$\varepsilon_{\text{pl}} = 0.75$。读者可以自行验证，由这两个数据点线性插值得到的结果与上述 ABAQUS 的分析结果完全吻合，这样就初步验证了本模型中的各项参数设置是正确的。

> ☆ 提示：在 ABAQUS 的分析结果中，如果一个单元所受的载荷是单调增加的，则其积分点上的 Mises 应力和等效塑性应变 **PEEQ** 与塑性材料数据中的真实应力和塑性应变相吻合。但需要注意，**PEEQ** 描述的是整个变形过程中塑性应变的累积，如果分析过程中出现了卸载，则 Mises 应力和 **PEEQ** 与塑性材料数据中的真实应力和塑性应变不再吻合。注意这里所说的"卸载"不一定是模型外载荷的减小，在加载的过程中，摩擦或模型各部分的刚度差异有可能会改变应力场的分布，从而造成模型局部的卸载。

（2）查看 DAT 文件中的反作用力 **RF**　使用文本编辑软件打开结果文件 *Specimen. dat*（在随书光盘的以下文件夹中可以找到此文件：\Demo6-Specimen\Analysis Results）。由于在第 6.3.9 节中使用了关键词 * NODE PRINT，因此每个增量步中顶头参考点上的反作用力 **RF** 都被写入了 *Specimen. dat*，其中 Y 方向上的反作用力 **RF2** 即下压过程中的载荷。例如，在 *Specimen. dat* 的结尾处可以看到，最后一个增量步中的反作用力 **RF2** = $-6.0682\text{E} + 05$，具体数据如下。

INCREMENT　15　SUMMARY

……

N O D E　O U T P U T

THE FOLLOWING TABLE IS PRINTED FOR NODES BELONGING TO NODE SET ASSEMBLY_SET-HEAD-REF

NODE FOOT-NOTE	RF1	**RF2**	RM3
1	$-2.4077\text{E-}23$	**$-6.0682\text{E}+05$**	$3.3867\text{E}+06$

6.3.12　INP 文件

下面解释一下本实例所对应的 INP 文件 *Specimen. inp*。在随书光盘的以下文件夹中可以找到此文件：\Demo6-Specimen\Analysis Results。文件中包含以下数据。

```
** ------------------------------------------------------------------------
**       压头部件
* Part，name = Head
**
**       压头的参考点
* Node
```

```
   1,    15.,    35.,    0.
* Nset, nset = Head-RefPt _, internal
1,
* End Part
**
**        试样部件
* Part, name = Specimen
……
* End Part
** ----------------------------------------------------------------
* Assembly, name = Assembly
**
**        压头实体
* Instance, name = Head-1, part = Head
**        压头的解析面
* Surface, type = SEGMENTS, name = Surf-Head
START,     30.,     35.
LINE,       0.,     35.
**        定义解析刚体
* Rigid Body, ref node = Head-RefPt _, analytical surface = Surf-Head
* End Instance
**
**        试样实体
* Instance, name = Specimen-1, part = Specimen
* End Instance
……
**        试样顶部的面
* Surface, type = ELEMENT, name = Surf-Specimen
_ Surf-Specimen _ S4, S4
* End Assembly
** ----------------------------------------------------------------
* Material, name = Material-1
* Elastic
210000., 0.3
**        塑性参数
* Plastic
418.,    0.
500., 0.01581
605., 0.02983
```

```
695. ,    0.056
780. ,    0.095
829. ,    0.15
882. ,    0.25
908. ,    0.35
921. ,    0.45
932. ,    0.55
955. ,    0.65
988. ,    0.75
1040 ,    0.85
**
**        接触属性: 库伦摩擦 (无摩擦)
* Surface Interaction, name = IntProp-1
1. ,
**
**        试样对称轴上的边界条件: 径向固定
* Boundary
Set-X-Fix, 1, 1
**        试样底边上的边界条件: 轴向固定
* Boundary
Set-Y-Fix, 2, 2
**
**        压头与试样之间的接触
* Contact Pair, interaction = IntProp-1
Surf-Specimen, Head-1. Surf-Head
** ------------------------------------------------------------
**        第一个分析步 (考虑几何非线性)
* Step, name = InContact, nlgeom = YES
* Static
1. , 1. , 1e-05, 1.
**
**        压头参考点上的边界条件: U1 = 0; U2 = -5. 001; UR3 = 0
* Boundary
Set-Head-Ref, 1, 1
Set-Head-Ref, 2, 2,  - 5. 001
Set-Head-Ref, 6, 6
......
**        将压头参考点上的反作用力写入 DAT 文件
* NODE PRINT, NSET = Set-Head-Ref
```

RF,

......

* End Step

** --

**　　　　第二个分析步（考虑几何非线性）

* Step, name = Press, nlgeom = YES

**

**　　　　初始时间增量步为 0.06667, 最大时间增量步为 0.06667

* Static

0.06667, 1., 1e-05, 0.06667

**

**　　　　将压头参考点上的边界条件改为 U2 = −20

* Boundary

Set-Head-Ref, 2, 2, -20.

......

* End Step

** --

6.4　实例3：弯曲成形过程模拟

下面将模拟一个异形截面构件的弯曲成形过程，读者将从中学习 ABAQUS 的以下功能。

1）大变形问题的加载和卸载过程模拟。

2）平面应变（plane strain）问题的建模。

3）在 **Sketch** 功能模块中绘制样条曲线（spline）。

4）创建离散刚体（discrete rigid）部件，使用刚体单元。

5）显示节点和单元编号。

6）查看诊断信息，判断分析结果的正确性。

7）理解应力不变量的计算方法和后处理显示方式。

8）延展平面应变单元来构造等效的三维视图。

在随书光盘的以下文件夹中可以找到本实例完成后的文件。

1）ABAQUS 模型数据库文件：　　　\Demo6-Forming\CAE Model\Forming. cae

2）INP 文件和结果文件：　　　\Demo6-Forming\Analysis Results\Forming. *

6.4.1　问题的描述

如图 6-10 所示的模型由异形截面细长坯料、压模和压头三个部件组成。坯料右侧的一部分在 X 方向的位移受到约束，坯料底面在 Y 方向的位移受到约束，压模和压头旋转点的位置都固定。压头绕旋转点逆时针缓慢转动31°，使坯料弯曲成形，然后卸载（压头绕旋转点顺时针转回 20°）。各接触面润滑良好，可以认为无摩擦。压头和压模可看作刚体，坯料的弹性模量 $E = 210000 \text{N/mm}^2$，泊松比 $\mu = 0.3$，其塑性材料数据如图 6-2 所示。要求模拟加载成形和卸载的过程。

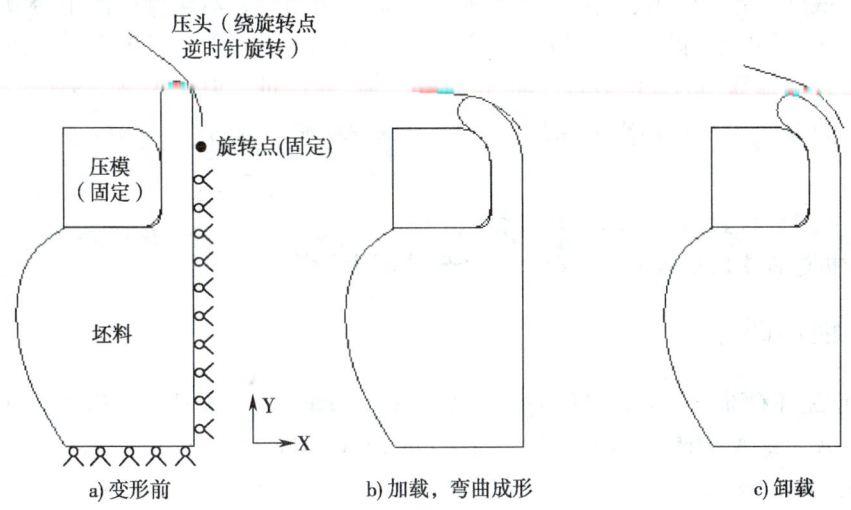

图 6-10　异形截面坯料在压头的作用下弯曲成形（平面应变问题）

建模要点

1）此问题研究的是结构的静态响应，所以分析步类型应为 **Static**，**General**（使用 ABAQUS/Standard 作为求解器）。

2）为减小模型的规模，按照平面应变问题来建模。

> ☆ 提示：本实例建立三维实体模型可以得到更精确的结果，但此问题中有大变形，并且接触状态会发生很大的变化，如果使用三维实体模型，计算代价会很大。在工程实践中，往往需要反复修改部件的形状尺寸和工艺参数，进行多次计算。这时可以使用以下方法来减小模型的规模：
>
> - 根据结构和载荷的特点，首先使用平面应变、平面应力或轴对称等二维模型来进行计算，从而初步确定优化的结构尺寸和工艺参数，然后再使用三维模型来进行更精确的分析。
> - 首先对整个模型划分较粗的网格，得到初步的计算结果后，再使用子模型（submodel）来对所关心的大变形部位进行更精确的分析（下面第 6.5 节将介绍如何使用子模型来分析本实例）。

3）本实例是一个大位移问题，应在 **Step** 功能模块中把参数 **Nlgeom**（几何非线性）设为 **On**。

4）坯料的单元类型选择 CPE4R 单元（4 节点四边形双线性减缩积分平面应变单元），压头使用解析刚体来建模，压模使用离散刚体来模拟，其单元类型为 R2D2 单元（2 节点二维线性刚体单元）。

> ☆ 提示：实际上，压模用解析刚体来建模会更加简单精确，本实例中使用离散刚体是为了介绍刚体单元的使用方法。对于形状简单的刚性部件，使用解析刚体可以精确模拟部件的几何形状，而且可以减小计算代价；但如果刚性部件的几何形状较复杂，无法用解析刚体来建模，就需要使用离散刚体。

5）接触属性设置为默认的"硬接触"、无摩擦。

6）分析过程中出现很大的滑动，因此选用有限滑移。

6.4.2　创建部件

（1）创建坯料部件　启动 ABAQUS/CAE，进入 **Part** 功能模块，点击 ，在 **Name** 后面输入 *Blank*，将 **Modeling Space** 设为 *2D Planar*（二维平面），保持默认的参数 **Type**：*Deformable*；**Base Feature**：*Shell*，然后点击 **Continue**。

按照图 6-11 所示的坐标来绘制坯料的轮廓图。绘制坯料左侧的样条曲线的方法是：点击左侧工具区中的 ，然后输入顶点坐标（0，33），按回车键，再类似地依次输入顶点坐标（－5，25）、（－5，15）和（0，0），最后在视图区中点击鼠标中键来完成操作。

（2）创建压头（解析刚体部件）　再次点击 ，在 **Name** 后面输入 *Punch*，参数 **Modeling Space** 仍为 *2D Planar*，将 **Type** 改为 *Analytical rigid*，点击 **Continue**。

按照图 6-11 所示的坐标来绘制压头的轮廓图。绘制圆弧的方法是：点击左侧工具区中的 （Create Arc：Thru 3 Points），然后依次输入圆弧的起点坐标（16.8，57.3）、终点坐标（21.5，48）和中间点坐标（20.3，53.2）。

（3）指定压头的参考点　在主菜单中选择 **Tools→Reference Point**，然后输入参考点坐标（21.5，45）。

（4）创建压模（离散刚体部件）　再次点击 ，在 **Name** 后面输入 *Die*，参数 **Modeling Space** 仍为 *2D Planar*，将 **Type** 改为 *Discrete rigid*，**Base Feature** 为 *Wire*（轮廓线），点击 **Continue**。按照图 6-11 所示的坐标来绘制压模的轮廓图。

> ☆ 提示：二维离散刚体部件只能是 *Wire* 或 *Point*，而三维离散刚体部件可以是 *Solid*、*Shell*、*Wire* 或 *Point*，但注意只有对 *Shell* 和 *Wire* 才能将单元类型设置为刚体单元。

（5）指定压模的参考点　在主菜单中选择 **Tools→Reference Point**，然后输入参考点坐标（5，40）。

> ☆ 提示：离散刚体部件和解析刚体部件一样，也要指定一个参考点，所有的边界条件和载荷都要施加在这个参考点上。

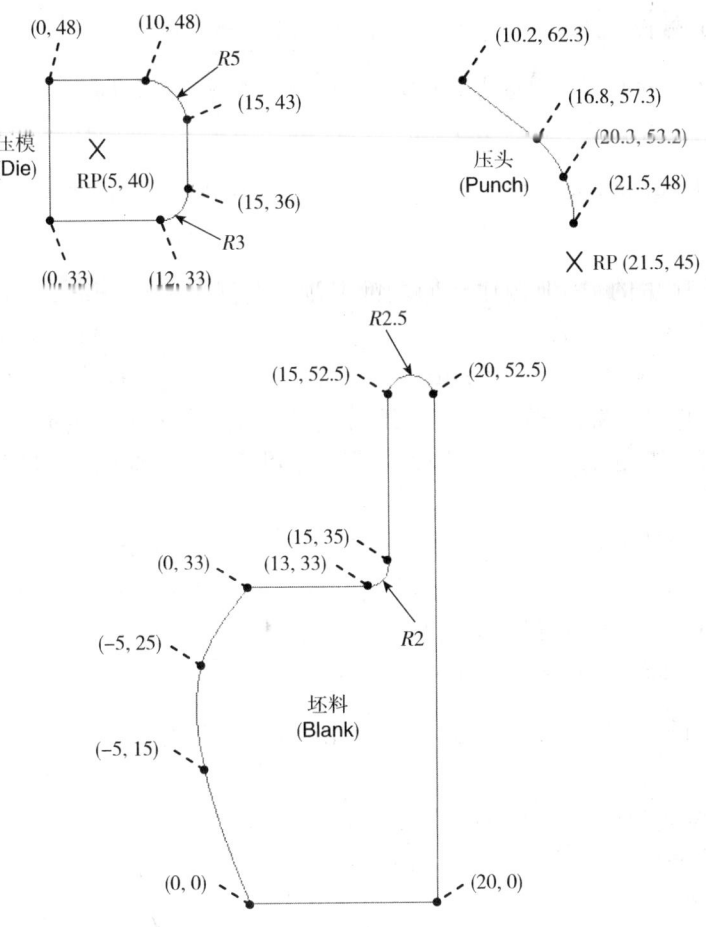

图 6-11 各部件的顶点坐标（虚线和箭头只是本书添加的标注，在模型中并不出现）

6.4.3 创建材料和截面属性

与第 6.3.3 节所介绍的步骤相同，进入 **Property** 功能模块，为坯料创建材料，弹性参数为 **Young′s Modulus**：210000，**Poisson′s Ratio**：0.3；塑性参数如图 6-8 所示。然后为柔体部件 *Blank* 赋予截面属性。压头（解析刚体）和压模（离散刚体）都不需要材料和截面属性。

> ☆ 提示：平面应变问题的截面属性类型是 **Solid**（实心体），而不是 **Shell**（壳）。

6.4.4 定义装配件

进入 **Assembly** 功能模块，点击 ⬛，选中所有部件，然后点击 **OK**。

6.4.5 划分网格

（1）分割坯料的面和边　进入 **Mesh** 功能模块，首先为坯料划分网格，在窗口顶部的环境栏中把 **Object** 选项设为 **Part**：*Blank*。

点击▭ （Partitian Face：Sketch），然后通过绘制图 6-12 中的水平线段 AB、CD 和 EF 来分割坯料。

在左侧工具区中的▨上按住鼠标左键不放，选择▨ （Partitian Edge：Enter Parameter），然后点击图 6-12 中的 J 点（位置不必很精确），点击鼠标中键，在窗口底部提示区中输入分割比例 0.7，点击 **Create Partition**，圆弧 GH 被分割为两部分。

在后面的操作中，将在线段 CG 和圆弧 GJ 上定义与压模相接触的面，在线段 FH 和圆弧 HJ 上定义与压头相接触的面，在线段 FN 上定义边界条件，而线段 AB 将在第 6.5 节中用于子模型的定义。

（2）为坯料设置单元大小　在主菜单中选择 **Seed→Edge By Size**，首先选中图 6-12 中线段 AB 以下的区域，将单元大小设为 4，再选中线段 AB 以上的区域，将单元大小设为 1，然后再单独选中线段 AB，仍保持单元大小为 1，点击窗口底部提示区右侧的 **Constraints** 按钮，选中 *Do not allow the number of elements to change*。

（3）为坯料设置网格参数　点击▨，首先选中图 6-12 中线段 AB 以下的区域，将网格参数设置为

Element Shape：	*Quad*（四边形）
Techniques：	*Free*（自由网格划分技术）
Algorithm：	*Advancing front*（进阶算法）

图 6-12 中线段 AB 以上的区域使用默认的 *Medial axis* 算法，不需再改变。

（4）为坯料设置单元类型　点击▨，选中整个坯料，将 **Family** 设为 *Plane Strain*，单元类型为默认的 CPE4R（4 节点四边形双线性减缩积分平面应变单元）。

（5）为坯料划分网格　点击▨，完成网格划分（见图 6-13）。

☆ 提示：坯料的大变形部位和发生接触的区域应该划分更细的网格，在第 6.5 节中将使用子模型来进行网格细化。

（6）为压模划分网格　在窗口顶部的环境栏中把 **Object** 选项设为 **Part**：*Die*。在主菜单中选择 **Seed→Part**，将整个压模的单元大小设为 1.5。再在主菜单中选择 **Seed→Edge By Number**，将压模右上角圆弧的单元数设为 10。

☆ 提示：对于离散刚体，要在发生接触的部位划分足够细的网格，以保证不出现大的尖角。

点击▨，单元类型为默认的 R2D2（二节点二维线性刚体单元）。点击▨，完成网格划分。

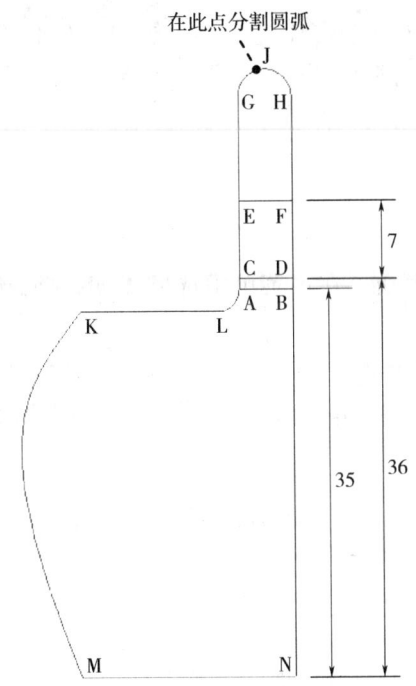

图 6-12   分割坯料，以便于定义接触面、
边界条件和子模型

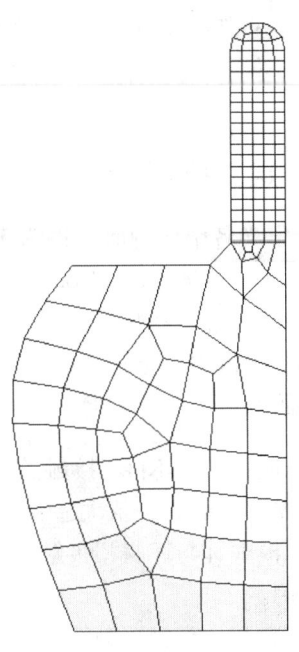

图 6-13   为坯料划分网格

☆ 提示：压模是 *Wire* 类型的离散刚体部件，其几何形体只是轮廓线，而不是一个面，因此无法直观地看到所生成的网格。可以使用以下方法来显示节点和单元编号，从而查看网格划分的情况：在主菜单中选择 **View→Part Display Options**，然后点击 **Mesh** 标签页，选中 *Show node labels* 来显示节点编号，选中 *Show element labels* 来显示单元编号。

6.4.6   设置分析步

进入 **Step** 功能模块，创建以下分析步（类型为默认的 **Static**，**General**，把 **Nlgeom** 都设为 **On**）。

1）第一个分析步 *InContact*：在此分析步中将不施加任何外载荷，只是使接触关系平稳地建立起来，因此此分析步的初始增量步长为 1。

2）第二个分析步 *Bending*：在此分析步中，压头将绕旋转点逆时针转动 31°，使坯料弯曲成形。由于是大变形问题，且有复杂的接触，将此分析步的初始增量步长设为 0.02，并将最大的增量步数（Maximum number of increments）由默认的 100 改为 1000。

3）第三个分析步 *Unload*：在此分析步中，压头将顺时针转动 20° 来卸载，初始增量步长也设为 0.02。

> ☆ 提示：此实例是二维模型，节点数较少，因此只设置了上述三个分析步。对于复杂的三维问题，如果出现收敛困难，可以使用额外的分析步和边界条件，将载荷逐步施加到模型上，具体方法请参见第 10.1.8 节的实例。

6.4.7　定义接触

（1）定义各个接触面　进入 **Interaction** 功能模块，在主菜单中选择 **Tools→Surface→Manager**，点击 **Create**，依次定义以下接触面。

1）压头与坯料相接触的面 *Surf-Punch*：压头的全部轮廓线。由于压头是解析刚体部件，窗口底部提示区中会显示 "Choose a side for the edges：Magenta，Yellow"，此时应根据视图区中所显示的颜色来选择靠近坯料的一侧。

2）压模右侧与坯料相接触的面 *Surf-Die-Right*：点击窗口顶部的 ⬚，利用显示组来只显示压模，按住 Shift 键，依次选中图 6-14 中的圆弧 UT 和线段 TS，注意要选择靠近坯料的一侧。

3）压模底部与坯料相接触的面 *Surf-Die-Bottom*：图 6-14 中的线段 PQ，注意要选择靠近坯料的一侧。

4）坯料与压头相接触的面 *Surf-Blank-Right*：点击窗口顶部的 ⬚，只显示坯料，按住 Shift 键，依次选中图 6-12 中的圆弧 JH 和线段 HF。

5）坯料左侧与压模右侧面相接触的面 *Surf-Blank-Left*：按住 Shift 键，依次选中图 6-12 中的圆弧 JG 和线段 GE、EC。

6）坯料与压模底面相接触的面 *Surf-Blank-Top*：图 6-12 中的线段 KL。

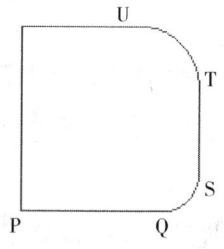

图 6-14　压模上的接触面

（2）定义无摩擦的接触属性　点击 ▦（Create Interaction Property），点击 **Continue**，再点击 **OK**。

（3）定义各个接触关系　点击窗口顶部的 ⬚，显示所有实体。在主菜单中选择 **Interaction→Manager**，点击 **Create**，依次定义以下接触关系（**Step** 均为 *initial*，**Sliding formulation** 均为 *Finite sliding*，**Specify tolerance for adjustment zone** 均为 *0.02*）。

1）坯料与压头之间的接触：名为 *Int-Blank-Punch*，选择 *Surf-Punch* 作为主面，*Surf-Blank-Right* 作为从面。

2）坯料与压模右侧面之间的接触：名为 *Int-Blank-Die-Right*，选择 *Surf-Die-Right* 作为主面，*Surf-Blank-Left* 作为从面。

3）坯料左侧与压模底面之间的接触：名为 *Int-Blank-Die-Bottom*，选择 *Surf-Die-Bottom* 作为主面，*Surf-Blank-Top* 作为从面。

6.4.8　定义边界条件

（1）创建各个集合　进入 **Load** 功能模块，在主菜单中选择 **Tools→Set→Manager**，点

击 **Create**，依次定义以下集合。

1）坯料的底面（图 6-12 中的线段 MN）：名为 *Set-Blank-Fix-Y*。

2）坯料的右侧面（图 6-12 中的线段 FD、DB 和 BN）：名为 *Set-Blank-Fix-X*。

3）压头的参考点：名为 *Set-Punch-Ref*。

4）压模的参考点：名为 *Set-Die-Ref*。

（2）约束坯料底面的位移 U2 在主菜单中选择 **BC→Manager**，点击 **Create**，在 **Name** 后面输入 *BC-Fix-Y*，将 **Step** 设为 *Initial*，将 **Types for Selected Step** 设为 *Displacement/Rotation*，选中集合 *Set-Blank-Fix-Y*，约束位移 U2。

（3）约束试样坯料右侧面的位移 U1 创建名为 *BC-Fix-X* 的边界条件，**Step** 为 *Initial*，选中集合 *Set-Blank-Fix-X*，再选中位移 U1。

（4）固定压模的参考点 创建名为 *BC-Fix-Die* 的边界条件，**Step** 为 *Initial*，选中集合 *Set-Die-Ref*，再选中 U1、U2 和 UR3。

（5）固定压头的参考点 创建名为 *BC-Punch-Move* 的边界条件，**Step** 为 *Initial*，选中集合 *Set-Punch-Ref*，再选中 U1、U2 和 UR3。

（6）在第二个分析步中，让压头绕旋转点逆时针转动 31°（弧度值为 0.541） 在 **Boundary Condition Manager** 对话框中，点击边界条件 *BC-Punch-Move* 在第二个分析步 *Bending* 下面的 **propagated**，然后点击 **Edit**，把 UR3 的位移值改为 0.541，再点击 **OK**。

（7）在第三个分析步中，让压头绕旋转点顺时针转回 20°（相对于初始位置的转动角度是 31° − 20° = 11°，相应的弧度值为 0.192） 在 **Boundary Condition Manager** 对话框中，点击边界条件 *BC-Punch-Move* 在第三个分析步 *Unload* 下面的 **propagated**，然后点击 **Edit**，把 UR3 的位移值改为 0.192，再点击 **OK**。

6.4.9 提交分析作业

进入 **Job** 功能模块，创建名为 *Forming* 的分析作业，点击窗口顶部的 来保存所建的模型，然后提交分析。

在 **Job Manager** 对话框中点击 **Monitor**，然后点击 **Warnings** 标签页，看到分析过程中出现以下警告信息

The strain increment has exceeded fifty times the strain to cause first yield at 6 points

The system matrix has 2 negative eigenvalues.

Excessive distortion at a total of 5 integration points in solid（continuum）elements

在 *Forming. msg* 文件中可以看到同样的警告信息。这些警告并不一定意味着模型中存在错误，本实例的分析能够达到收敛，下面将在后处理时使用 **Job Diagnostics** 来查看出现这些警告信息的位置，判断分析结果的正确性。

等待分析完成后，点击 **Results**，进入 **Visualization** 功能模块。

6.4.10 后处理

（1）显示云纹图和动画 在 **Visualization** 功能模块中，点击 来显示 Mises 应力的云纹图，点击 来显示动画，看到变形的过程是正常的。

（2）查看是否出现畸形单元　将变形的缩放系数设为 1，点击窗口底部的 ⏮ ◁ ▷
⏭ 来查看加载和卸载的过程，如果发现在大变形的部位出现了严重扭曲变形的单元（例如
单元出现很小的尖角或很大的钝角，或出现内凹的边），就需要在相应部位采取网格细化等
措施，来改善变形后的单元形状。

> ☆ 提示：在 **Step** 功能模块中点击主菜单 **Other→Adaptive Mesh Domain**，可以设定自适
> 应网格，但此功能主要用于 ABAQUS/Explicit，以及 ABAQUS/Standard 中的表面
> 磨损过程模拟。在一般的 ABAQUS/Standard 分析中尽管也可以设定自适应网格，
> 但不会起到明显的作用。

（3）延展平面应变单元来构造等效的三维视图　点击主菜单 **View→ODB Display
Options**，选择 **Sweep & Extrude** 标签页，选中 **Extrude elements**，把 *Depth* 设置为 *30*，然后
点击 **OK**。视图区中显示出等效的三维模型。

关于本实例的分析结果，还可以讨论两个重要的问题，下面分别介绍。

1. 查看诊断信息

如第 6.4.9 节所述，分析过程中出现了 Negative Eigenvalue 和 Excessive Distortion 等警告
信息，下面查看一下分析过程的诊断信息：

在主菜单中选择 **Tools → Job Diagnostics**，点击左侧区域中的加号，可以看到整个分析
过程由以下层次构成（见图 6-15）。

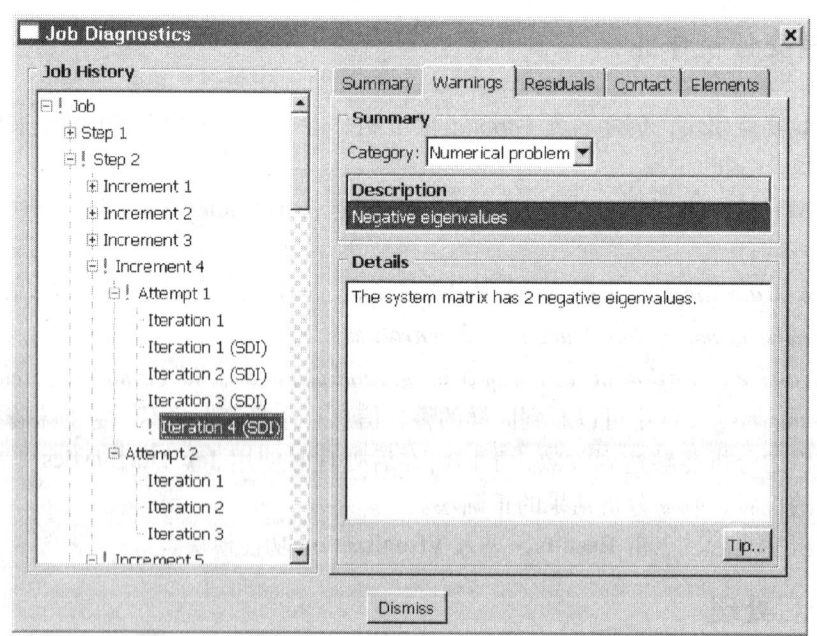

图 6-15　分析过程的诊断信息

1）Step：　　　分析步。

2）Increment：时间增量步。

3）Attempt：　减小增量步的尝试，即"Cutback"。

4）Iteration：迭代。

以 Increment 4 为例，它的 Attempt 1 ／ Iteration 4 出现了 Negative Eigenvalue 警告信息，无法收敛，ABAQUS 自动减小时间增量步，在 Attempt 2 中没有再出现警告信息，达到了收敛。

其他分析步和增量步的情况也大致相似，即警告信息没有出现在各个增量步的最后一次迭代，因此分析结果是正确的。

2. 应力不连续现象和应力不变量的计算方法

在云纹图中可以看到，有些时间增量步中出现了不连续的 Mises 应力场（见图 6-16）。

例如，在分析步为 *Bending*、增量步为 6 时，点击 ⓘ 来查询节点 170 的分析结果，会发现其 Mises 应力有多个值（见图 6-16）。

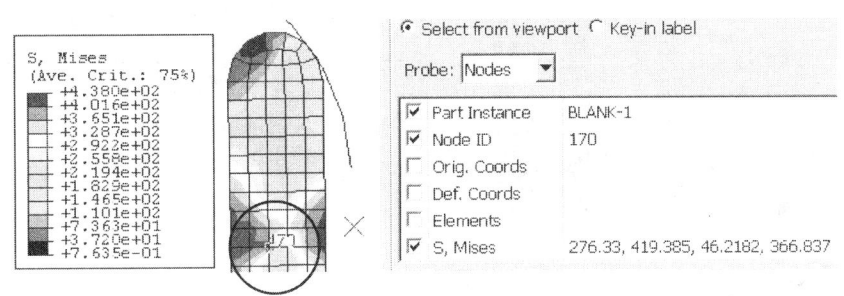

分析步为*Bending*、增量步为6

图 6-16　默认的应力不变量计算方法 *Compute scalars **before** averaging*，

默认的平均阈值 **75%**：得到的节点 Mises 应力偏大，有可能出现应力不连续现象

出现这种应力不连续现象的原因是：ABAQUS 的直接分析结果是单元积分点上的应力，在后处理时对其进行外推和平均才得到节点应力，如果某个部位的应力变化很剧烈，而网格又较粗糙，就可能出现节点应力不连续的现象。这一问题涉及到应力不变量（例如 Mises 应力）的计算方法，具体解释如下。

点击主菜单 **Result→Options**，在弹出的 **Result Options** 对话框中可以看到，默认的应力不变量计算方法是 *Compute scalars before averaging*（先计算应力不变量，再对插值结果进行平均，以下简称"先不变量再平均"），且默认的 *Averging threshold*（平均阈值）为 75%，这样可能出现图 6-16 所示的节点 Mises 应力不连续现象。

如果在 **Result Options** 对话框中把 *Averaging threshold* 改为 100%，就不会出现上述应力不连续的现象（见图 6-17）。使用"先不变量再平均"方法得到的节点 Mises 应力偏大，作为工程分析的结果会更安全。

如果在 **Result Options** 对话框中把应力不变量计算方法改为 *Compute scalars after* *averaging*（先进行平均，再计算应力不变量，以下简称"先平均再不变量"），也不会出现节点 Mises 应力不连续的现象，但这样得到的节点 Mises 应力偏小，会降低工程分析的安全系数（见图 6-18）。

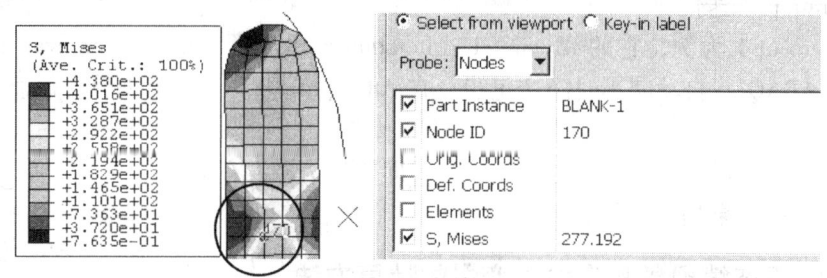

分析步为 *Bending*、增量步为 6

图 6-17　默认的应力不变量计算方法 *Compute scalars **before** averaging*，平均阈值
增大为 **100%**：得到的节点 Mises 应力偏大，没有应力不连续现象

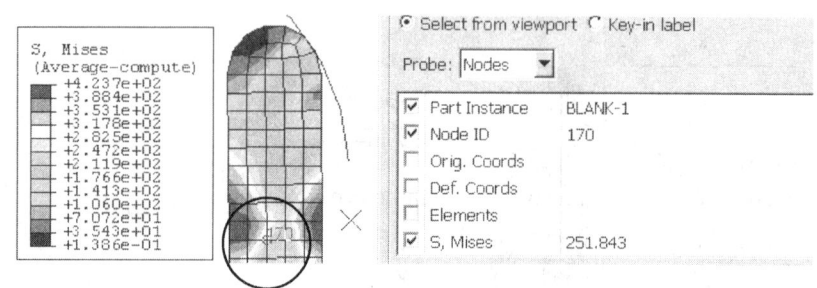

分析步为 *Bending*、增量步为 6

图 6-18　将应力不变量计算方法改为 *Compute scalars **after** averaging*：
得到的节点 Mises 应力偏小，没有应力不连续现象

☆ 提示：上面的分析会使人产生一个疑问：使用不同的应力不变量计算方法会得到不同的节点 Mises 应力，究竟哪一个才是精确的呢？事实上，只有单元积分点上的应力结果才是相对精确的，而通过外推平均得到的节点应力都是不精确的，不同应力不变量计算方法的差别只在于哪种方法得到的结果更安全。更广义地说，有限元作为一种数值计算方法，本身就是不精确的。绝对的"精确"只是一种理论上的概念，在工程实际中只能得到相对精确的结果。一般情况下，使用 ABAQUS/CAE 的默认设置即可（*Compute scalars before averaging*，*Averging threshold*：75%），如果在所关心的部位看到应力不连续现象，应在此处细化网格。

6. 4. 11　INP 文件

下面解释一下本实例所对应的 INP 文件 *Forming. inp*。在随书光盘的以下文件夹中可以找到此文件：\Demo6-Forming\Analysis Results\。此文件中包含以下数据。

```
**  --------------------------------------------------------------------------------
**        坯料部件
* Part，name = Blank
……
* End Part
**
**        压模部件
* Part，name = Die
……
**        刚体单元
* Element，type = R2D2
……
* End Part
**
**        压头部件
* Part，name = Punch
**        压头的参考点
* Node
   1，     21.5，     45.，      0.
* Nset，nset = Punch-RefPt _，internal
1，
* End Part
**  --------------------------------------------------------------------------------
* Assembly，name = Assembly
**
**        坯料实体
* Instance，name = Blank-1，part = Blank
* End Instance
**
**        压模实体
* Instance，name = Die-1，part = Die
* End Instance
**
**        压头实体
* Instance，name = Punch-1，part = Punch
**        压头的解析面
* Surface，type = SEGMENTS，name = Surf-Punch
START，      21.5，      48.
CIRCL，      16.8，      57.3，10.2141566265061，48.1340361445783
```

LINE，　　　10.2，　　　62.3

**　* *　　　将压头定义为解析刚体

* Rigid Body，ref node = Punch-RefPt _，analytical surface = Surf-Punch

* End Instance

……

**　* *　　　将压模定义为离散刚体

* **Rigid Body，ref node = Die-1. Die-RefPt _，elset = Die-1. Die**

* *

* End Assembly

* *　--

* Material，name = Material-1

* Elastic

210000. ，0.3

**　* *　　　塑性参数

* **Plastic**

418. ，　　0.

500. ，0.01581

605. ，0.02983

695. ，0.056

780. ，0.095

829. ，0.15

882. ，0.25

908. ，0.35

921. ，0.45

932. ，0.55

955. ，0.65

988. ，0.75

1040，0.85

* *

**　* *　　　接触属性：库伦摩擦（无摩擦）

* Surface Interaction，name = IntProp-1

1. ，

* *

**　* *　　　边界条件：固定压模

* Boundary

Set-Die-Ref，1，1

Set-Die-Ref，2，2

Set-Die-Ref，6，6

* *

```
**        边界条件：约束坯料右侧面的 X 方向位移
* Boundary
Set-Blank-Fix-X，1，1

**        边界条件：约束坯料底面的 Y 方向位移
* Boundary
Set-Blank-Fix-Y，2，2
**
**        边界条件：固定压头
* Boundary
Set-Punch-Ref，1，1
Set-Punch-Ref，2，2
Set-Punch-Ref，6，6
**
**        定义接触对
* Contact Pair，interaction = IntProp-1
Surf-Blank-Top，Surf-Die-Bottom
**
* Contact Pair，interaction = IntProp-1
Surf-Blank-Left，Surf-Die-Right
**
* Contact Pair，interaction = IntProp-1
Surf-Blank-Right，Punch-1. Surf-Punch
** ------------------------------------------------------------------
**        第一个分析步 InContact（考虑几何非线性）
* Step，name = InContact，nlgeom = YES
* Static
1. ，1. ，1e-05，1.
……
* End Step
** ------------------------------------------------------------------
**        第二个分析步 Bending（考虑几何非线性，最大增量步数为 1000）
* Step，name = Bending，nlgeom = YES，inc = 1000
**
**        初始时间增量步为 0.02
* Static
0. 02，1. ，1e-05，1.
**
**        压头绕旋转点逆时针转动 0. 541rad
```

* **Boundary**

Set-Punch-Ref, 6, 6, 0.541

……

* End Step

** --

**   第三个分析步 Unload（考虑几何非线性）

* Step, name = Unload, **nlgeom = YES**

**

**   初始时间增量步为 0.02

* Static

0.02, 1., 1e-05, 1.

**

**   卸载：压头绕旋转点逆时针转动值变为 0.192rad（相对于初始位置）

* **Boundary**

Set-Punch-Ref, 6, 6, 0.192

……

* End Step

** --

6.5 　用子模型分析弯曲成形过程

下面将使用子模型（submodel）来进一步分析第 6.4 节中介绍的弯曲成形过程。第 6.4 节中对完整的坯料模型进行了模拟，此模型称为“全局模型”（global model）。使用子模型分析技术，可以在全局模型分析结果的基础上，使用细化网格对模型的局部作进一步分析，从而以较小的计算代价得到更精确的结果。

关于子模型的详细介绍，请参见 ABAQUS 帮助文件《ABAQUS Analysis User's Manual》的第 7.3.1 节“Submodeling”。

> ☆ 提示：在 ABAQUS 中还可以使用“子结构”（substructure）分析技术，它在名称上与子模型很相似，但含义却完全不同，从某种意义上来说，二者代表的是相反的过程。子模型是在全局模型的基础上，对局部进行网格细化，作进一步分析；子结构是将模型的局部作为一个整体来处理，缩聚其内部自由度，只保留与外部有连接关系的自由度，从而减小刚度矩阵和质量矩阵的规模和计算量。子结构往往用于具有相同特征和性质的重复性局部结构，详见 ABAQUS 帮助文件《ABAQUS Analysis User's Manual》的第 7.2.1 节“Substructuring”。

下面将首先介绍子模型的基本知识，然后为模型的大变形部位建立子模型（图 6-19 中线段 AB 以上的部分），其网格分为两种情况。

1）在第 6.5.2 节中，子模型仍然使用全局模型在此部位原有的网格，将子模型的分析结果和第 6.4 节中全局模型的分析结果相比较，如果二者几乎完全相同，就可以初步验证子模型的各项参数设置是正确的。

2）在第 6.5.3 节中，对子模型进行网格细化，得到更精确的分析结果。

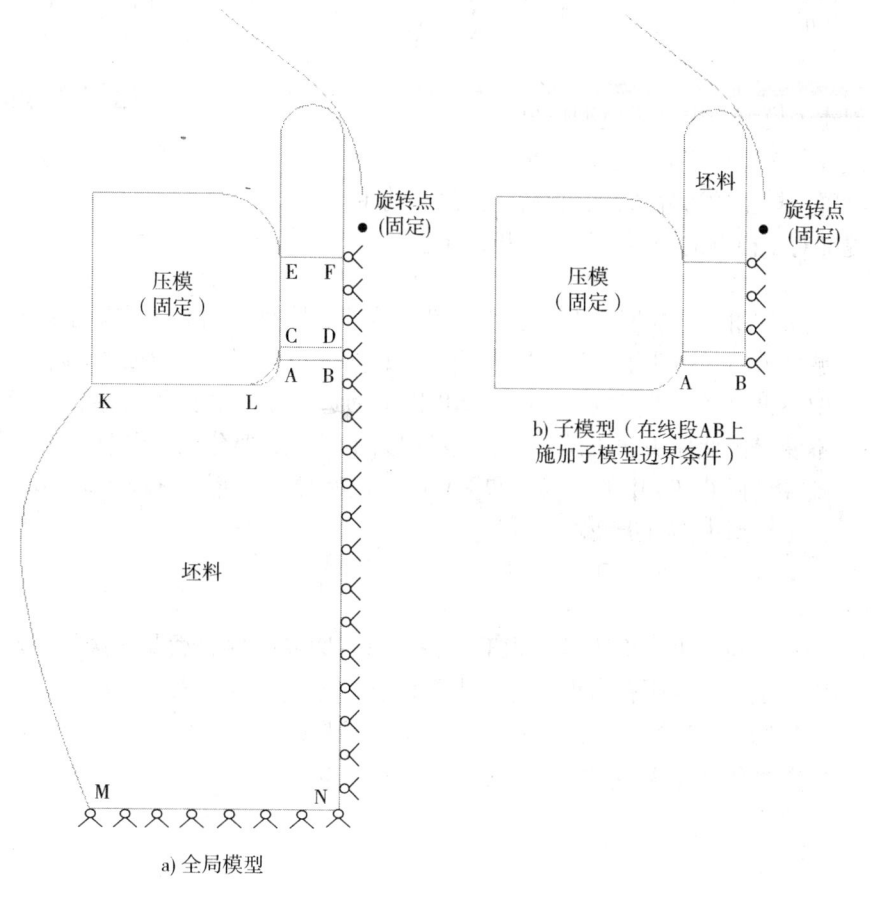

图 6-19 使用子模型来进一步分析第 6.4 节中的弯曲成形过程

6.5.1 子模型的基本知识

首先介绍一些基本术语。

1）全局模型和子模型：前面已经介绍了这两个概念，第 6.4 节中的模型就是全局模型（见图 6-19a），子模型是从全局模型上切分下来的一部分（见图 6-19b）。

2）子模型边界（submodel boundary）：将图 6-19a 中的全局模型沿线段 AB 切分开来，对线段 AB 以上的部分建立子模型，则线段 AB 就是"子模型边界"。

3）驱动变量（driven variable）：一般是位移。全局模型在子模型边界上的位移结果，被作为边界条件来引入子模型。如果全局模型和子模型在子模型边界上的节点分布不同，ABAQUS 会对全局模型在此处的位移结果进行插值处理。

子模型分析包括以下几个基本步骤。

1）完成对全局模型的分析，并保存子模型边界附近的分析结果。

☆ 提示：全局模型在子模型边界上的位移结果是否准确，会在很大程度上影响子模型的
　　　　分析结果精度。因此要保证全局模型在子模型边界上有足够细化的网格，另外
　　　　还要尽量选择位移变化不剧烈的位置作为子模型边界（例如本实例中的线段
　　　　AB）。

2）创建子模型，定义子模型边界。
3）设置各个分析步中的驱动变量。
4）设置子模型的边界条件、载荷、接触和约束。
5）提交对子模型的分析，检查分析结果。

☆ 提示：原来作用在全局模型上的边界条件、载荷、接触和约束，如果是位于子模型区
　　　　域之内的，则在子模型中要保持不变；如果位于子模型区域之外，则在子模型
　　　　中不再出现。本实例中，线段 AB 以上的边界条件和接触关系在子模型中保持
　　　　不变（因此压头和压模也是子模型中必不可少的部分），而线段 AB 以下的边界
　　　　条件（图 6-19a 中的边 MN 和 BN 处）以及接触关系（图 6-19a 中的边 KL 处）
　　　　在子模型中不再出现。

☆ 提示：一种容易产生的想法是：能不能去掉所有边界条件、载荷、接触和约束，而把
　　　　整个子模型的所有边界都定义为子模型边界，直接读入全局模型在相应部位的
　　　　位移结果？这种做法的问题在于，全局模型的网格较粗糙，其位移结果并不能
　　　　精确地代替子模型中的边界条件、载荷、接触和约束。因此，子模型边界不能
　　　　随意设定。

6.5.2　建立子模型（不重新划分网格）

下面建立如图 6-19b 所示的子模型，并保持全局模型在此部位原有的网格不变，将得到
的分析结果和第 6.4 节中全局模型的分析结果相比较，以验证子模型的正确性。在随书光盘
的以下文件夹中可以找到本实例完成后的文件。

1）ABAQUS 模型数据库文件：

　　　　\Demo6-Forming\CAE Model\Submodel-NoRemesh. cae

2）INP 文件和结果文件：

　　　　\Demo6- Forming\Analysis Results\Submodel-NoRemesh. *

建模分析的具体操作步骤如下。

（1）复制全局模型　在 ABAQUS/CAE 中打开第 6.4 节中的模型数据库文件 *Form-ing. cae*，在主菜单中选择 **File→Save As**，输入新的文件名 *Submodel-NoRemesh. cae*。

（2）设置子模型属性　在主菜单中选择 **Model→Edit Attributes→***Model-1*，在 **Edit**

Model Attributes 窗口中点击 **Submodel** 标签页，选中 **Read data from job**，并在后面输入全局模型的结果文件名 *Forming*，然后点击 **OK**。

☆ 提示：需要读入的全局模型结果文件包括 .odb 文件（或 .fil 文件）和 .prt 文件，这些文件都应该在 ABAQUS 的默认工作路径下（关于默认工作路径的设置请参见第3.2 节）。

（3）去除子模型之外的区域　进入 **Part** 功能模块，切换至部件 *Blank*，在主菜单中选择 **Shape→Cut→Extrude**，绘制一个矩形来切除线段 AB 以下的部分（如图 6-20 所示，矩形顶部的水平线与线段 AB 重合）。进入 **Assembly** 功能模块，应该看到图 6-19b 所示的子模型。

（4）划分网格　切割坯料后，原有的网格消失，但种子设置保持不变，下面为坯料划分与全局模型相同的网格。进入 **Mesh** 功能模块，在窗口顶部的环境栏中把 **Object** 选项设为 **Part**：*Blank*。直接点击 ，然后在视图区中点击鼠标中键，完成网格划分（见图 6-21）。

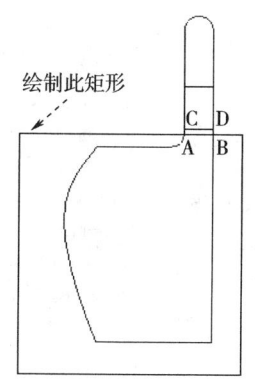

图 6-20　切除线段 AB 以下的部分

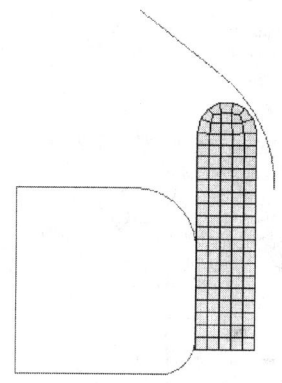

图 6-21　子模型的网格

（5）定义各个集合　进入 **Load** 功能模块，在主菜单中选择 **Tools→Set→Manager**，点击 **Create**，将图 6-19 中的线段 AB 定义为集合 *Set-Submodel-Boundary*。然后删除原有的集合 *Set-Blank-Fix-Y*（对应于图 6-19a 中的边 MN）。

（6）定义子模型边界条件　在主菜单中选择 **BC→Manager**，点击 **Create**，在 **Name** 后面输入 *BC-Blank-Submodel*，将 **Step** 设为 *InContact*，**Category** 设为 *Other*，**Types for Selected Step** 设为 *Submodel*，点击 **Continue**。点击窗口提示区右下角的 *Sets*，选中集合 *Set-Submodel-Boundary*，点击 **Continue**。

在弹出的 **Edit Boundary Condition** 对话框中，在 **Degrees of freedom** 后面输入 *1*，*2*，在 **Global step number** 后面输入 *1*（见图 6-22），然后点击 **OK**。

☆ 提示：上述设置的含义为：子模型边界上的驱动变量为位移 *U1* 和 *U2*，读入全局模型中第一个分析步的位移结果。对于同一个分析步，全局模型和子模型的增量步长可以不一样，ABAQUS 会自动对其进行插值处理（对于大变形分析也没有问题）。

在 **Boundary Condition Manager** 对话框中，点击子模型边界条件 *BC-Blank-Submodel* 在第二个分析步 *Bending* 下面的 **propagated**，然后点击 **Edit** 按钮，把 *Magnitudes* 改为 *Use results from global model*，在 **Global step number** 后面输入 2（见图 6-22），其含义为：读入全局模型中第二个分析步的位移结果，然后点击 **OK**。

类似地，在第三个分析步 *Unload* 中修改子模型边界条件 *BC-Blank-Submodel*，在 **Global step number** 后面输入 3（见图 6-22），其含义为：读入全局模型中第三个分析步的位移结果。

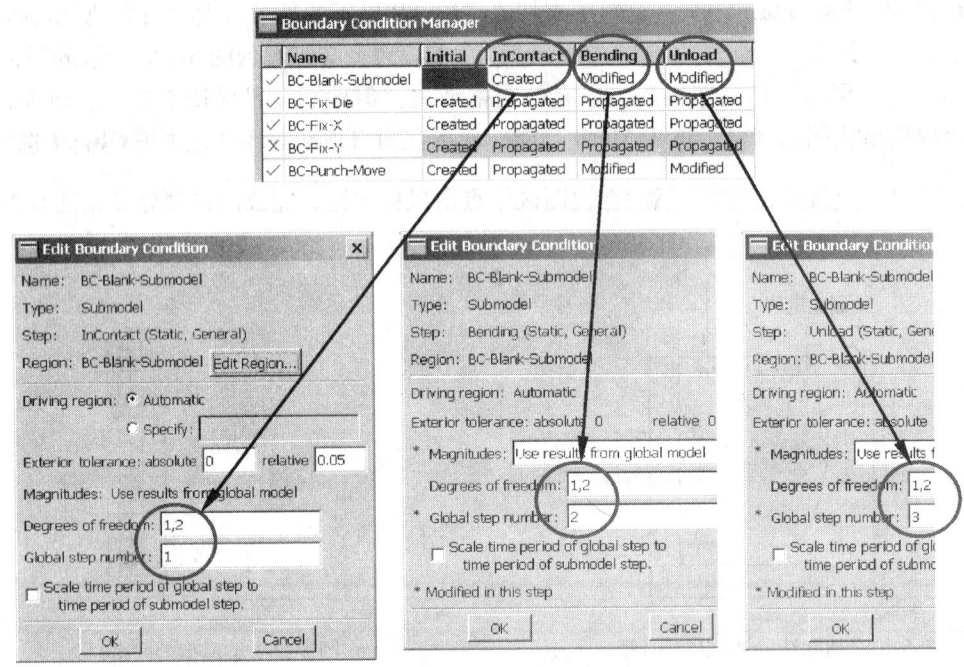

图 6-22   设置子模型边界条件

☆ 提示：选择子模型边界时要注意避免发生过约束。例如，如果将图 6-19 中的线段 CD 定义为子模型边界，则 C 点既是接触面 EC 的一部分，又要满足子模型边界的位移约束，就会发生过约束。这时，在 MSG 文件中会出现以下错误信息："＊＊ ＊ERROR: **OVERCONSTRAINT CHECKS**: NODE 5 INSTANCE BLANK-1 ON THE SLAVE SURFACE AND CORRESPONDING NODE 1 INSTANCE DIE-1 ON THE MASTER SURFACE HAVE PRESCRIBED DISPLACEMENTS NORMAL TO THE CONTACT SURFACE WHICH WOULD CAUSE THE SLAVE NODE TO PENE-TRATE THE MASTER SURFACE. PLEASE CHECK THE MODEL AND RESOLVE **CONFLICTING CONSTRAINTS**. "。

（7）去除子模型区域之外的边界条件 *BC-Fix-Y*   在 **Boundary Condition Manager** 对话框中，点击边界条件 *BC-Fix-Y* 左侧的对号，使其变为叉号（也可以点击 **Delete** 按钮来删除它）。其余的边界条件都予以保留。

（8）去除不需要的面 进入 **Interaction** 功能模块，在主菜单中选择 **Tools→Surface→Manager**，删除面 *Surf-Blank-Top* 和 *Surf-Die-Bottom*。

（9）去除子模型区域之外的接触关系 在主菜单中选择 **Interaction→Manager**，点击接触关系 *Int-Blank-Die-Bottom* 左侧的对号，使其变为叉号。其余的接触关系都予以保留。

（10）提交分析作业 进入 **Job** 功能模块，创建名为 *Submodel-NoRemesh* 的分析作业，点击窗口顶部工具栏中的 来保存所建的模型，然后提交分析。分析完成后，点击 **Results**，进入 **Visualization** 功能模块。

（11）后处理 卸载后的 Mises 应力云纹图如图 6-23 所示。将分析结果与第 6.4 节中全局模型的分析结果相比较，二者应该是几乎相同的。

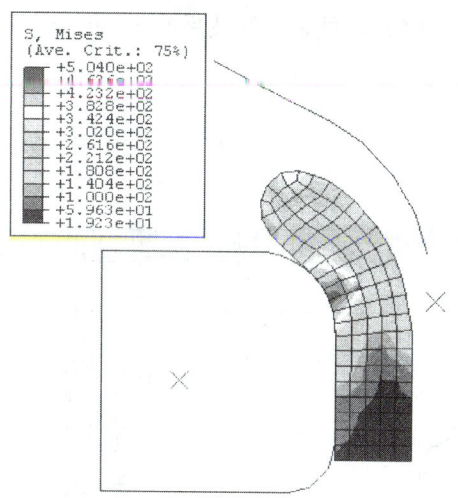

图 6-23 子模型分析结果：卸载后的 Mises 应力（与全局模型的网格相同）

> ☆ 提示：作上述比较时，会发现两个分析结果中的节点 Mises 应力有一些差距，这是计算节点 Mises 应力时所作的外插和平均所造成的。如果比较节点位移、单元积分点上的应力、主应力和应力分量，则子模型的分析结果（尤其是子模型边界上的位移值）应该和全局模型的结果几乎完全相同。

6.5.3 分析细化网格的子模型

下面对上一节的子模型进行网格细化，以得到更精确的分析结果。在随书光盘的以下文件夹中可以找到本实例完成后的文件。

1）ABAQUS 模型数据库文件：

\Demo6-Forming\CAE Model\Submodel-Remesh. cae

2）INP 文件和结果文件：

\Demo6- Forming\Analysis Results\Submodel-Remesh. *

建模分析的具体操作步骤如下。

（1）复制子模型 在主菜单中选择 **File → Save As**，将上一节的子模型另存为新的模型数据库文件 *Submodel-Remesh. cae*。

（2）细化网格 进入 **Mesh** 功能模块，在窗口顶部的环境栏中把 **Object** 选项设为 **Part**：*Blank*。在主菜单中选择 **Seed→Edge By Size**，选中整个坯料压模，将单元尺寸设为 0.5。点击 ，然后在视图区中点击鼠标中键，完成网格划分（见图 6-24）。

（3）提交分析作业 进入 **Job** 功能模块，创建名为 *Submodel-Remesh* 的分析作业，点击窗口顶部工具栏中的 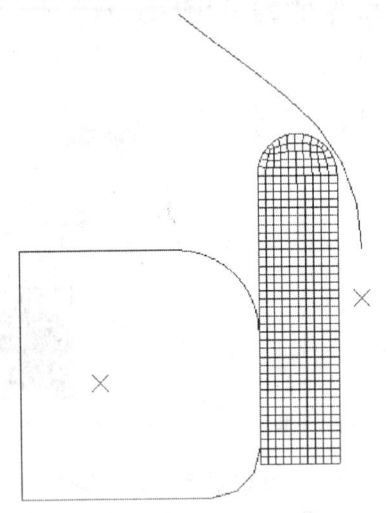 来保存所建的模型，然后提交分析，查看分析结果。

（4）后处理　卸载后的 Mises 应力云纹图如图 6-25 所示。

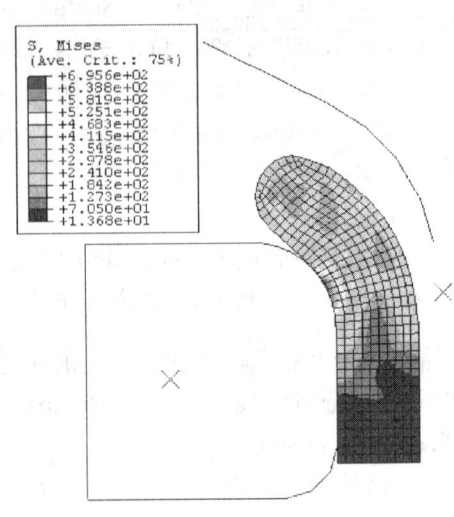

图 6-24　子模型的细化网格　　　　　图 6-25　子模型分析结果：卸载后的
　　　　　　　　　　　　　　　　　　　　　　　　 Mises 应力（使用细化网格）

6.5.4　INP 文件

　　下面解释一下细化网格的子模型所对应的 INP 文件 *Submodel-Remesh. inp*。在随书光盘的以下文件夹中可以找到此文件：\ Demo6-Forming \ Analysis Results \ 。此文件中包含以下数据。

```
* * --------------------------------------------------------------------------------
* *      对部件和装配件的定义与全局模型基本相同，此处不再重述。
* *
* Assembly, name = Assembly
……
* *      为子模型边界定义节点集合：名称为 BC-Blank-Submodel
* Nset, nset = BC-Blank-Submodel, instance = Blank-1
8, 9, 79, 80, 81, 82, 83, 84, 85, 86, 87
……
* *      将节点集合 BC-Blank-Submodel 定义为子模型边界，外部误差限度为默认值 0.05
* Submodel, exteriorTolerance = 0.05
BC-Blank-Submodel,
* *
* End Assembly
* * --------------------------------------------------------------------------------
```

* Material，name = Material-1
* Elastic
210000.，0.3
**　　塑性参数
* Plastic
418.，0.
500.，0.01581
……
**　　接触属性：库伦摩擦（无摩擦）
* Surface Interaction，name = IntProp-1
1.，
**　　边界条件：固定压模
* Boundary
Set-Die-Ref，1，1
Set-Die-Ref，2，2
Set-Die-Ref，6，6
**
**　　边界条件：约束坯料右侧面的 X 方向位移
* Boundary
Set-Blank-Fix-X，1，1
**
**　　边界条件：固定压头
* Boundary
Set-Punch-Ref，1，1
Set-Punch-Ref，2，2
Set-Punch-Ref，6，6
**
**　　各个接触对
* Contact Pair，interaction = IntProp-1
Surf-Blank-Left，Surf-Die-Right
**
* Contact Pair，interaction = IntProp-1
Surf-Blank-Right，Punch-1. Surf-Punch
** --
**　　第一个分析步 InContact （考虑几何非线性）
* Step，name = InContact，nlgeom = YES
* Static
1.，1.，1e-05，1.
……

** 　　子模型边界条件：读取全局模型中第 1 个分析步的结果，
** 　　　　　　　　　读取位置为子模型边界 **BC-Blank-Submodel**，驱动变量为 **U1** 和 **U2**

* **Boundary**, **submodel**, **step** = 1
BC-Blank-Submodel, 1, 1
BC-Blank-Submodel, 2, 2
**
* End Step
** --
** 　　第二个分析步 Bending（考虑几何非线性，最大增量步数为 1000）
* Step, name = Bending, nlgeom = YES, inc = 1000
**
** 　　初始时间增量步为 0.02
* Static
0.02, 1., 1e-05, 1.
**
** 　　压头绕旋转点逆时针转动 0.541 弧度
* Boundary
Set-Punch-Ref, 6, 6, 0.541
**
** 　　子模型边界条件：读取全局模型中第 2 个分析步的结果，
** 　　　　　　　　　读取位置为子模型边界 **BC-Blank-Submodel**，驱动变量为 **U1** 和 **U2**

* **Boundary**, **submodel**, **step** = 2
BC-Blank-Submodel, 1, 1
BC-Blank-Submodel, 2, 2
......
* End Step
** --
** 第三个分析步 Unload（考虑几何非线性）
* Step, name = Unload, nlgeom = YES
**
** 初始时间增量步为 0.02
* Static
0.02, 1., 1e-05, 1.
**
** 卸载：压头绕旋转点逆时针转动值降至 0.192rad（相对于初始位置）
* Boundary
Set-Punch-Ref, 6, 6, 0.192

```
**
** 子模型边界条件：读取全局模型中第 3 个分析步的结果，
**              读取位置为子模型边界 BC-Blank-Submodel，驱动变量为 U1 和 U2
* Boundary, submodel, step = 3
BC-Blank-Submodel, 1, 1
BC-Blank-Submodel, 2, 2
……
* End Step
** -------------------------------------------------------------------
```

6.6　本章小结

1. 弹塑性分析中的主要问题

1）在单向拉伸/压缩试验中得到的数据通常是以名义应变 ε_{nom} 和名义应力 σ_{nom} 表示的，而在有限元分析中一般使用真实应变 ε_{true}（又称对数应变）和真实应力 σ_{true}。

2）在 ABAQUS 中进行弹塑性分析时，最主要的操作是定义塑性材料数据，相应的关键词为 * PLASTIC。

3）如果模型的位移较大，则应设定几何非线性参数 **Nlgeom**，相应的关键词为 * STEP，NLGEOM = Yes。

2. 解决弹塑性分析中的收敛问题

弹塑性分析中出现收敛问题时，可以考虑以下解决方法。

1）设定关键词 * PLASTIC 的塑性数据时，应让其中最大的真实应力和塑性应变大于模型中可能出现的应力应变值。

2）对于出现很大局部塑性应变的部件，如果不关心其准确的应力和塑性变形，可以将其设置为线弹性材料。

3）尽量不要对塑性材料施加点载荷。

4）可以使用耦合约束来为载荷作用点附近的几个节点建立刚性连接，使这些节点共同承担点载荷。

5）如果材料是不可压缩性的（例如金属材料），使用二次完全积分单元（C3D20）容易产生体积自锁。如果使用二次减缩积分单元（C3D20R），当应变大于20% ~ 40%时，需要划分足够密的网格。建议使用的单元是：一次减缩积分单元（C3D8R）、非协调单元（C3D8I），以及修正的二次四面体单元（C3D10M）。

3. 实例 1：带孔平板的弹塑性分析

此实例主要练习了 ABAQUS/CAE 的以下功能。

1）**Material** 功能模块：定义塑性材料数据。

2）**Visualization** 功能模块：查看等效塑性应变 **PEEQ**，判断材料是否发生了屈服。

4. 实例 2：单向压缩试验过程模拟

此实例主要练习了 ABAQUS 的以下功能。

1）接触分析和弹塑性分析的结合。

2）查询模型中的节点或顶点坐标，以及两点之间的距离。

3）查看 DAT 文件中的反作用力 **RF**。

5. 实例 3：弯曲成形过程模拟

此实例主要练习了 ABAQUS 的以下功能。

1）大变形问题的加载和卸载过程模拟。

2）平面应变问题的建模。

3）在 **Sketch** 功能模块中绘制样条曲线（Spline）。

4）使用刚体单元。

5）显示节点和单元编号。

6）延展平面应变单元来构造等效的三维视图。

7）查看诊断信息，判断分析结果的正确性。

8）理解应力不变量的计算方法和后处理显示方式。

6. 子模型

1）使用子模型可以对模型的局部作进一步分析，从而以较小的计算代价得到更精确的结果。

2）子模型分析包括以下基本步骤：①完成对全局模型的分析；②创建子模型，定义子模型边界；③设置各个分析步中的驱动变量；④设置子模型的边界条件、载荷、接触和约束；⑤提交对子模型的分析，检查分析结果。

第7章 热应力分析实例

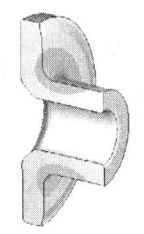

本章要点：

　　※　热应力分析中的主要问题

　　※　实例1：带孔平板的热应力分析

　　※　实例2：法兰盘感应淬火的残余应力场模拟

ABAQUS 可以求解以下类型的传热问题。

（1）**非耦合传热分析**　在此类分析中，模型的温度场不受应力应变场或电场的影响。在 ABAQUS/Standard 中可以分析热传导、强制对流、边界辐射等传热问题，其分析类型可以是瞬态或稳态、线性或非线性，具体的分析方法请参见 ABAQUS 帮助文件《ABAQUS Analysis User's Manual》的第 6.5.2 节"Uncoupled heat transfer analysis"。

（2）**顺序耦合热应力分析**　此类分析中的应力应变场取决于温度场，但温度场不受应力应变场的影响。此类问题使用 ABAQUS/Standard 来求解，具体方法是首先分析传热问题，然后将得到的温度场作为已知条件，进行热应力分析，得到应力应变场。分析传热问题所使用的网格和热应力分析的网格可以是不一样的，ABAQUS 会自动进行插值处理。此类问题的具体分析方法请参见 ABAQUS 帮助文件《ABAQUS Analysis User's Manual》的第 6.5.3 节"Sequentially coupled thermal-stress analysis"。

（3）**完全耦合热应力分析**　此类分析中的应力应变场和温度场之间有着强烈的相互作用，需要同时求解。可以使用 ABAQUS/Standard 或 ABAQUS/Explicit 来求解此类问题，具体方法请参见 ABAQUS 帮助文件《ABAQUS Analysis User's Manual》的第 6.5.4 节"Fully coupled thermal-stress analysis"。

（4）**绝热分析**　在此类分析中，力学变形产生热，而且整个过程的时间极短暂，不发生热扩散。可以使用 ABAQUS/Standard 或 ABAQUS/Explicit 来求解，具体方法请参见 ABAQUS 帮助文件《ABAQUS Analysis User's Manual》的第 6.5.5 节"Adiabatic analysis"。

（5）**热电耦合分析**　此类分析使用 ABAQUS/Standard 来求解电流产生的温度场，具体方法请参见 ABAQUS 帮助文件《ABAQUS Analysis User's Manual》的第 6.6.2 节"Coupled thermal-electrical analysis"。

（6）**空腔辐射**　使用 ABAQUS/Standard 来求解非耦合传热问题时，除了边界辐射外，还可以模拟空腔辐射，具体方法请参见 ABAQUS 帮助文件《ABAQUS Analysis User's Manual》的第 24.1.1 节"Cavity radiation"。

本章主要介绍在使用 ABAQUS/Standard 进行顺序耦合热应力分析时，如何根据已知的温度场来求解模型的应力应变场（下文中提到的"热应力分析"都指的是这一分析类型）。下面将首先讨论热应力分析的一些基本问题，然后介绍两个工程实例：①带孔方板的热应力分析；②使用热应力来模拟法兰盘感应淬火后的残余应力。

7.1　热应力分析中的主要问题

模型的温度场发生变化时，模型会产生变形，其应力应变场也会发生相应的改变。使用 ABAQUS/Standard 进行热应力分析的基本步骤如下。

（1）**设定材料的线胀系数**　其相应的关键词为

MATERIAL, NAME = <材料名称>

……

EXPANSION

<线胀系数>，

（2）**设定模型的初始温度场**　可以直接给出温度值，也可以读入传热分析的结果文件

（扩展名为 .odb 或 .fil），从而得到初始温度场。其相应的关键词分别为

直接给出温度值：

　　　*INITIAL CONDITIONS, TYPE = TEMPERATURE

　　　<节点集合或节点编号>, <温度值>, ……

读入传热分析的结果文件：

　　　*INITIAL CONDITIONS, TYPE = TEMPERATURE, FILE = <文件名>, STEP = <分析步编号>,

　　　INC = <时间增量步编号>

其中，STEP 和 INC 的含义是：读入传热分析结果文件中哪个分析步和时间增量步的温度场。读入传热分析的结果文件时，需要用到传热分析和热应力分析的 PRT 文件（扩展名为 .prt）。热应力分析和传热分析模型中的实体名称要相同。

（3）修改在分析步中的温度场　与上面设定初始温度场的方法类似，可以直接给出温度值，也可以读入传热分析的结果文件（扩展名为 .odb 或 .fil）。其相应的关键词分别为

直接给出温度值：

　　　*TEMPERATURE

　　　<节点集合或节点编号>, <温度值>, ……

读入传热分析的结果文件：

　　　*TEMPERATURE, FILE = <文件名>, BSTEP = <分析步编号>, BINC = <时间增量步编号>,

　　　ESTEP = <分析步编号>, EINC = <时间增量步编号>

其中，BSTEP 和 BINC 的含义是：在传热分析结果文件中，从哪个分析步和时间增量步开始读取温度场；ESTEP 和 EINC 的含义是：在传热分析结果文件中，在哪个分析步和时间增量步结束读取温度场（默认值为与 BSTEP 和 BINC 相同）。

关于如何在 ABAQUS/CAE 中完成上述操作，在第 7.2 节的实例中将加以详细介绍。

7.2　实例 1：带孔平板的热应力分析

从下面的一个简单实例中，读者可以学习如何在 ABAQUS 中进行热应力分析，掌握 ABAQUS/CAE 的以下功能。

1）在 **Material** 功能模块中，定义线胀系数。

2）在 **Load** 功能模块中，使用预定义场（predefined field）来定义温度场。

在随书光盘的以下文件夹中可以找到本实例完成后的文件。

1）ABAQUS 模型数据库文件：　\ Demo7-Plate-Thermal \ CAE Model \ Plate-Thermal. cae

2）INP 文件和结果文件：　　　\ Demo7-Plate-Thermal \ Analysis Results \

7.2.1　问题的描述

在第 2.3 节中介绍了带孔平板的线弹性分析实例，下面将修改此模型，去掉原有的拉伸载荷，在平板的顶部添加固支边界条件（见图 7-1）。整个平板的初始温度为 20℃，当温度

升高为120℃时，平板会发生热膨胀，而平板顶部的固支约束会限制模型的变形，模型的应力场发生相应的改变。材料的线胀系数为 $1.35 \times 10^{-5}/℃$，要求分析模型在120℃下的应力场。

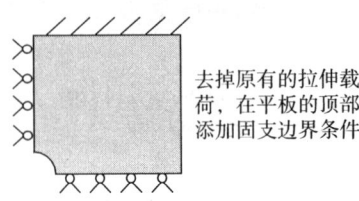

去掉原有的拉伸载荷，在平板的顶部添加固支边界条件

图 7-1   带孔平板的热应力分析模型

7.2.2   建模分析过程

（1）复制模型   在随书光盘中找到具有局部细化网格的模型数据库文件：\ Demo2-PlateWithHole \ CAE Model \ PlateWithHole-Refined. cae。将此文件复制到硬盘中，去掉其只读属性，改名为 *Plate-Thermal. cae*，然后在 ABAQUS/CAE 中打开。

（2）定义材料的线胀系数   进入 **Property** 功能模块，点击主菜单 **Material→Edit→***Steel*，选择对话框中的 **Mechanical→Expansion**，输入线胀系数 1.35e-5，然后点击 **OK**。

（3）修改分析步名称   进入 **Step** 功能模块，在主菜单中选择 **Step→Manager**，选中分析步 *Apply Load*，点击 **Rename**，输入新的分析步名称 *HighTemper*，然后点击 **OK**。

（4）使用预定义场（predefined field）来定义初始温度场（20℃）   进入 **Load** 功能模块，在主菜单中选择 **Field → Manager**，点击 **Create**，在 **Create Field** 对话框中，设定 **Step** 为 *Initial*，**Category** 为 *Other*，**Types for Selected Step** 为 *Temperature*，点击 **Continue**。

点击平板的中央来选中整个平板，在视图区中点击鼠标中键。在弹出的 **Edit Field** 对话框中，不改变默认参数 **Distribution**：*Direct specification*（直接输入温度值），在 **Magnitude** 后面输入初始温度值20，然后点击 **OK**。

> ☆ 提示：如果希望读入传热分析结果文件中的温度场，则应在 **Edit Field** 对话框中将参数 **Distribution** 改为 *From results or output database file*，然后在 **File name** 后面输入传热分析结果文件名称，在 **Step** 后面输入分析步编号，在 **Increment** 后面输入时间增量步编号。

（5）使用预定义场来使模型的温度升高至120℃   在 **Field Manager** 对话框中，点击分析步 *HighTemper* 下面的 **propagated**，然后点击 **Edit** 按钮，把 **Magnitude** 的值改为120，再点击 **OK**。

> ☆ 提示：如果在上面第（4）步中选择了读入传热分析结果文件中的温度场，则此处可以在 **File name** 后面改变传热分析结果文件名称，在 **Begin step** 后面输入开始读取温度场的分析步编号，在 **Begin increment** 后面输入开始读取温度场的时间增量步编号，在 **End step** 后面输入结束读取温度场的分析步编号，在 **End increment** 后面输入结束读取温度场的时间增量步编号。

（6）去掉原有的拉伸载荷　在主菜单中选择 **Load→Manager**，在 **Load Manager** 对话框中，点击载荷 *Load-1* 左侧的对号，使其变为叉号。

（7）在平板的顶部添加固支边界条件　点击 ⌐，在 **Name** 后面输入 *Fix-Top*，点击 **Continue**。点击平板的顶部边界线，在视图区中点击鼠标中键。在弹出的 **Edit Boundary Condition** 对话框中，选中 **ENCASTRE**（**U1 = U2 = U3 = UR1 = UR2 = UR3 = 0**），然后点击 **OK**。

（8）提交分析作业　进入 **Job** 功能模块，将分析作业名称改为 *Plate-Thermal*，点击窗口顶部工具栏中的 💾 来保存所建的模型，然后提交分析。分析完成后，点击 **Results**，进入 **Visualization** 功能模块。

（9）后处理　点击 ⌐ 来显示 Mises 应力的云纹图（见图 7-2）。

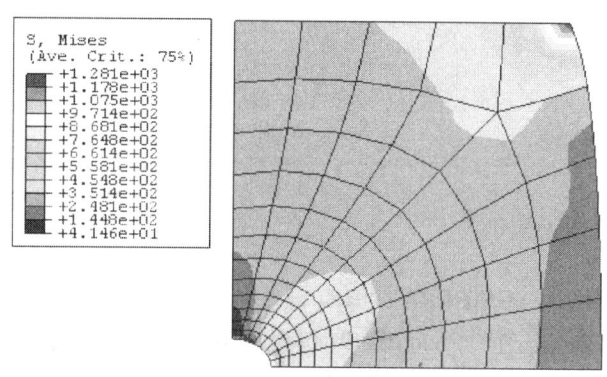

图 7-2　120℃时的 Mises 应力云纹图

由上面的这个实例可以看出，在 ABAQUS 中进行热应力分析的方法非常简单，只需定义线胀系数、初始温度场和分析步中的温度场即可。

7.2.3　INP 文件

下面解释一下本实例所对应的 INP 文件 *Plate-Thermal. inp*。在随书光盘的以下文件夹中可以找到此文件：\ Demo7-Plate-Thermal \ Analysis Results \ 。文件中包含以下数据。

```
* * ------------------------------------------------------------------
* Part, name = Plate1
……
* End Part
* * ------------------------------------------------------------------
* Assembly, name = Assembly
* *
* Instance, name = Plate1-1, part = Plate1
* End Instance
……
* End Assembly
```

```
** -------------------------------------------------------------------------
* Material, name = Steel
* Elastic
210000. , 0. 3
**      线胀系数
* Expansion
1. 35e-05 ,
**
**      边界条件
* Boundary
_ PickedSet7 , ENCASTRE
**
* Boundary
_ PickedSet5 , XSYMM
**
* Boundary
_ PickedSet6 , YSYMM
**
**      初始条件:类型为 TEMPERATURE(温度场)
**          节点集合为_ PickedSet9(包含模型的所有节点),初始温度为20℃
* Initial Conditions , type = TEMPERATURE
_ PickedSet9 , 20.
** -------------------------------------------------------------------------
**      分析步
* Step , name = " Apply Load "
* Static
1. , 1. , 1e-05 , 1.
**
**      改变模型的温度:节点集合为_ PickedSet9(包含模型的所有节点),温度变为120℃
* Temperature
_ PickedSet9 , 120.
……
* End Step
** -------------------------------------------------------------------------
```

7.3   实例2：法兰盘感应淬火的残余应力场模拟

从下面的实例中，读者可以进一步练习热应力分析的方法，掌握 ABAQUS 的以下功能。

1）使用热应力来模拟残余应力。

2）在 **Load** 功能模块中，为模型的各个区域定义不同的温度场。

在随书光盘的以下文件夹中可以找到本实例完成后的文件。

1）ABAQUS 模型数据库文件：

　　　\Demo7-ResidualStress\CAE Model\Residual-Stress. cae

2）INP 文件和结果文件：

　　　\Demo7-ResidualStress\Analysis Results\

7.3.1　问题的描述

表面感应淬火是一种工程中常用的热处理工艺，其原理是使用感应器来对工件的局部进行加热，然后迅速冷却，从而使工件表面产生残余压应力（residual stress），抵消工作载荷所产生的一部分拉应力。表面感应淬火可显著提高工件弯曲疲劳抗力和扭转疲劳抗力，工件表面产生的马氏体具有良好的耐磨性。

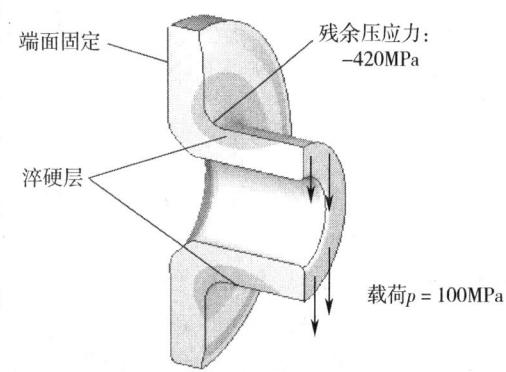

本实例中的法兰盘经过表面感应淬火后，淬硬层如图 7-3 所示，由试验测得法兰盘的内圆角表面残余压应力约为 -420MPa。法兰盘的一端固定，另一端的整个端面受到向下的面载荷 p = 100MPa。法兰盘内孔直径为 24mm，材料的弹性模量为 210000MPa，泊松比为 0.3，线胀系数为 1.35e -5/℃。要求模拟感应淬火所产生的残余

图 7-3　具有残余应力的法兰盘分析模型
（基于对称性，只对 1/2 模型进行建模）

应力场，并分析此残余应力在缓和应力集中方面所起的作用。

建模要点

使用 ABAQUS 可以模拟感应淬火的完整过程，即通过分析工件和感应器之间以及工件和冷却液之间的传热过程来确定工件的温度场，从而得到相应的塑性应变场和冷却后的残余应力场。这一模拟过程比较复杂，下面介绍一种模拟残余应力场的简化方法。

设置整个模型的初始温度为 20℃，在分析步中令淬硬层区域的温度升高至某个温度值 T_{high}（例如 120℃），其余区域的温度仍保持 20℃。这种温度差异会使高温区域产生压应力，相当于所要模拟的残余压应力。经过几次试算，就可以找到合适的 T_{high}，使法兰盘的内圆角表面压应力与试验结果大致吻合。施加工作载荷时，仍保持上述温度场不变，就可以模拟在残余应力作用下的应力场。

上述方法的优点是比较简便，不必进行复杂的传热分析和热弹塑性分析，并且通用性强，可用于模拟各种不同工艺所产生的残余应力场，但其缺点是模拟精度不高，通过选择 T_{high} 只能保证工件局部区域的压应力值较准确。一种改进的方法是为淬硬层的不同区域设定不同的温度值 T_{high}，从而得到与试验结果更加接近的残余应力场。在本实例中，为简单起见，只为整个淬硬层设定单一的温度值 T_{high} = 120℃。

> ☆ 提示：在 ABAQUS 中也可以直接定义模型的初始应力，其关键词为 ＊INITIAL
> CONDITIONS，TYPE＝STRESS，但这种方法需要给出各个单元的初始应力分量，
> 而此模型中每个单元应力分量的大小和方向都是不同的，难以一一给出，因此
> 这种定义初始应力的方法不适于本实例。

在建模过程中还需要考虑以下问题。

1）此问题研究的是结构的静态响应，所以分析步类型应为 **Static，General**（使用
ABAQUS/Standard 作为求解器）。

2）尽管几何模型和残余应力场都具有轴对称性，但端面上的载荷不具有轴对称性，因
此需要建立三维实体模型。

3）基于结构和载荷的对称性，只对法兰盘的一半进行建模。

4）由于关心的是应力集中部位的应力状态，所以在模型中使用 C3D20R 单元（20 节点
六面体二次减缩积分实体单元）。

7.3.2　创建部件

（1）导入 CAD 平面图　启动 ABAQUS/CAE，选择 **Create Model Database**。在主菜单中
选择 **File→Import→Sketch**，在出现的 **Import Sketch** 对话框中设置 **File Filter** 为 *IGES*
（＊.*igs*＊），然后选择随书光盘中的如下二维 CAD 模型文件：

　　　　\Demo7-ResidualStress\Import\Flange-Sketch. igs

在出现的 **Create Sketch from IGES File** 对话框中点击 **OK**。在窗口顶部的环境栏中点击
Sketch 下拉列表框，选择 *Flange-Sketch*，在视图区中就会显示出已导入的平面图（见图 7-
4，但不包括旋转轴 GH），其中截面内部的黄色曲线是淬硬层的分界线。

（2）创建试样　进入 **Part** 功能模块，点击 ，在 **Name** 后面输入 *Flange*，将 **Type** 设
为 *Revolution*，然后点击 **Continue**。

在主菜单中选择 **Add → Sketch**，在弹出的 **Select Sketch** 对话框中，已经选中了导入的
平面图 *Flange-Sketch*，点击 **OK**。

点击 来删除淬硬层的分界线（图 7-4 中
的曲线 CD）和 ABAQUS/CAE 自动生成的竖直紫
色虚线。

下面绘制旋转轴：点击 ，绘制一条水平
虚线（图 7-4 中的 GH，位置不必很精确）。点击
，在图 7-4 中的线段 EF 和虚线 GH 之间添加
尺寸。点击 ，修改顶点 G 和 H 的位置，使线
段 EF 和水平虚线 GH 之间的距离为 12（因为法
兰盘内孔直径为 24mm）。

在视图区中点击鼠标中键来结束绘图操作，
在弹出的 **Edit Revolution** 对话框中将 **Angle**（旋

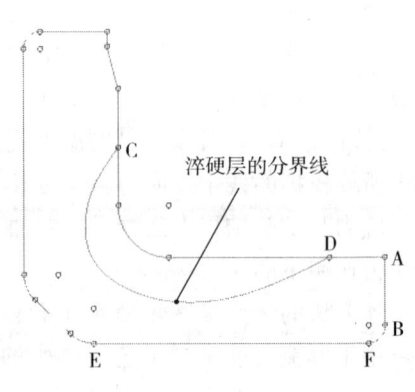

图 7-4　法兰盘截面的平面图

转角度）改为 180，点击 **Flip**，然后点击 **OK**，得到如图 7-3 所示的三维部件。

7.3.3 定义材料、截面属性和装配件

进入 **Property** 功能模块，点击 ，设置 **Young's Modulus** 为 210000，**Poisson's Ratio** 为 0.3，选择对话框中的 **Mechanical → Expansion**，输入线胀系数 1.35e-5，然后点击 **OK**。

点击 来创建截面属性。点击 ，为部件赋予截面属性。

进入 **Assembly** 功能模块，点击 来创建实体。

7.3.4 划分网格

进入 **Mesh** 功能模块，在窗口顶部的环境栏中把 **Object** 选项设为 **Part**：*Flange*。

（1）分割部件的截面 下面要沿淬硬层分界线将部件的截面分割为两个部分。点击 （Partition Face：Sketch），然后点击图 7-4 所示的截面，在视图区中点击鼠标中键来确认。点击图 7-4 中的线段 AB，ABAQUS/CAE 自动进入绘图环境。

在主菜单中选择 **Add → Sketch**，点击 **OK**，得到的图形如图 7-5a 所示。点击 来删除所有不需要的线段，只保留淬硬层的分界线（见图 7-5b）。

下面需要把淬硬层分界线平移至正确的位置，具体方法是：点击左侧工具区中的 （Edit Vertex Location），在屏幕上画一个矩形框来选中淬硬层分界线的两个端点，在视图区中点击鼠标中键。点击窗口底部提示区中的 **Translate**，然后首先点击淬硬层分界线的顶点 C_0（见图 7-5b），再点击部件上的的点 C，按回车键来确认，得到的图形如图 7-5c 所示。在视图区中连续点击鼠标中键来结束分割操作。

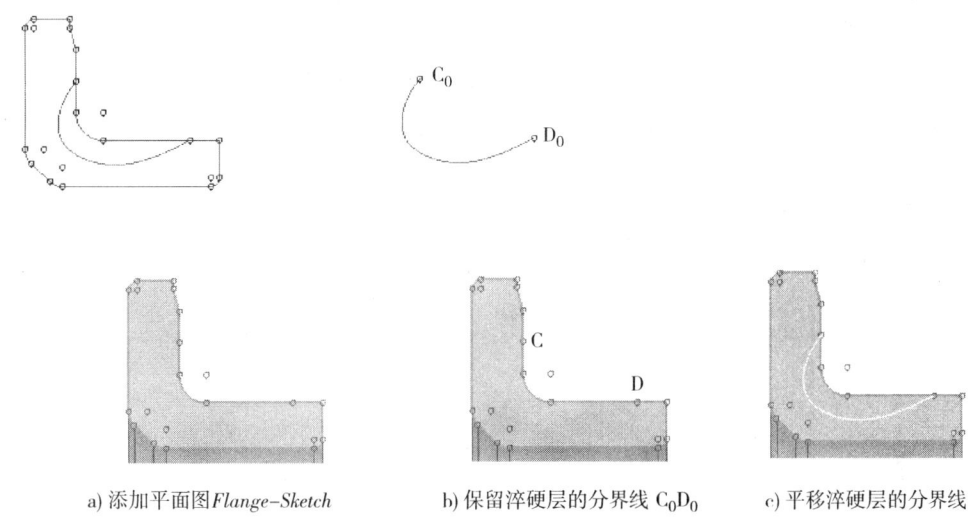

a) 添加平面图*Flange–Sketch*   b) 保留淬硬层的分界线 C_0D_0 c) 平移淬硬层的分界线

图 7-5 沿淬硬层分界线将部件的截面分割为两个部分

（2）分割部件　下面要通过拉伸淬硬层分界线来分割整个部件。在左侧工具区中的 ⬚ 上面按住鼠标左键不放，在展开的按钮栏中点击 ⬚ （Partition Cell：Extrude/Sweep Edges），然后点击淬硬层分界线，在视图区中点击鼠标中键来确认。点击窗口底部提示区中的 **Sweep Along Edge**，然后点击部件中任意一条 180°的弧线，在视图区中点击鼠标中键两次来确认。

这样就完成了对淬硬层区域的分割。分割后的两个区域都显示为黄色，表示可以使用扫掠网格划分技术。

（3）设置全局种子　点击 ⬚ ，把 **Approximate global size** 设为 2.8，点击 **OK**。

（4）为截面上的淬硬层区域布置种子　在 ⬚ 上面按住鼠标左键不放，选择 ⬚ （Seed Edge：By Size），点击截面上月牙形的的淬硬层区域，在视图区中点击鼠标中键，在窗口底部提示区中设置单元大小为 1.5，按回车键，看到如图 7-6 所示的网格种子。

（5）布置边上的种子　在 ⬚ 上面按住鼠标左键不放，选择 ⬚ （Seed Edge：By Number），选中部件中任意一条 180°的弧线，在视图区中点击鼠标中键，在窗口底部的提示区中设置单元数为 30，并点击提示区右侧的 **Constraints** 按钮，选中 *Do not allow the number of elements to change*，点击 **OK**，然后在视图区中点击鼠标中键来确认。

（6）设置网格参数　点击 ⬚ （Assign Mesh Controls），点击淬硬层以外的区域，然后在视图区中点击鼠标中键。设置如下网格参数

Element Shape：*Hex-dominated*

Techniques：　*Sweep*

Algorithm：　*Advancing front*

点击 **OK** 来确认上述参数。对于淬硬层区域，保持默认的网格参数不变，即

Element Shape：*Hex*

Techniques：　*Sweep*

Algorithm：　*Medial axis*（选中 *Minimize the mesh transition*）

（7）设置单元类型　点击 ⬚ （Assign Element Type），选中部件的所有区域，然后在视图区中点击鼠标中键，将 **Geometric Order** 设为 **Quadratic**（二次单元），单元类型为 C3D20R，点击 **OK**。

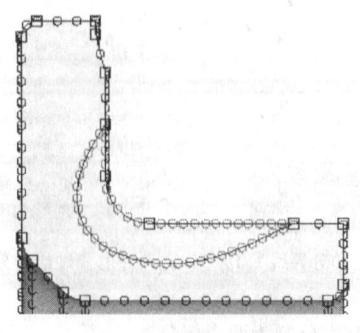

图 7-6　为截面上的淬硬层区域布置种子

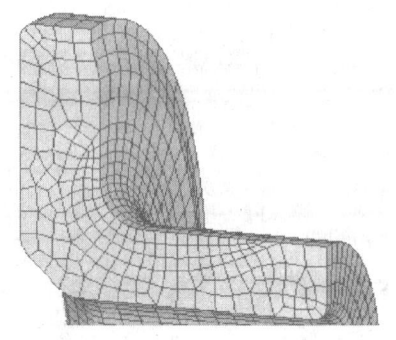

图 7-7　划分网格后的模型

（8）划分网格　点击 ▦，得到如图 7-7 所示的网格。

7.3.5　设置分析步

本模型中将包含以下分析步：

1）第一个分析步 *HighTemper-NoLoad*：令淬硬层区域的温度升高至 120℃，其余区域的温度仍保持 20℃，不施加外载荷，模拟工件的残余应力场。

2）第二个分析步 *HighTemper-WithLoad*：保持上述温度场不变（相应的残余应力也不会变），施加外载荷 $p = 100$MPa。

3）第三个分析步 *LowTemper-WithLoad*：令整个工件的温度都变为 20℃（即去掉残余应力），保持外载荷 $p = 100$MPa 不变，从而得到没有残余应力时的应力场，用来与第二个分析步的结果相比较。

进入 **Step** 功能模块，点击 ⌖ 来创建上述各个分析步，各项参数都为默认值。

7.3.6　定义集合和面

（1）定义各个集合　进入 **Load** 功能模块，在主菜单中选择 **Tools → Set → Manager**，点击 **Create**，依次创建以下集合。

1）集合 *Set-Fix*：法兰盘上施加固支边界条件的端面（见图 7-8）。

2）集合 *Set-Symm*：按住 Shift 键来选择法兰盘对称面的各个区域（见图 7-9）。

3）集合 *Set-HighTemper*：选择淬硬层所在的三维区域（图 7-3 中的深色区域）。

4）集合 *Set-LowTemper*：选择淬硬层以外的区域。

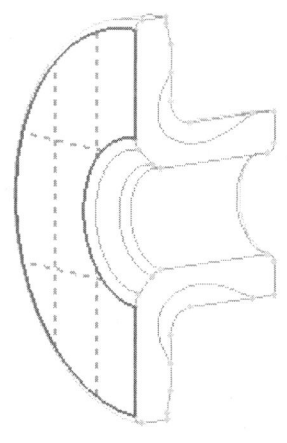

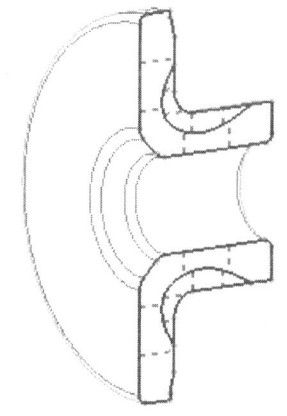

图 7-8　施加固支边界条件的集合 *Set-Fix*　　　　图 7-9　施加对称边界条件的集合 *Set-Symm*

☆ 提示：定义上述集合 *Set-HighTemper* 和 *Set-LowTemper* 时，要确保所选中的是正确的三维区域，而不是某个面或边。使用以下方法可以设置选择图形对象的方式：当窗口底部的提示区中出现 "Select the geometry for the set" 时，点击其后的 ▤，然后在弹出的 **Options** 对话框中，将 **Select from** 设为 *Cells*（只选择三维实体）。

（2）定义施加载荷的面　在主菜单中选择 **Tools** → **Surface** → **Create**，在 **Name** 后面输入 *Surf-Load*，选择施加载荷的端面（见图 7-10）。

7.3.7　定义温度场

（1）为淬硬层定义初始温度场（20℃）　在 **Load** 功能模块中，选择主菜单 **Field** → **Manager**，点击 **Create**，在 **Name** 后面输入 *Field-HighTemper*，设定 **Step** 为 *Initial*，**Category** 为 *Other*，**Types for Selected Step** 为 *Temperature*，点击 **Continue**。

点击窗口底部提示区右侧的 **Sets**，选中集合 *Set-High-Temper*。在 **Edit Field** 对话框中，在 **Magnitude** 后面输入初始温度值 20，然后点击 **OK**。

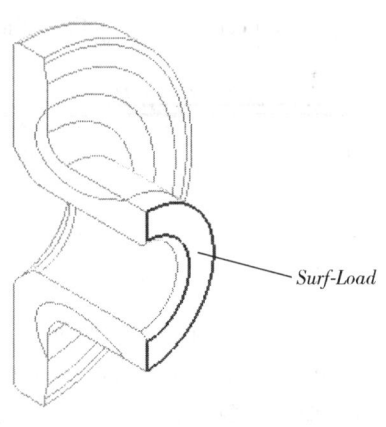

图 7-10　施加载荷的面 *Surf-Load*

（2）在第一个和第二个分析步中使淬硬层的温度升高至 120℃　在 **Field Manager** 对话框中，点击第一个分析步 *HighTemper-NoLoad* 下面的 **propagated**，然后点击 **Edit** 按钮，把 **Magnitude** 的值改为 120，再点击 **OK**。

（3）在第三个分析步中使淬硬层的温度恢复为 20℃（即去掉残余应力）　在 **Field Manager** 对话框中，点击第三个分析步 *LowTemper-WithLoad* 下面的 **propagated**，然后点击 **Edit** 按钮，把 **Magnitude** 的值改为 20，再点击 **OK**。

（4）为淬硬层以外的区域定义温度场（20℃）　与上面第（1）步的操作类似，创建名为 *Field-LowTemper* 的温度场，设定 **Step** 为 *Initial*，选中集合 *Set-LowTemper*，将温度值设为 20。此温度值在整个分析过程中不再改变。

7.3.8　定义边界条件和载荷

（1）定义边界条件　在 **Load** 功能模块中，点击主菜单 **BC** → **Manager**，点击 **Create**，创建以下边界条件。

1）固支边界条件 *BC-Fix*：将 **Step** 设为 *Initial*，选择集合 *Set-Fix*，类型为 **ENCASTRE**。

2）对称边界条件 *BC-Symm*：将 **Step** 设为 *Initial*，选择集合 *Set-Symm*，类型为 **ZSYMM**（U3 = UR1 = UR2 = 0）。

（2）定义面载荷　点击主菜单 **Load** → **Create**，在 **Name** 后面输入 *Load-Surface*，设置 **Step** 为第二个分析步 *HighTemper-WithLoad*，载荷类型为 **Surface Traction**（面载荷），选中 *Surf-Load*，点击 **Continue**。

在弹出的 **Edit Load** 对话框中，保持面载荷类型为默认的 **Traction**：*Shear*（剪力），点击 **Vector before projection** 后面的 **Edit** 按钮，在窗口底部的提示区中可以看到，向量的起始点坐标为（0.0, 0.0, 0.0），按回车键确认，然后在提示区中输入向量的终点坐标（0.0, -10.0, 0.0），再次按回车键确认。在重新出现的 **Edit Load** 对话框中，设置 **Magnitude** 为 100，点击 **OK**。

7.3.9　提交分析作业

进入 **Job** 功能模块，创建名为 *Residual-Stress* 的分析作业，点击窗口顶部工具栏中的来保存所建的模型，然后提交分析。此模型的节点数较多，且使用了二次单元，因此计算时间会较长。等待分析完成后，点击 **Results**，进入 **Visualization** 功能模块。

7.3.10 后处理

（1）查看残余应力的模拟结果 在 **Visualization** 功能模块中，点击 来显示云纹图。点击主菜单 **Results → Field Output**，选择输出变量为 **S，Min. Principal**，可以查看最小主应力 σ_{miiP} 的分析结果。

第一个分析步 *HighTemper-NoLoad* 中的最小主应力即残余压应力（见图 7-11）。可以看到内圆角表面处 565 号节点的最 $\sigma_{miiP} = -416\text{MPa}$，与残余压应力的试验结果 -420MPa 基本吻合。因此，本实 硬层区域的温度设为 120℃是合适的。

> ☆ 提示：如果在分析结果中没 的残余应力场，可以尝试从以下方面查找原因：
>   ● 查看所定义的集 确：集合 *Set-HighTemper* 应该只包括淬硬层区域（图 7-3 中的深色三维区域 集合 *Set-LowTemper* 应该只包括淬硬层以外的区域。
>
>   具体的查看方法是：在 **Visualization** 功能模块中，点击窗口顶部工具栏中的 （Create Display Group），将 **Item** 设为 *Elements*，将 **Method** 设为 *Elements sets*，然后选择想要查看的集合名称，再选中 **Highlight items in viewport**，视图区中就会以高亮度显示此集合。
>
>   ● 查看对温度场的定义是否正确：在初始分析步中，集合 *Set-HighTemper* 和 *Set-LowTemper* 的温度值都应该是 20℃；在第一个和第二个分析步中，集合 *Set-High-Temper* 的温度值应该变为 120℃，而集合 *Set-LowTemper* 的温度值仍应保持为 20℃。在 **Load** 功能模块中或 INP 文件中都能查看对温度场的定义。

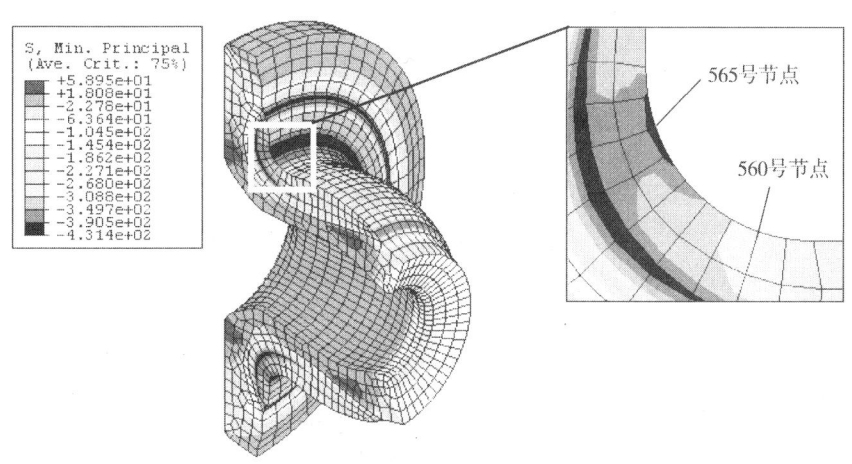

图 7-11 第一个分析步 *HighTemper-NoLoad* 结束时的最小主应力 σ_{minp}：内圆角

表面处 565 号节点的 $\sigma_{minp} = -416\text{MPa}$，与试验结果基本吻合；

560 号节点的 $\sigma_{minp} = -276\text{MPa}$

（2）分析残余压应力在缓解应力集中方面的作用　　在第一个分析步 *HighTemper-NoLoad* 中，内圆角表面处 560 号节点的残余压应力 σ_{minp} = −276MPa（见图 7-11）。

点击主菜单 **Results → Field Output**，选择输出变量为 **S，Max. Principal**，可以查看最大主应力 σ_{minp} 的分析结果。

在第二个分析步 *HighTemper-WithLoad* 中（存在残余应力），560 号节点的最大主应力 σ_{minp} =412MPa（见图 7-12）。

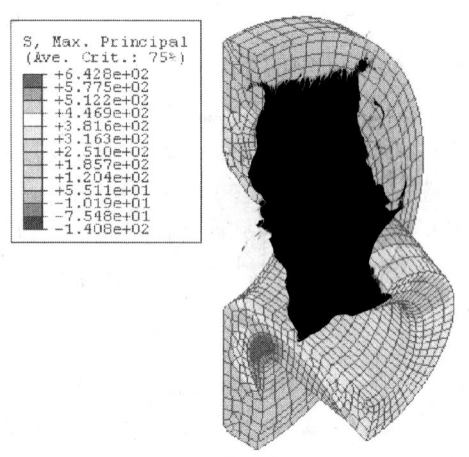

图 7-12　第二个分析步 *HighTemper-WithLoad* 结束时的最大主应力 σ_{minp}（存在残余

应力）：内圆角表面处 565 号节点 σ_{minp} = −3MPa，560 号节点 σ_{minp} =412MPa

在第三个分析步 *LowTemper-WithLoad* 中（没有残余应力），此节点的最大主应力 σ_{minp} = 683MPa（见图 7-13）。

可见，残余压应力显著降低了应力集中处的最大主应力，在此节点处，最大主应力降低的量（683MPa − 412MPa =271MPa）大致等于残余压应力的值（276MPa）。

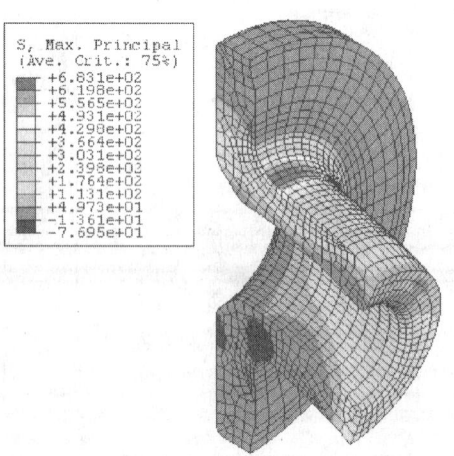

图 7-13　第三个分析步 *LowTemper-WithLoad* 结束时的最大主应力 σ_{minp}（没有残余

应力）：内圆角表面处 565 号节点 σ_{minp} =222MPa，560 号节点 σ_{minp} =683MPa

7.3.11　INP 文件

下面解释一下本实例所对应的 INP 文件 *Residual-Stress. inp*。在随书光盘的以下文件夹中可以找到此文件：\Demo7-ResidualStress\Analysis Results\。文件中包含以下数据。

```
**  -----------------------------------------------------------------
* Part，name = Flange
……
* End Part
**  -----------------------------------------------------------------
* Assembly，name = Assembly
**
* Instance，name = Flange-1，part = Flange
* End Instance
……
* End Assembly
**  -----------------------------------------------------------------
* Material，name = Material-1
* Elastic
210000. ，0. 3
**      线胀系数
* Expansion
1. 35e-05，
**
**      边界条件
* Boundary
Set-Fix，ENCASTRE
**
* Boundary
Set-Symm，ZSYMM
**
**      初始条件:类型为 TEMPERATURE(温度场)
**            节点集合为 Set-HighTemper(淬硬层区域)，初始温度为 20℃
* Initial Conditions，type = TEMPERATURE
Set-HighTemper，20.
**
**      初始条件:类型为 TEMPERATURE(温度场)
**            节点集合为 Set-LowTemper(淬硬层以外的区域)，初始温度为 20℃
* Initial Conditions，type = TEMPERATURE
Set-LowTemper，20.
```

```
**  ----------------------------------------------------------------------------
**        第一个分析步 HighTemper-NoLoad：模拟工件的残余应力场,不施加外载荷
* Step, name = HighTemper-NoLoad
* Static
1., 1., 1e-05, 1.
**
**        改变淬硬层的温度：节点集合为 Set-HighTemper,温变为 120℃
* Temperature
Set-HighTemper, 120.
**
**        淬硬层以外的区域仍为 20℃：节点集合为 Set-LowTemper,温度为 20℃
* Temperature
Set-LowTemper, 20.
……
* End Step
**  ----------------------------------------------------------------------------
**        第二个分析步 HighTemper-WithLoad：保持上述温度场不变(相应的残余应力也不会
变),施加外载荷 p = 100MPa
**
* Step, name = HighTemper-WithLoad
* Static
1., 1., 1e-05, 1.
**
**        施加面载荷：载荷作用面为 Surf-Load,类型为 TRSHR(剪力),
**                  大小为 100,向量为 0, -1, 0
* Dsload
Surf-Load, TRSHR, 100., 0., -1., 0.
**
**        温度场与第一个分析步相同
* Temperature
Set-HighTemper, 120.
**
* Temperature
Set-LowTemper, 20.
……
* End Step
**  ----------------------------------------------------------------------------
**        第三个分析步 LowTemper-WithLoad：整个工件温度都变为 20℃(即去掉残余应力),
**                                保持外载荷 p =100MPa 不变
```

* **Step**，**name = LowTemper-WithLoad**
* Static

1.，1.，1e-05，1.

**
** 淬硬层的温度恢复为 **20**℃
* **Temperature**

Set-HighTemper，**20.**

**
** 淬硬层以外的区域温度仍为 **20**℃
* **Temperature**

Set-LowTemper，**20.**

……

* End Step

** ---

7.4 本章小结

1. 热应力分析中的主要问题

（1）ABAQUS 可以求解以下类型的传热问题 非耦合传热分析、顺序耦合热应力分析、完全耦合热应力分析、绝热分析、热电耦合分析、空腔辐射。

（2）使用 ABAQUS/Standard 进行热应力分析的基本步骤 ①设定材料的线胀系数；②设定模型的初始温度场；③修改在分析步中的温度场。

2. 实例 1：带孔平板的热应力分析

此实例主要练习了 ABAQUS/CAE 的以下功能。

1）**Material** 功能模块：定义线胀系数。

2）**Load** 功能模块：使用预定义场来定义温度场。

3. 实例 2：法兰盘感应淬火的残余应力场模拟

此实例主要练习了 ABAQUS 的以下功能。

1）使用热应力来模拟残余应力。

2）在 **Load** 功能模块中，为模型的各个区域定义不同的温度场。

第8章 多体分析实例

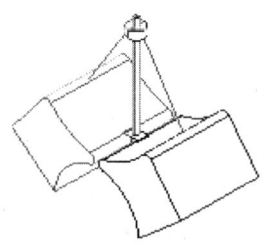

本章要点:

多体系统（multibody system）由多个刚体或柔体构成，各个实体之间具有一定的约束关系和相对运动关系，图 8-1 是两个多体系统的实例。ABAQUS 多体分析可以模拟系统的运动状况和各个实体之间的相互作用，得到所关心部位的位移、速度、加速度、力、力矩等量，如果模型中包含柔体，还可以得到柔体上的应力、应变等分析结果。

本章将首先介绍 ABAQUS 多体分析的基本方法，然后通过一个简单的圆盘转动分析实例，讨论以下几种问题的建模分析方法。

1）建立刚体模型。

2）避免过约束。

3）定义连接单元边界条件（connector boundary condition）。

4）模拟连接单元的弹性行为（connector behavior）。

5）建立柔体模型。

本章最后将给出一个较复杂的抓斗机构分析实例，练习复杂多体系统的建模方法。在上述各个实例中，读者还可以学习壳单元和梁单元的使用方法。

 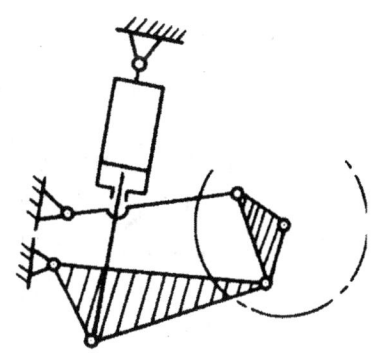

a）牛头刨床切削运动机构　　　　　　　　b）车轮减震机构

图 8-1　多体系统的实例

多体分析的内容比较复杂，本章介绍了一些基本方法，关于多体分析的详细说明，请参见 ABAQUS 帮助文件《ABAQUS Analysis User's Manual》的第 17 章 "Connector elements"，以及《ABAQUS/CAE User's Manual》的第 21.3 节 "Modeling connectors"。

8.1　多体分析的主要方法

ABAQUS 模拟多体系统的基本思路是：使用 2 节点的连接单元（connector）在模型各部分之间建立连接，并通过定义连接属性（connector property）来描述各部分之间的相对运动约束关系。

在 ABAQUS/CAE 中模拟多体系统的基本步骤为：

1）在 **Part**、**Assembly** 或 **Interaction** 功能模块中，定义连接单元和约束所要用到的参考点和基准坐标系（datum coordinates system）。

2）如果在模型中出现较大的位移和转动，则应在 **Step** 功能模块中将几何非线性参数

Nlgeom 设置为 *On*。

> ☆ 提示：一般情况下，多体分析中都会出现大的位移和转动，是典型的几何非线性问题。如果没有在分析步中将 **Nlgeom** 设置为 *On*，会得到异常的分析结果。

3）在 **Step** 功能模块中，设置连接单元的历史变量输出。

4）在 **Interaction** 功能模块中，定义连接属性、连接单元和约束。

5）在 **Load** 功能模块中，定义边界条件和载荷，以及连接单元边界条件和连接单元载荷。

6）在 **Visualization** 功能模块中，查看连接单元的历史变量输出，控制连接单元的显示方式。

下面将介绍上述各个步骤中涉及的基本概念，并在第 8.2 ~ 8.7 节的分析实例中介绍具体的操作方法。

8.1.1　连接单元

连接单元用来模拟模型上两个点之间（或一个点和地面之间）的运动和力学关系，所连接的点称为"连接点"（connector point），两个连接点分别称为"节点 a"和"节点 b"。

> ☆ 提示：连接点可以是模型中的参考点、网格实体的节点、几何实体的顶点或地面。在作为连接点的节点或参考点上可以施加耦合约束（∗ COUPLING）、刚体约束（∗ RIGID BODY）、多点约束（∗ MPC）等各种约束，以及边界条件和载荷。

定义连接单元的关键词为

如果两个连接点都是模型上的点

　　∗ *ELEMENT*, *TYPE* = < *CONN3D2* 或 *CONN2D2* > , *ELSET* = < 连接单元集合的名称 >

　　< 连接单元编号 > , < 第 1 个节点的编号 > , < 第 2 个节点的编号 >

如果第 *1* 个连接点是地面, 第 2 个连接点是模型上的点

　　∗ *ELEMENT*, *TYPE* = < *CONN3D2* 或 *CONN2D2* > , *ELSET* = < 连接单元集合的名称 >

　　< 连接单元编号 > , < 第 2 个节点的编号 >

如果第 1 个连接点是模型上的点, 第 2 个连接点是地面

　　∗ ELEMENT, TYPE = < CONN3D2 或 CONN2D2 > , ELSET = < 连接单元集合的名称 >

　　< 连接单元编号 > , < 第 1 个节点的编号 >

其中，*CONN3D2* 类型用于三维问题，*CONN2D2* 类型用于二维问题和轴对称问题。下文中所提到的都是三维问题的连接单元（*CONN3D2* 类型）。

> ☆ ABAQUS/CAE 操作：**Interaction** 模块，主菜单 **Connector→Create**。

8.1.2　连接属性

连接属性（connector property）的作用是描述连接单元两个连接点之间的相对运动约束关系。每个连接单元都具有一定的连接属性，同一个连接属性可以赋予给多个不同的连接单元。连接属性分为两种类型。

（1）**基本连接属性**（basic type）　它又分为平移连接属性（translational type）和旋转连接属性（rotational type）。平移连接属性影响两个连接点的平移自由度，还可以影响第 1 个连接点的旋转自由度（详见表 8-1）；旋转连接属性只影响两个连接点的旋转自由度（详见表 8-2）。

（2）**组合连接属性**（assembled type）　它是上述基本类型的组合（详见表 8-3）。

定义连接单元时可以只使用一个基本连接属性（平移连接属性或旋转连接属性），也可以使用一个平移连接属性和一个旋转连接属性的组合，或直接选择组合连接属性。

在两个连接点上可以分别定义各自的局部坐标系，第 1 个连接点的局部坐标系记为向量 e_i^a，第 2 个连接点的局部坐标系记为向量 e_i^b，其中 $i = \{1, 2, 3\}$。连接点在分析过程中发生转动时，局部坐标系也会随之转动。在不同的连接属性中，两个连接点上的局部坐标系有如下三种情况。

1）**Required**：必须由用户定义局部坐标系。

2）**Ignored**：不需要定义局部坐标系。

3）**Optional**：不一定由用户定义局部坐标系，如果用户没有定义，第 1 个连接点上的局部坐标系将使用全局坐标系，第 2 个连接点将使用第 1 个连接点上的局部坐标系。

根据上述局部坐标系，ABAQUS 定义了两个连接点之间的相对运动分量（Component of Relative Motion，简称 CORM），包括相对平移运动分量 u1、u2、u3 和相对旋转运动分量 ur1、ur2、ur3。不同连接属性对相对运动分量的定义方法不同，详见 ABAQUS 帮助文件《ABAQUS Analysis User's Manual》的第 17.1.5 节 "Connection-type library"。

> ☆ 提示：本书中和 ABAQUS 帮助文件中都用小写字母 u1、u2、u3 、ur1、ur2、ur3 来表示相对运动分量（定义在连接点的局部坐标系下），用大写字母 U1、U2、U3、UR1、UR2、UR3 来表示边界条件中的节点自由度（定义在全局坐标系下），而在 ABAQUS/CAE 的操作界面中，连接单元的相对运动分量也使用大写字母 U1、U2、U3、UR1、UR2、UR3 来表示，建模时应注意不要混淆。

在连接属性中有以下两种相对运动分量。

1）**受约束的相对运动分量**（constrained CORM）：这些相对运动分量需要满足一定的约束关系（例如保持为 0）。

2）**可用的相对运动分量**（available CORM）：这些相对运动分量不受约束，并且被用来定义连接单元载荷、连接单元边界条件、连接单元行为等（详见第 8.4 和 8.5 节）。

下面以几个常用的连接属性为例，进一步解释上面所介绍的概念：

1. 平移连接属性：JOIN

1）特性　两个连接点之间不允许发生相对平移（可以发生各方向上的相对旋转），即运动约束为 u1 = 0，u2 = 0，u3 = 0（见表 8-1）。

> ☆ 提示：对相对运动分量的约束是相对于连接点的局部坐标系而言的，这里 u1、u2、u3
> 　　　　为 0 并不是说连接点在全局坐标系下不能移动，而是两个连接点之间的相对平
> 　　　　移为 0。

2) 受约束的相对平移运动分量：3 个（u1、u2、u3）。

3) 可用的相对平移运动分量：0 个。

4) 局部坐标系：第 1 个连接点是 Optional，第 2 个连接点是 Ignored。

2. 平移连接属性：LINK

1) 特性：两个连接点之间可以发生各个方向上的相对平移（也可以发生个方向上的相对旋转），但两点的相对距离总保持不变（见表 8-1）。

2) 受约束的相对平移运动分量：1 个（u1）。

3) 可用的相对平移运动分量：0 个。

> ☆ 提示：由于只有一个约束方程，因此受约束的相对平移运动分量为 1 个（u1），另外两
> 　　　　个相对平移运动分量尽管没有受到约束，但不被用来定义连接单元载荷、连接
> 　　　　单元边界条件、连接单元行为等，因此没有可用的相对平移运动分量。

4) 局部坐标系：两个连接点都是 Ignored。

3. 平移连接属性：SLOT

1) 特性：可以将其理解为一个滑动槽（见图 8-2），第 2 个连接点 b 可以在槽内滑动（见表 8-1）。槽的方向是第 1 个连接点 a 的局部 1 方向 e_1^a，而与两个连接点的位置无关。换言之，两个连接点之间只能沿着第 1 点的局部 1 方向 e_1^a 发生相对平移（可以发生各方向上的相对旋转）。在第 8.7 节的实例中将要用到这种连接属性。

2) 受约束的相对平移运动分量：2 个（u2、u3）。

3) 可用的相对平移运动分量：1 个（u1）。

4) 局部坐标系：第 1 个连接点是 Required，第 2 个连接点是 Optional。

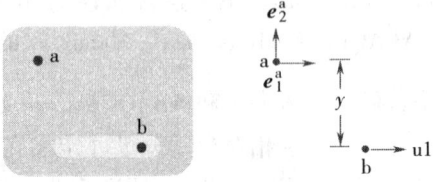

图 8-2　平移连接属性 SLOT 的示意图

表 8-1　基本类型：平移连接属性（不约束相对旋转运动分量）

平移连接属性	图　　例	可用的 相对**平移**运动分量[①] （available CORM）	受约束的 相对**平移**运动分量[①] （constrained CORM）
AXIAL		1 个（u1）	0 个
	不约束任何相对运动分量，用 u1 来度量两点之间相对距离的变化		

（续）

平移连接属性	图　　例	可用的 相对**平移**运动分量[1] （available CORM）	受约束的 相对**平移**运动分量[1] （constrained CORM）
CARTESIAN		3 个（u1, u2, u3）	0 个
	不约束任何相对运动分量，根据定义在第 1 点上的笛卡儿坐标系来度量两点之间的相对平移 u1，u2，u3		
JOIN		0 个	3 个（约束 u1, u2, u3）
	两点之间不允许发生相对平移		
LINK		0 个	1 个（约束 u1）
	两点之间可以发生各个方向上的相对平移，但两点的相对距离总保持不变		
PROJECTION CARTESIAN		3 个（u1, u2, u3）	0 个
	不约束任何相对运动分量，根据由两点共同定义的正交坐标系来度量两点之间的相对平移 u1，u2，u3（只用于 ABAQUS/Explicit）		
RADIAL-THRUST		2 个（u1, u3）	0 个
	不约束任何相对运动分量，根据定义在第 1 点上的柱坐标系来度量两点之间的相对轴向平移 u1 和径向平移 u3		
SLIDE-PLANE		2 个（u2, u3）	1 个（约束 u1）
	两点之间只能沿着第 1 点的局部 2、3 方向发生相对平移		

（续）

平移连接属性	图　例	可用的 相对**平移**运动分量[①] （available CORM）	受约束的 相对**平移**运动分量[①] （constrained CORM）
SLOT		1 个（u1）	2 个（约束 u2，u3）
	两点之间只能沿着第 1 点的局部 1 方向发生相对平移		

注：篇幅所限，表 8-1～表 8-3 中图例上的注释字体较小，如果希望察看清晰的图例，请参阅 ABAQUS 帮助文件
　　《ABAQUS Analysis User's Manual》的第 17.1.5 节 "Connection-type library"。

[①] 对于**平移**连接属性，两个连接点之间的相对**旋转**运动分量都是不受约束的，在此表中不再列出。

4. 旋转连接属性：REVOLUTE

1）特性：两个连接点之间只能沿着第 1 点的局部 1 方向 e_1^a 发生相对旋转（可以发生各个方向上的相对平移，详见表 8-2）。

2）受约束的相对旋转运动分量：2 个（ur2、ur3）。

3）可用的相对旋转运动分量：1 个（ur1）。

4）局部坐标系：第 1 个连接点是 Required，第 2 个连接点是 Optional。

表 8-2　基本类型：旋转连接属性（不约束相对平移运动分量）

旋转连接属性	图　例	可用的 相对**旋转**运动分量[①] （available CORM）	受约束的 相对**旋转**运动分量[①] （constrained CORM）
ALIGN		0 个	3 个（约束 url，ur2，ur3）
	两点之间不允许发生相对旋转		
CARDAN		3 个（url，ur2，ur3）	0 个
	不约束任何相对运动分量，用 Cardan 角来度量两点之间的相对旋转 url，ur2，ur3		
CONSTANT VELOCITY		0 个	1 个（约束 ur2）
	两点之间保持恒定的相对转速		

（续）

旋转连接属性	图　例	可用的相对**旋转**运动分量[1]（available CORM）	受约束的相对**旋转**运动分量[1]（constrained CORM）
EULER		3 个（ur1，ur2，ur3）	0 个
	不约束任何相对运动分量，用 Euler 角来度量两点之间的相对旋转 ur1，ur2，ur3		
FLEXION-TORSION		3 个（ur1，ur2，ur3）	0 个
	不约束任何相对运动分量，可以度量两点之间的相对旋转 ur1（弯曲）、ur2（扭转）和 ur3（扫掠）		
PROJECTION FLEXION-TORSION		3 个（ur1，ur2，ur3）	0 个
	不约束任何相对运动分量，可以度量两点之间的相对旋转 ur1（弯曲 1）、ur2（弯曲 2）和 ur3（扭转），只用于 ABAQUS/Explicit		
REVOLUTE		1 个（ur1）	2 个（约束 ur2，ur3）
	两点之间只能沿着第 1 点的局部 1 方向发生相对旋转		
ROTATION		3 个（ur1，ur2，ur3）	0 个
	不约束任何相对运动分量，用旋转向量来度量两点之间的相对旋转 ur1、ur2、ur3		
UNIVERSAL		2 个（ur1，ur3）	1 个（约束 ur2）
	两点之间只能沿着第 1 点的局部 1、3 方向发生相对旋转		

[1] 对于**旋转**连接属性，两个连接点之间的相对**平移**运动分量都是不受约束的，在此表中不再列出。

表 8-3　组合连接属性

组合连接属性	图　例	可用的相对运动分量（available CORM）	受约束的相对运动分量（constrained CORM）	由以下基本重接属性组合而成 平移连接属性	旋转连接属性
BEAM		0 个	6 个（约束 u1、u2、u3、ur1、ur2、ur3）	JOIN（约束 u1、u2、u3）	ALIGN（约束 ur1、ur2、ur3）
	在两点之间建立刚性连接，两点之间不允许发生相对平移和旋转（两点之间的距离可以不为 0）				
BUSHING		6 个（u1、u2、u3、ur1、ur2、ur3）	0 个	PROJECTION CARTESIAN（无约束）	PROJECTION FLEXION-TORSION（无约束）
	不约束任何相对运动分量，在两点之间建立一种类似于衬套的连接关系（只用于 ABAQUS/Explicit）				
CVJOINT		0 个	4 个（约束 u1、u2、u3、ur2）	JOIN（约束 u1、u2、u3）	CONSTANT VELOCITY（约束 ur2）
	两点之间不允许发生相对平移，且保持恒定的相对转速				

	图	自由度	说明	约束	相关连接
CYLIN-DRICAL		2 个（u1, ur1）	两点之间只能沿着第 1 点的局部 1 方向发生相对平移和旋转	4 个（约束 u2, u3, ur2, ur3）	SLOT（约束 u2, u3） REVOLUTE（约束 ur2, ur3）
HINGE		1 个（ur1）	两点之间不允许发生相对平移，只能沿着第 1 点的局部 1 方向发生相对旋转	5 个（约束 u1, u2, u3, ur2, ur3）	JOIN（约束 u1, u2, u3） REVOLUTE（约束 ur2, ur3）
PLANAR		3 个（u2, u3, ur1）	相当于建立了一个局部的二维系统，两点之间只能沿着第 1 点的局部 2、3 方向发生相对平移，或沿着第 1 点的局部 1 方向发生相对旋转	3 个（约束 u1, ur2, ur3）	SLIDE-PLANE（约束 u1） REVOLUTE（约束 ur2, ur3）

（续）

组合连接属性	图　例	可用的相对运动分量（available CORM）	受约束的相对运动分量（constrained CORM）	由以下基本连接属性组合而成	
				平移连接属性	旋转连接属性
TRANS-LATOR	两点之间只能沿着第 1 点的局部 1 方向发生相对平移，不允许发生相对旋转	1 个 (u1)	5 个（约束 u2, u3, ur1, ur2, ur3）	SLOT（约束 u2, u3）	ALIGN（约束 ur1, ur2, ur3）
UJOINT	两点之间不允许发生相对平移，只能沿着第 1 点的局部 1、3 方向发生相对旋转	2 个 (ur1, ur3)	4 个（约束 u1, u2, u3, ur2）	JOIN（约束 u1, u2, u3）	UNIVERSAL（约束 ur2）
WELD	将两点粘结在一起，两点之间不允许发生相对平移和旋转（两点之间的距离为 0）	0 个	6 个（约束 u1, u2, u3, ur1, ur2, ur3）	JOIN（约束 u1, u2, u3）	ALIGN（约束 ur1, ur2, ur3）

5. 组合连接属性：HINGE

1）特性：由平移连接属性 JOIN 和旋转连接属性 REVOLUTE 组合而成（见表8-3），可以将其理解为一个合叶（见图8-3），两个连接点之间不允许发生相对平移，只能沿着第1点的局部1方向 e_1^a 发生相对旋转（见表8-3）。在第8.2和8.7节的实例中都会用到这种连接属性。

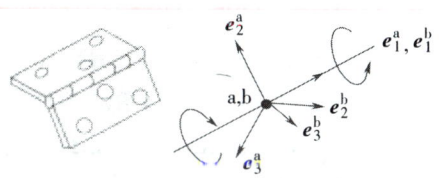

图8-3　组合连接属性 HINGE 的示意图

2）受约束的相对运动分量：5个（u1、u2、u3、ur2、ur3）。

3）可用的相对运动分量：1个（ur1）。

4）局部坐标系：第1个连接点是 Required，第2个连接点是 Optional。

☆ 提示：图8-3只是连接属性 HINGE 的示意图，建模时并不要求两个连接点在同一个位置上。

定义连接属性的关键词为：

使用基本连接属性：

CONNECTOR SECTION，*ELSET* = <连接单元集合的名称>

<平移连接属性的名称>，<旋转连接属性的名称>

<第1个连接点的局部坐标系名称>，<第2个连接点的局部坐标系名称>

使用组合连接属性：

CONNECTOR SECTION，*ELSET* = <连接单元集合的名称>

<组合连接属性的名称>

<第1个连接点的局部坐标系名称>，<第2个连接点的局部坐标系名称>

☆ ABAQUS/CAE 操作：**Interaction** 模块，主菜单 **Connector → Property → Create**。

8.1.3　输出连接单元的分析结果

在表8-1、表8-2和表8-3中可以看到，连接单元的作用不仅仅是在两个连接点之间施加运动约束，它还有另外一个重要的作用：度量两个连接点的相对运动、力和力矩。

有些连接属性并不约束任何相对运动分量，例如平移连接属性 AXIAL、CARTESIAN、PROJECTION CARTESIAN、RADIAL-THRUST，旋转连接属性 CARDAN、EULER、FLEXION-TORSION、PROJECTION FLEXION-TORSION、ROTATION 和组合连接属性 BUSHING，它们的主要作用是用来度量两个连接点的相对运动、力和力矩。

通过设置历史变量输出，可以得到连接单元的以下分析结果。

1）关于运动的分析结果：包括位置、位移、速度、加速度、本构位移（constitutive displacement）等。

2）关于力和力矩的分析结果：包括反作用力/力矩、合力/力矩、弹性力/力矩、粘性力/力矩、摩擦力/力矩、施加的力/力矩等。

为连接单元设置历史变量输出的关键词为

OUTPUT，*HISTORY*

ELEMENT OUTPUT, ELSET = <连接单元集合的名称>

<历史变量>，<历史变量>，……

其中，常用的 <历史变量> 包括：

1）**CU1**、**CU2**、**CU3**：两个连接点之间的相对平移。

2）**CUR1**、**CUR2**、**CUR3**：两个连接点之间的相对旋转。

3）**CRF1**、**CRF2**、**CRF3**：两个连接点之间的反作用力。

4）**CRM1**、**CRM2**、**CRM3**：两个连接点之间的反作用力矩。

☆ ABAQUS/CAE 操作：**Step** 模块，主菜单 **Output → History Output Requests → Create**，将 **Domain** 设为 *Connector*。

8.2　实例1：圆盘的旋转过程模拟（刚体模型）

从下面的一个简单实例中，读者可以学习如何使用连接单元进行多体分析，掌握 ABAQUS/CAE 的以下功能。

1）**Part** 功能模块：创建壳体。

2）**Property** 功能模块：定义壳体的属性。

3）**Mesh** 功能模块：划分壳单元网格。

4）**Assembly** 功能模块：定义连接单元和刚体约束所要用到的参考点和基准坐标系（datum coordinate system）。

5）**Step** 功能模块：将几何非线性参数 Nlgeom 设置为 *On*，并为连接单元定义历史变量输出。

6）**Interaction** 功能模块：定义刚体约束、连接属性和连接单元。

7）**Visualization** 功能模块：查看连接单元的历史变量输出，控制连接单元的显示方式。

8.2.1　问题的描述

半径为 3.5mm 的轴，在其一端装有一个半径为 25mm、厚度为 0.5mm 的带孔圆盘（如图 8-4 所示）。轴线方向为全局坐标系的 3 方向，圆盘所在平面与轴线垂直。圆盘绕轴转动，使圆盘顶部的点 A_0 移动至 A_1 处（在全局坐标系的 1 方向上移动了 10mm）。圆盘和轴都是刚体，要求模拟圆盘的旋转过程。

建模要点

整个模型中的运动只是圆盘绕轴的转动，因此在圆盘和轴之间使用 HINGE 类型的连接单元（u1、u2、u3、ur2、ur3 都为 0，只有 ur1 是可用的相对运动分量），第 1 个连接点为位于轴一端的参考点（图 8-5 中的 RP-Shaft，位于轴的中心线上），第 2 个连接点为位于圆盘中心的参考点（图 8-5 中的 RP-Disc-Center），将第 1 个连接点上的局部 1 方向定义为轴的中心线方向，即全局坐标系中的 3 方向。

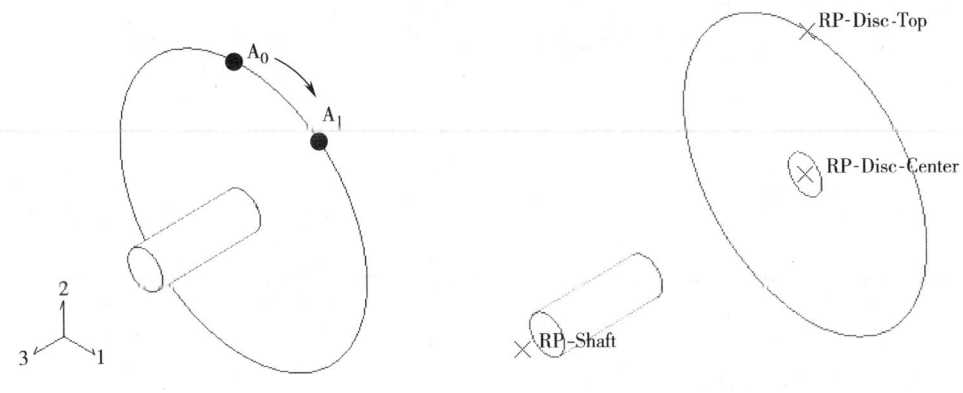

图 8-4　圆盘和轴的多体分析模型　　　　图 8-5　模型的分解图

☆ 提示：应尽量选择参考点作为连接单元的连接点，而不要直接使用 Solid 实体的节点，
　　　　因为具有旋转属性的连接单元会激活 Solid 实体节点上的旋转自由度，如果这些
　　　　旋转自由度没有得到充分的约束，就会出现收敛问题。

　　圆盘和轴都是刚体，刚体部件的建模方法有以下几种。

　　1）创建解析刚体（参见第 5.1 节、第 5.3 节和第 6.3 节的实例）。

　　2）创建离散刚体（参见第 6.4 节的实例）。

　　3）创建柔体，然后在此部件和一个参考点之间建立显示体约束（＊DISPLAY BODY），
这样此部件就变为刚体，其位移将完全取决于此参考点的位移，部件本身只起到图形显示的
作用，不影响整个模型的分析结果。在第 8.7 节的实例中将介绍这种方法。

　　4）创建柔体，然后在此部件和一个参考点之间建立刚体约束（＊RIGID BODY），这样
此部件就变为刚体，其位移将完全取决于此参考点的位移。

　　上述四种方法都适用于本实例，解析刚体和离散刚体的优点是建模过程简单，并且可以
减小模型的规模。刚体约束和显示体约束在本质上是一样的，其共同的优点是，只要去掉刚
体约束或显示体约束，部件就恢复为柔体，可以进行多柔体分析。

　　本实例中将练习使用第 4 种方法，首先将圆盘和轴都定义为柔体，然后施加刚体约束。
受到此刚体约束的还包括连接单元的第 2 个连接点（圆盘中心的参考点 RP-Disc-Center）。

　　对于施加了刚体约束的部件，位移边界条件只能定义在刚体约束的参考点上，因此在圆
盘的顶部定义一个参考点（图 8-5 中的 RP-Disc-Top），它既被用来施加位移边界条件（在
全局坐标系的 1 方向上移动 10mm），又作为圆盘刚体约束的参考点。

　　类似地，将轴的刚体约束定义在参考点 RP-Shaft 上，并在此参考点上施加固支边界条
件，使轴保持固定。

☆ 提示：本实例中，参考点 RP-Shaft 既作为连接单元的第 1 个连接点，又作为轴的刚体
　　　　约束参考点，还用来施加边界条件。读者也可以自己尝试分别定义两个参考点，
　　　　一个用于连接单元，另一个用于轴的刚体约束和边界条件。

对以上建模要点归纳如下。

1）圆盘部件：柔体（类型为 Shell），S4R 单元（4 节点四边形有限薄膜应变线性减缩积分壳单元）。

2）圆盘的刚体约束：受约束的是圆盘的所有单元和位于圆盘中心的参考点 RP-Disc-Center，刚体约束的参考点是位于圆盘顶部的 RP-Disc-Top。

3）轴部件：柔体（类型为 Solid），C3D8R 单元（8 节点六面体线性减缩积分单元）。

4）轴的刚体约束：受约束的是轴的所有单元，刚体约束的参考点是位于轴一端的 RP-Shaft。

5）连接单元：HINGE 类型，第 1 个连接点为位于轴一端的参考点 RP-Shaft，第 2 个连接点为位于圆盘中心的参考点 RP-Disc-Center，第 1 个连接点上的局部 1 方向为轴的中心线方向。

6）圆盘的位移边界条件：U1 = 10，施加在圆盘的刚体约束参考点 RP-Disc-Top 上。

7）轴的位移边界条件：固支边界条件，施加在轴的刚体约束参考点 RP-Shaft 上。

8）载荷：没有外载荷。

在建模过程中还需要考虑以下问题。

1）此问题中不关心结构的动态响应，所以分析步类型应为 **Static，General**（使用 ABAQUS/Standard 作为求解器）。

2）分析过程中出现了很大的位移，是典型的几何非线性问题，应在分析步中将几何非线性参数 **Nlgeom** 设置为 *On*。

8.2.2　模型文件

在随书光盘的以下文件夹中可以找到本实例完成后的文件。

1）ABAQUS 模型数据库文件：\ Demo8-Disc \ CAE Model \ Disc-Rigid. cae

2）INP 文件和结果文件：　　　\ Demo8-Disc \ Analysis Results \ Disc-Rigid. *

为缩短读者的建模时间，随书光盘提供了一个已经部分完成的模型数据库文件

　　\Demo8-Disc\CAE Model\Disc. cae

将此文件复制到硬盘上，去掉其只读属性，改名为 *Disc-Rigid. cae*。用 ABAQUS/CAE 打开此文件，在模型树中可以看到以下建模步骤已经完成。

1）在 **Part** 功能模块中，创建了名为 *Shaft* 的轴部件（类型为 *3D Deformable，Solid*）。

2）在 **Property** 功能模块中，定义了名为 *Material-1* 的材料，弹性模量为 210000，泊松比为 0.3（在第 8.6 节的柔体模型中将用到这些材料参数），给轴部件赋予了截面属性。

☆ 提示：尽管对轴和圆盘都将施加刚体约束，仍需要定义材料和截面属性。

3）在 **Mesh** 功能模块中，用 C3D8R 单元为轴部件划分了网格。

上述建模步骤都已经在前面各章中练习过，因此在 *Disc. cae* 文件中已经为读者完成了这些步骤，以便使读者集中精力于多体分析所特有的内容。

8.2.3　创建圆盘部件

进入 **Part** 功能模块，点击 ，在 **Name** 后面输入 *Disc*，将 **Modeling Space** 设为 *3D*，

Type 为 *Deformable*，**Shape** 为 *Shell*，**Type** 为 *Planar*（平面壳体），然后点击 **Continue**。

绘制两个圆，圆心坐标都为（0，0），圆的起点分别为（0，3.5）和（0，25），这样就得到了带孔的圆盘部件。

8.2.4　定义截面属性和装配件

（1）创建壳体截面属性　进入 **Property** 功能模块，点击 ⌖，在 **Name** 后面输入 *Section-Disc*，将 **Category** 设为 *Shell*，然后点击 **Continue**。

在弹出的 **Edit Section** 对话框中，将 **Shell thickness** 设为 0.5，**Material** 设为已经定义了的 *Material-1*，然后点击 **OK**。

（2）给圆盘赋予截面属性　点击 ⊞，点击圆盘，赋予截面属性 *Section-Disc*。

（3）定义装配件　进入 **Assembly** 功能模块，点击 ⎙，选中部件 *Disc* 和 *Shaft*，点击 **OK**。

8.2.5　划分网格

进入 **Mesh** 功能模块，在窗口顶部的环境栏中把 **Object** 选项设为 **Part**：*Disc*。

（1）设置全局种子　点击 ⊟，在 **Approximate global size** 后面输入 6，然后点击 **OK**。

（2）设置网格参数　点击 ⊟，将 **Algorithm** 设为 *Advancing front*，然后点击 **OK**。

（3）设置单元类型　点击 ⊟，保持默认的单元类型 S4R 不变，点击 **OK**。

（4）划分网格　点击 ⊟ 来划分网格。

8.2.6　定义参考点和基准坐标系

（1）创建参考点　进入 **Interaction** 功能模块，在主菜单中选择 **Tools → Reference Point**，窗口底部提示区中显示了默认的坐标 0.0，0.0，0.0，按回车键来确认，视图区中显示出名为 *RP-1* 的参考点。

使用同样的方法，再创建坐标为（0，25，0）的参考点 *RP-2* 和坐标为（0，0，25）的参考点 *RP-3*。

（2）更改参考点名称　在模型树中展开 **Assembly / Features**，在 *RP-1* 上面点击鼠标右键，选择 **Rename**，将参考点名称改为 *RP-Disc-Center*。类似地，将参考点 *RP-2* 的名称改为 *RP-Disc-Top*，参考点 *RP-3* 的名称改为 *RP-Shaft*。

（3）抑制不需要的基准坐标系 *Datum csys-1*　在模型树中的 **Assembly / Features** 下面，可以看到一个已有的基准坐标系 *Datum csys-1*，本模型中不需要它，在它上面点击鼠标右键，选择 **Suppress** 来抑制它。

☆ 提示：也可以选择 **Delete** 来删除它。被删除的特征无法再恢复，而被抑制的特征可以通过选择 **Resume** 来恢复。

（4）为连接单元添加基准坐标系　连接单元第 1 个连接点上的局部 1 方向应该是轴的中心线方向。点击左侧工具区中的 <img>（Create Datum CSYS：3 Points），在 **Name** 后面输入 *Csys-Hinge*，类型为 **Rectangular**，然后点击 **Continue**。窗口底部的提示区中显示出默认的原点坐标为（0，0，0）（这是全局坐标系下的坐标），按回车键确认，然后输入局部 X 轴上的点坐标（0，0，1），按回车键，再输入局部 X - Y 平面上的点坐标（0，1，0），按回车键，得到的基准坐标系如图 8-6 所示。

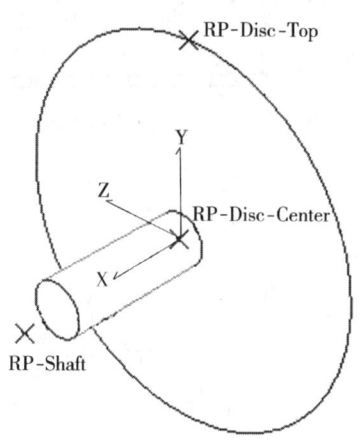

图 8-6　模型中的参考点和基准坐标系

8.2.7　定义集合

在 **Interaction** 功能模块中，选择主菜单中的 **Tools → Set → Manager**，点击 **Create**，依次定义以下集合。

1）集合 *Set-RP-Disc-Top*：　　点击参考点 RP-Disc-Top。

2）集合 *Set-RP-Disc-Center*：点击参考点 RP-Disc-Center。

3）集合 *Set-RP-Shaft*：　　　点击参考点 RP-Shaft。

4）集合 *Set-Whole-Disc*：　　点击圆盘面来选中整个圆盘。

5）集合 *Set-Whole-Shaft*：　　选中整个轴实体。

☆ 提示：为整个轴实体定义集合时，不要直接点击轴上的某个位置，否则在点击鼠标中键后会在窗口底部的信息区中看到："The set′Set-Whole-Shaft′ has been created（**1 face**）"，这表明所选中的只是轴的表面，而不是整个实体。正确的操作方法是：在窗口底部提示区中出现 "Select the geometry for the set" 时，先点击其后的图标 <img>，然后在弹出的 **Options** 对话框中，将 **Select from** 设为 *Cells*（只选择三维实体）。

8.2.8　定义刚体约束

（1）定义圆盘的刚体约束　圆盘的所有单元和圆盘中心的参考点 RP-Disc-Center 都受到刚体约束，此刚体约束的参考点是圆盘顶部的 RP-Disc-Top。具体操作方法如下。

1）在 **Interaction** 功能模块中，选择主菜单的 **Constraint → Manager**，在 **Constraint Manager** 对话框中点击 **Create**，在 **Name** 后面输入 *Rigid-Disc*，选择约束类型为 **Rigid body**，然后点击 **Continue**。

2）在 **Edit Constraint** 对话框中，选中 **Region type** 下面的 *Body*（*elements*），然后点击其右侧的 **Edit**。点击窗口右下角的 **Sets**，在弹出的 **Region Selection** 对话框中，选中集合 *Set-Whole-Disc* 来作为受约束的单元集合，然后点击 **Continue**。

3）在 **Edit Constraint** 对话框中，选中 **Region type** 下面的 *Tie*（*nodes*），然后点击其右侧的 **Edit**。点击窗口右下角的 **Sets**，选中集合 *Set-RP-Disc-Center* 来作为受约束的节点。

4）在 **Edit Constraint** 对话框中，点击 **Reference Point** 下面的 **Edit**。使用与前面类似的

方法，选中集合 *Set-RP-Disc-Top* 来作为刚体约束的参考点。

完成上述操作后的 **Edit Constraint** 对话框如图 8-7 所示，点击 **OK** 来确认。在 **Constraint Manager** 对话框中点击 **Edit**，视图区中将以高亮度来显示此刚体约束，可以查看所选的区域是否正确。

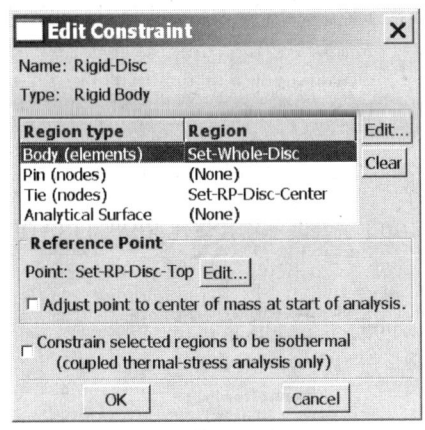

图 8-7　定义圆盘的刚体约束

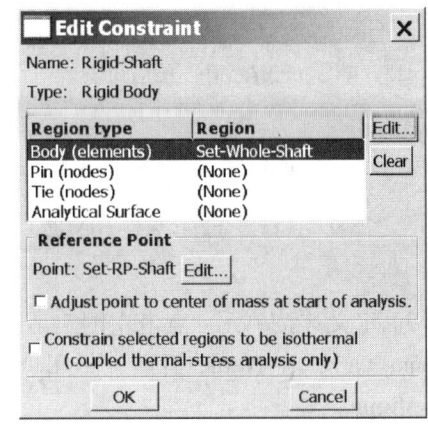

图 8-8　定义轴的刚体约束

> ☆ 提示：为整个实体施加刚体约束时，无论是实体的类型是 Solid、Shell 或 Wire，都应将刚体约束施加在实体的单元上，即在图 8-7 中选择 *Body*（*elements*），其相应的关键词为 *RIGID BODY, ELSET。如果在图 8-7 中选择 *Tie*（*nodes*）来对实体上的所有节点施加刚体约束（相应的关键词为 *RIGID BODY, TIE NSET），则单元仍会是柔性的，这有可能导致收敛问题。

（2）定义轴的刚体约束　使用类似的方法，定义名为 *Rigid-Shaft* 的刚体约束（见图 8-8），受约束的单元是整个轴的集合 *Set-Whole-Shaft*，刚体约束的参考点是集合 *Set-RP-Shaft*。

8.2.9　定义连接属性和连接单元

（1）定义连接属性　在 **Interaction** 功能模块中，点击左侧工具区中的 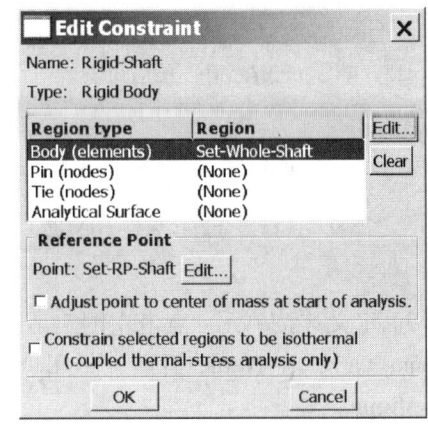（create connector property），在 **Name** 后面输入 *ConnProp-Hinge*，选择 **Assembled type**：*Hinge*（如图 8-9 所示），然后点击 **Continue**。在弹出的 **Edit Connector Property** 对话框中，直接点击 **OK**。

> ☆ 提示：如果在屏幕上看不到 **Edit Connector Property** 对话框底部的 **OK** 按钮，应增大显示器的分辨率（例如使用 1280×1024 以上的分辨率）。

> ☆ 提示：如表 8-3 所示，组合连接属性 HINGE 是由基本连接属性 JOIN 和 REVOLUTE 组合而成的，因此图 8-9 和图 8-10 所示的连接属性选择方法是等价的。

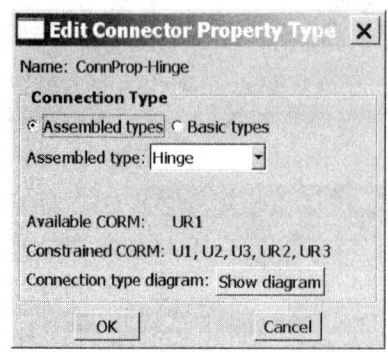

图 8-9　选择组合连接属性 HINGE

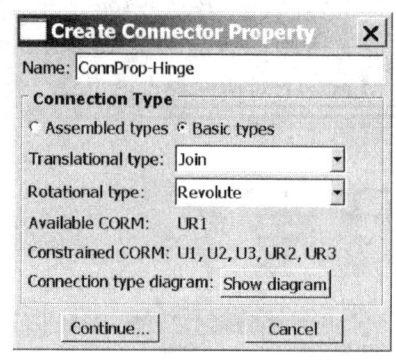

图 8-10　选择基本连接属性 JOIN 和 REVOLUTE

（2）定义连接单元　点击左侧工具区中的 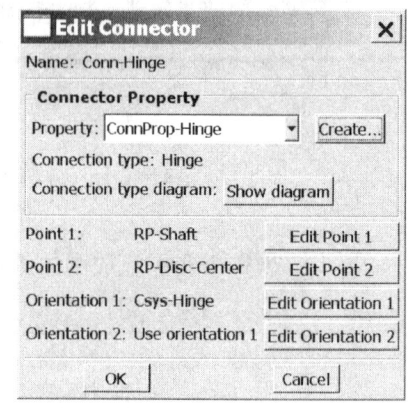（create connector），在 **Name** 后面输入 *Conn-Hinge*，然后点击 **Continue**。

在弹出的 **Edit Connector** 对话框中，点击 **Edit Point 1**，然后直接在视图区中点击参考点 RP-Shaft；再点击 **Edit Point 2**，然后直接在视图区中点击参考点 RP-Disc-Center；最后再点击 **Edit Orientation 1**，然后点击窗口底部提示区中的 **Datum CSYS List**，选中已创建的基准坐标系 *Csys-Hinge*，点击 **OK**。完成后的 **Edit Connector** 对话框如图 8-11 所示，点击 **OK** 来确认。

图 8-11　定义连接单元

8.2.10　设置分析步和历史变量输出

（1）定义分析步　进入 **Step** 功能模块，点击 ，在 **Name** 后面输入 *Move*，类型为默认的 **Static，General**，点击 **Continue**。

在弹出的 **Edit Step** 对话框中，将 **Nlgeom** 设为 *On*（几何非线性分析），初始增量步设为 0.1。

（2）设置连接单元的历史变量输出　在主菜单中选择 **Output → History Output Requests → Manager**，在弹出的 **History Output Requests Manager** 对话框中可以看到，ABAQUS/CAE 已经自动创建了一个名为 *H-Output-1* 的历史变量输出。

点击 **Edit**，在弹出的 **Edit History Output Request** 对话框中，将 **Domain** 设为 *Connector*（见图 8-12），点击 **Connector** 前面的黑色三角，在下拉的选项中选择 **CRF**（连接单元的反作用力和力矩）和 **CU**（连接单元的相对平移和旋转），然后点击 **OK**。

8.2.11　定义边界条件

（1）在轴的刚体约束参考点 RP-Shaft 上施加固支边界条件　进入 **Load** 功能模块，点击 ，创建名为 *BC-Shaft* 的边界条件，分析步为 **Initial**，类型为 **Symmetry/Antisymmetry/**

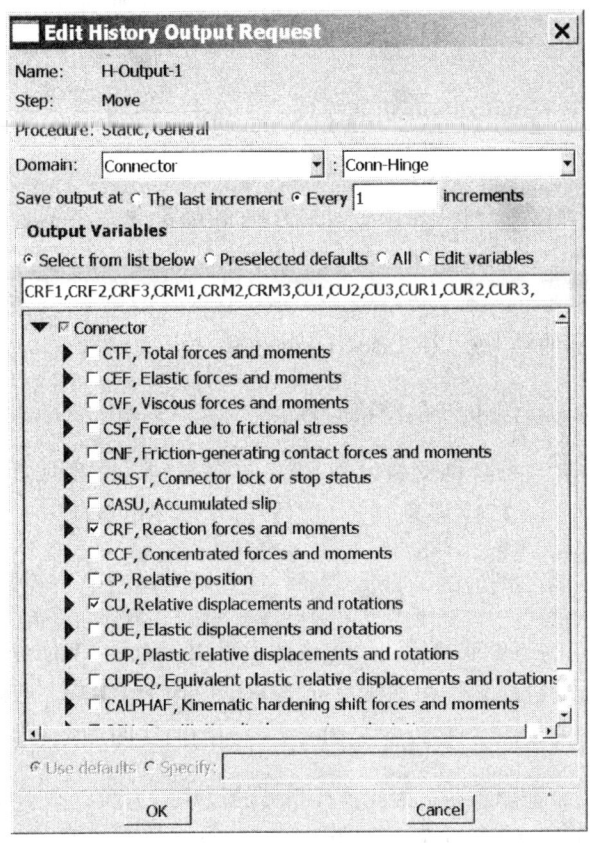

图 8-12　设定历史变量输出

Encastre，选中集合 *Set-RP-Shaft*，约束类型为 **ENCASTRE**。

（2）在圆盘的刚体约束参考点 RP-Disc-Top 上施加位移边界条件　点击 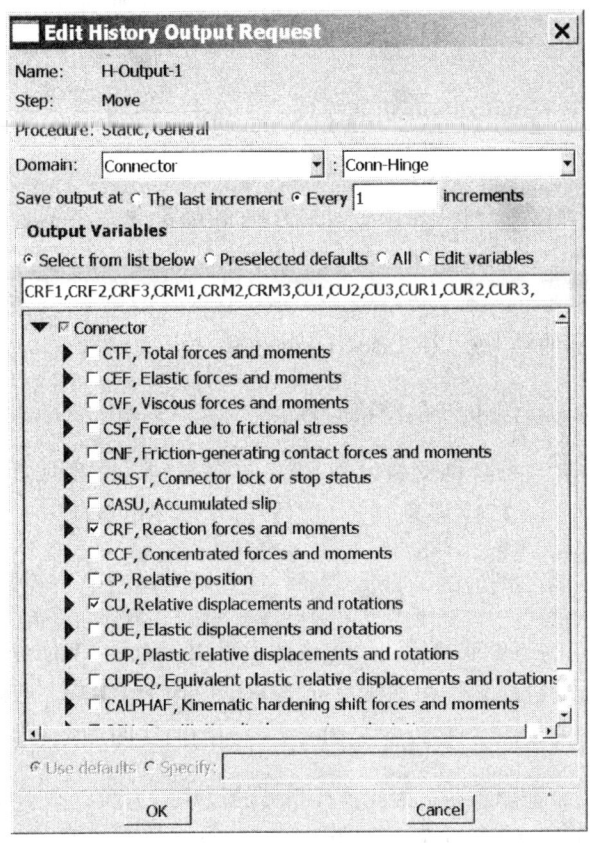，创建名为 *BC-Disc* 的边界条件，分析步为 **Move**，类型为 **Displacement/Rotation**，选中集合 *Set-RP-Disc-Top*，约束为 **U1 = 10**。

8.2.12　提交分析作业

进入 **Job** 功能模块，创建名为 *Disc-Rigid* 的分析作业，点击窗口顶部的 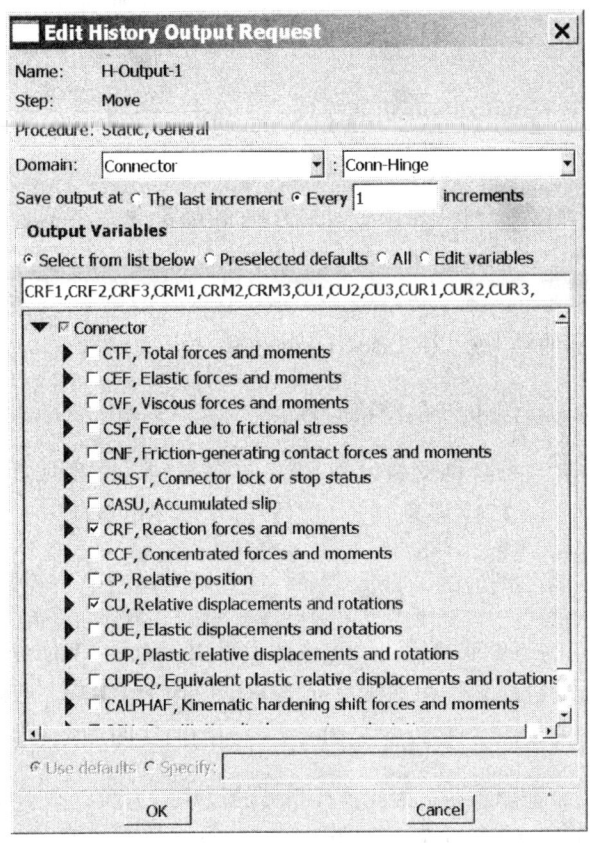 来保存所建的模型，然后提交分析作业。

在 **Job Manager** 对话框中点击 **Monitor**，然后点击 **Warnings** 标签页，看到分析过程中出现以下警告信息：

"*There is **zero FORCE** everywhere in the model based on the default criterion. please check the value of the average FORCE during the current iteration to verify that the FORCE is small enough to be treated as zero. if not, please use the solution controls to reset the criterion for zero FORCE.*"

这是因为在模型上没有施加载荷，并不意味着模型中有错误。等待分析结束后，点击 **Results** 来进入 **Visualization** 功能模块。

8.2.13　后处理

（1）显示动画　在 **Visualization** 功能模块中，点击 ⌐ 来显示云纹图。点击 📷，可以显示变形过程的动画。

> ☆ 提示：变形缩放系数为1时，如果在动画中看到圆盘的大小不断变化，则有可能是没有在分析步中将几何非线性参数 **Nlgeom** 设置为 *On*。

　（2）查询圆盘顶部的参考点 RP-Disc-Top 的位移　再次点击 📷 来停止动画，点击窗口底部提示区中的 ▶▶ 来跳至分析步的结束时刻。

点击窗口顶部的 ⓘ，将查询变量设为 **U1**，可以看到，圆盘顶部的参考点 RP-Disc-Top 的在全局坐标系的1方向上的位移为10，与位移边界条件相吻合。

> ☆ 提示：在后处理时看不到应力的分析结果，这是因为模型中的各个部件都是刚体。

　（3）查看连接单元的历史变量输出　点击主菜单 **Results → History Output**，弹出 **History Output** 对话框，拖动鼠标来选中连接单元上的反作用力 **CRF1**、**CRF2**、**CRF3** 和反作用力矩 **CRM1**、**CRM2**、**CRM3**，然后点击 **Plot**，得到的曲线图如图 8-13 所示。

> ☆ 提示：在模型上没有施加载荷，因此连接单元的反作用力和反作用力矩都应近似为0。如图 8-13 所示，反作用力和反作用力矩的数量级都为 10^{-6}，这一结果是正确的。

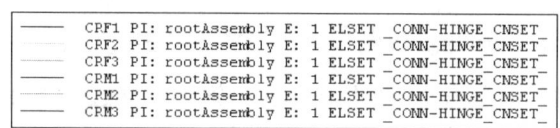

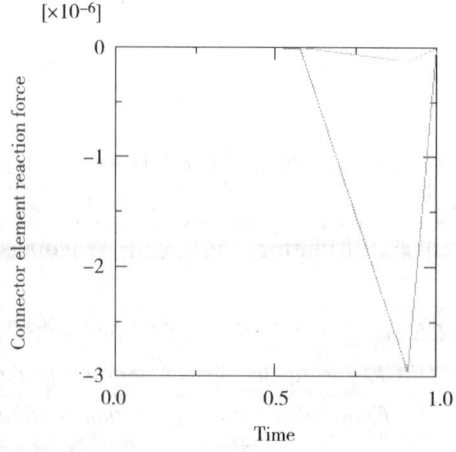

图 8-13　历史变量输出：连接单元上的反作用力 **CRF1**、**CRF2**、**CRF3**
和反作用力矩 **CRM1**、**CRM2**、**CRM3**

在 **History Output** 对话框中，选择连接单元上的相对转动 **CUR1**，然后点击 **Plot**，得到 **CUR1** 的曲线图。点击窗口顶部工具栏中的 ⓘ，选择 **Probe values**，可以查询曲线图上各点的结果。例如，可以查询到分析步时间为 1 时，**CUR1** = -0.411517。读者可以通过简单的几何计算来自行验证，当参考点 RP-Disc-Top 的位移 **U1** =10 时，圆盘旋转的弧度恰好为 0.411517rad。

使用类似的方法可以绘制 **CU1**、**CU2**、**CU3**、**CUR2**、**CUR3** 的曲线图，可以看到它们的结果都近似为 0，这是因为 **HINGE** 类型的连接单元约束了这些相对运动分量。

> ☆ 提示：上述连接单元的结果变量都是定义在连接点的局部坐标系下（例如 **CUR1** 对应的是局部坐标系的 1 轴，即全局坐标系的 3 轴），而模型的节点位移 **U** 是定义在全局坐标系下（例如 **U1** 对应的是全局坐标系的 1 方向），注意不要混淆。

> ☆ 提示：点击 ⌐ 可以恢复对云纹图的显示，点击 ⊞ 可以再次显示历史曲线图。

（4）显示连接单元　点击 ▦ 来显示未变形图。点击主菜单 **View → ODB Display Options**，选择 **Entity Display** 标签页，选中 **Show connectors**，然后点击 **Apply**。可以看到，在视图区中以棕色实线显示出连接单元。

8.2.14　INP 文件

下面解释一下本实例所对应的 INP 文件 *Disc-Rigid. inp*。在随书光盘的以下文件夹中可以找到此文件：\ Demo8-Disc \ Analysis Results \ 。此文件中包含以下数据。

```
**  ------------------------------------------------------------------------
**      圆盘部件
* Part，name = Disc
……
**      S4R 单元
* Element，type = S4R
1，33，34，61，35
……
* *      壳体截面属性:厚度为 0.5,截面上有 5 个积分点
* Shell Section，elset = _ PickedSet2，material = Material-1
0.5，5
**
* End Part
**
**      轴部件
* Part，name = Shaft
```

......

* End Part

** --

* Assembly，name = Assembly

**

* Instance，name = Shaft-1，part = Shaft

* End Instance

**

* Instance，name = Disc-1，part = Disc

* End Instance

**

**   定义 **3** 个参考点

* **Node**

 1，   **0.**，   **0.**，   **0.**

* **Node**

 2，   **0.**，   **25.**，   **0.**

* **Node**

 3，   **0.**，   **0.**，   **25.**

......

**   定义基准坐标系 **Csys-Hinge**

* **Orientation**，**name = Csys-Hinge**

     0.，   **0.**，   **1.**，   **0.**，   **1.**，   **0.**

 1，0.

**

**   圆盘的刚体约束:刚体约束的参考点 **RP-Disc-Top**

                     受约束的单元集合 **Set-Whole-Disc**

                     受约束的节点集合 **Set-RP-Disc-Center**

* **Rigid Body**，**ref node = Set-RP-Disc-Top**，**elset = Set-Whole-Disc**，**tie nset = Set-RP-Disc-Center**

**

**   轴的刚体约束:刚体约束的参考点 **Set-RP-Shaft**

                   受约束的单元集合 **Set-Whole-Shaft**

* **Rigid Body**，**ref node = Set-RP-Shaft**，**elset = Set-Whole-Shaft**

**

**   连接单元:类型为三维连接单元 CONN3D2,单元集合的名称为 **_ Conn-Hinge _CnSet _**

                 连接单元编号 **1**,第一个连接点为节点 **3**,第二个连接点为节点 **1**

* **Element**，**type = CONN3D2**，**elset = _ Conn-Hinge _ CnSet _**

 1，3，1

**

＊＊　　　连接属性:用于单元集合_ **Conn-Hinge _ CnSet _**

　　　　　　　类型为 **Hinge**，第一个连接点的局部坐标系为 **Csys-Hinge**

＊ **Connector Section**，**elset =_ Conn-Hinge _ CnSet _**

Hinge，

Csys-Hinge，

＊＊

＊ End Assembly

＊＊ ---

……

＊＊　　　边界条件:在节点集合 Set-RP-Shaft 上施加固支边界条件

＊ Boundary

Set-RP-Shaft，ENCASTRE

＊＊ ---

＊＊　　　分析步:名称为 **Move**，几何非线性

＊ **Step**，**name = Move**，**nlgeom = YES**

＊＊

＊＊　　　初始时间增量步为 0. 1

＊ Static

0. 1，1. ，1e-05，1.

＊＊

＊＊　　　边界条件:在节点集合 Set-RP-Disc-Top 上施加边界条件 U1 = 10

＊ Boundary

Set-RP-Disc-Top，1，1，10.

……

＊＊　　　历史变量输出:连接单元的反作用力、反作用力矩、相对平移和相对旋转

＊ **Output**，**history**

＊ **Element Output**，**elset =_ Conn-Hinge _ CnSet _**

CRF1，**CRF2**，**CRF3**，**CRM1**，**CRM2**，**CRM3**，**CU1**，**CU2**，**CU3**，**CUR1**，**CUR2**，**CUR3**

＊＊

＊ End Step

＊＊ ---

8.3　在多体分析中避免过约束

8.3.1　多体分析中的过约束

在第 5. 2. 8 节中介绍了过约束的概念。在多体分析中，如果连接属性或边界条件选择得不正确，在节点的某个自由度上定义了两个以上的约束关系，很容易出现过约束的问题。

对于一些常见的过约束，ABAQUS 会自动去除不需要的约束条件，得到正确的分析结果。但

对于某些过约束，ABAQUS 无法自动找出好的解决方法，这时可能出现以下几种结果。

1) 分析过程无法达到收敛。

2) 虽然能够达到收敛，但出现远远超过正常数量级的刚体位移，在 **Visualization** 模块中无法正常显示变形图和云纹图。

3) 能够达到收敛，位移结果也正确，但在历史变量输出中可以看到，某个连接单元反作用力或力矩远远大于应有的值。

如果出现了 ABAQUS 无法自动解决的过约束，在 MSG 文件中会显示 Overconstraint check 和 Zero pivot（零主元）等警告信息，还会列出过约束所涉及的实体、节点、连接单元、约束等信息，可以从中找出过约束的原因。

> ☆ 提示：ABAQUS/Explicit 不会显示 Zero pivot 警告信息，因此在进行显示分析之前，应首先使用 ABAQUS/Standard 来对模型进行分析，以保证模型中没有过约束。

> ☆ 提示：建立复杂的模型时，不要一次定义所有的连接单元和约束关系。可以先完成模型的一小部分，并施加适当的边界条件，运行模型来验证其正确性，然后再逐步完成模型的其他部分。

8.3.2　选择连接属性和边界条件

可以使用以下方法来为模型选择合适的连接属性和边界条件：在三维空间中，每个实体包括 6 个刚体自由度（3 个平移自由度和 3 个旋转自由度），因此一个正确的模型应满足如下关系：

$$实体总数 \times 6 = 位移边界条件所约束的自由度总数$$
$$+ 连接单元中受约束的相对运动分量总数 \qquad (8-1)$$

例如，在第 8.2 节的圆盘旋转实例中，实体总数为 2，参考点 RP-Disc-Top 上的位移边界条件约束了 1 个自由度，参考点 RP-Shaft 上的固支边界条件约束了 6 个自由度，HINGE 类型的连接单元中受约束的相对运动分量为 5 个，满足上述公式。

> ☆ 提示：式（8-1）中提到的"约束"并不意味着固定不动，例如，在边界条件中给定某个自由度上的位移值，也是对此自由度施加了约束。

> ☆ 提示：第 8.5 节介绍的连接单元行为可以作为约束来被记入式（8-1），但模型中的载荷对自由度没有约束作用，因此不能记入式（8-1）中。

需要注意的是，式（8-1）只是模型正确的必要条件，而不是充分条件，换言之，仅仅满足了式（8-1）并不能保证模型的约束条件肯定是正确的。例如，尽管模型中约束的总数满足式（8-1），但在同一个自由度上施加了重复的约束，就仍然是过约束。

8.3.3　圆盘旋转模型中的过约束

下面修改第 8.2 节的圆盘旋转实例，在圆盘顶部的参考点 RP-Disc-Top 上增加一个位移边界条件 U3 = 0。连接单元已经约束了这个方向上的位移，因此尽管这个位移边界条件 U3 = 0 和连接单元的约束是一致的，模型仍然是过约束的。观察此问题的分析结果，可以加深对过约束的理解。

在随书光盘的以下路径中可以找到本节内容完成后的文件。

1）ABAQUS 模型数据库文件：\ Demo8-Disc \ CAE Model \ Disc-Overconstraint. cae

2）INP 文件和结果文件：　　\ Demo8-Disc \ Analysis Results \ Disc-Overconstraint. *

具体操作方法如下。

（1）复制模型　打开第 8.2 节中所完成的模型数据库文件 *Disc-Rigid. cae*（在随书光盘的如下路径中可以找到此文件：\ Demo8-Disc \ CAE Model \ ），将其另存为 *Disc-Overcon-straint. cae*。

（2）修改位移边界条件 *BC-Disc*　进入 Load 功能模块，在边界条件 *BC-Disc* 中增加约束 **U3 = 0**（原来的 **U1 = 10** 仍保持不变）。

（3）提交分析　进入 **Job** 功能模块，将分析作业改名为 *Disc-Overconstraint*，保存模型，然后提交分析。点击 **Job Manager** 对话框中的 **Monitor**，可以看到以下警告信息。

OVERCONSTRAINT CHECKS：The model is overconstrained in this increment due to the interactions among nodes in node set WarnNodeOverconZeroPivotStep1Inc1Iter1.

Solver problem. Zero pivot when processing D. O. F. 5 at one or more of the internal nodes of 1 elements. The elements have been identified in element set WarnElemSolvProbZeroPiv _5 _ 1 _ 1 _ 1.

（4）查看连接单元的反作用力　在 **Visualization** 模块中显示分析结果文件 *Disc-Overcon-straint. odb*，显示动画，分析结果看起来一切正常，但点击主菜单 **Results → History Output**，绘制反作用力 **CRF1** 和反作用力矩 **CRM3** 随时间变化的曲线，可以看到它们的数量级为 10^3（见图 8-14）。

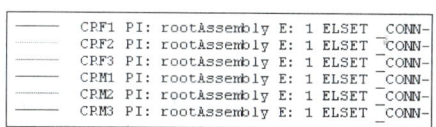

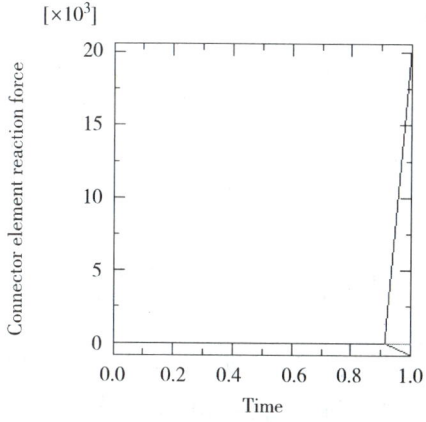

图 8-14　连接单元上的反作用力 **CRF1** 和反作用力矩 **CRM3**
远远大于正常值，说明出现了过约束

模型上没有施加载荷，因此连接单元的反作用力和反作用力矩都应近似为 0。**CRF1** 和 **CRM3** 的异常结果表明模型中存在过约束。

8.4   连接单元边界条件和连接单元载荷

在 **Load** 功能模块中，可以在连接单元的相对运动分量上直接施加连接单元边界条件 （connector boundary condition） 和连接单元载荷 （connector load），它们有以下类型。

1） 连接单元位移 （connector displacement）。

2） 连接单元速度 （connector velocity）。

3） 连接单元加速度 （connector acceleration）。

4） 连接单元力 （connector force）。

5） 连接单元力矩 （connector moment）。

它们的作用和使用方法与普通的边界条件和载荷是相似的。

☆ 提示：连接单元边界条件和连接单元载荷的大小和方向都是相对于连接点的局部坐标系而言的。正因为如此，当模型中各部分的相对运动关系较复杂时，使用连接单元边界条件和连接单元载荷往往更方便。

定义连接单元边界条件的关键词为

> * *CONNECTOR MOTION, TYPE* = <连接单元边界条件的类型 >
>
> <连接单元集合名称或编号 >，<可用的相对运动分量编号 >，<变量值 >

其中 <连接单元边界条件的类型 > 可以是 *DISPLACEMENT*（这是默认值）、*VELOCITY* 或 *ACCELERATION*。

定义连接单元载荷的关键词为

> * *CONNECTOR LOAD*
>
> <连接单元集合名称或编号 >，<可用的相对运动分量编号 >，<力或力矩的值 >

关于连接单元边界条件和连接单元载荷的详细说明，请参见 ABAQUS 帮助文件 《ABAQUS Analysis User's Manual》 的第 17.1.3 节 "Connector actuation"。

下面修改一下第 8.2 节的圆盘旋转实例，用连接单元位移来代替圆盘刚体约束参考点 RP-Disc-Top 上的位移边界条件。在随书光盘的以下路径中可以找到本节内容完成后的文件。

1） ABAQUS 模型数据库文件：\ Demo8-Disc \ CAE Model \ Disc-ConnectorBC. cae

2） INP 文件和结果文件：   \ Demo8-Disc \ Analysis Results \ Disc-ConnectorBC. *

具体操作方法如下：

（1） 复制模型   打开第 8.2 节中所完成的模型数据库文件 *Disc-Rigid. cae*，将其另存为 *Disc-ConnectorBC. cae*。

（2） 删除圆盘上的位移边界条件 *BC-Disc*   进入 **Load** 功能模块，在主菜单中选择 **BC →** **Manager**，选中位移边界条件 *BC-Disc*，点击 **Delete** 来删除它。

（3） 施加连接单元边界条件   在 **Boundary Condition Manager** 对话框中点击 **Create**，在 **Name** 后面输入 *BC-Connector*，将 **Step** 设为 *Move*，将 **Types for Selected Step** 设为 *Connec-*

tor displacement，然后点击 **Continue**。

在 **Connectors Selection** 对话框中选中连接单元 *Conn-Hinge*，然后点击 **Continue**。在弹出的 **Edit Boundary Condition** 对话框中，选中可用的相对运动分量 *UR1*，并在后面输入 -0.411517（单位是 rad），然后点击 **OK**。

（4）提交分析　进入 **Job** 功能模块，将分析作业改名为 *Disc-ConnectorBC*，保存模型，然后提交分析。分析过程中不应出现 Zero pivot 和 Overconstraint check 等警告信息。

（5）后处理　可以看到，分析结果和第 8.2 节的结果是一样的，连接单元的反作用力和力矩也都几乎为 0（数量级为 10^{-12}）。

（6）INP 文件　在随书光盘的以下文件夹中可以找到本实例所对应的 INP 文件：\ Demo8-Disc \ Analysis Results \ Disc-ConnectorBC. inp。此文件中描述连接单元边界条件的关键词为

> *∗ Step*，*name = Move*，*nlgeom = YES*
> ……
> *∗ **Connector Motion***
> *_ BC-Connector _ CnSet _* ，*4*，*−0. 411517*
> ……
> *∗ End Step*

其中，*_ BC-Connector _ CnSet _* 为连接单元集合的名称，*4* 为相对运动分量的编号（即 url），*−0. 411517* 为旋转的 rad。

8.5　连接单元行为

在定义连接单元属性时，可以在相对运动分量上定义多种连接单元行为（connector behavior），主要包括：

1）弹性（∗CONNCETOR ELASTICITY）。

2）阻尼（∗CONNCETOR DAMPING）。

3）摩擦（∗CONNCETOR FRICTION）。

4）塑性（∗CONNCETOR PLASTICITY 和 ∗CONNCETOR HARDENING）。

5）损伤（∗CONNCETOR DAMAGE）：只用于 ABAQUS/Explicit。

6）止动（∗CONNCETOR STOP）。

7）锁定（∗CONNCETOR LOCK）。

8）失效（∗CONNCETOR FAILURE）：只用于 ABAQUS/Explicit。

与运动有关的连接单元行为只能定义在可用的相对运动分量上，其定义方式有三种：

1）非耦合方式（uncoupled）：连接单元行为定义在单独的可用相对运动分量上。

2）耦合方式（coupled）：连接单元行为同时定义在多个可用相对运动分量上，相互之间发生耦合。

3）组合方式（combined）：同时使用上述耦合和非耦合方式来定义连接单元行为。

关于连接单元行为的详细说明，请参见 ABAQUS 帮助文件《ABAQUS Analysis User's Manual》的第 17. 2 节 "Connector elements behavior"。

下面修改第 8.2 节的圆盘旋转实例，介绍一下如何定义连接单元的弹性行为。本节练习最简单的情况 — 线性非耦合弹性行为，可以将其理解为一个线性弹簧，其力和位移满足以下关系

$$F_i = D_{ii}u_i \tag{8-2}$$

其中，F_i 是在第 i 个相对运动分量上的弹性力或弹性力矩；D_{ii} 是弹簧的刚度（D_{11} 对应着第 1 个相对运动分量；D_{22} 对应着第 2 个相对运动分量，依此类推）；u_i 是两个连接点在第 i 个相对运动分量上的相对位移。

本实例中，HINGE 类型的连接单元只有一个可用的相对运动分量 ur1（第 4 个相对运动分量），相应地定义 $D_{44} = 50\text{N/rad}$。

第 8.2 ~ 8.4 节的实例中的运动都是用位移边界条件来驱动的，本节练习一下使用载荷来驱动：将参考点 RP-Disc-Top 上的位移边界条件改为全局坐标系 1 方向上的载荷 10N。

> ☆ 提示：模型中有载荷时，如果在载荷的方向上没有位移边界条件，模型本身也没有抵抗此载荷的刚度（例如本实例中的连接单元弹性行为），则很可能出现收敛问题。

在随书光盘的以下路径中可以找到本节内容完成后的文件。

1）ABAQUS 模型数据库文件：\ Demo8-Disc \ CAE Model \ Disc-Behavior. cae

2）INP 文件和结果文件：　　　 \ Demo8-Disc \ Analysis Results \ Disc-Behavior. *

具体操作方法如下。

（1）复制模型　打开第 8.2 节中所完成的模型数据库文件 *Disc-Rigid. cae*，将其另存为 *Disc-Behavior. cae*。

（2）定义连接单元的弹性行为　进入 **Interaction** 功能模块，在主菜单中选择 **Connector** → **Property** → **Edit** → *ConnProp-Hinge*，在 **Edit Connector Property** 对话框中点击 **Add**→ **Elasticity**，选中 **Force/Moment** 后面的 **M1**，然后在 **D44** 下面输入弹性行为的刚度 50（见图 8-15），点击 **OK**。

（3）删除圆盘上的位移边界条件 *BC-Disc*　进入 **Load** 功能模块，删除位移边界条件 *BC-Disc*。

（4）在参考点 RP-Disc-Top 上施加载荷　点击 ⌐ （Create Load），将 **Step** 设为 *Move*，将 **Types for Selected Step** 设为 *Concentrated force*，选中集合 *Set-RP-Disc-Top*，定义载荷 **CF1** **=10**（见图 8-16）。

> ☆ 提示：在图 8-16 中，如果选中 **Follow nodal rotation**，就可以使载荷的方向随着节点的转动而转动（即保持与圆盘的轮廓线相切）。本实例中希望载荷方向保持不变，因此不选择此参数。

（5）设置连接单元弹性行为的历史变量输出　连接单元的弹性力和弹性力矩 F_i 用变量 **CEF** 来表示，它不同于连接单元的反作用力和力矩 **CRF**。进入 **Step** 功能模块，在主菜单中选择 **Output** → **History Output Requests** → **Manager**，编辑历史变量输出控制 *H-Output-1*，

选中图 8-12 中的 **CEF**。

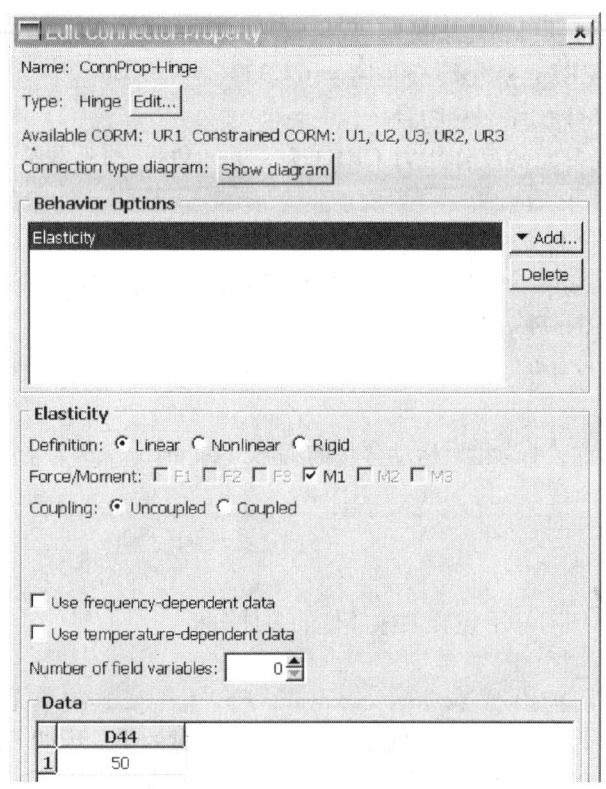

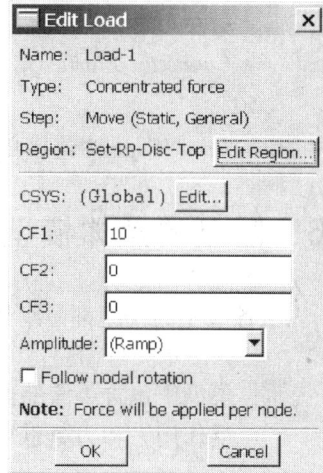

图 8-15　定义连接单元的弹性行为　　　　　图 8-16　施加载荷

（6）提交分析　进入 **Job** 功能模块，将分析作业改名为 *Disc-Behavior*，保存模型，然后提交分析。分析过程中不应出现 Zero pivot 和 Overconstraint check 等警告信息。

（7）后处理　在 **Visualization** 模块中显示分析结果文件 *Disc-Behavior. odb*，点击窗口顶部工具栏中的 ⓘ，选择 **Node**，可以查询到，在分析步结束时，参考点 RP-Disc-Top 的坐标为（24. 1315，6. 5322，－1. 36958e-29）。

下面验证一下，圆盘旋转至此位置时，外载荷所产生的力矩 $\mathbf{M}_{load}$ 是否与连接单元的弹性力矩 **CEM1** 达到了平衡。

☆ 提示：此处 $\mathbf{M}_{load}$ 对应的是全局坐标系的 3 轴，而 **CEM1** 对应的是连接点局部坐标系的 1 轴，也即全局坐标系的 3 轴。

点击主菜单 **Results → History Output**，选中连接单元的弹性力矩 **CEM1**，点击 **Plot** 来绘制曲线图。点击窗口顶部的 ⓘ，选择 **Probe values**，可以查询到，分析步结束时 **CEM1** ＝ －65. 322。根据参考点 RP-Disc-Top 的坐标，此时外载荷 10N 所产生的力矩为

$$\mathbf{M}_{load} = 10 \times 6.5322 = 65.322$$

由此可见，外载荷所产生的力矩 $\mathbf{M}_{load}$ 与连接单元的弹性力矩 **CEM1** 是相等的。

另外可以验证一下，连接单元的弹性力矩 **CEM1** 与式（8-2）是吻合的：根据参考点 RP-Disc-Top 的坐标，由简单的几何计算可以得出，分析步结束时圆盘转过的弧度为 1.30644（查询连接单元上的相对旋转 **CUR1** 也可以得到此结果），代入式（8-2）的右半边，得到：

$$D_{44}u_4 = D_{44} \cdot \mathbf{CUR1} = 50 \times 1.30644 = 65.322$$

这一结果与连接单元弹性力矩 **CEM1** 的结果相吻合。

另外可以看到，分析步结束时连接单元的反作用力 **CRF3** 为 -9.99438，与外载荷 10N 大致相等，即系统达到了力的平衡。

（8）INP 文件　在随书光盘的以下文件夹中可以找到本实例所对应的 INP 文件：\ Demo8-Disc \ Analysis Results \ Disc-Behavior. inp。此文件中描述连接单元弹性行为的关键词为

      Connector Behavior, *name = ConnProp-Hinge*

      Connector Elasticity, *component = 4*

    50. ,

其中，*ConnProp-Hinge* 为连接单元的名称，4 为相对运动分量的编号（即 url1），50 为刚度。

8.6　圆盘的柔体模型

以上各节中的模型都是刚体，下面练习一下包含柔体部件的多体分析。

> ☆ 提示：模型中包含柔体部件时，有可能出现 Negative eigenvalue 警告信息，连接单元的反作用力和力矩也往往不再为0，因而不易判断模型中是否有过约束。因此，应首先像第8.2 节中的实例一样，首先对整个柔体部件施加刚体约束，使模型中只包含刚性部件，且不施加外载荷，经分析确认模型正确后，再进行柔体分析。

对第8.2 节的圆盘旋转实例作以下修改。

1）去除圆盘的刚体约束。

2）去除位于圆盘顶部的参考点 RP-Disc-Top。

3）原有的模型在参考点 RP-Disc-Top 上定义了位移边界条件 U1 = 10，将此边界条件的作用区域改为圆盘顶部的顶点（位置与参考点 RP-Disc-Top 相同）。

4）在圆盘顶部的顶点上再施加全局坐标系 3 方向上的载荷 1N，以观察圆盘弯曲时的应力状态。

5）在圆孔边缘的各节点和参考点 RP-Disk-Center（连接单元的第 2 个连接点）之间建立运动耦合约束（kinematic coupling constraint）。

> ☆ 提示：运动耦合约束的作用是在圆孔边缘的各节点和参考点 RP-Disk-Center 之间建立一种运动上的约束关系。

在随书光盘的以下路径中可以找到本节内容完成后的文件。

1）ABAQUS 模型数据库文件：\ Demo8-Disc \ CAE Model \ Disc-Flexiblecae

2）INP 文件和结果文件：　　　\ Demo8-Disc \ Analysis Results \ Disc-Flexible.*

具体操作方法如下。

（1）复制模型 打开第8.2节中所完成的模型数据库文件 *Disc-Rigid. cae*，将其另存为 *Disc-Flexible. cae*。

（2）删除圆盘的刚体约束 进入 **Interaction** 功能模块，选择主菜单的 **Constraint** → **Manager**，删除圆盘的刚体约束 *Rigid-Disc*。

（3）删除圆盘刚体约束的参考点 RP-Disc-Top 在模型树中展开 **Assembly** / **Features**，在 RP-Disc-Top 上面点击鼠标右键，选择 **Delete**。

（4）为圆盘顶部的顶点定义集合 选择主菜单中的 **Tools** → **Set** → **Manager**，点击 **Delete** 来删除原有的集合 *Set-RP-Disc-Top* 和 *Set-Whole-Disc*，然后点击 **Create** 来定义以下集合。

1）集合 *Set-Disk-Vertex*：圆盘顶部的顶点（原有的参考点 RP-Disc-Top 所在的位置）。如果在此位置没有可供选择的顶点，可以首先切换到 **Part** 功能模块，通过 **Partition Edge** 来分割圆盘的外缘，从而在圆盘顶部产生一个顶点。

2）集合 *Set-Disk-Hole*：圆盘中心圆孔的轮廓线。

☆ 提示：圆孔的轮廓线和轴端面的轮廓线是重合的，可以使用以下方法来保证选择到正确的几何形体：在窗口底部提示区中出现 "Select the geometry for the set" 时，点击其后的图标 ▤，在弹出的 **Options** 对话框中，点击 ▣（Select the Entity Closest to the Screen），使其变灰。这时再点击圆孔的轮廓线时，在视图区的左下角会出现待选择的几何形体名称，点击窗口底部提示区中的 **Next**，直到出现 "Highlighting **Disc-1 Edge 0**"（即圆孔的轮廓线，其编号也可能是 **Disc-1 Edge 1**），然后在视图区中点击鼠标中键两次来确认。

（5）定义运动耦合约束 在 **Interaction** 功能模块中，点击 ◁（Create Constraint），在 **Name** 后面输入 *Coupling-Hole*，选择约束类型为 **Coupling**，然后点击 **Continue**。

选中 *Set-RP-Disc-Center* 来作为运动耦合约束的参考点，然后点击 **Continue**。点击窗口底部提示区中的 **Node Region**，选中 *Set-Disc-Hole* 来作为受约束的区域，在弹出的 **Edit Constraint** 对话框中，默认的约束类型为 **Kinematic**（运动耦合约束），且约束了所有自由度，点击 **OK** 来确认。

（6）修改位移边界条件 *BC-Disc* 的作用区域 进入 **Load** 功能模块，选择主菜单中的 **BC** → **Edit** → *BC-Disc*，看到提示信息 "集合 *Set-RP-Disc-Top* 不存在"，点击 **Yes**。在弹出的 **Edit Boundary Condition** 对话框中，点击 **Edit Region**，选中集合 *Set-Disc-Vertex*，在 **Edit Boundary Condition** 对话框中点击 **OK**。

（7）在集合 *Set-Disc-Vertex* 上施加载荷 点击 ┗┱（Create Load），将 **Step** 设为 *Move*，将 **Types for Selected Step** 设为 *Concentrated force*，选中集合 *Set-Disc-Vertex*，定义载荷 **CF3 = 1**。

（8）提交分析 进入 **Job** 功能模块，将分析作业改名为 *Disc-Flexible*，然后提交分析。分析过程中不应出现 Zero pivot 和 Overconstraint check 等警告信息。

☆ 提示：读者所创建模型的网格可能和本书不完全相同，因此在分析过程中不一定出现 Negative eigenvalue 警告信息，得到的应力结果也会和图8-17有所差异。

（9）后处理　在 **Visualization** 模块中显示分析结果文件 *Disc-Flexible. odb*。图 8-17 是在分析步结束时的 Mises 应力云纹图。可以验证，圆盘顶部节点 34 的位移 U1 = 10，与位移边界条件相吻合。连接单元的反作用力和力矩的结果也都正确，模型中没有过约束。

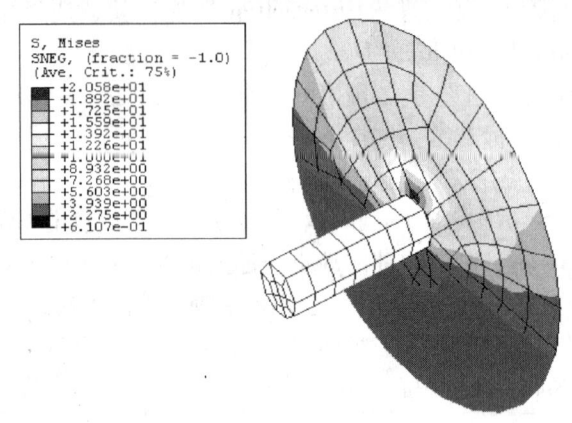

图 8-17　多柔体分析的 Mises 应力云纹图

（10）INP 文件　在随书光盘的以下文件夹中可以找到本实例所对应的 INP 文件：\ Demo8-Disc \ Analysis Results \ Disc-Flexible. inp。此文件中描述运动耦合约束的关键词为

　　Coupling, *constraint name* = *Coupling-Hole*, *ref node* = *Set-RP-Disc-Center*, *surface* = *Set-Disc-Hole _ CNS _*

　　Kinematic

其中，*Coupling-Hole* 为运动耦合约束的名称；*Set-RP-Disc-Center* 为运动耦合约束的参考点；*Set-Disc-Hole _ CNS _* 为受约束的节点集合所构成的面。

8.7　实例 2：抓斗机构的多体分析

下面将介绍一个包含梁部件的复杂工程实例，读者可以从中学习 ABAQUS 的以下功能。

1）为复杂的多体系统选择合适的连接单元属性和边界条件，避免过约束和约束不足。

2）**Part** 功能模块：创建一维部件。

3）**Property** 功能模块：定义梁截面特性和方向。

4）**Mesh** 功能模块：划分梁单元网格。

5）**Interaction** 功能模块：定义显示体约束和 JOIN、PLANAR、SLOT 等类型的连接单元。

6）**Visualization** 功能模块：设置显示体的显示方式，查看梁的截面力和弯矩，用标记棒（tick mark）来显示一维单元的分析结果，显示梁截面的方向。

8.7.1　问题的描述

一个简化的抓斗机构由滑道、支撑杆、缆绳和铲斗构成，铲斗张开时的状态如图 8-18 所示。图中 A、B、C、D、E、F 所示的位置都是铰接，可在 1-2 平面内自由转动，缆绳可在滑道内上下自由滑动。

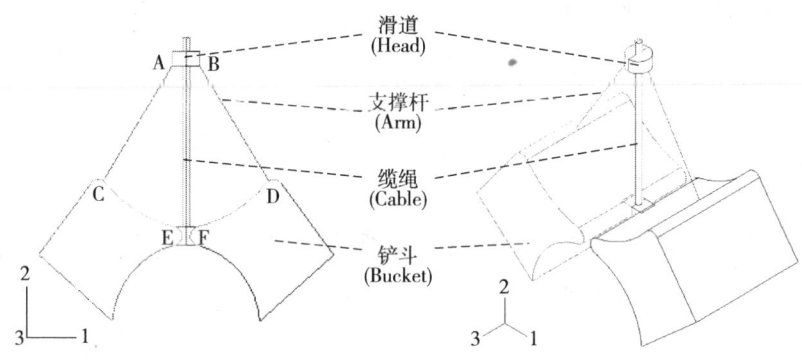

图 8-18　抓斗机构的模型

铲起重物的运动过程分为两步：①滑道固定不动，缆绳向上运动 700mm，使两个铲斗合起；②整个机构沿全局坐标系 3 轴的负方向运动 500mm。

支撑杆为细长的柔体构件，圆形截面的半径为 40mm，弹性模量为 200000MPa，剪切模量为 80000MPa，泊松比为 0.25。本实例主要练习对支撑杆进行力学分析，为简化模型，认为滑道、缆绳和铲斗都为刚体。

简单起见，令重物给两侧铲斗施加的载荷都为恒定的 1000N，集中作用在铲斗底面的中心点，方向竖直向下。

要求模拟抓斗机构的运动过程，并分析支撑杆的受力状态。

在随书光盘的以下路径中可以找到本实例完成后的文件：

1）ABAQUS 模型数据库文件：

　　　　支撑杆受刚体约束：　\ Demo8-Grab \ CAE Model \ Grab-Rigid. cae

　　　　支撑杆为柔体：　　　\ Demo8-Grab \ CAE Model \ Grab-Flexible. cae

2）INP 文件和结果文件：

　　　　支撑杆受刚体约束：　\ Demo8-Grab \ Analysis Results \ Grab-Rigid. *

　　　　支撑杆为柔体：　　　\ Demo8-Grab \ Analysis Results \ Grab-Flexible. *

8.7.2　建模要点

基于几何模型、运动和载荷的对称性，可以只为模型的右半边建模。图 8-19 是模型分解图，其中显示了各参考点和基准坐标系的名称。

1. 刚体约束和显示体约束

模型中所有部件本身都为柔体，通过施加刚体约束和显示体约束来使它们变为刚体。首先不施加载荷，经分析确认此刚体模型的约束关系正确后，再去除支撑杆上的刚体约束，施加载荷，进行柔体分析。

支撑杆（名称为 Arm）的单元类型为 B33（2 节点三次梁单元），受到刚体约束（参考点为 RP-Arm-Middle）。

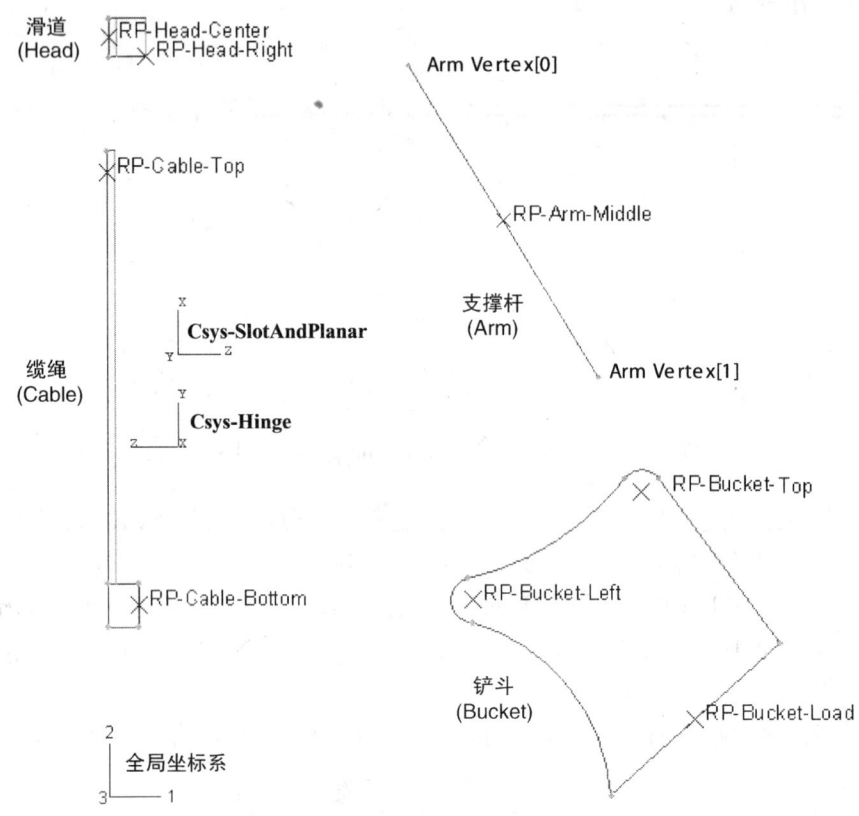

图 8-19　抓斗机构模型的分解图（基于对称性，只为模型的右半边建模）

☆ 提示：支撑杆的两端铰接，其转动平面与载荷方向平行，因此支撑杆是一个只承受拉压的杆件，可以用杆单元（truss）来模拟，但本实例中使用梁单元（beam），以练习梁的建模方法（梁单元比杆单元的适用范围更广）。

对滑道（名称为 Head）、缆绳（名称为 Cable）和铲斗（名称为 Bucket）施加显示体约束，参考点分别为 RP-Head-Center、RP-Cable-Top 和 RP-Bucket-Load。

☆ 提示：显示体约束和刚体约束的作用是相同的，都是使部件变为刚体，其位移完全取决于参考点的位移。

在连接单元需要用到的各个参考点与上述显示体约束的参考点之间也施加刚体约束，即

RP-Head-Right → RP-Head-Center

RP-Cable-Bottom → RP-Cable-Top

RP-Bucket-Left 和 RP-Bucket-Top → RP-Bucket-Load

2. 分析步

此问题中不关心结构的动态响应，所以分析步类型应为 **Static**，**General**（使用 ABAQUS/Standard 作为求解器）。在模型中定义两个几何非线性的分析步：

第 1 个分析步 *MoveCable*：滑道（Head）固定不动，缆绳（Cable）向上运动 700mm，使两个铲斗合起；

第 2 个分析步 *MoveHead*：滑道（Head）沿全局坐标系 3 轴的负方向运动 500mm（整个机构随之一起运动）。

3. 连接单元类型和边界条件

为模型选择如下的连接单元类型和边界条件。

1）1/2 模型中包含 4 个部件，共 $6 \times 4 = 24$ 个自由度。

2）在滑道（Head）和地面之间使用 PLANAR 类型的连接单元（名称为 *PLANAR-Head-Ground*），滑道上的连接点为参考点 RP-Head-Center，局部坐标系为 Csys-SlotAndPlanar（见图 8-19），受约束的相对运动分量为 u1、ur2 和 ur3，相当于全局坐标系中的 U2、UR3 和 UR1，即约束了 3 个自由度。

3）在滑道（Head）和缆绳（Cable）之间使用 SLOT 类型的连接单元（名为 *SLOT-Cable-Head*），连接点为参考点 RP-Head-Center 和 RP-Cable-Top，局部坐标系也是 Csys-SlotAndPlanar，受约束的相对运动分量为 u2 和 u3，相当于全局坐标系中的 U3 和 U1，即约束了 2 个自由度。

4）在缆绳（Cable）和铲斗（Bucket）之间使用 JOIN 类型的连接单元（名为 *JOIN-Bucket-Cable*），连接点为参考点 RP-Cable-Bottom 和 RP-Bucket-Left，不需定义局部坐标系，受约束的相对运动分量为 u1、u2 和 u3，相当于全局坐标系中的 U1、U2 和 U3，即约束了 3 个自由度。

5）在铲斗（Bucket）和支撑杆（Arm）之间使用 HINGE 类型的连接单元（名为 *HINGE-Arm-Bucket*），连接点为铲斗顶部的参考点 RP-Bucket-Top 和支撑杆一端的节点 Arm Vertex[1]，局部坐标系为 Csys-Hinge，受约束的相对运动分量为 u1、u2、u3、ur2 和 ur3，相当于全局坐标系中的 U3、U2、U1、UR2 和 UR1，即约束了 5 个自由度。

6）在支撑杆（Arm）和滑道（Head）之间也使用 HINGE 类型的连接单元（名为 *HINGE-Arm-Head*），连接点为支撑杆一端的节点 Arm Vertex[0] 和参考点 RP-Head-Right，局部坐标系为 Csys-Hinge，受约束的相对运动分量为 u1、u2、u3、ur2 和 ur3，相当于全局坐标系中的 U3、U2、U1、UR2 和 UR1，即约束了 5 个自由度。

以上 5 个连接单元共约束了 18 个自由度，根据式（8-1），得到：

位移边界条件所约束的自由度总数

= 实体总数 × 6 − 连接单元中受约束的相对运动分量总数

= 4 × 6 − 18

= 6

即还有 6 个自由度需要通过位移边界条件来约束。考虑到对称边界条件、模型的运动方向和连接单元所施加的约束，在滑道的显示体约束参考点 RP-Head-Center 和缆绳的显示体约束参考点 RP-Cable-Top 上定义以下边界条件，用来约束模型中剩下的 6 个自由度：

第 1 个分析步 *MoveCable*：

滑道的显示体约束参考点 RP-Head-Center：U3 = UR2 = 0；

缆绳的显示体约束参考点 RP-Cable-Top：　U1 = UR2 = UR3 = 0，U2 = 700；

第 2 个分析步 *MoveHead*：

滑道的显示体约束参考点 RP-Head-Center：U3 = −500；UR2 = 0；

缆绳的显示体约束参考点 RP-Cable-Top：　　U1 = UR2 = UR3 = 0，U2 = 700；

> ☆ 提示：上述连接单元类型和边界条件的选择方法不是惟一的，读者可以自己尝试其他的选择，需要考虑的因素包括：
> - 满足公式 8-1，避免过约束和约束不足。
> - 不能让同一个自由度受到重复的约束，否则也会是过约束。
> - 满足模型的对称边界条件。
> - 使模型能够完成所要求的运动。

下面检查是否每个实体的各个自由度都受到了适当的约束。

（1）滑道（Head）

1）自由度 U2、UR3 和 UR1 通过连接单元 *PLANAR-Head-Ground* 来受到约束（连接到地面上）。

2）自由度 U1 通过连接单元 *SLOT-Cable-Head* 和缆绳的刚体约束参考点 RP-Cable-Top 上的位移边界条件来受到约束。

3）自由度 U3 和 UR2 通过滑道的刚体约束参考点 RP-Head-Center 上的位移边界条件来受到约束。

（2）缆绳（Cable）

1）自由度 U3 通过连接单元 *SLOT-Cable-Head* 来传递到滑道上，从而受到约束。

2）自由度 UR1 通过连接单元 *JOIN-Bucket-Cable*、*HINGE-Arm-Bucket*、*HINGE- Arm-Head* 来传递到滑道上，从而受到约束。

3）自由度 U1、UR2、UR3 和 U2 通过缆绳的刚体约束参考点 RP-Cable-Top 上的位移边界条件来受到约束。

（3）铲斗（Bucket）

1）自由度 U3、U2、U1、UR2 和 UR1 通过连接单元 *HINGE-Arm-Bucket* 和 *HINGE-Arm-Head* 来传递到滑道上，从而受到约束。

2）对于自由度 UR3，由于整个模型是四连杆机构，滑道和缆绳都受到完全约束时，铲斗的自由度 UR3 也受到约束。

（4）支撑杆（Arm）

1）自由度 U3、U2、U1、UR2 和 UR1 通过连接单元 *HINGE-Arm-Head* 来传递到滑道上，从而受到约束。

2）对于自由度 UR3，由于整个模型是四连杆机构，滑道和缆绳都受到完全约束时，支撑杆的自由度 UR3 也受到约束。

综上所述，每个实体的各个自由度都受到了适当的约束，模型中没有过约束或约束不足。这一点将在分析结果中得到检验。

再检查对称边界条件（U1 = UR2 = UR3 = 0）是否得到了满足。

（1）缆绳（Cable）　　在缆绳的刚体约束参考点 RP-Cable-Top 上定义了位移边界条件 U1 = UR2 = UR3 = 0；

（2）滑道（Head）

1）在滑道的刚体约束参考点 RP-Head-Center 上定义了位移边界条件 UR2 = 0。

2）连接单元 *PLANAR-Head-Ground* 保证了滑道的 UR3 = 0。

3）连接单元 *SLOT-Cable-Head* 和缆绳的刚体约束参考点 RP-Cable-Top 上的位移边界条件保证了滑道的 U1 = 0。

综上所述，对称边界条件也得到了满足。因此，模型中的约束关系是正确的。

8.7.3　模型文件

为简化建模过程，随书光盘提供了一个已经部分完成的模型数据库文件

　　　　\Demo8-Grab\CAE Model\Grab. cae

将此文件复制至硬盘上，改名为 *Grab-Rigid. cae*，用 ABAQUS/CAE 中打开，在模型树中可以看到以下建模步骤已经完成：

1）在 **Part** 功能模块中，创建了以下部件

　　　滑道（Head）：3D Deformable，Solid。

　　　缆绳（Cable）：3D Deformable，Solid。

　　　铲斗（Bucket）：3D Deformable，Shell。

> ☆ 提示：Shell 类型的铲斗（Bucket）部件是用以下方法来创建的：在 **Part** 功能模块中，首先通过拉伸（extrusion）来创建 Solid 类型的部件，然后点击主菜单 **Shape → Shell → From Solid**，将其变为壳体，最后点击主菜单 **Shape → Shell → Remove Face**，删除不需要的面。

2）在 **Assembly** 功能模块中，创建了实体 *Bucket-1*、*Cable-1* 和 *Head-1*，并将其移动至适当的位置。

3）在 **Interaction** 功能模块中，定义了模型中需要的所有参考点，并分别为它们定义了相应的集合（集合 Set-RP-Bucket-LeftAndTop 中包括两个参考点 RP-Bucket-Left 和 RP-Bucket-Top，其余的集合都各包含一个参考点）。

上述建模步骤都已经在前面练习过，因此在 *Grab. cae* 文件中已经为读者完成了这些步骤，以便使读者集中精力于本节所特有的内容。

8.7.4　创建支撑杆部件

进入 **Part** 功能模块，点击 ⬚，在 **Name** 后面输入 *Arm*，将 **Modeling Space** 设为 *3D*，**Type** 设为 *Deformable*，**Shape** 设为 *Wire*，**Approximate size** 设为 *4000*，然后点击 **Continue**，绘制从点（150，1800）到（950，500）的直线，连续点击鼠标中键来退出绘图环境。

8.7.5　定义支撑杆的截面属性

进入 **Property** 功能模块，在窗口顶部的环境栏中把 **Part** 设为 *Arm*。

（1）创建梁截面　点击左侧工具区中的 ⬚（Create Profile），默认的梁截面名称为 *Profile-1*，将 **Shape** 设为 *Circular*，然后点击 **Continue**。在弹出的 **Edit Profile** 对话框中，将 **r** 设

为 *40*，然后点击 **OK**。

（2）创建截面属性　　点击 ⚓，在 **Name** 后面输入 *Section-Beam*，将 **Category** 设为 *Beam*，然后点击 **Continue**。

在弹出的 **Edit Beam Section** 对话框中，使用默认参数 **Section integration**：*Before analysis*，梁截面为 *Profile-1*，将 **Young's modulus** 设为 *200000*，**Shear modulus** 设为 *80000*，**Section Poinsson's ratio** 设为 *0.25*，然后点击 **OK**。

☆ 提示：在 **Edit Beam Section** 对话框中，如果使用上述默认参数 **Section integration**：*Before analysis*，则分析结果中没有梁单元的应力，只有将 **Section integration** 设为 *During analysis*，才能得到梁单元的应力结果。

（3）给支撑杆赋予截面属性　　点击 █▙，点击支撑杆，赋予截面属性 *Section-Beam*。

☆ 提示：滑道、缆绳和铲斗将被施加显示体约束，因此不需要定义材料和截面属性。

（4）定义梁截面方向　　点击左侧工具区中的 ⟟ （Assign Beam Orientation），点击支撑杆，在视图区中点击鼠标中键来确认。窗口底部提示区中显示梁截面默认的 n_1 方向为（0，0，-1），按回车键两次来确认。

☆ 提示：梁截面方向用右手局部坐标系（t，n_1，n_2）来表示，其中 t 是梁轴线的切线方向，n_1 和 n_2 与梁轴线垂直（见图8-20）。n_1 和 n_2 分别是梁截面的局部1、2方向。

关于梁的建模方法，请参见 ABAQUS 帮助文件《Getting Started with ABAQUS》的第6章"Using Beam Elements"和《ABAQUS Analysis User's Manual》的第15.3节"Beam elements"。

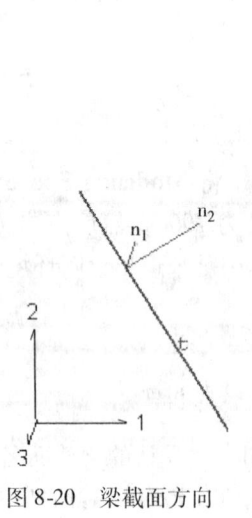

图8-20　梁截面方向

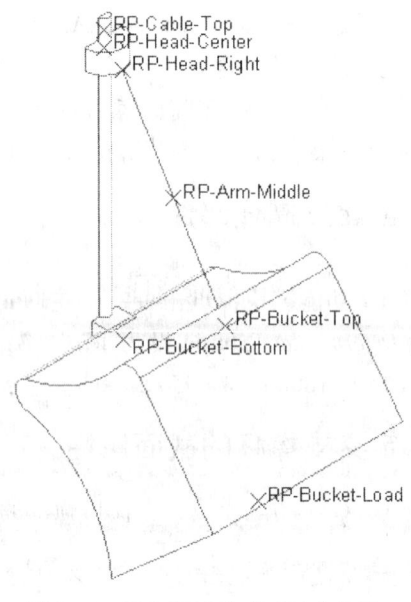

图8-21　将支撑杆移动至正确位置

8.7.6　定义装配件

（1）将支撑杆加入装配件　进入 **Assembly** 功能模块，点击 ，将 *Arm* 加入装配件。

（2）将支撑杆移动至正确位置　在主菜单中选择 **Instance → Translate**，点击支撑杆，在视图区中点击鼠标中键来确认，窗口底部提示区中显示默认的起始点为（0，0，0），按回车键来确认，然后输入终点坐标（0，0，750），再按回车键两次来确认。完成后的模型如图 8-21 所示。

8.7.7　划分网格

进入 **Mesh** 功能模块，在窗口顶部的环境栏中把 **Object** 选项设为 **Part**：*Arm*。

☆ 提示：滑道、缆绳和铲斗将被施加显示体约束，因此不需要由用户来划分网格，在提交分析作业后，ABAQUS 会自动为其生成网格。

（1）设置全局种子　点击 ，在 **Approximate global size** 后面输入 200。

（2）设置单元类型　点击 ，将 **Beam type** 设为 *Cubic formulation*，即单元类型为 B33（2 节点三次梁单元）。

☆ 提示：B33 单元的精度很高，使用很少的单元就可以得到很精确的结果。

（3）划分网格　点击 来划分网格。

☆ 提示：一维部件在划分单元后看不到网格，可以使用以下方法来显示节点编号或单元编号：选择主菜单 **View → Part Display Options**，点击 **Mesh** 标签页，选中 **Show node labels** 或 **Show element labels**。

8.7.8　定义基准坐标系和集合

（1）定义基准坐标系 Csys-Hinge 和 Csys-SlotAndPlanar（见图 8-19）　　进入 **Interaction** 功能模块，点击左侧工具区中的 （Create Datum CSYS：3 Points），在 **Name** 后面输入 Csys-SlotAndPlanar，类型为 **Rectangular**，然后点击 **Continue**。在窗口底部的提示区中输入原点坐标为（0，1000，0），按回车键确认，然后输入局部 X 轴上的点坐标（0，2000，0），按回车键，再输入局部 X－Y 平面上的点坐标（0，1000，1000），按回车键。

使用类似的方法来定义基准坐标系 Csys-Hinge，原点坐标为（0，500，0），局部 X 轴上的点坐标为（0，500，100），局部 X－Y 平面上的点坐标为（0，600，0）。

☆ 提示：基准坐标系的原点不一定要在连接单元的连接点所在的位置上，只要坐标轴的方向正确即可。

（2）为整个支撑杆定义集合　选择主菜单中的 **Tools → Set → Create**，在 **Name** 后面输入 *Set-Whole-Arm*，然后点击 **Continue**。点击支撑杆，在视图区中点击鼠标中键来确认。

8.7.9　定义显示体约束和刚体约束

（1）定义显示体约束　首先为滑道定义显示体约束，具体方法是：在 **Interaction** 功能模块中，选择主菜单的 **Constraint → Manager**，点击 **Create**，在 **Name** 后面输入 *Display-Head*，选择约束类型为 **Display body**，然后点击 **Continue**。

点击视图区中的滑道（*Head-1*），在弹出的 **Edit Constraint** 对话框中，选中 **Follow single point**，然后点击其后的 **Edit**，在视图区中点击参考点 RP-Head-Center，然后在 **Edit Constraint** 对话框中点击 **OK**。

使用类似的方法，分别为缆绳和铲斗定义以下显示体约束。

1）显示体约束的名称为 *Display-Cable*，受约束的实体为缆绳（*Cable-1*），参考点为 RP-Cable-Top；

2）显示体约束的名称为 *Display-Bucket*，受约束的实体为铲斗（*Bucket-1*），参考点为 RP- Bucket-Load。

（2）为支撑杆定义刚体约束　在 **Constraint Manager** 对话框中点击 **Create**，在 **Name** 后面输入 *Rigid-Whole-Arm*，选择约束类型为 **Rigid body**，然后点击 **Continue**。

在 **Edit Constraint** 对话框中，选中 **Region type** 下面的 *Body*（*elements*），然后点击其右侧的 **Edit**。点击窗口右下角的 **Sets**，在弹出的 **Region Selection** 对话框中，选中集合 *Set-Whole-Arm* 来作为受约束的单元集合，然后点击 **Continue**。

在 **Edit Constraint** 对话框中，点击 **Reference Point** 下面的 **Edit**。点击窗口右下角的 **Sets**，选中集合 *Set-RP-Arm-Middle* 来作为刚体约束的参考点（见图8-22），最后在 **Edit Constraint** 对话框中点击 **OK**。

> ☆ 提示：为整个实体施加刚体约束时，应选择实体的所有单元，而不是所有节点，即把 **Region type** 设为 *Body*（*elements*），而不是 *Tie*（*nodes*）。

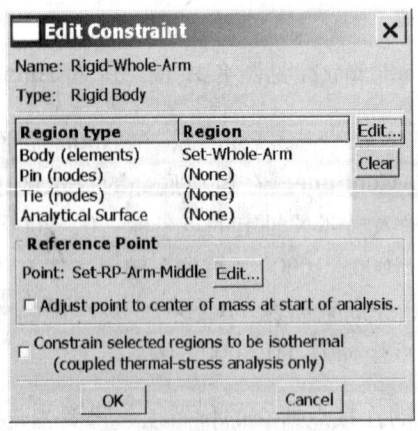

图8-22　支撑杆的刚体约束

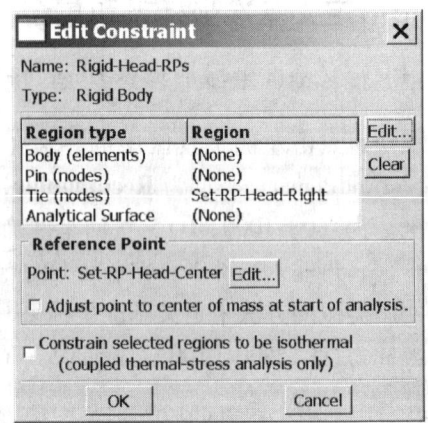

图8-23　滑道各参考点之间的刚体约束

（3）在各参考点之间定义刚体约束　使用与上面类似的方法，在连接单元需要用到的各个参考点和显示体约束的参考点之间建立以下刚体约束（类型为 **Rigid body**），注意要把 **Region type** 设为 *Tie*（*nodes*）。

1）约束名称为 *Rigid-Head-RPs*，将 **Tie**（**nodes**）设为参考点集合 *Set-RP-Head-Right*，将 **Reference Point** 设为 *Set-RP-Head-Center*（见图 8-23）。

2）约束名称为 *Rigid-Cable-RPs*，将 **Tie**（**nodes**）设为参考点集合 *Set-RP-Cable-Bottom*，将 **Reference Point** 设为 *Set-RP-Cable-Top*（见图 8-24）。

3）约束名称为 *Rigid-Bucket-RPs*，将 **Tie**（**nodes**）设为参考点集合 *Set-RP-Bucket-LeftAnd-Top*，将 **Reference Point** 设为 *Set-RP-Bucket-Load*（见图 8-25）。

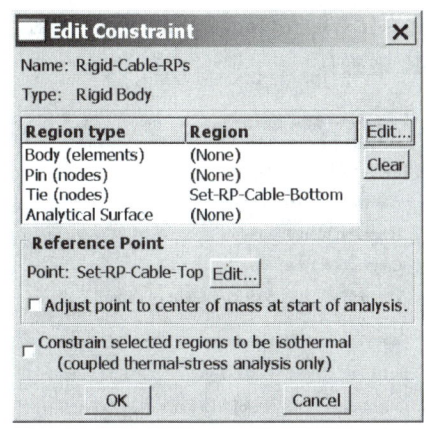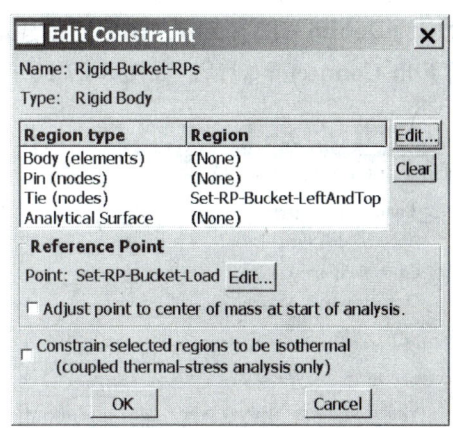

图 8-24　缆绳各参考点之间的刚体约束　　　　图 8-25　铲斗各参考点之间的刚体约束

完成以上操作后，**Edit Constraint** 对话框中应总共显示出 3 个显示体约束和 4 个刚体约束（见图 8-26）。

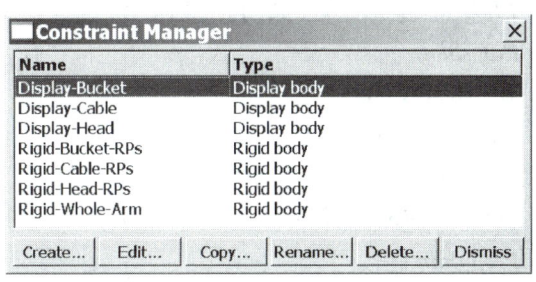

图 8-26　共创建了 3 个显示体约束，4 个刚体约束

8.7.10　定义连接属性和连接单元

（1）定义连接属性　在 **Interaction** 功能模块中，点击左侧工具区中的 （create connector property），在 **Name** 后面输入 *ConnProp-Hinge*，选择 **Assembled type**：*Hinge*，然后点击 **Continue**。在弹出的 **Edit Connector Property** 对话框中，直接点击 **OK**。

使用类似的方法，定义以下连接属性。

1) 名称为 *ConnProp-Join*，选择 **Basic type**，**Tranlastional type**：*Join*。

2) 名称为 *ConnProp-Planar*，选择 **Assembled type**：*Planar*。

3) 名称为 *ConnProp-Slot*，选择 **Basic type**，**Tranlastional type**：*Slot*。

（2）定义连接单元　　点击左侧工具区中的 ![icon] （create connector），在 **Name** 后面输入 *PLANAR-Head-Ground*，然后点击 **Continue**。

在弹出的 **Edit Connector** 对话框中，将 **Property** 设为 *ConnProp-Planar*，点击 **Edit Point 1**，然后在窗口底部的提示区中点击 **Connect to Ground**，再点击 **Edit Point 2**，然后直接在视图区中点击参考点 RP-Head-Center，最后再点击 **Edit Orientation 1**，然后点击窗口底部提示区中的 **Datum CSYS List**，选中已创建的基准坐标系 *Csys-SlotAndPlanar*，点击 **OK**。完成后的 **Edit Connector** 对话框如图 8-27 所示，点击 **OK** 来确认。

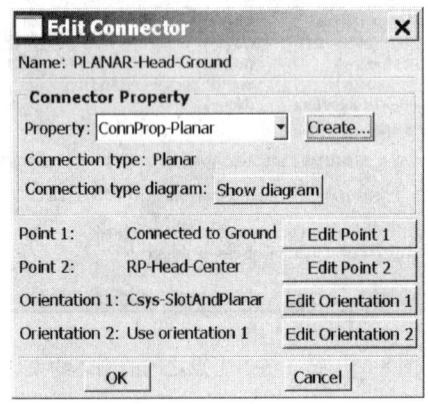
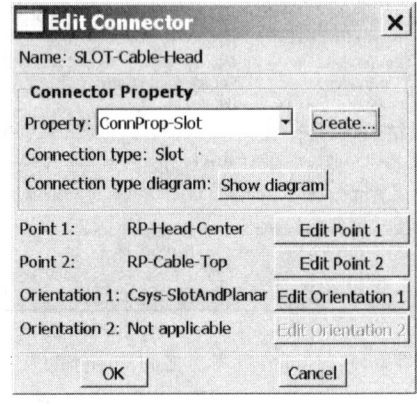

图 8-27　连接单元 *PLANAR-Head-Ground*　　　　图 8-28　连接单元 *SLOT-Cable-Head*

使用类似的方法，定义以下连接单元。

1) 连接单元名称：*SLOT-Cable-Head*（如图 8-28 所示）

　　连接属性：*ConnProp-Slot*

　　第 1 个连接点：RP-Head-Center

　　第 2 个连接点：RP-Cable-Top

　　局部坐标系 1：*Csys-SlotAndPlanar*

2) 连接单元名称：*JOIN-Bucket-Cable*（如图 8-29 所示）

　　连接属性：*ConnProp-Join*

　　第 1 个连接点：RP-Cable-Bottom

　　第 2 个连接点：RP-Bucket-Left

　　局部坐标系 1：不需要

3) 连接单元名称：*HINGE-Arm-Bucket*（如图 8-30 所示）

　　连接属性：*ConnProp-Hinge*

　　第 1 个连接点：RP-Bucket-Top

　　第 2 个连接点：Arm Vertex[1]（支撑杆底端的节点）

　　局部坐标系 1：*Csys-Hinge*

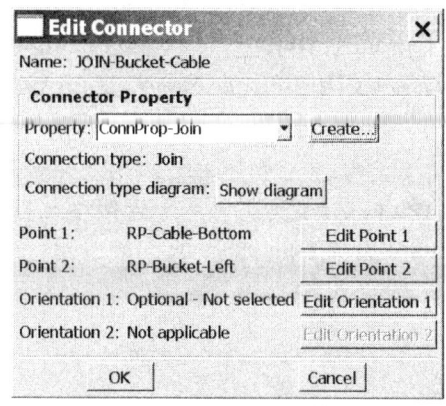

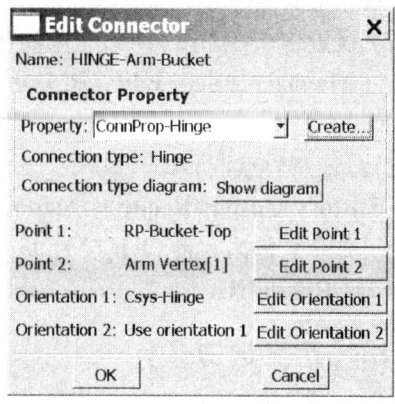

图 8-29 连接单元 *JOIN-Bucket-Cable* 图 8-30 连接单元 *HINGE-Arm-Bucket*

4）连接单元名称：*HINGE-Arm-Head*（如图 8-31 所示）

连接属性：*ConnProp-Hinge*

第 1 个连接点：RP-Head-Right

第 2 个连接点：Arm Vertex[0]（支撑杆顶端的节点）

局部坐标系 1：*Csys-Hinge*

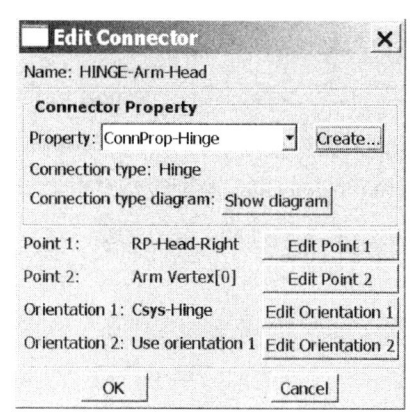

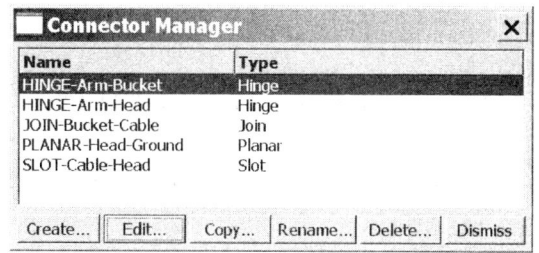

图 8-31 连接单元 *HINGE-Arm-Head* 图 8-32 检查连接属性是否正确

☆ 提示：每次定义新的连接单元时，其默认的连接属性与上一个连接单元相同，需要注意选择正确的连接属性。点击主菜单 **Connector → Manager**，可以检查各个连接单元的连接属性是否正确（见图 8-32）。

8.7.11 设置分析步和历史变量输出

（1）定义分析步 进入 **Step** 功能模块，点击 ，分别定义两个分析步 *MoveCable* 和 *MoveHead*，类型都为默认的 **Static**，**General**，将 **Nlgeom** 设为 *On*（几何非线性分析），初始

增量步都设为 0.2。

（2）设置连接单元的历史变量输出　在主菜单中选择 **Output → History Output Requests → Manager**，点击 **Edit**，将 **Domain** 设为 Connector：*HINGE-Arm-Bucket*，点击 **Connector** 前面的黑色三角，选择 **CRF**（连接单元的反作用力和力矩）和 **CU**（连接单元的相对平移和旋转），然后点击 **OK**。

在 **History Output Requests Manager** 中点击 **Create**，分别为另外 4 个连接单元各自定义一个历史变量输出，将 **Step** 设为 *MoveCable*，**Domain** 设为 Connector：<连接单元名称 >，变量都为 **CRF** 和 **CU**。

8.7.12　定义边界条件

（1）在缆绳的显示体约束参考点上施加位移边界条件　进入 **Load** 功能模块，创建名为 *BC-Cable* 的边界条件，分析步为 *MoveCable*，类型为 **Displacement/Rotation**，选中集合 *Set-RP-Cable-Top*，约束为 **U1 = UR2 = UR3 = 0**，**U2 = 700**（缆绳向上运动 700mm，使两个铲斗合起）。

（2）在滑道的刚体约束参考点上施加位移边界条件　创建名为 *BC-Head* 的边界条件，分析步为 *MoveCable*，类型为 **Displacement/Rotation**，选中集合 *Set-RP-Head-Center*，约束为 **U3 = UR2 = 0**。

在分析步 *MoveHead* 中，将边界条件 *BC-Head* 改为 **U3 = − 500**，**UR2 = 0**（滑道沿全局坐标系 3 轴的负方向运动 500mm）。

8.7.13　提交分析作业

进入 **Job** 功能模块，创建名为 *Grab-Rigid* 的分析作业，保存模型，然后提交分析。分析过程中不应出现 Zero pivot、Overconstraint check 和 Negative eigenvalue 等警告信息。

8.7.14　后处理（支撑杆受刚体约束，不施加载荷）

（1）显示云纹图　在 **Visualization** 模块中显示分析结果文件 *Grab-Rigid. odb*，点击 ⌐ 来显示云纹图。

（2）设置显示体的显示方式　如果看不到铲斗的完整轮廓线，可以点击主菜单 **Options → Display Body**，将 **Render Style** 设为 *Shaded*，将 **Visible Edges** 设为 *Free edges*，然后点击 **OK**。

（3）显示动画　点击 ▣（Animate：Time History）来显示变形过程的动画。

（4）查询位移　旋转模型，使缆绳顶部的参考点 RP-Cable-Top（显示为一个叉号）不再被缆绳遮住。点击窗口顶部的 ⓘ，可以查询到，在分析步 *MoveHead* 结束时，此参考点的位移 **U2 = 700**，**U3 = − 500**，与边界条件所规定的位移相吻合。

☆ 提示：缆绳、滑道和铲斗都受到显示体约束，因此得不到位移等分析结果。

（5）查看连接单元的历史变量输出　点击主菜单 **Results → History Output**，拖动鼠标来选中所有连接单元上的反作用力 **CRF1**、**CRF2**、**CRF3** 和反作用力矩 **CRM1**、**CRM2**、

CRM3，然后点击 **Plot**。

由于在模型上没有施加载荷，因此如果没有过约束，所有连接单元的反作用力和反作用力矩都应近似为 0。本实例的结果中，连接单元的反作用力和反作用力矩的数量级不超过 10^{-6}，说明分析结果是正确的。

8.7.15 支撑杆的柔体模型

以上已经验证了刚体模型的正确性，下面去除支撑杆的刚体约束，使支撑杆恢复为柔体，然后在铲斗的显示体约束参考点 RP-Bucket-Load 上施加 1000N 的载荷。模型中的其他部分（显示体约束、刚体约束、连接单元、边界条件等）都保持不变。

在随书光盘的以下路径中可以找到本节内容完成后的文件。

1）ABAQUS 模型数据库文件：\ Demo8-Grab \ CAE Model \ Grab-Flexible. cae

2）INP 文件和结果文件： \ Demo8-Grab \ Analysis Results \ Grab-Flexible. *

具体操作方法如下。

（1）复制模型 将前面完成的刚体模型文件 *Grab-Rigid. cae* 另存为 *Grab-Flexible. cae*。

（2）去除支撑杆的刚体约束 进入 **Interaction** 功能模块，选择主菜单的 **Constraint →
Manager**，删除支撑杆的刚体约束 *Rigid-Whole-Arm*。

（3）在铲斗的显示体约束参考点 RP-Bucket-Load 上施加 1000N 的载荷 进入 **Load** 功能模块，点击 ⌐⌐，将 **Step** 设为 *MoveCable*，将 **Types for Selected Step** 设为 *Concentrated force*，选中集合 *Set-RP-Bucket-Load*，定义载荷 **CF2 = −1000**。

（4）输出梁单元的截面力和力矩结果 进入 **Step** 功能模块，在主菜单中选择 **Output →
Field Output Requests → Create**，点击 **Continue**，在弹出的 **Edit Field Output Request** 对话框中，将 **Domain** 设为 *Set：Set-Whole-Arm*，点击 **Forces/Reactions** 前面的黑色三角，在下拉的选项中选择 **SF**（梁单元的截面力和力矩），然后点击 **OK**。

（5）提交分析 进入 **Job** 功能模块，将分析作业改名为 *Grab-Flexible*，保存模型，然后提交分析。分析过程中不应出现 Zero Pivot、Overconstraint Check 和 Negative Eigenvalue 等警告信息。

8.7.16 后处理（支撑杆为柔体，施加载荷）

（1）检查位移结果 显示变形过程的动画，点击窗口顶部的 ⓘ 来验证模型的位移是否正确。

（2）查看连接单元的历史变量输出 点击主菜单 **Results → History Output**，可以看到，由于施加了载荷，连接单元上的反作用力和反作用力矩不再为 0。

（3）查看梁单元的截面力和弯矩 点击主菜单 **Results → Field Output**，看到梁单元的结果变量 **SF** 和 **SM**，其中 **SF1** 是梁的轴向力，**SF2** 和 **SM3** 分别是梁截面局部 2 方向（n_2）和 1 方向（n_1）上的剪力，**SM1** 和 **SM2** 分别是梁截面局部 1 方向（n_1）和 2 方向（n_2）上的弯矩，**SM3** 是梁的轴向扭矩。

点击窗口顶部的 ⓘ，可以查询到在分析步 *MoveCable* 结束时，支撑杆的轴向力 **SF1 =**

713.2。剪力 **SF2** 和 **SF3** 的值为 0，因此不出现在输出结果中。由于支撑杆两端都是铰接，其转动平面与载荷方向平行，因此弯矩 **SM1**、**SM2** 和扭矩 **SM3** 都近似为 0。

> ☆ 提示：在分析步 *MoveCable* 结束时，弯矩 **SM1** 的数量级为 10^{-2}，远远小于载荷和模型尺寸的数量级 10^3，因此可以认为 **SM1** 的结果近似为 0。

（4）用标记棒（tick mark）来显示梁单元分析结果　标记棒是一种类似于弯矩图的显示方法。对于一维单元，使用标记棒来显示其分析结果要比云纹图更加直观。

具体操作方法是：首先显示弯矩 **SM1** 的云纹图，然后点击窗口底部提示区右侧的 **Contour Plot Options**，在 **Basic** 标签页中选中 **Show tick marks for line elements**。

> ☆ 提示：可以看到，本实例中的标记棒显示结果是不连续的，这是由于弯矩 **SM1** 近似为 0，其分析结果的具体数值并没有实际意义。

（5）显示梁截面的方向　在显示未变形图或变形图的状态下，点击窗口底部提示区右侧的 **Undeformed Shape Plot Options** 或 **Deformed Shape Plot Options**，在 **Normals** 标签页中选择 **Show normals**（其下方标明了各颜色的含义），就可以显示梁截面的方向。

8. 7. 17　INP 文件

下面解释一下本实例中刚体模型所对应的 INP 文件 *Grab-Rigid. inp*。在随书光盘的以下文件夹中可以找到此文件：\ Demo8-Grab \ Analysis Results \ 。此文件中包含以下数据。

```
** ---------------------------------------------------------------------
**      支撑杆部件
* Part，name = Arm
……
**      B33 单元
* Element，type = B33
1，1，2
2，2，3
……
**      梁截面属性:泊松比为 0. 25,圆形截面
**              圆形截面的半径为 40mm
**              梁截面的 n₁ 方向为(0. ,0. , -1).
**              弹性模量为 200000 MPa,剪切模量为 80000 MPa
* Beam General Section，elset = _ PickedSet2，poisson =0. 25，section = CIRC
40.
0. ,0. , -1.
200000. ,80000.
* End Part
**
**      铲斗部件
```

```
* Part，name = Bucket
……
**     ABAQUS 自动为显示体部件生成了网格
* Element，type = S3
……
* End Part
**
**     缆绳部件
* Part，name = Cable
……
* End Part
**
**     滑道部件
* Part，name = Head
……
* End Part
** ------------------------------------------------------------------------------------
* Assembly，name = Assembly
**
**     铲斗实体
* Instance，name = Bucket-1，part = Bucket
* End Instance
**
**     缆绳实体:装配时的平移量为(0，0，650)
* Instance，name = Cable-1，part = Cable
    0.，    0.，    650.
* End Instance
**
**     滑道实体:装配时的平移量为(0，1800，750)
**         装配时的旋转轴起点为(0，1800，750)，终点为(-1，1800，750)
**         旋转角为 89.9999990194245
* Instance，name = Head-1，part = Head
    0.，    1800.，    750.
    0.，    1800.，    750.，    -1.，    1800.，    750.，    89.9999990194245
* End Instance
**
**     支撑杆实体:装配时的平移量为(0，0，750)
* Instance，name = Arm-1，part = Arm
    0.，    0.，    750.
```

∗ **End Instance**

……

∗∗　　　定义基准坐标系 Csys-Hinge

∗ Orientation，name = Csys-Hinge

　　　0.，　　　0.，　　　1.，　　　0.，　　　1.，　　　0.

1，0.

∗∗

∗∗　　　定义基准坐标系 Csys-SlotAndPlanar

∗ Orientation，name = Csys-SlotAndPlanar

　　　0.，　　　1.，　　　0.，　　　0.，　　　0.，　　　1.

∗∗

∗∗　　　铲斗的显示体约束：受约束的实体为 **Bucket-1**，

∗∗　　　　　　　　　　参考点为节点 **7**（即参考点 **RP-Bucket-Load**）

∗ **Display Body**，instance = **Bucket-1**

7，

∗∗　　　缆绳的显示体约束：受约束的实体为 **Cable-1**，

∗∗　　　　　　　　　　参考点为节点 **3**（即参考点 **RP-Cable-Top**）

∗ **Display Body**，instance = **Cable-1**

3，

∗∗　　　滑道的显示体约束：受约束的实体为 **Head-1**，

　　　　　　　　　　参考点为节点 **5**（即参考点 **RP-Head-Center**）

∗ **Display Body**，instance = **Head-1**

5，

∗∗　　　参考点之间的刚体约束

∗ Rigid Body，ref node = Set-RP-Bucket-Load，tie nset = Set-RP-Bucket-LeftAndTop

∗∗

∗ Rigid Body，ref node = Set-RP-Cable-Top，tie nset = Set-RP-Cable-Bottom

∗∗

∗ Rigid Body，ref node = Set-RP-Head-Center，tie nset = Set-RP-Head-Right

∗∗

∗ Rigid Body，ref node = Set-RP-Arm-Middle，elset = Set-Whole-Arm

∗∗

∗∗　　　连接单元和连接属性

∗ **Element**，**type = CONN3D2**，**elset = _ HINGE-Arm-Bucket _ CnSet _**

1，**2**，**Arm-1. 9**

∗ **Connector Section**，**elset = _ HINGE-Arm-Bucket _ CnSet _**

Hinge，

Csys-Hinge，

∗∗

* Element, type = CONN3D2, elset = _ HINGE-Arm-Head _ CnSet _
2, 4, Arm-1. 1
 * Connector Section, elset = _ HINGE-Arm-Head _ CnSet _
IIInge,
Csys-Hinge,
**
 * Element, type = CONN3D2, elset = _ JOIN-Bucket-Cable _ CnSet _
3, 6, 1
 * Connector Section, elset = _ JOIN-Bucket-Cable _ CnSet _
Join,
**
 * Element, type = CONN3D2, elset = _ PLANAR-Head-Ground _ CnSet _
4, , 5
 * Connector Section, elset = _ PLANAR-Head-Ground _ CnSet _
Planar,
Csys-SlotAndPlanar,
**
 * Element, type = CONN3D2, elset = _ SLOT-Cable-Head _ CnSet _
5, 5, 3
 * Connector Section, elset = _ SLOT-Cable-Head _ CnSet _
Slot,
Csys-SlotAndPlanar,
**
* End Assembly
** --
**   分析步:名称为 MoveCable,几何非线性
* Step, name = MoveCable, nlgeom = YES
* Static
0. 2, 1. , 1e-05, 1.
**
**   边界条件
* Boundary
Set-RP-Cable-Top, 1, 1
Set-RP-Cable-Top, 2, 2, 700.
Set-RP-Cable-Top, 5, 5
Set-RP-Cable-Top, 6, 6
**
* Boundary
Set-RP-Head-Center, 3, 3

Set-RP-Head-Center, 5, 5

……

**　　　历史变量输出：各个连接单元的反作用力、反作用力矩、相对平移和相对旋转

* Output, history

* Element Output, elset = _ HINGE-Arm-Bucket _ CnSet _

CRF1, CRF2, CRF3, CRM1, CRM2, CRM3, CU1, CU2, CU3, CUR1, CUR2, CUR3

**

* Element Output, elset = _ HINGE-Arm-Head _ CnSet _

CRF1, CRF2, CRF3, CRM1, CRM2, CRM3, CU1, CU2, CU3, CUR1, CUR2, CUR3

**

* Element Output, elset = _ JOIN-Bucket-Cable _ CnSet _

CRF1, CRF2, CRF3, CRM1, CRM2, CRM3, CU1, CU2, CU3, CUR1, CUR2, CUR3

**

* Element Output, elset = _ PLANAR-Head-Ground _ CnSet _

CRF1, CRF2, CRF3, CRM1, CRM2, CRM3, CU1, CU2, CU3, CUR1, CUR2, CUR3

**

* Element Output, elset = _ SLOT-Cable-Head _ CnSet _

CRF1, CRF2, CRF3, CRM1, CRM2, CRM3, CU1, CU2, CU3, CUR1, CUR2, CUR3

**

* End Step

** --

**　　　分析步：名称为 MoveHead，几何非线性

* Step, name = MoveHead, nlgeom = YES

* Static

0.2, 1., 1e-05, 1. **

**

**　　　边界条件

* Boundary

Set-RP-Head-Center, 3, 3, -500.

……

* End Step

** --

8.8　本章小结

1. 多体分析的主要方法

1）ABAQUS 模拟多体系统的基本思路是：使用连接单元在模型各部分之间建立连接，并通过定义连接属性来描述各部分之间的相对运动约束关系。

2）在 ABAQUS/CAE 中，使用连接单元模拟多体系统的基本步骤为：①定义参考点和基准坐标系；②设置几何非线性参数 **Nlgeom**；③设置连接单元的历史变量输出；④定义约束、连接属性和连接单元；⑤定义边界条件和载荷。

3）连接属性分为两种类型：基本连接属性（包括平移连接属性和旋转连接属性）和组合连接属性。

4）在连接属性中有两种相对运动分量：受约束的相对运动分量（constrained CORM）和可用的相对运动分量（available CORM）。

5）通过设置历史变量输出，可以得到连接单元的位置、位移、速度、加速度、本构位移、反作用力/力矩、合力/力矩、弹性力/力矩、粘性力/力矩、摩擦力/力矩、施加的力/力矩等分析结果。

2. 实例1：圆盘的旋转过程模拟（刚体模型）

此实例主要练习了 ABAQUS/CAE 的以下功能。

1）**Part** 功能模块：创建壳体。

2）**Property** 功能模块：定义壳体的属性。

3）**Mesh** 功能模块：划分壳单元网格。

4）**Assembly** 功能模块：定义连接单元和刚体约束所要用到的参考点和基准坐标系。

5）**Step** 功能模块：将几何非线性参数 **Nlgeom** 设置为 *On*，并为连接单元定义历史变量输出。

6）**Interaction** 功能模块：定义刚体约束、连接属性和连接单元。

7）**Visualization** 功能模块：查看连接单元的历史变量输出，控制连接单元的显示方式。

3. 在多体分析中避免过约束

1）在多体分析中，如果连接属性或边界条件选择得不正确，很容易出现过约束。

2）如果 ABAQUS 无法自动解决模型中的过约束问题，则可能出现以下几种结果：①分析过程无法达到收敛；②虽然能够达到收敛，但出现远远超过正常数量级的刚体位移；③虽然能够达到收敛，位移结果也正确，但某个连接单元反作用力或力矩远远大于应有的值。

3）出现过约束时，在 MSG 文件中会显示 Overconstraint Check 和 Zero Pivot 等警告信息。

4）一个正确的模型应满足如下关系：实体总数 × 6 = 位移边界条件所约束的自由度总数 + 连接单元中受约束的相对运动分量总数。

4. 连接单元边界条件和连接单元载荷

1）在 **Load** 功能模块中，可以在连接单元的相对运动分量上直接施加连接单元边界条件和连接单元载荷，包括连接单元位移/速度/加速度、连接单元力/力矩等。

2）连接单元边界条件和连接单元载荷都定义在连接点的局部坐标系下。

5. 连接单元行为

1）在定义连接单元属性时，可以在相对运动分量上定义多种连接单元行为，包括弹性、阻尼、摩擦、塑性、损伤、止动、锁定、失效等。

2）与运动有关的连接单元行为只能定义在可用的相对运动分量上，其定义方式有三种：非耦合方式、耦合方式和组合方式。

6. 实例 2：抓斗机构的多体分析

此实例主要练习了 ABAQUS 的以下功能。

1）为复杂的多体系统选择合适的连接单元属性和边界条件，避免过约束和约束不足。

2）**Part** 功能模块：创建一维部件。

3）**Property** 功能模块：定义梁截面性质和方向。

4）**Mesh** 功能模块：划分梁单元网格。

5）**Interaction** 功能模块：定义显示体约束和 JOIN、PLANAR、SLOT 等类型的连接单元。

6）**Visualization** 功能模块：设置显示体的显示方式，查看梁的截面力和弯矩，用标记棒（tick mark）来显示一维单元的分析结果，显示梁截面的方向。

第 9 章　动态分析实例

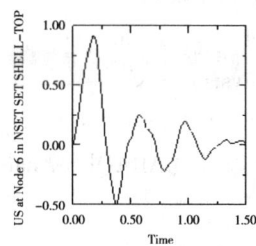

本章要点：

※ 动态分析的主要方法

※ 实例 1：圆盘的频率提取分析

※ 实例 2：圆盘的瞬时模态动态分析

※ 实例 3：圆盘的显式动态分析

前面各章介绍的都是静力分析（static analysis），它适于模拟结构承受载荷后的长期响应。如果加载时间很短（例如在地震中），或载荷本身的性质是动态的（例如来自旋转机械的载荷），在分析中不能忽略结构的惯性，就必须采用动态分析（dynamic analysis）。

本章将首先介绍动态分析的基本方法，然后通过一个简单的带孔圆盘实例，讨论以下几种问题的建模分析方法。

1）使用 ABAQUS/Standard 进行频率提取分析（frequency extraction analysis）。

2）使用 ABAQUS/Standard 进行瞬时模态动态分析（transient modal dynamic analysis）。

3）使用 ABAQUS/Explicit 进行显式动态分析（explicit dynamic analysis）。

关于动态分析的详细说明，请参见 ABAQUS 帮助文件《Getting Started with ABAQUS》的第 7 章 "Linear Dynamics" 和第 9 章 "Nonlinear Explicit Dynamics"，以及《ABAQUS Analysis User's Manual》的第 6.3 节 "Dynamic stress/displacement analysis"。

9.1 动态分析的主要方法

ABAQUS 中的动态分析包括两大类基本方法（见表 9-1）：

振型叠加法（modal superposition procedure）：用于求解线性动态问题；

直接解法（direct-solution dynamic analysis procedure）：主要用于求解非线性动态问题。

下面将分别介绍这两种方法。

表 9-1 动态分析的不同类型

	分析类型	ABAQUS/Standard 还是 ABAQUS/Explicit	分析步类型	在 ABAQUS/CAE 中的分析步名称（见图 9-1）
振型叠加法	频率提取	Standard	线性摄动分析步	Frequency
	瞬时模态动态分析	Standard	线性摄动分析步	Modal dynamics
	基于模态的稳态动态分析	Standard	线性摄动分析步	Steady-state dynamics, modal
	反应谱分析	Standard	线性摄动分析步	Response spectrum
	随机响应分析	Standard	线性摄动分析步	Random response
直接解法	隐式动态分析	Standard	通用分析步	Dynamics, Implicit
	基于子空间的显式动态分析	Standard	通用分析步	Dynamics, Subspace
	显式动态分析	Explicit	通用分析步	Dynamics, Explicit
	基于直接解法的稳态动态分析	Standard	线性摄动分析步	Steady-state dynamics, Direct
	基于子空间的稳态动态分析	Standard	线性摄动分析步	Steady-state dynamics, Subspace

☆ 提示：ABAQUS 的所有单元均可用于动态分析，选取单元的一般原则与静力分析相同。但在模拟冲击和爆炸载荷时，应选用一阶单元，因为它们具有集中质量公式，模拟应力波的效果优于二阶单元所采用的一致质量公式。

9.1.1　振型叠加法

振型叠加法用于线性动态分析，使用 ABAQUS/Standard 来完成，其相应的分析步类型为线性摄动分析步（linear perturbation step）。振型叠加法的基础是结构的各阶特征模态（eigenmode），因此在建模时要首先定义一个频率提取分析步（frequency extraction），从而得到结构的振型（mode shape）和固有频率（natural frequency），然后才能定义振型叠加法的各种分析步（如图 9-1a 所示）。

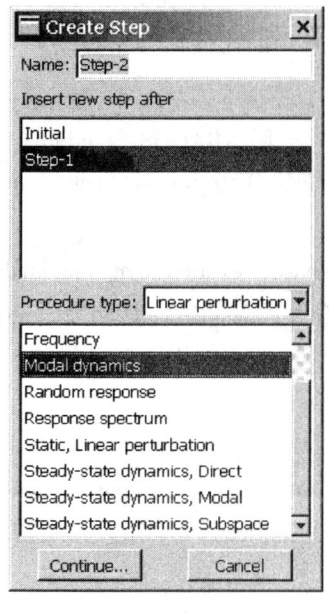

a）线性摄动分析步

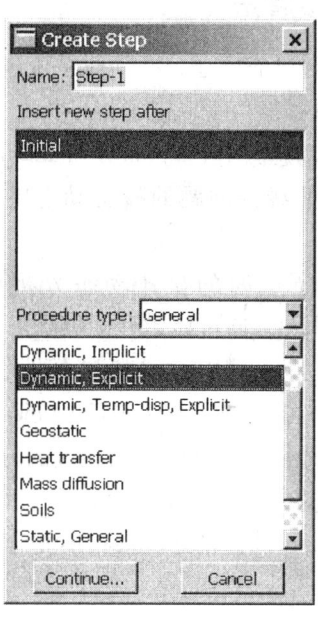

b）通用分析步

图 9-1　在 ABAQUS/CAE 中创建分析步时弹出的对话框，其中显示了各种分析类型的名称

振型叠加法包括以下几种分析类型。

（1）瞬时模态动态分析（transient modal dynamic analysis）　计算线性问题在时域（time domain）上的动态响应。只有具备了以下特点的问题才适合进行瞬时模态动态分析。

1）系统是线性的（线性材料特性，无接触行为，不考虑几何非线性）。

2）响应只受相对较少的频率支配。当在响应中频率的成分增加时（例如打击和碰撞问题），振型叠加法的效率将会降低。

3）载荷的主要频率应该在所提取的频率范围之内，以确保对载荷的描述足够精确。

4）特征模态应该能精确地描述任何突然加载所产生的初始加速度。

5）系统的阻尼不能过大。

（2）基于模态的稳态动态分析（mode-based steady-state dynamic analysis）　在用户指定频率内的谐波激励下，计算引起结构响应的振幅和相位，得到的结果是在频域（frequency domain）上的，其典型的分析对象包括发动机的零部件和建筑物中的旋转机械等。

（3）反应谱分析（response spectrum analysis）　当结构的固定点处发生动态运动时，计算其峰值响应（位移、应力等），得到的结果是在频域上的，其典型的应用是计算在发生地震时建筑物的峰值响应。

（4）随机响应分析（random response analysis）　当结构承受随机连续的激励时，计算其动态响应，得到的结果是在频域上的，激励的表示方法是统计意义上的能量谱函数，其典型的应用包括计算飞机对扰动的响应、结构对噪声的响应等。

9.1.2　直接解法

对于非线性动态问题，必须对系统进行直接积分，即所谓的"直接解法"，它包括以下分析类型。

（1）隐式动态分析（implicit dynamic analysis）　使用 ABAQUS/Standard，通过隐式直接积分来分析强非线性问题的瞬态动态响应，其相应的分析步类型为通用分析步（general analysis step）。

（2）基于子空间的显式动态分析（subspace-based explicit dynamic analysis）　使用 ABAQUS/Standard，通过显式直接积分来求解弱非线性动态问题，其动力学平衡方程以向量空间的形式来描述，相应的分析步类型为通用分析步，它不能用于接触问题。

（3）显式动态分析（explicit dynamic analysis）　使用 ABAQUS/Explicit，通过显式直接积分来求解非线性动态问题，其相应的分析步类型为通用分析步。

（4）基于直接解法的稳态动态分析（direct-solution steady-state dynamic analysis）　使用 ABAQUS/Standard，直接分析结构的稳态简谐响应，其相应的分析步类型为线性摄动分析步。

（5）基于子空间的稳态动态分析（subspace-based steady-state dynamic analysis）　使用 ABAQUS/Standard 来分析结构的稳态简谐响应，其稳态动力学方程以向量空间的形式来描述，相应的分析步类型为线性摄动分析步。

9.1.3　比较 ABAQUS/Standard 和 ABAQUS/Explicit

ABAQUS/Standard 和 ABAQUS/Explicit 都能分析多种类型的问题，应根据问题的特点和求解效率来选择合适的分析类型（见表 9-2）。一般来说，对于光滑的非线性问题，ABAQUS/Standard 更有效，而 ABAQUS/Explicit 适于求解复杂非线性动力学问题，特别是用于模拟短暂、瞬时的动态事件，如冲击和爆炸问题。有些复杂的接触问题（例如模拟成形），使用 ABAQUS/Standard 要进行大量的迭代，甚至可能难以收敛，而使用 ABAQUS/Explicit 就可以大大缩短计算时间。只要网格是相对均匀的，模型的规模越大，ABAQUS/Explicit 在计算成本方面的优势越明显。

表 9-2 ABAQUS/Standard 和 ABAQUS/Explicit 的主要区别

	ABAQUS/Standard	ABAQUS/Explicit
单元库	提供了丰富的单元库	提供了适于显式分析的单元库，有些 ABAQUS/Standard 单元不能用于 ABAQUS/Explicit（例如 C3D8I、C3D20R 单元）
分析步	通用分析步和线性摄动分析步	通用分析步
材料模型	提供了丰富的材料模型	与 ABAQUS/Standard 的材料模型相类似，但一个显著的区别是提供了材料失效模型
接触问题	能够分析各种复杂的接触问题	分析复杂接触问题的能力优于 ABAQUS/Standard
求解技术	使用基于刚度的求解技术，具有无条件稳定性	使用显式积分求解技术，具有条件稳定性
占用磁盘空间和内存	由于在增量步中作大量迭代，可能占用大量的磁盘空间和内存	所需的磁盘空间和内存小于 ABAQUS/Standard

9.2 实例 1：圆盘的频率提取分析

频率提取分析的目的是得到结构的振型和固有频率，在使用各种振型叠加法进行线性动态分析时，都首先要完成频率提取分析。

从下面的一个简单实例中，读者可以学习频率提取分析的基本方法，掌握 ABAQUS 的以下功能。

1）**Property** 功能模块：定义材料的密度。

2）**Step** 功能模块：定义频率提取分析步。

3）**Visualization** 功能模块：查看各阶固有频率和振型。

4）在 DAT 文件中查看各阶固有频率和有效质量。

☆ 提示：在任何动态分析中，都需要定义材料的密度。

9.2.1 问题的描述

直径为 1000mm、厚度为 0.8mm 的带孔圆盘，中心有一个直径为 140mm 的圆孔（如图 9-2 所示），圆孔的边缘固定。材料的弹性模量为 210000MPa，泊松比为 0.3，密度为 $7.8 \times 10^{-9} t/mm^3$。要求分析圆盘的前 30 阶固有频率和振型。

☆ 提示：ABAQUS 中的量都是没有单位的，但用户要自己保证量纲的统一，例如可以都使用国际单位，即 m、kg、N、s 等，相应的密度单位是 kg/m^3，应力的单位是 N/m^2（即 Pa）。需要注意的是，如果长度单位使用 mm，那么质量的单位必须是"t"，相应的密度单位就是 t/mm^3，应力的单位是 N/mm^2（即 MPa）。必须同时使用 mm 和"t"的原因是：根据"力 = 质量 × 加速度"，各个量之间的换算关系为：$N = kg \cdot m/s^2 = 0.001t \cdot 1000mm/s^2 = t \cdot mm/s^2$。

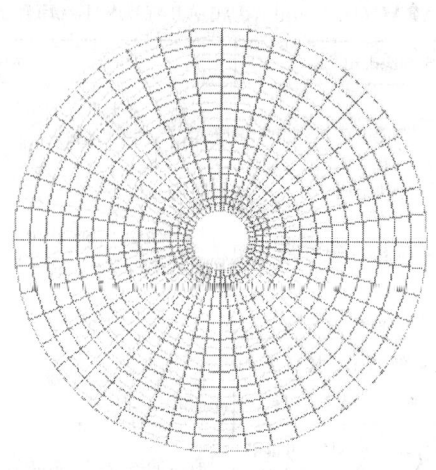

图 9-2　划分网格后的圆盘模型

建模要点

分析步类型为频率提取分析步。ABAQUS/Standard 提供了两种特征值提取方法：Lanczos 方法和子空间迭代法（subspace iteration）。当模型的规模较大，且需要提取多阶振型时，Lanczos 方法的速度更快；当需要提取的振型少于 20 阶时，使用子空间迭代法的速度可能更快。本实例使用 Lanczos 方法。

> ☆ 提示：尽管模型的几何形状具有对称性，但不能只对 1/2 或 1/4 模型进行建模，因为这样就无法描述反对称振型。

9.2.2　模型文件

在随书光盘的以下文件夹中可以找到本实例完成后的文件：

1）ABAQUS 模型数据库文件：\ Demo9-Dynamics \ CAE Model \ Shell-Frequency. cae

2）INP 文件和结果文件：\ Demo9-Dynamics \ Analysis Results \ Shell-Frequency. *

为简化建模过程，随书光盘还提供了一个已经部分完成的模型数据库文件：

\ Demo9-Dynamics \ CAE Model \ Shell. cae

将此文件复制至硬盘上，改名为 *Shell-Frequency. cae*，用 ABAQUS/CAE 打开，在模型树中可以看到以下建模步骤已经完成。

1）在 **Part** 功能模块中，创建了名为 *Shell* 的圆盘部件（类型为 3D Deformable，Shell）。

2）在 **Property** 功能模块中，定义了名为 *Material-1* 的材料，弹性模量为 210000，泊松比为 0.3，并定义了名为 *Section-Shell* 的壳截面属性，将厚度设为 0.8，给圆盘部件赋予了此截面属性。

3）在 **Assembly** 功能模块中，为圆盘创建了名为 *Shell-1* 的实体。

4）为圆孔边缘了定义集合 *Set-Shell-Hole*。在 **Load** 功能模块中，在圆孔边缘处施加了固支边界条件。

5）在 **Mesh** 功能模块中，用 S4R 单元为圆盘划分了网格（如图 9-2 所示）。

☆ 提示：为得到形状更规则的网格，对圆盘进行了分割（partition）。在第 9.3 节中将分析此模型受到动态载荷时的应力状况，因此在圆孔处进行了网格细化。

9.2.3　建模过程

（1）定义密度　进入 **Property** 功能模块，在主菜单中选择 **Material → Edit →** *Material-1*，在弹出的 **Edit Material** 对话框中，点击菜单 **General → Density**，在 **Mass Density** 下面输入 *7.8e-9*，然后点击 **OK**。

☆ 提示：如果部件是梁，可以在 **Edit Beam Section** 对话框中的 **Section Material Density** 后面输入密度。

（2）定义频率提取分析步　进入 **Step** 功能模块，点击 ，在 **Name** 后面输入 *Freq*，把 **Procedure type** 设为 *Linear perturbation*（线性摄动分析步），选中 *Frequency*，然后点击 **Continue**。

在弹出的 **Edit Step** 对话框中，默认的特征值求解器为 *Lanczos*，将 **Number of eigenvalues requested**（需要的特征值数目）设为 **Value**：30。

☆ 提示：在 **Edit Step** 对话框中，还可以设置所感兴趣的最小频率和最大频率，或制定一个变换点（shift point），据这个变换点最近的频率将被提取。如果没有约束模型的刚体模态，就必须将变换点设为一个小的负值，以避免由于刚体运动产生数值问题。

（3）提交分析　进入 **Job** 功能模块，创建名为 *Shell-Freq* 的分析作业，保存模型，然后提交分析。

9.2.4　后处理

（1）显示动画　在 **Visualization** 模块中打开结果文件 *Shell-Freq.odb*，点击 ，使用窗口底部提示区中的 可以显示各阶振型的位移云纹图（见图 9-3）。点击 （Animate：Time History），可以显示各阶振型的动画。

☆ 提示：频率提取分析所得到的节点位移是经过单位化的，各阶振型中的最大的位移都是 1。因此，这些结果和相应的应力应变都是没有实际物理意义的，只能用于相互比较。

（2）查看 DAT 文件　打开分析结果中的数据文件 *Shell-Freq.dat*（在随书光盘的以下文件夹中可以找到此文件：\ Demo9-Dynamics \ Analysis Results \ ）。在此文件的结尾部分显示

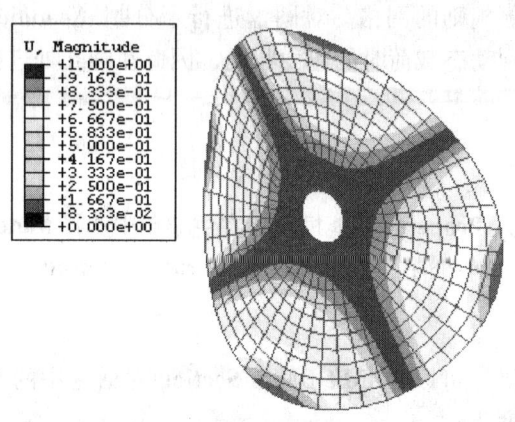

图 9-3　第 4 阶振型的位移云纹图

了所提取的特征值（eingenvalue）、参与系数（participation factor）和有效质量（effective mass），如下所示。

> ☆ 提示：在读者得到的分析结果中，近似为 0 的数值（例如 1.95132E-17）可能和下面列出的数值不完全相同。

（模型的总质量）

TOTAL MASS OF MODEL

4.7904666E-03

......

（特征值输出）

EIGENVALUE OUTPUT

（阶次） MODE NO	（特征值） EIGENVALUE	（固有频率） FREQUENCY （RAD/TIME）	（CYCLES/TIME）	（广义质量） GENERALIZED MASS	（复合模态阻尼） COMPOSITE MODAL DAMPING
1	406.47	20.16	3.2088	9.68199E-04	0.0000
2	406.51	20.162	**3.2089**	9.66779E-04	0.0000
3	529.71	23.015	3.6630	1.97919E-03	0.0000
4	886.57	29.775	4.7389	8.64501E-04	0.0000
......					
29	2.09807E+05	458.05	72.900	3.65747E-04	0.0000
30	2.55768E+05	505.74	**80.490**	6.73852E-04	0.0000

在以上数据中可以看到，所提取的最高频率为 80.490Hz。上面数据中的广义质量表示的是对应于该阶振型的单自由度系统的质量。

（参与系数）
PARTICIPATION FACTORS

MODE NO	X-COMPONENT	Y-COMPONENT	Z-COMPONENT	X-ROTATION	Y-ROTATION	Z-ROTATION
1	4.50821E-17	4.86514E-17	8.50356E-10	391.20	391.20	-4.60675E-14
2	5.79333E-17	-3.20602E-17	1.10545E-03	391.42	391.42	5.35733E-14
3	5.13116E-18	3.86892E-17	**1.3907**	-8.19979E-02	-8.19978E-02	4.04874E-15
4	4.00527E-17	-4.41940E-17	2.26847E-08	-7.87129E-02	7.87062E-02	7.32952E-14
……						
29	-6.78221E-15	5.16156E-15	-1.99741E-12	-8.35503E-02	8.35503E-02	5.07349E-11
30	1.12788E-13	4.05726E-14	-1.72327E-11	2.38161E-03	-2.38161E-03	4.96029E-10

以上参与系数反映了该阶振型在哪个自由度上起主导作用。例如，第 3 阶振型主要在 Z 方向上起作用。

（有效质量）
EFFECTIVE MASS

MODE NO	X-COMPONENT	Y-COMPONENT	Z-COMPONENT	X-ROTATION	Y-ROTATION	Z-ROTATION
1	2.04712E-36	2.29169E-36	7.00110E-22	148.17	148.17	2.12671E-30
2	3.24477E-36	9.93713E-37	1.18141E-09	148.12	148.12	2.77475E-30
3	5.21097E-38	2.96255E-36	**3.82776E-03**	1.33074E-05	1.33073E-05	3.24434E-32
4	1.38685E-36	1.68846E-36	4.44867E-19	5.35620E-06	5.35529E-06	4.64427E-30
……						
10	1.42515E-34	3.05907E-34	**6.09191E-04**	1.12308E-06	1.12308E-06	2.16246E-28
……						
25	7.70262E-34	1.71403E-33	**1.49931E-04**	1.66041E-07	1.66041E-07	1.84881E-25
……						
29	1.68238E-32	9.74413E-33	1.45920E-27	2.55315E-06	2.55315E-06	9.41442E-25
30	8.57220E-30	1.10925E-30	2.00112E-25	3.82214E-09	3.82213E-09	1.65798E-22
TOTAL	8.63635E-30	1.13781E-30	**4.58688E-03**	302.38	302.38	1.67521E-22

上面数据中的有效质量反映了该阶振型在各个自由度上所激活的质量。例如，在 Z 方向上具有显著质量的最低阶振型是第三阶。

在使用振型叠加法分析线性动态问题时，要保证在频率提取分析步中提取了足够数量的模态，其判断标准是在主要运动方向上的总有效质量要超过模型中可运动质量的 90% 。

本实例中，圆盘的主要运动方向是垂直于圆盘面的方向，即 Z 方向。在上面的数据中可以看到，在 Z 方向上总的有效质量为 4.58688E-03t，在前面已经显示了模型的总质量为 4.7904666E-03t。由于受约束的节点占全部节点的比例很小，可以近似地认为模型中可运动的质量等于模型的总质量。这样，在 Z 方向上总有效质量占可运动质量的比例是 4.58688E-03/ 4.7904666E-03 =96% ，因此提取 30 阶振型是足够的。

9.2.5　INP 文件

下面解释一下本实例所对应的 INP 文件 *Shell-Freq.inp*。在随书光盘的以下文件夹中可以找到此文件：\ Demo9-Dynamics \ Analysis Results \ 。此文件中包含以下数据。

```
**  -----------------------------------------------------------------------
* Part，name = Shell
……
**        S4R 单元
* Element，type = S4R
1，1，9，151，58
……
**        壳体截面属性:厚度为 0.8,截面上有 5 个积分点
* Shell Section，elset = _ PickedSet32，material = Material-1
0.8，5
* End  Part
**  -----------------------------------------------------------------------
* Assembly，name = Assembly
**
* Instance，name = Shell-1，part = Shell
* End Instance
……
* End  Assembly
**  -----------------------------------------------------------------------
……
**        材料密度
* Material，name = Material-1
* Density
7.8e-09，
* Elastic
210000.，0.3
**
**        边界条件:在节点集合 Set-Shell-Hole 上施加固支边界条件
* Boundary
Set-Shell-Hole，ENCASTRE
**  -----------------------------------------------------------------------
**        分析步:名称为 Freq,类型为线性摄动分析步
**              频率提取分析步,Lanczos 特征值求解器,提取前 30 阶频率
* Step，name = Freq，perturbation
* Frequency，eigensolver = Lanczos，acoustic coupling = on，normalization = displacement，
number interval = 1，bias = 1.
30，，，，，
……
```

* End Step

** ---

9.3 实例 2：圆盘的瞬时模态动态分析

瞬时模态动态分析（transient modal dynamic analysis）可以计算线性问题在时域上的动态响应。本节练习如何使用 ABAQUS/Standard 进行瞬时模态动态分析，并介绍 ABAQUS/CAE 的以下功能。

1）**Step** 功能模块：创建瞬时模态动态分析步，定义 Rayleigh 阻尼，设置场变量输出和历史变量输出。

2）**Load** 功能模块：通过幅值来定义动态载荷。

3）**Visualization** 功能模块：查看位移和载荷的历史曲线。

9.3.1 问题的描述

第 9.2 节中的带孔圆盘，保持其材料和边界条件不变，在圆盘顶部施加一个 1.5N 的点载荷，方向垂直于盘面，持续时间为 0.2s。要求分析圆盘在振动过程中出现的最大应力，以及圆盘顶部的位移随时间的变化情况。

建模要点

1）此问题符合瞬时模态动态分析的要求（见第 9.1.1 节），在第 9.2 节的模型中已经完成了频率提取分析，在此模型的基础上添加一个瞬时模态动态分析步即可。

2）如第 9.2.4 节所示，在频率提取分析步中得到的最高阶频率为 80.490Hz，相应的周期为 1/80.490 = 0.012s。瞬时模态动态分析步中的时间增量要小于此周期值，因此选定时间增量为 0.005s。

3）载荷的持续时间为 0.2s，为观察振动的衰减过程，选定瞬时模态动态分析步的分析步时间为 1.5s。

☆ 提示：与静态分析不同，动态分析中的时间步长是有实际物理意义的。

4）阻尼的大小会影响振动的过程，阻尼越低，衰减得越慢，且模型中应力的峰值会更高一些。本实例使用 Rayleigh 阻尼，即阻尼矩阵 C 是质量矩阵 M 和刚度矩阵 K 的线性组合：

$$C = \alpha M + \beta K$$

其中 α 和 β 是用户定义的系数。对于不同的模型，即使其材料是相同的，如果形状、厚度、边界条件不同，模型的固有频率就会不同，α 和 β 值也会相应地发生变化。本实例中取 $\alpha = 3$，$\beta = 0$。

在 ABAQUS/Standard 和 ABAQUS/Explicit 中都可以使用 Rayleigh 阻尼。一般情况下，Rayleigh 阻尼对于大阻尼系统（大约超过临界阻尼的 10%）是不可靠的。

☆ 提示：定义阻尼的另一种方法是使用直接模态阻尼，即与每阶模态相关的临界阻尼比，其典型的取值范围是 1% ~ 10%，一般可取经验值 5%，这个值可以用于多种不同的模型。在 ABAQUS/Explicit 中不能使用直接模态阻尼。

关于阻尼的详细说明，请参见 ABAQUS 帮助文件《Getting Started with ABAQUS》的第 7.2 节 "Damping" 和第 7.8 节 "Comparison with direct time integration"。

在随书光盘的以下文件夹中可以找到本实例完成后的文件。

1) ABAQUS 模型数据库文件：\ Demo9-Dynamics \ CAE Model \ Shell-Transient. cae

2) INP 文件和结果文件：\ Demo9-Dynamics \ Analysis Results \ Shell-Transient.*

9.3.2　定义瞬时模态动态分析步

将第 9.2 节中完成的圆盘模型文件 *Shell-Frequency. cae* 另存为 *Shell-Transient. cae*。

（1）创建瞬时模态动态分析步　进入 **Step** 功能模块，点击 ▢⁺▣，在 **Name** 后面输入 *Transient*，把 **Insert new step after** 设为 *Freq*，选中 *Modal dynamics*，点击 **Continue**。

☆ 提示：瞬时模态动态分析步必须位于频率提取分析步之后，且在频率提取分析步中要保证提取了足够数量的模态，即在主要运动方向上的总有效质量要超过模型中可运动质量的 90%（详见第 9.2.4 节）。

在弹出的 **Edit Step** 对话框中，将 **Basic** 标签页中的 **Time period** 设为 1.5，将 **Time increment** 设为 0.005。

☆ 提示：如果希望定义模型的初始速度或加速度，需要在 **Edit Step** 对话框中选中 **Use initial conditions**，然后在 **Load** 功能模块中点击主菜单 **Field** → **Create** 来定义初始速度或加速度。

（2）设置 Rayleigh 阻尼　在 **Edit Step** 对话框中，点击 **Damping** 标签页（见图 9-4），再点击 **Rayleigh**，选中 **Use Rayleigh damping data**（使用 Rayleigh 阻尼），将 **Start Mode**（起始模态的阶次）设为 1，将 **End Mode**（终止模态的阶次）设为 30，将 **Alpha**（Rayleigh 阻尼的质量矩阵系数）设为 3，将 **Beta**（Rayleigh 阻尼的刚度矩阵系数）设为 0，然后点击 **OK**。

☆ 提示：定义阻尼的另一种方法是使用直接模态阻尼，具体操作方法是：在 **Edit Step** 对话框的 **Damping** 标签页中，点击 **Direct modal**，选中 **Use direct damping data**（使用直接模态阻尼），在 **Start Mode** 下面输入起始模态的阶次，在 **End Mode** 下面输入终止模态的阶次，在 **Critical Damping Fraction** 下面输入直接模态阻尼值（例如 0.05）。本实例不使用这种方法。

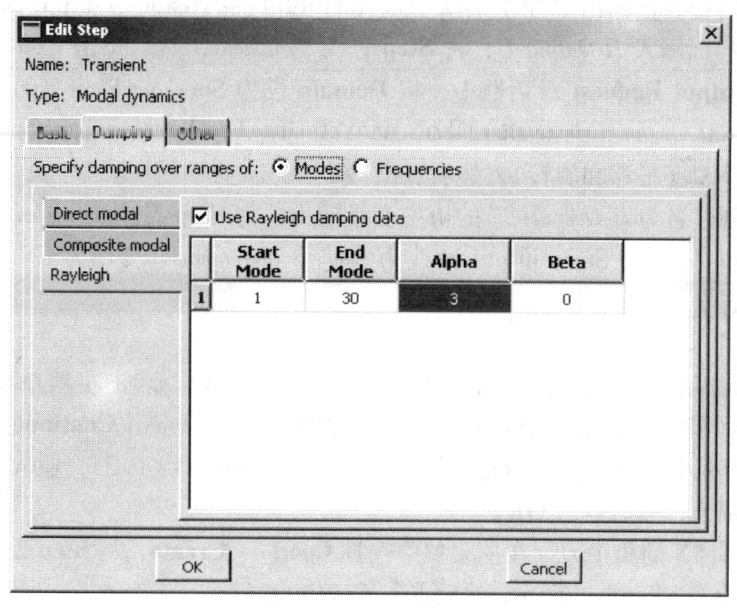

图 9-4 定义 Rayleigh 阻尼

（3）设置场变量输出 对于瞬时模态动态分析步，ABAQUS/CAE 的默认设置是每 10 个时间增量步输出一次场变量，下面将其改为每个时间增量步都输出场变量，以便观察振动过程中的细微变化。为减小结果文件的规模，删除不需要的场变量，只保留载荷 **CF**、应力 **S** 和位移 **U**。具体操作方法是：

在主菜单中选择 **Output→Field Output Requests→Manager**，在弹出的 **Field Output Requests Manager** 对话框中，点击分析步 *Transient* 下面的 **Created**，然后点击 **Edit**，将 **Save output at** 改为 *Every 1 increments*，将列出的默认场变量 *A*，*CF*，*PS*，*RF*，*S*，*U*，*V*，*VS* 改为 *CF*，*S*，*U*，然后点击 **OK**。

（4）定义用于历史变量输出的集合 在主菜单中选择 **Tools → Set → Create**，为圆盘顶部的顶点定义名为 *Set-Shell-Top* 的集合（见图 9-5）。

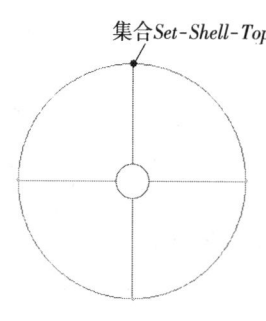

图 9-5 定义集合 *Set-Shell-Top*

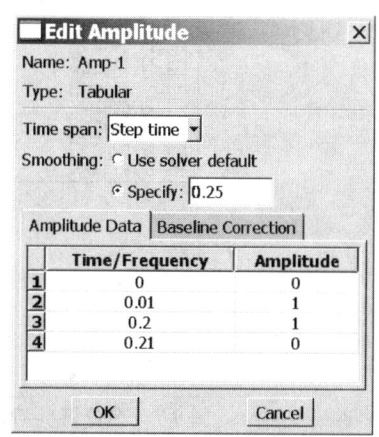

图 9-6 定义载荷随时间变化的幅值

（5）设置历史变量输出　在主菜单中选择 **Output → History Output Requests → Create**，在 **Name** 后面输入 *H-Output-U*，将 **Step** 设为 *Transient*，然后点击 **Continue**。在弹出的 **Edit History Output Request** 对话框中，将 **Domain** 设为 **Set**：*Set-Shell-Top*，将 **Save output at** 改为 *Every 1 increments*，点击 **Displacement/Velocity/Acceleration** 前面的黑色三角，在下拉的选项中选择 **U**（平移和旋转），然后点击 **OK**。

类似地，创建名为 *H-Output-CF* 的历史变量输出，将 **Step** 设为 *Transient*，将 **Domain** 设为 **Set**：*Set-Shell-Top*，将 **Save output at** 改为 *Every 1 increments*，变量为 **CF**。

9.3.3　定义载荷

（1）定义载荷随时间变化的幅值　进入 **Load** 功能模块，点击主菜单 **Tools → Amplitude → Create**，接受默认的幅值名称 *Amp-1* 和类型 *Tabular*，点击 **Continue**。在弹出的 **Edit Amplitude** 对话框中，将 **Smoothing**（光滑参数）设为 **Specify**：*0.25*，输入如图 9-6 所示的分析步时间和幅值，然后点击 **OK**。

（2）定义 1.5N 的集中力　在主菜单中选择 **Load → Create**，将 **Step** 设为 *Transient*，载荷类型为默认的 *Concentrated force*，然后点击 **Continue**。

点击窗口底部提示区右侧的 **Sets** 按钮，选中 *Set-Shell-Top*，点击 **Continue**。在弹出的 **Edit Load** 对话框中，在 **CF3** 后面输入 1.5，将 **Amplitude** 设为 *Amp-1*，然后点击 **OK**。

9.3.4　提交分析和后处理

（1）提交分析　进入 **Job** 功能模块，把分析作业的名称改为 *Shell-Transient*，保存模型，然后提交分析。

（2）显示云纹图　在 **Visualization** 模块中打开结果文件 *Shell-Transient.odb*，点击 ，使用窗口底部提示区中的 可以显示各个时间增量步上的 Mises 应力云纹图（见图 9-7）。

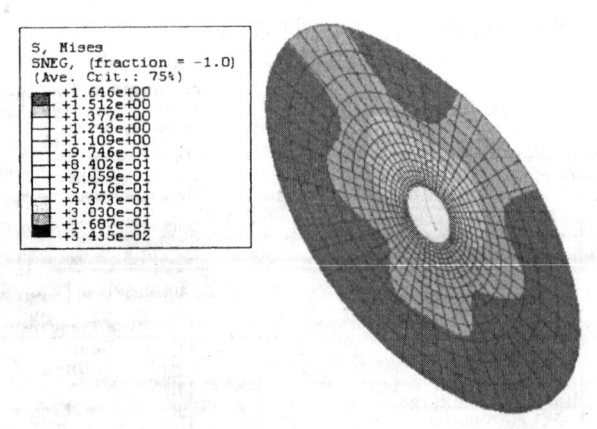

图 9-7　在分析步 *Transient* 结束时的 Mises 应力的云纹图

（3）查看圆盘顶部位移的历史输出　点击主菜单 **Results → History Output**，选中 **Spa-**

tial displacement：**U3 at Node 6 in NSET SET-SHELL-TOP**（圆盘顶部顶点的位移 U3），然后点击 **Plot**，得到的曲线图如图 9-8 所示。

点击窗口顶部的 可以放大曲线图的局部，点击 ，选择 **Probe values**，可以在曲线图中查询到，圆盘顶部的最大位移 U3 出现在 0.145s 时，位移值为 13.683mm。然后在阻尼的作用下，在振荡中慢慢衰减。

☆ 提示：阻尼定义得越大，位移衰减的速度越快，甚至可能不发生振荡，而是单调衰减。反之，如果阻尼定义的太小，会看到位移一直在振荡，振幅衰减得很慢。

在图 9-8 中还可以看到，当载荷变为 0 之后，位移 **U3** 的振动周期大约为 0.3s。在第 9.2.4 节中讨论过，在 Z 方向上具有显著质量的最低阶振型是第三阶，其相应的固有频率为 3.2089Hz，即周期为 $1/3.2089 = 0.312$s，它决定了模型在此方向上的振动周期。

（4）查看圆孔顶部应力随时间的变化 观察各个时间增量步的 Mises 应力云纹图，可以看到，Mises 应力最大的部位是圆孔顶部，下面绘制一下此处的 Mises 应力随时间变化的曲线。在 **Step** 分析步中没有设置应力的历史变量输出，但用户可以在后处理时自己创建场变量随时间变化的曲线。具体操作方法是：

点击左侧工具栏中的 ，显示未变形图。在主菜单中选择 **Tools → XY Data →Create**，在 **Create XY Data** 对话框中选择 **ODB Field output**，然后点击 **Continue**。

在 **XY Data from ODB Field Output** 对话框中，默认的位置是 **Position**：*Integration Point*，点击 **S**：**Stress components** 旁边的三角形，然后选中 **Mises**。

点击此对话框中的 **Elements/Nodes** 标签页，再点击 **Edit Selection**。在视图区中点击圆孔顶部的单元，点击鼠标中键。

点击 **Steps/Frames** 标签页，只选择分析步 **Transient**，然后点击对话框底部的 **Plot**。视图区中显示出 Mises 应力随时间变化的曲线图（见图 9-9）。

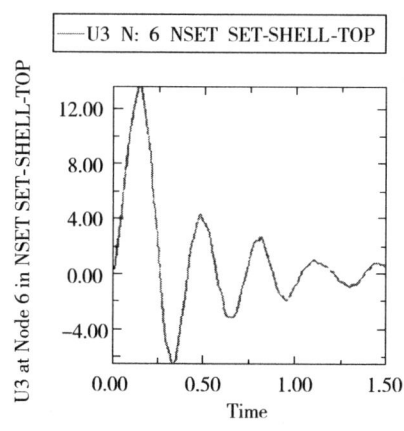

图 9-8 圆盘顶部位移 U3 的历史输出

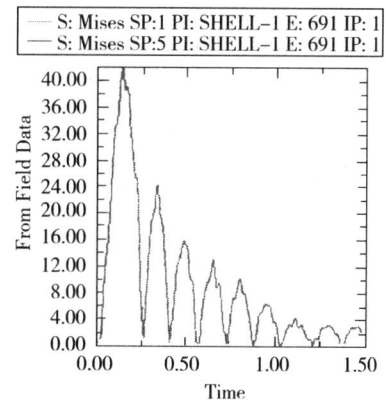

图 9-9 圆孔顶部应力随时间的变化

☆ 提示：如果在 **Steps/Frames** 标签页中也选中频率提取分析步 *Freq*，就会出现错误信息 "Mixing steps with Mode Number and Time domains while creating an XYData object is prohibited"。这是因为在频率提取分析步中没有输出应力结果，也就无法绘制 Mises 应力在此分析步中的历史曲线。

点击窗口顶部工具栏中的 ⓘ，选择 **Probe values**，可以在此曲线图中查询到圆孔顶部的最大 Mises 应力出现在 0.135s 时，应力值为 41.9771MPa。

9.3.5　INP 文件

下面解释一下本实例所对应的 INP 文件 *Shell-Transient. inp*。在随书光盘的以下文件夹中可以找到此文件：\ Demo9-Dynamics \ Analysis Results \ 。此文件中包含以下数据。

```
** --------------------------------------------------------------------------------
* Part，name = Shell
……
* End Part
** --------------------------------------------------------------------------------
* Assembly，name = Assembly
**
* Instance，name = Shell-1，part = Shell
* End Instance
……
* End Assembly
** --------------------------------------------------------------------------------
**        载荷的幅值
* Amplitude，name = Amp-1，smooth = 0. 25
0. ，0. ，0. 01，1. ，0. 2，1. ，0. 21，0.
**
**        材料密度
* Material，name = Material-1
* Density
7. 8e-09，
* Elastic
210000. ，0. 3
**
**        边界条件:在节点集合 Set-Shell-Hole 上施加固支边界条件
* Boundary
```

Set-Shell-Hole，ENCASTRE
** --
**　　　　分析步 1：频率提取
* Step，name – Freq，perturbation
* Frequency，eigensolver = Lanczos，acoustic coupling = on，normalization = displacement，
number interval = 1，bias = 1.
30，，，，，
……
* End Step
** --
**　　　　分析步 2：名称为 Transient，类型为线性摄动分析步
**　　　　　　　瞬时模态动态分析步，时间增量为 0.005s，分析步时间为 1.5s
* Step，name = Transient，perturbation
* Modal dynamic，continue = NO
0.005，1.5
**
**　　　　Rayleigh 阻尼：起始模态的阶次为 1，终止模态的阶次为 30，$\alpha = 3$，$\beta = 0$
* Modal Damping，rayleigh
1，30，3.，0.
**
**　　　　载荷：幅值为 Amp-1，大小为 1.5
* Cload，amplitude = Amp-1
Set-Shell-Top，3，1.5
**
**　　　　场变量输出
* Node Output
U，
* Element Output，directions = YES
S，
**
**　　　　历史变量输出
* Output，history，frequency = 1
* Node Output，nset = Set-Shell-Top
U1，U2，U3，UR1，UR2，UR3
**
* Output，history，variable = PRESELECT
**
* End Step

9.4 实例 3：圆盘的显式动态分析

本节练习如何使用 ABAQUS/Explicit 进行显式动态分析，并介绍 ABAQUS/CAE 的以下功能。

1）**Property** 功能模块：定义 Rayleigh 阻尼。

2）**Step** 功能模块：创建显式动态分析步，并设置场变量输出和历史变量输出。

3）**Visualization** 功能模块：把两个 ODB 文件的分析结果绘制在同一张曲线图中。

4）**Visualization** 功能模块：查看能量的历史输出，验证能量平衡关系。

9.4.1 问题的描述

第 9.3 节中的瞬时动态分析问题使用了振型叠加法来求解，此问题也可以使用直接解法，包括隐式方法（ABAQUS/Standard）和显式方法（ABAQUS/Explicit），本节练习使用显式方法来求解（即显式动态分析）。

☆ 提示：就本实例而言，使用显式动态分析的计算时间要远远多于第 9.3 节中瞬时模态动态分析。事实上，这种简单的线性动态分析问题没有必要用 ABAQUS/Explicit 来分析，本节只是为了比较一下显式动态分析和瞬时模态动态分析的计算结果。如果模型的规模非常大，或模型中有复杂的接触，分析步时间又很短暂（例如 0.01s），显式分析就会体现出优势来。

建模要点

1）在直接解法中，Rayleigh 阻尼要在 **Property** 功能模块中作为材料参数来定义。使用与第 9.3 节中相同的阻尼参数值：$\alpha = 3$，$\beta = 0$。

2）删除第 9.3 节模型中的频率提取分析步和瞬时模态动态分析步，添加一个显式动态分析步（*Dynamic*，*Explicit*）。

3）在显式动态分析步中，默认的几何非线性参数 **Nlgeom** 为 *On*，本实例是一个几何线性问题，因此应将其设为 *Off*。

4）需要在 **Mesh** 功能模块中将单元库改为 *Explicit*，单元类型仍为 S4R。

5）当阻尼、单元类型等模型参数都相同时，显式动态分析和瞬时模态动态分析的结果应该是基本相同的，可以在后处理时对其进行比较。

6）通过查看分析结果中的能量平衡，可以评估 ABAQUS/Explicit 分析过程的正确性。整体模型的能量平衡可以表示为

$$E_{\mathrm{I}} + E_{\mathrm{V}} + E_{\mathrm{FD}} + E_{\mathrm{KE}} - E_{\mathrm{W}} = E_{\mathrm{total}}$$

其中，E_{I} 为内能；E_{V} 为粘性耗散能；E_{FD} 为摩擦耗散能；E_{KE} 为动能；E_{W} 为外载荷所做的功；E_{total} 为上述能量的总和，它必须保持为常数。

关于显式动态分析的详细说明，请参见 ABAQUS 帮助文件《Getting Started with

《ABAQUS》的第 9 章 "Nonlinear Explicit Dynamics"。

在随书光盘的以下文件夹中可以找到本实例完成后的文件。

1) ABAQUS 模型数据库文件：\ Demo9-Dynamics \ CAE Model \ Shell-Explicit. cae

2) INP 文件和结果文件：\ Demo9-Dynamics \ Analysis Results \ Shell-Explicit. *

9.4.2 定义材料阻尼

将第 9.3 节中完成的圆盘模型文件 *Shell-Transient. cae* 另存为 *Shell-Explicit. cae*。

进入 **Property** 功能模块，在主菜单中选择 **Material → Edit →** *Material-1*，在弹出的 **Edit Material** 对话框中，点击菜单 **Mechanical → Damping**，在 **Alpha** 后面输入 3，然后点击 **OK**。

☆ 提示：在材料特性中定义的阻尼只对直接解法起作用，而瞬时模态动态分析的阻尼则只能在分析步中定义。

9.4.3 定义显式动态分析步

（1）创建显式动态分析步　进入 **Step** 功能模块，在主菜单中选择 **Step → Manager**，删除已有的瞬时模态动态分析步 *Transient*，再删除频率提取分析步 *Freq*。

点击 **Create**，在 **Name** 后面输入 *Explicit*，把 **Procedure type** 设为 *General*（通用分析步），选中 *Dynamic*，*Explicit*，然后点击 **Continue**。

在弹出的 **Edit Step** 对话框中，将 **Time period** 设为 1.5，将几何非线性参数 **Nlgeom** 设为 *Off*，然后点击 **OK**。

（2）设置场变量输出　对于显式动态分析步，ABAQUS/CAE 的默认设置是每 20 个等距时间间隔输出一次场变量，下面将其改为每隔 0.005s 输出一次，以便与第 9.3 节的分析结果相比较。为减小结果文件的规模，删除不需要的场变量，只保留应力 **S** 和位移 **U**。具体操作方法是：

在主菜单中选择 **Output → Field Output Requests → Manager**，点击 **Edit**，将 **Save output at** 改为 *Every 0. 005 units of time*，将列出的默认场变量 *A*，*CF*，*PS*，*RF*，*S*，*U*，*V*，*VS* 改为 *S*，*U*，然后点击 **OK**。

（3）设置历史变量输出　在主菜单中选择 **Output → History Output Requests → Create**，然后点击 **Continue**。在弹出的 **Edit History Output Request** 对话框中，将 **Domain** 设为 *Set*：*Set-Shell-Top*，将 **Save output at** 改为 *Every 0. 005 units of time*，点击 **Displacement/Velocity/Acceleration** 前面的黑色三角，在下拉的选项中选择 **U**，然后点击 **OK**。

9.4.4 选择 Explicit 单元库

进入 **Mesh** 功能模块，在窗口顶部的环境栏中把 **Object** 选项设为 **Part**：*Shell*。点击（Assign Element Type），选中部件的所有区域。在弹出的 **Element Type** 对话框中，将 **Element Library** 改为 *Explicit*，单元类型仍为 S4R，点击 **OK**。

9.4.5 重新定义载荷

删除原有的分析步后，在此分析步中定义的载荷、边界条件和接触等都会受到影响。进

入 **Load** 功能模块，点击主菜单 **Tools → Load → Manager**，可以看到，原有的载荷已经被删除，需要重新定义圆盘顶部的集中力。

点击 **Load Manager** 对话框中的 **Create**，选中集合 *Set-Shell-Top*，在 **Edit Load** 对话框中，设置 **CF3** 为 1.5，将 **Amplitude** 设为 *Amp-1*。

9.4.6 提交分析和后处理

（1）提交分析 进入 **Job** 功能模块，把分析作业的名称改为 *Shell-Explicit*，保存模型，然后提交分析。

> ☆ 提示：ABAQUS/Explicit 会把详细的分析过程信息显示在 STA 文件中，而不是像 ABAQUS/Standard 那样显示在 MSG 文件中。

在 *Shell-Explicit. sta* 中可以看到，初始时间增量步（Initial time increment）为 9.90160E-07s。显式动态分析的计算时间取决于单元总数，以及所谓的"稳定时间增量步"。模型中的最小单元尺寸越小，弹性模量越大，密度越大，稳定时间增量步就越小，计算时间也就越长。因此在显式动态分析中，不要随意地细化网格。

关于显式动态分析的计算时间，请参见 ABAQUS 帮助文件《Getting Started with ABAQUS》的第 2.4.2 节 "Cost of mesh refinement in implicit and explicit analyses"、第 9.3 节 "Automatic time incrementation and sability" 和第 13.3 节 "Mass scaling"。

（2）查看圆盘顶部位移的历史输出 在 **Visualization** 模块中打开结果文件 *Shell-Explicit. odb*，可以看到，显式动态分析的结果和第 9.3 节中瞬时模态动态分析的结果是基本相同的，下面把这两种方法得到的圆盘顶部位移显示在同一张曲线图中，对它们进行比较。

点击主菜单 **Results → History Output**，选中 **Spatial displacement：U3 at Node 6 in NSET SET-SHELL-TOP**（圆盘顶部顶点的位移 U3），然后点击 **Plot**，得到与图 9-8 基本相同的曲线图。

在 **History Output** 对话框中点击 **Save as**，在弹出的 **Save XY Data As** 对话框中，输入名称 *U3-Explicit*，然后点击 **OK**。

点击窗口顶部的 🗁 ，打开第 9.3 节中瞬时模态动态分析的结果文件 *Shell-Transient. odb*。点击主菜单 **Results → History Output**，选中 **Spatial displacement：U3 at Node 6 in NSET SET-SHELL-TOP**，然后点击 **Save as**。输入名称 *U3-Transient*，然后点击 **OK**。

点击主菜单 **Tools → XY Data → Manager**，在弹出的 **XY Data Manager** 对话框中，拖动鼠标来选中已经保存的曲线数据 *U3-Explicit* 和 *U3-Transient*，然后点击 **Plot**，可以看到，这两条曲线所显示的位移结果基本是吻合的（见图 9-10）。

（3）查看能量平衡状况 各种能量的总和 **ETOTAL** 应该保持为常数。在窗口顶部的环境栏中把 **ODB** 恢复为 *Shell-Explicit. odb*。点击主菜单 **Results → History Output**，选中动能 **Kinetic energy：ALLKE for Whole Model** 和能量总和 **Total energy of the output set：ETOTAL for Whole Model**，然后点击 **Plot**，得到如图 9-11 所示的曲线图。

可以看到，动能 **ALLKE** 是不断衰减的，而能量总和 **ETOTAL** 始终保持为 0，这表明能量平衡关系得到了满足。

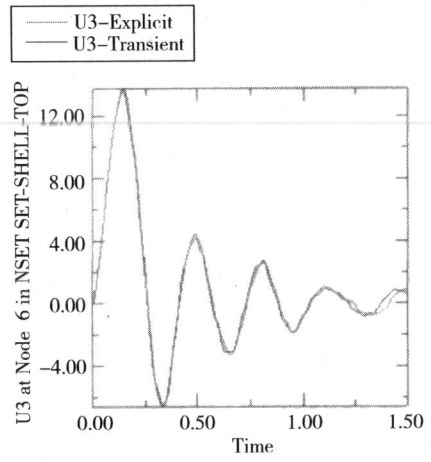

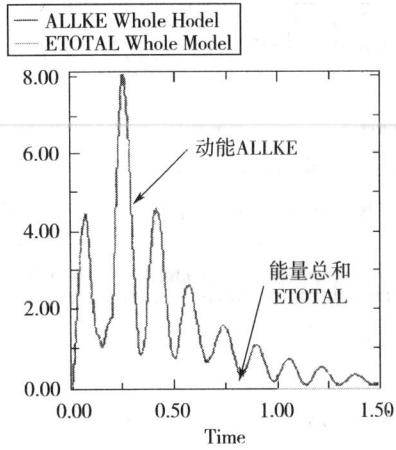

图 9-10　比较显式动态分析和瞬时
模态动态分析的位移结果

图 9-11　动能 ALLKE 与能量总和 ETOTAL

☆ 提示：如果只绘制能量总和 **ETOTAL** 的曲线图，会得到如图 9-12 所示的结果，似乎 **ETOTAL** 没有保持为常数，但是应注意到，此图中 **ETOTAL** 的数量级为 10^{-3}，远远小于图 9-11 中动能 **ALLKE** 的数量级，因此可以认为 **ETOTAL** 近似为 0。

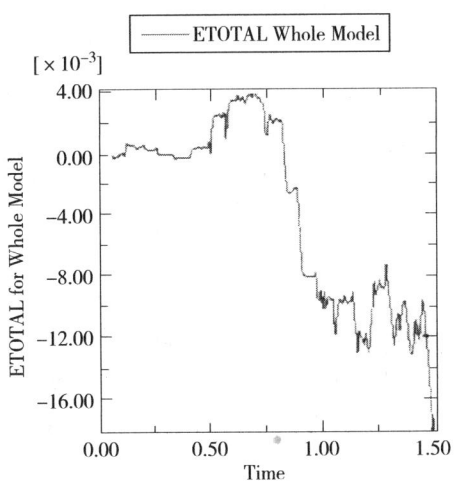

图 9-12　单独显示能量总和 ETOTAL

9. 4. 7　INP 文件

下面解释一下本实例所对应的 INP 文件 *Shell-Explicit. inp*。在随书光盘的以下文件夹中可以找到此文件：\ Demo9-Dynamics \ Analysis Results \ 。此文件中包含以下数据。

```
** ------------------------------------------------------------------------
* Part，name = Shell
……
* End Part
** ------------------------------------------------------------------------
* Assembly，name = Assembly
**
* Instance，name = Shell-1，part = Shell
* End Instance
……
* End Assembly
** ------------------------------------------------------------------------
**          载荷的幅值
* Amplitude，name = Amp-1，smooth = 0. 25
0. ，0. ，0. 01，1. ，0. 2，1. ，0. 21，0.
**
**          材料的阻尼和密度
* Material，name = Material-1
* Damping，alpha = 3.
* Density
7. 8e-09，
* Elastic
210000. ，0. 3
**
**          边界条件：在节点集合 Set-Shell-Hole 上施加固支边界条件
* Boundary
Set-Shell-Hole，ENCASTRE
** ------------------------------------------------------------------------
**          分析步：名称为 Explicit，不考虑几何非线性
**                类型为显式动态分析步，分析步时间为 1. 5s
**                线性体积粘度参数为 0. 06，二次体积粘度参数为 1. 2（这是默认的体积粘度
                  参数）
* Step，name = Explicit，nlgeom = NO
* Dynamic，Explicit
, 1. 5
* Bulk Viscosity
0. 06，1. 2
**
**          载荷：幅值为 Amp-1
```

```
* Cload，amplitude = Amp-1
Set-Shell-Top，3，1. 5
……
* End Step
* * --------------------------------------------------------------------------------
```

9.5 本章小结

1. 动态分析的主要方法

1）ABAQUS 中的动态分析包括两大类基本方法：振型叠加法和直接解法。

2）振型叠加法用于线性动态分析，使用 ABAQUS/Standard 来完成，其相应的分析步类型为线性摄动分析步，在建模时要首先定义一个频率提取分析步。

3）振型叠加法包括以下几种分析类型：瞬时模态动态分析、基于模态的稳态动态分析、反应谱分析、随机响应分析。

4）直接解法主要用于非线性动态分析，它通过对系统进行直接积分来求解，包括以下分析类型：隐式动态分析、基于子空间的显式动态分析、显式动态分析、基于直接解法的稳态动态分析、基于子空间的稳态动态分析。

5）对于光滑的非线性问题，ABAQUS/Standard 更有效，而 ABAQUS/Explicit 适于求解复杂非线性动力学问题，特别是用于模拟短暂、瞬时的动态事件，如冲击和爆炸问题。

6）有些复杂的接触问题（例如模拟成形），使用 ABAQUS/Standard 要进行大量的迭代，甚至可能难以收敛，而使用 ABAQUS/Explicit 就可以大大缩短计算时间。

2. 实例 1：圆盘的频率提取分析

此实例主要练习了 ABAQUS 的以下功能。

1）**Property** 功能模块：定义材料的密度。

2）**Step** 功能模块：定义频率提取分析步。

3）**Visualization** 功能模块：查看各阶固有频率和振型。

4）在 DAT 文件中查看各阶固有频率和有效质量。

3. 实例 2：圆盘的瞬时模态动态分析

此实例主要练习了 ABAQUS 的以下功能。

1）**Step** 功能模块：创建瞬时模态动态分析步，定义 Rayleigh 阻尼，设置场变量输出和历史变量输出。

2）**Load** 功能模块：通过幅值来定义动态载荷。

3）**Visualization** 功能模块：查看位移和载荷的历史曲线。

4. 实例 3：圆盘的显式动态分析

此实例主要练习了 ABAQUS 的以下功能。

1）**Property** 功能模块：定义 Rayleigh 阻尼。

2）**Step** 功能模块：创建显式动态分析步，并设置场变量输出和历史变量输出。

3）**Visualization** 功能模块：把两个 ODB 文件的分析结果绘制在同一张曲线图中。

4）**Visualization** 功能模块：查看能量的历史输出，验证能量平衡关系。

第 10 章　复杂工程分析综合实例

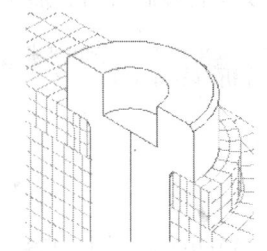

本章要点：

※ 实例 1：带预紧力螺钉的接触分析

※ 实例 2：带轮和轴承在不同温度下
的极限与配合分析

前面各章分别介绍了各种问题类型的分析方法，本章将介绍两个较复杂的工程实例，在其建模过程中需要综合运用多种建模技巧，读者可以从中学习真实工程问题的分析方法。

第一个复杂实例是带预紧力螺钉的接触分析，主要练习复杂接触问题的建模方法，生成部件和定位实体的不同方法，以及模拟螺钉预紧力的两种方式：施加螺栓载荷（bolt load）和定义过盈接触（contact interference）。

第二个复杂实例是带轮和轴承外圈在不同温度下的极限配合分析，此实例将接触分析和热应力分析结合起来，并介绍旋转周期对称结构（cyclic symmetry）的建模方法、过约束的解决办法、四面体单元网格的划分技巧、改善网格质量的措施，以及如何进行重启动分析（restart）。

10.1　实例 1：带预紧力螺钉的接触分析

下面介绍一个带预紧力螺钉的接触分析实例，读者将从中学习到 ABAQUS 的以下内容。

1）复杂接触问题的建模方法：定义临时的边界条件，将载荷逐步施加到模型上，让模型平稳地进入接触状态。

2）通过导入 STEP 文件和 ODB 文件来生成部件。

3）通过导入 INP 文件来生成模型。

4）在不同模型之间复制部件。

5）创建局部基准柱坐标系。

6）**Assembly** 功能模块：为实体定位的不同方法，包括面与面相对、边与边平行、边与边重合等等。

7）**Mesh** 功能模块：修改网格部件的节点坐标。

8）**Interaction** 功能模块：定义接触对，通过定义过盈接触来模拟螺钉的预紧力。

9）**Load** 功能模块：通过施加螺栓载荷来模拟螺钉的预紧力。

10）将接触力写入 **DAT** 文件。

11）**Visualization** 功能模块：用不同颜色显示模型的不同区域。

在随书光盘的以下文件夹中可以找到本实例完成后的文件。

1）ABAQUS 模型数据库文件（.cae）：

　　　　\Demo10-Bolt\CAE Model\Bolt.cae

2）INP 文件和结果文件：

　　　　\Demo10-Bolt\Analysis Results\Bolt-C3D8I. *

10.1.1　问题的描述

如图 10-1 所示，底座和盖板通过螺钉连接在一起（只在底座上有螺纹，盖板上没有螺纹），底座固定。螺钉本身有 15000N 的预紧力，盖板的端面受到斜向的面载荷 $p_G = 10\text{MPa}$。各部件的材料特性为弹性模量 $E = 210000\text{MPa}$，泊松比 $\mu = 0.3$。各接触面之间的摩擦系数为 0.15。要求准确模拟螺钉的预紧力，并确定盖板端面（斜向拉力的作用面）顶部的位移。

建模要点

1）此问题研究的是结构的静态响应，所以分析步类型应为 **Static**，**General**（使用

ABAQUS/Standard 作为求解器)。

基于结构和载荷的对称性,只取模型的 1/2 进行分析(见图 10-1)。

2)在接触分析中有两个重要的问题:①在接触关系建立起来之前,模型中的实体可能出现刚体位移,②接触条件突然改变,导致 ABAQUS 无法收敛。因此,本实例中将使用额外的分析步和边界条件,使模型平稳地进入接触状态,将载荷逐步施加到模型上。

3)在接触分析中,如果接触属性为默认的"硬"接触,则不能使用六面体二次单元(C3D20 和 C3D20R),以及四面体二次单元(C3D10),而应尽可能使用六面体一阶单元。本实例选用 C3D8I 单元(六面体非协调模式单元)。

4)分析过程中不会出现很大的滑动,因此选用小滑移(small sliding)。

5)各接触面上使用库伦摩擦,摩擦系数为 0.15。

> ☆ 提示:尽管本实例的接触面之间没有大的滑动,摩擦仍然会对分析结果有一定的影响,应尽可能根据真实情况来定义摩擦。另外,本实例中的盖板缺少约束条件,需要通过摩擦来消除盖板的刚体位移。

6)螺纹处的应力应变状态不是所关心的重点,因此可以不对螺纹精确建模,而是在螺钉和底座螺孔的内表面之间建立绑定约束(tie)。这样得到的模型会比实际结构刚硬,但可以大大简化建模过程,避免收敛困难,且不必在螺纹处划分很小的单元。

> ☆ 提示:建立了绑定约束的两个面在整个分析过程中都会紧密连接在一起,不会分开,如同一个整体。

7)下面将分别使用两种不同的方法来模拟螺钉的预紧力。

方法 1:在 **Load** 功能模块中施加螺栓载荷(见第 10.1.9 节)。

方法 2:在 **Interaction** 功能模块中定义过盈接触(见第 10.1.15 节)。

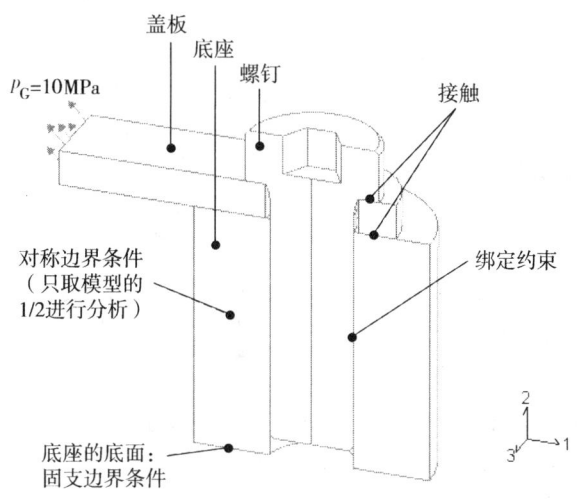

图 10-1　螺钉的分析模型

10.1.2 创建部件

创建部件有以下多种不同的方法。

1）使用 **Part** 功能模块中提供的拉伸、旋转、扫掠、倒角和放样等特征来直接创建几何部件。

2）通过导入已有的 CAD 模型文件来创建几何部件。

3）通过导入 ODB 文件中的网格来创建网格部件。

4）通过导入 INP 文件中的网格来创建网格部件。

为了练习这些不同的方法，本实例中的三个部件将分别使用不同的方法来生成：

1）底座：导入 ODB 文件。

2）盖板：导入一个包含盖板的 INP 文件，然后将此盖板部件复制到当前模型。

3）螺钉：导入 STEP 格式的 CAD 模型文件。

☆ 提示：STEP 标准是一种关于产品数据的国际标准，绝大多数 CAD 软件均可生成和读取 STEP 格式的 CAD 模型文件。

具体操作步骤如下。

（1）通过导入 STEP 文件来生成螺钉　启动 ABAQUS/CAE，创建新模型，在主菜单中选择 **File → Import → Part**，设置 **File Filter** 为 *STEP（ *. stp *，*. step *）*，然后选择随书光盘中的以下 STEP 文件：

       \Demo10-Bolt\Import\Bolt-STEP. stp

在弹出的 **Create Part from Step File** 对话框中，点击 **OK**。

☆ 提示：导入的文件是螺钉的简化模型，其中用内圆孔代替了螺钉头部实际的内六角孔，以便更容易地划分六面体网格。

☆ 提示：在导入 STEP 文件时，如果几何形状较复杂，有可能由于数值误差而无法顺利导入。这时可以在 **Create Part from Step File** 对话框中选中 **Convert to precise representation**，让 ABAQUS/CAE 尝试自动修复错误。

☆ 提示：由 STEP 文件生成的几何部件也可以进行分割、拉伸、切割、倒角等操作，但不能通过编辑截面来改变其几何形状。

（2）通过导入 ODB 文件来生成底座　在主菜单中选择 **File → Import → Part**，设置 **File Filter** 为 *Output Database（ *. odb）*，然后选择随书光盘中的如下 ODB 文件：

       \Demo10-Bolt\Import\Bolt-Result. odb

在弹出的 **Create Part from Output Database** 对话框中，已经选中了 **BASE-1**，点击 **OK**。在视图区中显示出已导入的底座。

☆ 提示：由 ODB 文件导入的部件是网格部件，只包含单元和节点信息，没有几何信息。

（3）导入包含盖板的 INP 文件　在主菜单中选择 **File → Import → Model**，选择随书光盘中的如下 INP 文件：

　　　　\Demo10-Bolt\Import\Plat. inp

可以看到，在模型树中显示出两个模型：原有的模型 *Model-1* 和导入的模型 *Plate*。盖板是导入的模型 *Plate* 中的一个部件，下面需要把它复制到模型 *Model-1* 中去。

☆ 提示：由 STEP 文件和 ODB 文件导入的是部件（part），而由 INP 文件导入的是模型（model）。

（4）复制盖板部件　在窗口顶部的环境栏中，将 **Model** 下拉列表由 *Plate* 改为 *Model-1*。在主菜单中选择 **Model → Copy Objects**，注意查看默认的设置是否为 **From model**：*Plate*，以及 **To model**：*Model-1*。点击 **Parts** 左侧的黑色三角，选中要复制的部件 *PLATE*（如图10-2 所示），然后点击 **OK**。这样就把盖板部件从模型 *Plate* 复制到了模型 *Model-1* 中。

进入 **Part** 功能模块，点击窗口顶部环境栏中的 **Part** 下拉列表，依次选择三个部件 *BASE-1*、*Bolt-STEP* 和 *PLATE*，查看它们是否都已被创建。

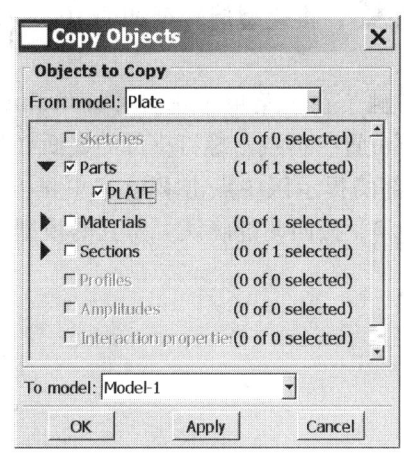

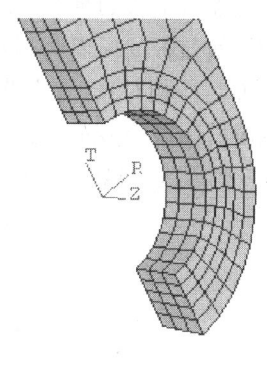

图 10-2　把盖板部件从模型 *Plate* 复制到模型 *Model-1* 中　　　　图 10-3　为盖板添加基准柱坐标系

（5）删除导入的模型 *Plate*　复制盖板部件后，不再需要已导入的模型 *Plate*，应及时删除它，以避免后面建模过程中的误操作。在主菜单中选择 **Model → Delete → Plate**，然后点击 **OK**。

10.1.3　创建材料和截面属性

（1）创建材料　进入 **Property** 功能模块，点击 ![icon]，设置 **Young's Modulus** 为 210000，**Poisson's Ratio** 为 0.3，点击 **OK**。

（2）创建截面属性　点击 ![icon]，点击 **Continue**，然后点击 **OK**。

（3）赋予截面属性　点击 ![icon]，依次为三个部件赋予截面属性（注意要选中部件的全部区域）。

10.1.4　定义装配件

（1）添加实体　进入 **Assembly** 功能模块，点击![icon]，选中全部部件，然后点击 **OK**。

在当前的装配件中，螺钉和底座的位置是正确的，而盖板需要重新定位，这需要首先在 **Part** 功能模块中为盖板添加一个局部基准柱坐标系（datum CSYS），其 Z 轴是盖板圆孔的中心轴。

（2）为盖板添加局部基准柱坐标系　切换到 **Part** 功能模块，当前部件为 *PLATE*。点击左侧工具区中的![icon]（Create Datum CSYS：3 Points），在弹出的 **Create Datum CSYS** 对话框中选择 *Cylindrical*（柱坐标系），然后点击 **Continue**。窗口底部的提示区中显示出默认的原点坐标为（0，0，0）（这是全局坐标系下的坐标），按回车键确认，然后输入 R 轴上的点坐标（1，0，0，）按回车键，再输入 θ 轴上的点坐标（0，1，0，）按回车键。得到的柱坐标系如图 10-3 所示。

回到 **Assembly** 功能模块，点击窗口顶部的![icon]，将模型旋转至如图 10-4 所示的角度。下面将在盖板上施加三个定位约束。

（3）使盖板的顶面与螺钉头部的底面相接触　在主菜单中选择 **Constraint → Face to Face**（面与面相对），首先点击盖板顶面的任意位置，再点击螺钉头部的底面（见图 10-4），在所点击的位置会显示出面的方向。在窗口底部的提示区中点击 **Flip** 来更正方向，然后点击 **OK**。提示区中显示出两个面默认的距离为 0.0，按回车键确认。得到的模型如图 10-5 所示。

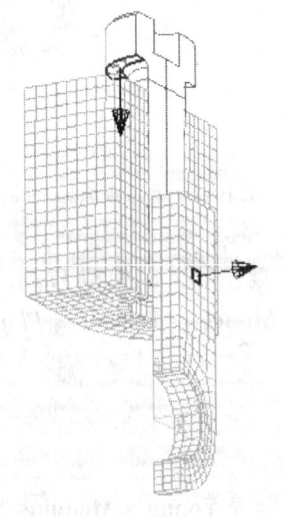
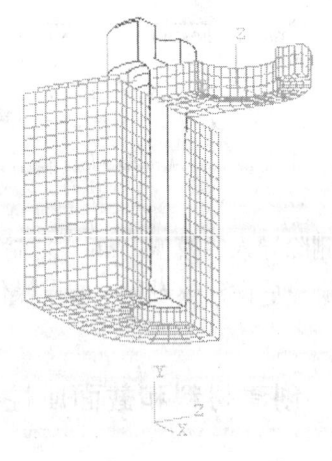

图 10-4　选择盖板的顶面与螺钉头部的底面　　　图 10-5　添加 Face to Face 约束后的模型

☆ 提示：施加定位约束时，总是先点击需要移动的部件（例如本实例中的盖板），再点击固定不动的部件（例如底座），注意不要颠倒次序。

☆ 提示：如果希望修改或删除已经完成的操作，可以使用窗口左侧的模型树。例如在模型树中逐级展开 **Model-1 / Assembly / Position Constraints**，就可以看到上面添加的 Face to Face 定位约束。在上面点击右键，就可以修改或删除此约束。

（4）使盖板的边与底座的边平行　在主菜单中选择 **Constraint → Parallel Edge**（边与边平行），依次点击盖板与底座上应该相互平行或共线的边（见图 10-6），然后点击窗口底部提示区中的 **OK**。得到的模型如图10-7所示。

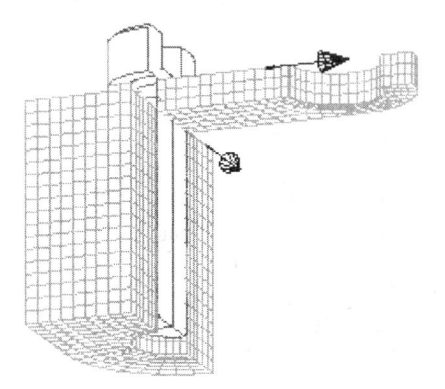
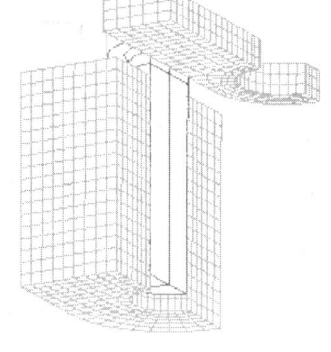

图 10-6　选择盖板与底座上应该相互平行的边　　　图 10-7　添加 Parallel Edge 约束后的模型

（5）使盖板局部基准坐标系的 Z 轴与螺钉的中轴重合　在主菜单中选择 **Constraint → Edge to Edge**（边与边重合），首先点击盖板基准坐标系的 Z 轴，再点击螺钉的中轴线（见图 10-8），在窗口底部的提示区中点击 **Flip** 来更正方向，然后点击 **OK**。得到的模型如图 10-9所示，盖板已经移动到了正确的位置。

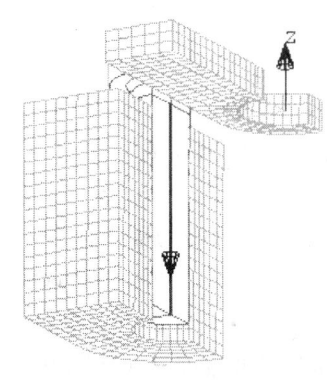
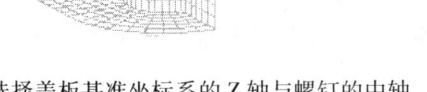
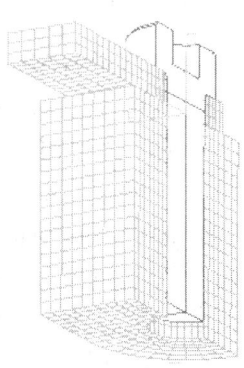

图 10-8　选择盖板基准坐标系的 Z 轴与螺钉的中轴　　　图 10-9　添加 Edge to Edge 约束后的模型

（6）将定位约束转换为绝对位置　上述定位约束都是基于"特征"的，如果将来对部件进行修改，这些定位约束也可能相应地发生变化，造成实体位置改变。因此应把这些定位约束转换为全局坐标系下的绝对位置，方法是在主菜单中选择 **Instance → Convert Constraints**，选中所有实体，然后在视图区中点击鼠标中键。

10.1.5　修改节点坐标

放大显示盖板的圆孔部位，可以看到，盖板的圆孔直径较小，与螺钉的倒角处发生了干涉（见图 10-10），因此需要修改盖板圆孔的尺寸。在第 3.3.1 节中已经介绍过如何修改几何实体的尺寸形状，但本实例中的盖板是网格部件，需要在 **Mesh** 功能模块中直接修改节点坐标。具体方法如下。

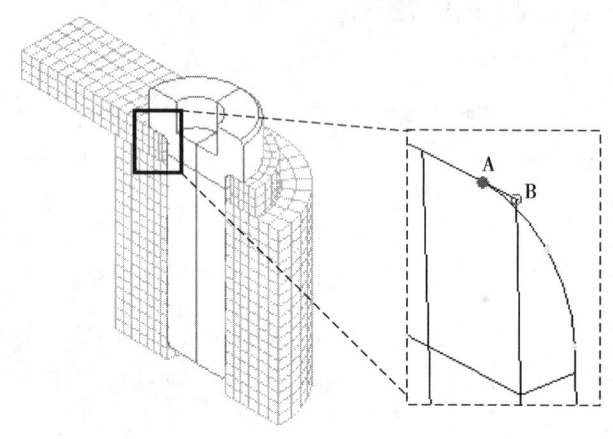

图 10-10　盖板的圆孔处与螺钉的倒角处相干涉

（1）度量盖板与螺钉相干涉的尺寸　点击窗口顶部的 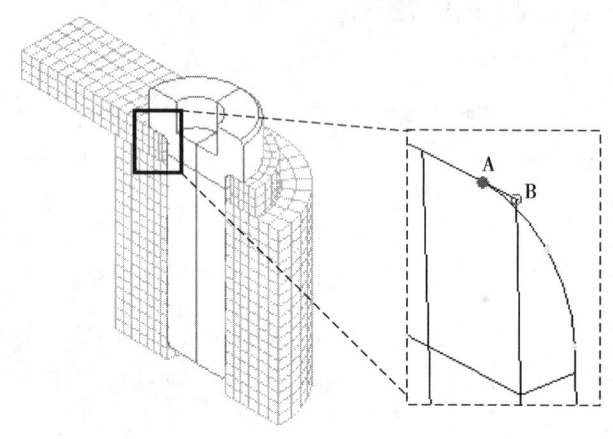，选择 **Distance**，点击 **OK**。依次点击图 10-10 中螺钉倒角处的点 A 和盖板圆孔处的点 B，看到窗口底部的信息区中显示出这两个点的距离为 300. E-3，即 0.3。

（2）将盖板圆孔的半径扩大 0.4　切换到 **Mesh** 功能模块，在窗口顶部的环境栏中把 **Object** 选项设为 **Part**：*PLATE*。

点击左侧工具区中的 （Edit Mesh），在弹出的 **Edit Mesh** 对话框中，选择 **Edit**，然后点击 **OK**。在窗口底部的提示区中，在窗口底部提示区中把选择方法由 *individually*（单个选择）改为 *by angle*（按相邻对象的角度来选择），点击盖板圆孔的内表面（见图 10-11），然后在视图区中点击鼠标中键来确认。

在弹出的 **Edit Nodes** 对话框中，默认的坐标系是部件原有的局部坐标系 *Part CSYS*，需要将其改为已经定义过的局部基准柱坐标系，方法是点击此对话框中的 **Select**，然后在视图区中点击柱坐标系的一个轴，从而选中此柱坐标系。

在 **Edit Nodes** 对话框中，在坐标 1（*R* 坐标）后面输入增量 0.4（如图 10-12 所示），然后点击 **OK**。

切换到 **Assembly** 功能模块，可以看到，盖板圆孔处与螺钉倒角处不再发生干涉。

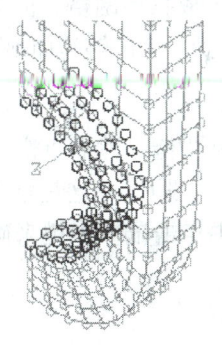

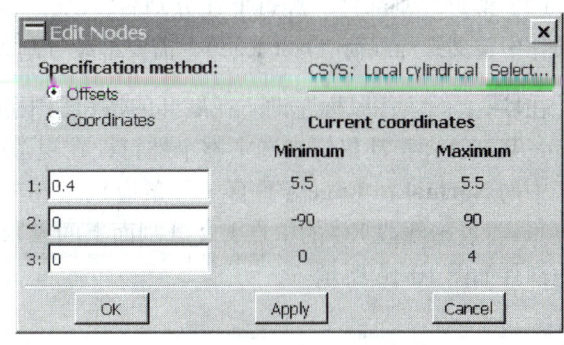

图 10-11   选择盖板圆孔的内表面   图 10-12   **Edit Nodes** 对话框

10.1.6   为螺钉划分网格

进入 **Mesh** 功能模块，在窗口顶部的环境栏中把 **Object** 选项设为 **Part**：*Bolt-STEP*。螺钉显示为橙色，表明无法使用默认的网格划分技术来生成网格，需要首先把它分割为对称的两半，然后再生成扫掠网格。

☆ 提示：尽管螺钉的形状是由一个截面旋转而成的，但由于它是通过导入 STEP 文件生成的，所以仍不能直接划分扫掠网格，而需要首先对它进行分割。

（1）创建基准面（datum plane）   在左侧工具区中的  上面按住鼠标左键，在展开的按钮栏中选择 （Create Datum Plane：Point and Normal），首先点击图 10-13 上的点 D（基准面将通过此点），再点击线段 CD（基准面的法线方向），就创建了一个基准面。

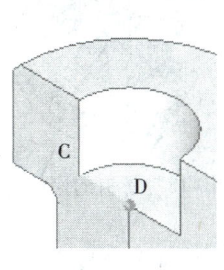

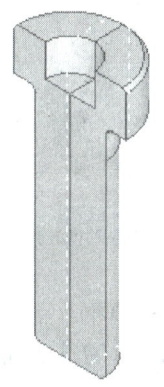

图 10-13   选择基准面上的点和法线   图 10-14   将螺钉分割为对称的两半

（2）利用基准面来分割部件   在左侧工具区中的 上面按住鼠标左键，在展开的按钮栏中选择第二个按钮 （Create Datum Plane：Use Datum Plane），点击刚才创建的基准面的边线，然后在视图区中点击鼠标中键来确认。螺钉被分割为对称的两半（见图 10-14）。

（3）继续分割部件　经过上述分割后，已经可以在螺钉上生成扫掠网格。但为了在后面的操作中定义螺栓载荷（bolt load），需要继续分割螺钉，从而得到一个能够施加预紧力的面。

在 上面按住鼠标左键，在展开的按钮栏中选择第一个按钮 （Partition Cell：Define Cutting Plane），拖动鼠标来选中整个螺钉，在视图区中点击鼠标中键，然后点击窗口底部提示区中的 **Normal to Edge**（垂直于一条边）。点击图 10-15 中的线段 EG（这是垂直于分割面的边），再点击线段 EG 的中点 F（分割面上的点），在视图区中点击鼠标中键来确认，完成后的部件如图 10-16 所示。

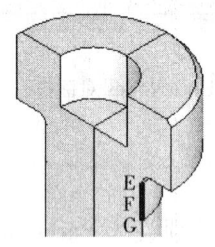

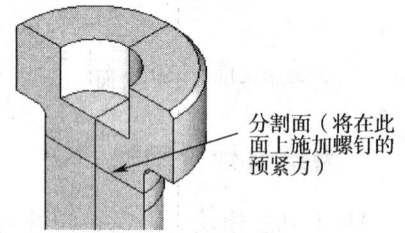

分割面（将在此面上施加螺钉的预紧力）

图 10-15　定义分割面　　　　　图 10-16　分割螺钉，以得到施加预紧力的面

（4）设置全局种子　点击 ，在 **Approximate global size** 后面输入 1.6，点击 **OK**。

（5）增大螺钉与盖板接触面上的种子密度　在 上面按住鼠标左键不放，在展开的按钮栏中点击 （Seed Edge：By Size）。旋转模型，按住 Shift 键，点击螺钉与盖板相接触的面（见图 10-17），在视图区中点击鼠标中键来确认。在窗口底部提示区中输入单元长度 0.8，按回车键确认。

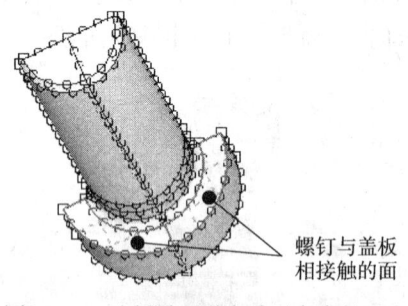

螺钉与盖板相接触的面

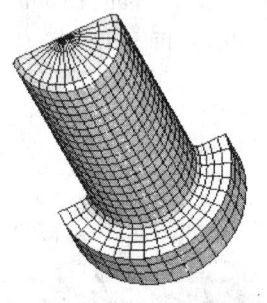

图 10-17　选择需要增大种子密度的面　　　　　图 10-18　螺钉的网格

（6）设置网格参数　点击 ，选中螺钉的所有区域，设置网格参数为：

Element Shape：*Hex-dominated*（以六面体为主）

Techniques：　　*Sweep*（扫掠网格划分技术）

Algorithm：　　 *Medial axis*（中性轴算法）

点击 **OK** 来确认上述参数。

（7）为螺钉设置单元类型　点击 ，选中螺钉的所有区域，设置单元类型为 C3D8I

（六面体非协调模式单元）。

（8）划分网格 点击 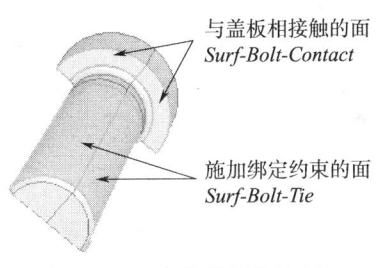，得到如图 10-18 所示的网格。

（9）检验网格质量 在环境栏中把 **Object** 设为 **Assembly**，在主菜单中选择 **Mesh →
Verify**，拖动鼠标来选中所有单元，将 **Type** 设为 *Analysis Checks*，然后点击 **Highlight**。在模
型中没有单元显示为黄色或红色，这说明网格划分没有问题。

（10）保存模型 点击窗口顶部工具栏中的 保存图标 来保存所建的模型。

10.1.7 定义接触和绑定约束（tie）

下面将在盖板和螺钉之间以及盖板和底座之间定义接触，在螺钉和底座的螺纹处建立绑
定约束。

（1）定义接触和绑定约束所要用到的各个面 进入 **Interaction** 功能模块，在主菜单中
选择 **Tools → Surface → Manager**，点击 **Create**，依次定义如图 10-19、图 10-20 和图 10-21
所示的各个面（可以点击窗口顶部的 显示图标 来单独显示各个实体）。

☆ 提示：螺钉上各个面的类型为 **Geometry**，底座和盖板上各个面的类型为 **Mesh**。

☆ 提示：在窗口底部提示区中可以设置选择方式：*individually*（单个选择）或 *by angle*
（按相邻面的角度来选择）。

与盖板相接触的面
Surf-Bolt-Contact

施加绑定约束的面
Surf-Bolt-Tie

图 10-19 定义螺钉上的面

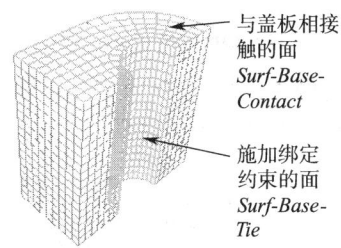

与盖板相接
触的面
*Surf-Base-
Contact*

施加绑定
约束的面
*Surf-Base-
Tie*

图 10-20 定义底座上的面

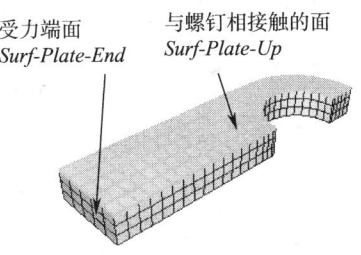

受力端面
Surf-Plate-End

与螺钉相接触的面
Surf-Plate-Up

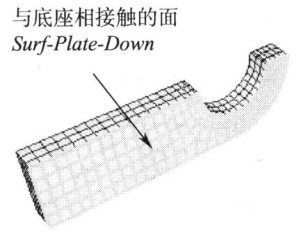

与底座相接触的面
Surf-Plate-Down

图 10-21 定义盖板上的面

（2）在螺纹处定义绑定约束 在主菜单中选择 **Constraint → Create**，在 **Name** 后面输入
Constraint-Tie，选择约束类型为 **Tie**，然后点击 **Continue**。点击窗口底部提示区右侧的 **Sur-
faces** 按钮，在弹出的 **Region Selection** 对话框中，选中 *Surf-Base-Tie* 来作为绑定约束的主面，

点击 **Continue**。再次点击窗口底部提示区中的 **Surface** 按钮，选中 *Surf-Bolt-Tie* 来作为从面，点击 **Continue**。

在弹出的 **Edit Constraint** 对话框中，将 **Position Tolerance**（位置误差限度）设为 **Specify distance**：0.02，点击 **OK**。

> ☆ 提示：上述位置误差限度的含义为：与主面的距离小于此限度的从面节点都会受到绑定约束。由于模型中存在数值误差，所以一般都应设置这样一个位置误差限度。必须让位置误差限度略大于主面和从面在模型中的距离，否则这两个面之间不会建立绑定约束。对于在位置误差限度之内的从面节点，ABAQUS 将调整其初始坐标，使其与主面的距离为 0。因此，应注意不要把位置误差限度设得太大，以免由于调整从面节点坐标而造成较差的单元形状。

在 **Constraint Manager** 对话框中点击 **Edit**，视图区中将以高亮度来显示此绑定约束，可以查看两个面的位置是否正确。

（3）定义带库伦摩擦的接触属性（摩擦系数为 0.15）　点击 ▤（Create Interaction Property），在 **Name** 后面输入 *IntProp-Friction015*，点击 **Continue**。点击 **Mechanical → Tangential Behavior**，把摩擦类型改为 **Friction formulation**：*Penalty*，在 **Friction Coeff** 下面输入 0.15，然后点击 **OK**。

（4）定义盖板和螺钉之间的接触　在主菜单中选择 **Interaction → Manager**，点击 **Create**，在 **Name** 后面输入 *Int-Bolt-Plate*，类型为 **Surface-to-surface contact**（**Standard**），点击 **Continue**。

在弹出的 **Region Selection** 对话框中，选中 *Surf-Plate-Up* 作为主面，点击 **Continue**。点击窗口底部提示区中的 **Surface** 按钮，选中 *Surf-Bolt-Contact* 作为从面，点击 **Continue**。在弹出的 **Edit Interaction** 对话框中，按照图 10-22 进行设置。

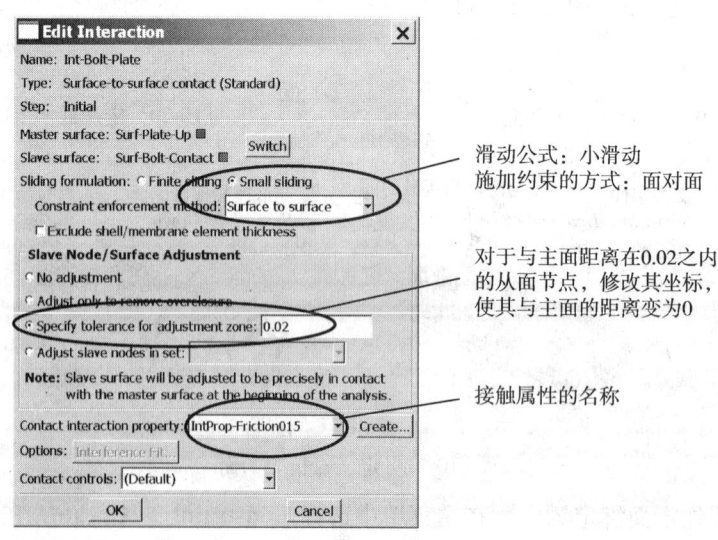

图 10-22　设置接触参数

（5）定义盖板和底座之间的接触　在 **Interaction Manager** 对话框中再次点击 **Create**，在 **Name** 后面输入 *Int-Plate-Base*，点击 **Continue**。选择 *Surf-Base-Contact* 作为主面，*Surf-Plate-Down* 作为从面。对于接触属性的设置与图 10-22 相同。

☆ 提示：应选择刚度较大、网格较粗的面作为主面。

在 **Interaction Manager** 对话框中依次选中已定义的接触，再点击 **Edit**，视图区中将以高亮度来显示此接触对，可以查看接触面的位置是否正确。

（6）保存模型　点击窗口顶部工具栏中的 💾 来保存所建的模型。

10.1.8　定义分析步

下面首先分析本模型中以下可能出现的刚体位移。

（1）底座和螺钉　底座上有固支边界条件，螺钉通过绑定约束连接在底座上，因此底座和螺钉都不会出现刚体位移。

（2）盖板　带摩擦的接触关系可以保证消除盖板的刚体位移，但在这个接触关系建立起来之前，盖板缺乏足够的约束条件，因此需要一些额外的分析步和边界条件，让分析过程更容易地实现收敛。

基于上述考虑，本模型中将包含以下分析步。

（1）初始分析步 *initial*　施加底座上的固支边界条件和整个模型上的对称边界条件。

（2）第一个分析步（名称为 *S1-FixPlate-Pretension10N*）　在盖板的端面上定义临时的固支边界条件，在螺钉上施加很小的预紧力（10N），让各个接触关系平稳地建立起来。

（3）第二个分析步（名称为 *S2-FreePlate-Pretension10N*）　去掉盖板端面上的固支边界条件，保持螺钉上的 10N 预紧力不变。

☆ 提示：本模型的规模较小，接触关系较简单，因此上面的第一个和第二个分析步不是必需的。但对于一些复杂的接触问题，如果不使用临时边界条件来固定盖板的端面，而是直接通过摩擦来消除盖板的刚体位移，求解时的迭代时间会很长，甚至有可能无法达到收敛。

（4）第三个分析步（名称为 *S3-Pretension15kN*）　将螺钉上的预紧力增加到 7500N（由于只计算模型的 1/2，所以载荷也只取 1/2）。

（5）第四个分析步（名称为 *S4-FixBoltLength*）　将螺钉上的预紧力改为固定螺钉的长度（其含义见第 10.1.9 节）。

（6）第五个分析步（名称为 *S5-Plate-Load*）　在盖板端面施加 10MPa 的斜向拉力。

创建上述分析步的具体操作方法为：进入 **Step** 功能模块，点击 ⊙⊷⊞。在 **Name** 后面输入分析步名称，类型为默认的 **Static**，**General**，点击 **Continue**，各项参数保持默认值不变，直接点击 **OK**。

10.1.9　施加载荷

使用螺栓载荷（bolt load）可以模拟螺钉的预紧力和各种均匀预应力。定义螺栓载荷时，需要指定螺钉上的一个受力截面，以及载荷的方向和大小。施加螺栓载荷的方式有以下三种：

1）*Apply force*：指定预紧力。

2）*Adjust length*：调整螺钉长度。

3）*Fix at current length*：保持螺钉当前的长度。

下面将用到 *Apply force* 和 *Fix at current length* 两种施加螺栓载荷的方式。

（1）在第一个分析步中，在螺钉上施加很小的预紧力（10N）　进入 **Load** 功能模块，在主菜单中选择 **Load → Manager**，点击 **Create**，在 **Name** 后面输入 *Load-Pretension*，将 **Step** 设为 *S1-FixPlate-Pretension10N*，载荷类型为 **bolt load**，然后点击 **Continue**。

点击窗口底部提示区中的 **Geometry** 按钮，按住 Shift 键，依次点击施加螺栓载荷的面（即螺钉的横截面，见图10-23），在视图区中点击鼠标中键来确认。点击螺钉基准柱坐标系的 Z 轴，在弹出的 **Edit Load** 对话框中，接受默认的施加载荷方式 *Apply force*，在 **Magnitude** 后面输入预紧力的大小 10，然后点击 **OK**。

> ☆ 提示：螺栓载荷为正值时表示使受力部件缩短；螺栓载荷为负值时表示使受力部件伸长。

（2）在第三个分析步中，将螺钉预紧力增加到7500N　在 **Load Manager** 对话框中，点击 *Load-Pretension* 在第三个分析步 *S3-Pretension15kN* 下面的 **propagated**，然后点击 **Edit** 按钮，将 **Magnitude** 改为 7500，然后点击 **OK**。

（3）在第四个分析步中，将螺钉预紧力改为 *Fix at current length*（保持螺钉当前的长度）　如果不作专门的设置，ABAQUS 会在后续分析步中保持螺钉的预紧力不变。事实上，在施加外载荷后，螺钉内部的应力会发生变化。因此，下面将把螺钉预紧力修改为 *Fix at current length*，其含义为：在第四个分析步的开始，去除螺钉的预紧力，而让螺钉保持上一个分析步结束时的长度。具体操作方法为：

在 **Load Manager** 对话框中，点击 *Load-Pretension* 在第四个分析步 *S4-FixBoltLength* 下面的 **propagated**，然后点击 **Edit** 按钮。在 **Edit Load** 对话框中，将 **Method** 改为 *Fix at current length*，然后点击 **OK**。

> ☆ 提示："*Fix at current length*" 只是在这一分析步的开始保持此长度，而在这一分析步结束时，如果有其他外载荷，螺钉长度会相应地发生变化。因此，本实例中如果把第四个和第五个分析步合为一个，得到的结果将是一样的，但对于复杂的接触问题，多设置一些分析步，让载荷和接触关系的变化逐步出现在不同的分析步中，往往可以减少求解时迭代的次数，缩短计算时间。

（4）第五个分析步中定义盖板端面上的拉力 p_G　在 **Load Manager** 对话框中再次点击

Create，在 **Name** 后面输入 *Load-Surface*，把 **Step** 设置为第五个分析步 *S5-Plate-Load*，载荷类型为 *Surface Traction*（面载荷），点击 **Continue**，选中 *Surf-Plate-End*，再点击 **Continue**。

在弹出的 **Edit Load** 对话框中，将面载荷类型设置为 **Traction**：*General*，点击 **Vector** 后面的 **Edit** 按钮，在窗口底部的提示区中设置向量的起始点坐标为（0.0，0.0，0.0），终点坐标为（−1，1，0）。设置 **Magnitude** 为 10，点击 **OK**。完成后的部件如图 10-24 所示。

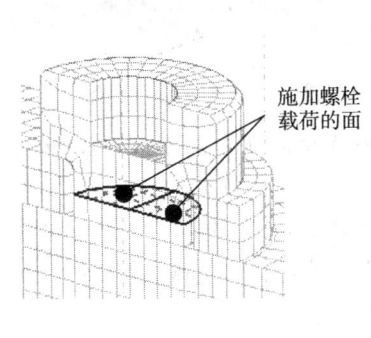

图 10-23　选择施加螺栓载荷的面

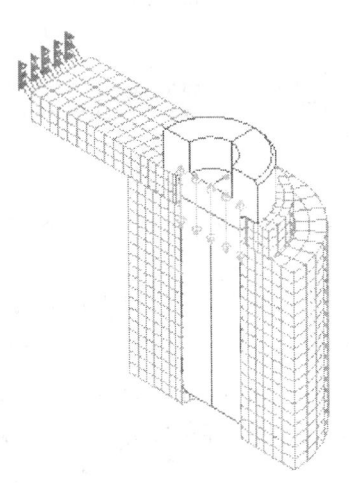

图 10-24　施加载荷后的模型

10.1.10　定义边界条件

（1）为定义边界条件的区域创建集合　在主菜单中选择 **Tools → Set → Manager**，点击 **Create**，依次定义如图 10-25 所示的各个集合。

1）集合 *Geom-Symm*：类型为 **Geometry**，按住 Shift 键，依次点击螺钉对称面上的四个区域。

2）集合 *Node-Symm*：类型为 **Node**，按住 Shift 键，依次点击盖板和底座对称面上的各个区域。

3）集合 *Node-Plate-End*：类型为 **Node**，在窗口底部提示区中设置选择方式为 *by angle*，点击盖板的端面。

4）集合 *Node-Base-Bottom*：类型为 **Node**，点击底座的底面。

（2）定义固支和对称边界条件　在主菜单中选择 **BC → Manager**，点击 **Create**，依次定义以下边界条件（**Step** 都为 *Initial*）。

1）固支边界条件：名称为 *BC-Fix-Base*，选中节点集合 *Node-Base-Bottom*，类型为 *EN-CASTRE*。

2）螺钉上的对称边界条件：名称为 *BC-Geom-Symm*，选中集合 *Geom-Symm*，类型为 *ZSYMM*（关于 Z 轴对称）。

3）盖板和底座上的对称边界条件：名称为 *BC-Node-Symm*，选中集合 *Node-Symm* 上，类型为 *ZSYMM*。

（3）在盖板的端面上定义临时的固支边界条件　为防止在接触完全建立之前，盖板发生刚体位移，在第一个分析步中，在盖板的端面上定义临时的固支边界条件：边界条件的名称

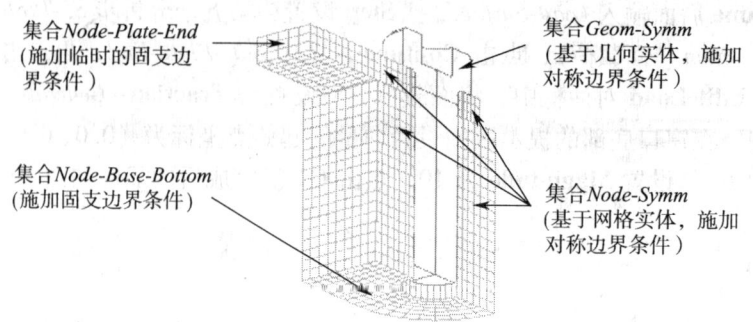

图 10-25　施加边界条件的区域

为 *BC-Temp-FixPlate*，分析步为 *S1-FixPlate-Pretension10N*，施加在集合 *Node-Plate-End* 上，类型为 *ENCASTRE*。

在第二个分析步中，再去掉盖板上的这个固支边界条件：在 **Boundary Condition Manager** 对话框中，点击 *BC-Temp-FixPlate* 在第二个分析步 *S2-FreePlate-Pretension10N* 下面的 **propagated**，然后点击 **Deactivate** 按钮。

完成上述对边界条件的定义后，**Boundary Condition Manager** 对话框中显示的信息将如图 10-26 所示。

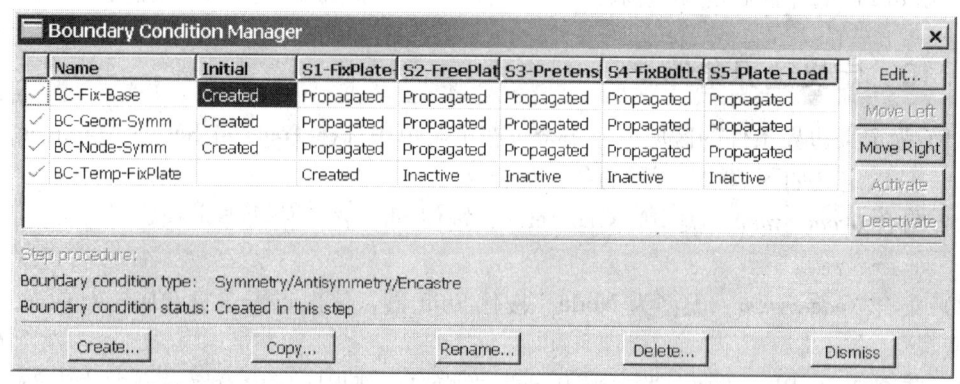

图 10-26　完成对边界条件的定义后，Boundary Condition Manager 对话框中显示的信息

10.1.11　将接触力写入 DAT 文件

螺钉与盖板之间，以及底座与盖板之间在 Y 方向上的接触力都应该等于螺钉的预紧力，可以通过查看这些接触力来验证对预紧力的模拟是否正确。输出接触力有两种方法：

1）点击主菜单 **Output → History Output Requests**，设置历史输出变量 **CFN**。在第 5.3.8 节的过盈装配实例中介绍了这种方法。

2）使用关键词 *CONTACT PRINT，将接触力 **CFN** 输出至 DAT 文件，本实例将采用这种方法，具体操作方法是：点击主菜单 **Model → Edit Keywords → Model-1**，在弹出的 **Edit Keywords** 对话框中，找到第一个分析步的以下语句：

　　　　Output, field, variable = PRESELECT

在其后添加以下语句：

CONTACT PRINT, SLAVE = Surf-Bolt-Contact

CFN

CONTACT PRINT, SLAVE = Surf-Plate-Down

CFN

其中，*Surf-Bolt-Contact* 和 *Surf-Plate-Down* 是从面名称，*CFN* 表示接触力。

☆ 提示：对 *CONTACT PRINT* 的定义会自动延续到后面的分析步中，因此只需在第一个分析步中定义即可。

10.1.12　提交分析作业

进入 **Job** 功能模块，创建名为 *Bolt-C3D8I* 的分析作业，保存模型，然后提交分析。分析过程中会出现一些警告信息，但这不影响分析结果。

10.1.13　后处理

（1）显示 Mises 应力的云纹图和动画　在 **Visualization** 功能模块中打开结果文件 *Bolt-C3D8I. odb*，点击 来显示 Mises 应力的云纹图，点击 来显示动画，从而查看分析结果是否正常。

☆ 提示：在后处理显示中，如果一个部件受到螺栓载荷，其受力截面旁边的单元会相应地缩短或伸长。如果变形图或云纹图的缩放系数设置得太大，受力截面旁边单元的变形会被过度放大，甚至可能使此截面两侧的单元重叠在一起（见图 10-27a）。因此，应使用主菜单 **Options** 来选择适当的缩放系数，使受螺栓载荷的部件得到正常的显示（见图 10-27b）。

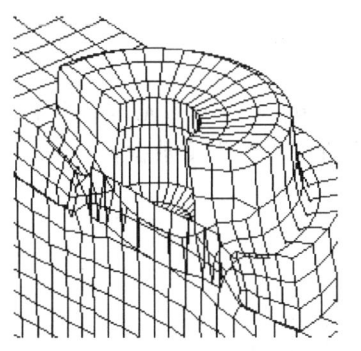 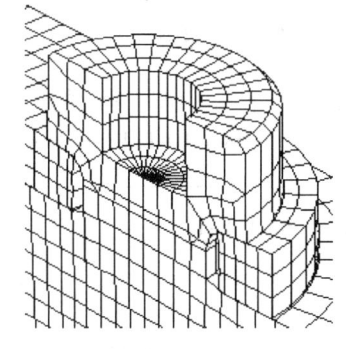

　a）ABAQUS/CAE默认的缩放系数为346.8，　　　　b）将缩放系数改为80，变形
　　　过度放大了受力截面旁单元的变形，　　　　　　　得到更合理的显示
　　　使截面两侧的单元重叠在了一起

图 10-27　选择合适的缩放系数来显示受螺栓载荷的部件

（分析步 *S4-FixBoltLength* 结束时的变形图）

（2）确定盖板端面顶部的位移　点击窗口顶部的 ⓘ，设置输出变量为位移 **U**，得到在第五个分析步结束时，盖板端面顶部位移的最大值为 0.1699。

（3）用不同颜色显示模型的不同区域　在显示未变形图或变形图的状态下，点击左侧工具区中的 ⚅（Color Code），在弹出的 **Color Code** 对话框中，将 **Method** 设为 *Part instances*，选中某个实体右边的色块，然后点击 **Edit color** 后面的颜色按钮来选择新的颜色。点击 **OK**，看到不同部件显示为不同的颜色。

（4）查看 DAT 文件中的接触力　使用文本编辑软件打开结果文件 *Bolt-C3D8I. dat*（在随书光盘的以下文件夹中可以找到此文件：\Demo10-Bolt\Analysis Results）。在此文件的结尾显示了每个分析步中的接触力，例如，在第三个分析步中的接触力为

STEP 3 STATIC ANALYSIS
（螺钉和盖板之间的接触力：）
CONTACT OUTPUT FOR SLAVE SURFACE ASSEMBLY_**SURF-BOLT-CONTACT** AND MASTER SURFACE ASSEMBLY_**SURF-PLATE-UP**

FOOT-CFNM	CFN1	**CFN2**	CFN3
NOTE			
7500.	1.4200E-11	**−7500.**	−1.1558E-11

（底座和盖板之间的接触力：）
CONTACT OUTPUT FOR SLAVE SURFACE ASSEMBLY_**SURF-PLATE-DOWN** AND MASTER SURFACE ASSEMBLY_**SURF-BASE-CONTACT**

FOOT-CFNM	CFN1	**CFN2**	CFN3
NOTE			
7500.	5.8992E-12	**−7500.**	−1.7580E-12

其中，**CFNM** 是接触面所有节点在各个方向上接触力的合力，**CFN1**、**CFN2** 和 **CFN3** 分别是接触面所有节点在 X 方向、Y 方向和 Z 方向上接触力的合力。可以看到，第三个分析步中的 **CFN2** 为 7500，与螺钉的预紧力相吻合。

10.1.14　INP 文件

下面解释一下本实例所对应的 INP 文件 *Bolt-C3D8I. inp*。在随书光盘的以下文件夹中可以找到此文件：\Demo10-Bolt\Analysis Results\。此文件中包含以下数据。

```
** ---------------------------------------------------------------------
* Part, name = BASE-1
……
* End Part
**
* Part, name = Bolt-STEP
……
* End Part
**
```

* Part，name = PLATE

……

* End Part

**

* Assembly，name = Assembly

**

* Instance，name = BASE-1-1，part = BASE-1

* End Instance

**

* Instance，name = Bolt-STEP-1，part = Bolt-STEP

* End Instance

**

**　　　　盖板实体及其平移和旋转的值（用于将实体在装配件中定位）

* Instance，name = PLATE-1，part = PLATE

4.，43.9999999999999，0.

4.，43.9999999999999，0.，3.42264973081037，44.5773502691896，0.577350269189626，

120.

* End Instance

……

**　　　　螺纹处的绑定约束：名称为 **Constraint-Tie**

**　　　　　　　　调整从面节点的坐标，位置误差限度为 **0.02**，不绑定旋转自由度

**　　　　　　　　从面为 **Surf-Bolt-Tie**，主面为 **Surf-Base-Tie**

* **Tie，name = Constraint-Tie，adjust = yes，position tolerance =0.02，no rotation**

Surf-Bolt-Tie，Surf-Base-Tie

**

**　　　　螺栓载荷的受力点

* **Node**

　1，0.，0.，0.

* **Nset，nset = _Load-Pretension_blrn_，internal**

1，

**

**　　　　螺栓载荷的受力截面

* **Pre-tension Section，surface = _ PickedSurf30，node = _Load-Pretension_blrn_**

9.62799e-15，−1.，−5.88371e-31……

* End Assembly

** --

……

**　　　　接触属性：库伦摩擦（摩擦系数为 **0.15**）

* **Surface Interaction，name = IntProp-Friction015**

1. ,

∗ **Friction**, **slip tolerance** = 0. 005

0. 15 ,

∗∗

∗∗　　　　边界条件

∗ Boundary

Node-Base-Bottom, ENCASTRE

∗∗

∗ Boundary

Geom-Symm, ZSYMM

∗∗

∗ Boundary

Node-Symm, ZSYMM

∗∗

∗∗　　　　底座与盖板之间的接触:接触属性为 **IntProp-Friction015**

∗∗　　　　　　　　　小滑移,面对面接触,位置误差限度为 **0. 02**

∗∗　　　　　　　　　从面为 **Surf-Plate-Down**, 主面为 **Surf-Base-Contact**

∗ **Contact Pair**, **interaction** = **IntProp-Friction015**, **small sliding**, **type** = **Surface to Surface**, **adjust** = **0. 02**

Surf-Plate-Down, **Surf-Base-Contact**

∗∗

∗∗　　　　螺钉与盖板之间的接触:接触属性为 **IntProp-Friction015**

∗∗　　　　　　　　　小滑移,面对面接触,位置误差限度为 **0. 02**

∗∗　　　　　　　　　从面为 **Surf-Bolt-Contact**, 主面为 **Surf-Plate-Up**

∗ **Contact Pair**, **interaction** = **IntProp-Friction015**, **small sliding**, **type** = **Surface to Surface**, **adjust** = **0. 02**

Surf-Bolt-Contact, **Surf-Plate-Up**

∗∗ --

∗∗　　　　第一个分析步

∗ Step, name = S1-FixPlate-Pretension10N

∗ Static

1. , 1. , 1e-05, 1.

∗∗

∗∗　　　　在盖板的端面上定义临时的固支边界条件

∗ Boundary

Node-Plate-End, ENCASTRE

∗∗

∗∗　　　　施加 **10N** 的螺栓载荷

∗ **Cload**

_Load-Pretension_blrn_，**1**，**10.**

……

**　　　　将接触力输出至 **DAT** 文件

* CONTACT PRINT，SLAVE = Surf-Bolt-Contact

CFN

* **CONTACT PRINT**，**SLAVE = Surf-Plate-Down**

CFN

……

* End Step

** --

**　　　　第二个分析步

* Step，name = S2-FreePlate-Pretension10N

……

**　　　　重新定义所有边界条件,从而去除盖板端面上的固支边界条件(op = NEW 表示

**　　　　去除前面分析步中的所有边界条件,重新定义新的边界条件)

* Boundary，op = NEW

Node-Base-Bottom，ENCASTRE

**

* Boundary，op = NEW

Geom-Symm，ZSYMM

**

* Boundary，op = NEW

Node-Symm，ZSYMM

**

* Boundary，op = NEW

……

* End Step

** --

**　　　　第三个分析步

* Step，name = S3-Pretension15kN

……

**　　　　施加 **7500N** 的螺栓载荷

* **Cload**，**op = NEW**

_Load-Pretension_blrn_，**1**，**7500.**

……

* End Step

** --

**　　　　第四个分析步

* Step，name = S4-FixBoltLength

......

**　　　将螺钉预紧力改为"保持螺钉当前的长度"

* **Boundary**, **op = NEW**, **fixed**

_Load-Pretension_blrn_ , **1** , **1**

**

**　　　去除前面分析步中的所有集中载荷(包括螺栓载荷)

* Cload, op = NEW

**

......

* End Step

** --

**　　　第五个分析步

* Step, name = S5-Plate-Load

......

**　　　定义盖板端面受到的斜向拉力 p_G: 大小为 **10** , 向量为 **−0.707107** , **0.707107** , **0**

* Dsload

Surf-Plate-End, TRVEC, 10. , −0.707107, 0.707107, 0.

......

* End Step

** --

10.1.15　通过定义过盈接触模拟螺钉的预紧力

上面通过施加螺栓载荷模拟了螺钉的预紧力,下面练习模拟预紧力的另外一种方法:在螺钉和盖板之间定义过盈接触(其相应的关键词为 * CONTACT INTERFERENCE)。在第 5.2.4 节中介绍了定义过盈接触的基本方法。

本实例中的预紧力为 15000N,其相应的精确过盈量 v 在建模时无法确定,可以先为其设定一个估计值 v_0,完成分析计算后得到相应的接触力 f_0,然后再根据所要求的预紧力 f 来设定正确的过盈量 v,重新分析计算。本实例中的材料特性是线弹性的,过盈量与相应的螺钉预紧力大致成正比,即 $v = v_0 \cdot f/f_0$。

上述方法需要计算两次,不如施加螺栓载荷的方法简便,但过盈接触是接触分析中的一个很重要的问题,在这里详细介绍一下其建模方法。

在随书光盘的以下文件夹中可以找到本节内容完成后的文件:

1) ABAQUS 模型数据库文件(.cae):

　　　\Demo10-Bolt\CAE Model\Bolt-Interference.cae

2) INP 文件和结果文件:

　　　\Demo10-Bolt\Analysis Results\Bolt-Interference. *

具体操作步骤如下。

(1) 保存模型　将前面完成的模型(即随书光盘中的文件 *Bolt.cae*)另存为 *Bolt-Interference.cae*。

（2）去掉螺栓载荷　进入 **Load** 功能模块，在主菜单中选择 **Load → Manager**，点击螺栓载荷 *Load-Pretension* 左面的对号，使其变为叉号。

（3）定义过盈接触的幅值曲线　进入 **Interaction** 功能模块，点击主菜单 **Tools → Amplitude → Create**，然后点击 **Continue**，输入如图 10-29 所示的分析步时间和幅值，点击 **OK**。

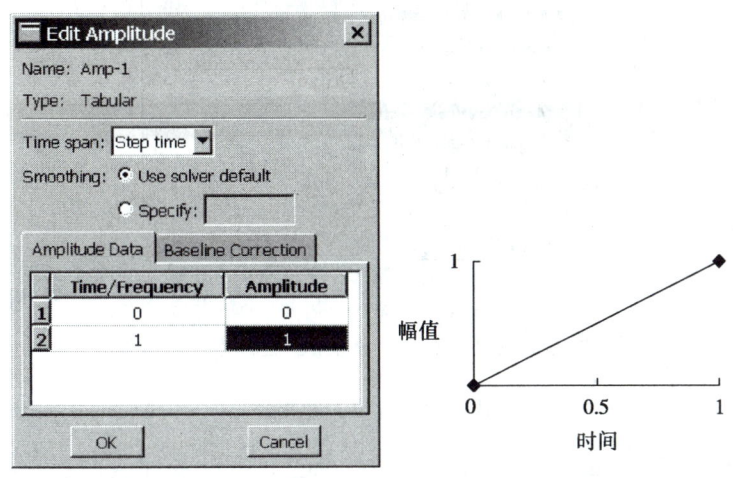

图 10-28　定义过盈接触的幅值

（4）在第一个分析步中，在螺钉和盖板之间定义微小的过盈接触　在主菜单中选择 **Interaction → Manager**，点击接触 *Int-Bolt-Plate* 在第一个分析步 *S1-FixPlate-Pretension10N* 下面的 **propagated**，然后点击 **Edit**。在 **Edit Interaction** 对话框中，点击 **Interference Fit**（过盈配合）按钮。

> ☆ 提示：如果发现 **Interference Fit** 按钮是灰色的，无法点击，请返回到 **Interaction Manager** 对话框，查看是否选中了第一个分析步 *S1-FixPlate-Pretension10N* 下面的 **propagated**，而不是初始分析步 *Initial* 下面的 **Created**。过盈接触与载荷类似，无法在初始分析步中定义。

在弹出的 **Interaction Fit Options** 对话框中（见图 10-29），选中 **Gradually remove slave node overclosure during the step**（在分析步中逐渐去掉从面节点的过盈量），然后选中 **Uniform allowable interference**（允许的过盈量），将 **Amplitude** 设为 *Amp-1*，在 **Magnitude allowable interference** 后面输入一个微小的过盈量 − 0.0001（注意不要忽略负号），然后点击 **OK**。在 **Edit Interaction** 对话框中，点击 **OK**。

> ☆ 提示：在图 10-29 所示的对话框中，如果使用 ABAQUS 默认的幅值曲线 **Ramp**，ABAQUS 会在分析步的开始施加全部的过盈量，然后使其逐渐减小，到分析步的结束时过盈量降至 0。这样在后处理中就会看到，在分析步结束时模型中没有过盈接触，接触面上的接触压强 **CPRESS** 为 0，而这样的结果是不正确的。因此，不能使用 ABAQUS 默认的幅值曲线 **Ramp**，而要使用上述幅值曲线 *Amp-1*，使过盈接触的幅值在整个分析步中从 0 到 1 逐渐增大。

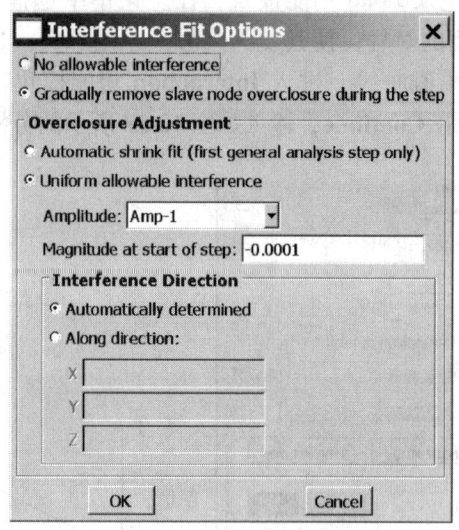

图 10-29　定义过盈接触

☆ 提示：如果在 ABAQUS/CAE 模型中，两个接触面之间有宽度为 t 的缝隙，而需要在它们之间定义过盈接触，则在 **Edit Interaction** 对话框中（见图 10-22），参数 **Specify tolerance for adjustment** 必须略大于此缝隙的宽度 t，否则 ABAQUS 会认为这两个接触面没有接触，在图 10-29 中设置的过盈量不会起作用。

☆ 提示：图 10-29 中的参数 **Magnitude allowable interference** 为负值表示过盈量，正值表示间隙量。

（5）在第三个分析步中，将螺钉和盖板之间的过盈量改为一个估计值 -0.05　在 **Inter-action Manager** 对话框中，点击接触 *Int-Bolt-Plate* 在第三个分析步 *S3-Pretension15kN* 下面的 **propagated**，然后点击 **Edit**。点击 **Interference Fit**，将 **Magnitude allowable interference** 改为估计的过盈量 -0.05，然后点击 **OK**。

（6）提交分析，查看接触力　进入 **Job** 功能模块，将分析作业名称改为 *Bolt-Interference*，然后提交分析。在得到的 *Bolt-Interference. dat* 文件中，可以看到第 3 个分析步中的接触力 CFN2 = 2.4320E + 04（相应的过盈量是 0.05），而正确的接触力（即螺钉预紧力的 1/2）应该为 7500。由以下计算公式可以计算出正确的过盈量 v：

$$v = v_0 \cdot f/f_0 = 0.05 \cdot 7500/24320 \text{mm} = 0.0154 \text{mm}$$

（7）更正螺钉和盖板之间在第三个分析步中的过盈量　重复上面的步骤（5），将 **Magnitude allowable interference** 改为正确的过盈量 -0.0154。

（8）重新提交分析，查看接触力　在 **Job** 功能模块中再次提交分析，在得到的 *Bolt-Interference. dat* 文件中看到，第 3 个分析步的接触力 CFN2 = 7418，与正确的接触力 7500 很接近。在 **Visualization** 功能模块中可以看到，各项分析结果与直接施加螺栓载荷得到的结果几乎相同。

在 *Bolt-Interference. inp* 文件中,与过盈接触有关的关键词为:

```
** -----------------------------------------------------------------
**        幅值:从 0 到 1 逐渐增大
* Amplitude, name = Amp-1
0. , 0. , 1. , 1.
**
**         螺钉与盖板之间的接触:接触属性为 IntProp-Friction015
**                   小滑移,面对面接触,位置误差限度为 0. 02
**                   从面为 Surf-Bolt-Contact, 主面为 Surf-Plate-Up
* Contact Pair, interaction = IntProp-Friction015, small sliding, type = Surface to Surface, adjust
= 0. 02
Surf-Bolt-Contact, Surf-Plate-Up
** -----------------------------------------------------------------
**        第一个分析步
Step, name = S1-FixPlate-Pretension10N
......
* *         定义过盈接触,幅值曲线为 Amp-1
**                   从面为 Surf-Bolt-Contact, 主面为 Surf-Plate-Up,过盈量为 - 0. 0001
* Contact Interference, amplitude = Amp-1
Surf-Bolt-Contact, Surf-Plate-Up, - 0. 0001,
......
* End Step
** -----------------------------------------------------------------
......
**        第三个分析步
* Step, name = S3-Pretension15kN
......
**        定义过盈接触,幅值曲线为 Amp-1
**                   从面为 Surf-Bolt-Contact, 主面为 Surf-Plate-Up,过盈量为 - 0. 0154
* Contact Interference, amplitude = Amp-1
Surf-Bolt-Contact, Surf-Plate-Up, - 0. 0154,
......
* End Step
** -----------------------------------------------------------------
```

10. 1. 16　接触分析中不同单元性能的比较

采用不同的单元类型来分析本实例的模型,比较其分析结果,可以得出以下结论。

1)线性减缩积分单元(C3D8R)和非协调单元(C3D8I)都适合于接触分析,二者得到的位移结果很相近。使用 C3D8R 单元可以大大缩短计算时间，但得到的节点应力结果较差。

2）如果接触属性为默认的"硬接触"（hard contact），则不能使用六面体二次单元（C3D20 和 C3D20R），以及四面体二次单元（C3D10）。

在本实例中尝试使用六面体二次减缩积分单元（C3D20R），会看到异常的 **CPRESS** 结果，花费的 CPU 时间为 907s，而使用 C3D8R 单元时，CPU 时间只有 53s。

3）使用修正的四面体二次单元（C3D10M），计算时间也大大增加。但如果模型的几何形状复杂，无法使用六面体单元网格，可以使用 C3D10M 单元进行接触分析。

4）采用六面体线性完全积分单元（C3D8）或四面体线性单元（C3D4）得到的分析结果都很差，因此尽量不要在模型中使用这两种单元。

10.2　实例 2：带轮和轴承在不同温度下的极限与配合分析

下面的实例将分析带轮和轴承外圈在不同温度下的极限与配合，读者将从中学习 ABAQUS 的以下功能：

1）接触分析和热应力分析的结合。

2）旋转周期结构（cyclic symmetry）的建模方法。

3）过约束的解决办法。

4）四面体单元网格的划分技巧。

5）通过修复几何实体来改善网格质量。

6）重启动分析（restart）。

在随书光盘的以下文件夹中可以找到本实例完成后的文件：

1）ABAQUS 模型数据库文件（. cae）：\Demo10-Fit\CAE Model\Fit. cae

2）INP 文件和结果文件：　　　　　　　　\Demo10-Fit\Analysis Results\

10.2.1　问题的描述

如图 10-30 所示，带轮和轴承外圈通过过盈配合装配在一起，在常温 20℃下，半径上的过盈量为 0.005mm（见图 10-31）。接触面之间的摩擦系数为 0.15。两个部件的一侧端面在 X 方向上固定（见图 10-31），在径向可以自由膨胀或收缩。

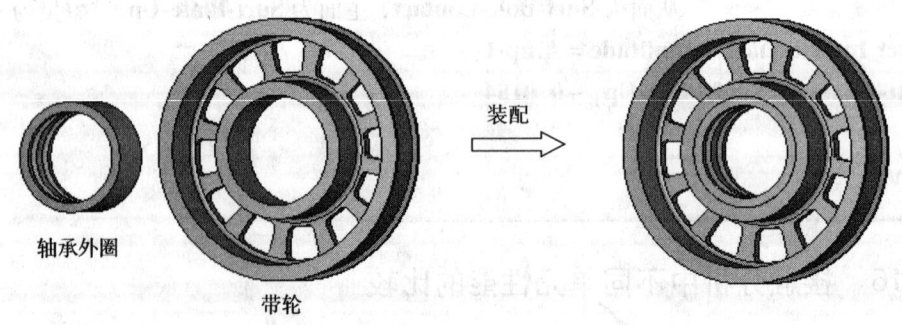

轴承外圈　　　　　　　　　　装配

带轮

图 10-30　轴承外圈和带轮的模型图

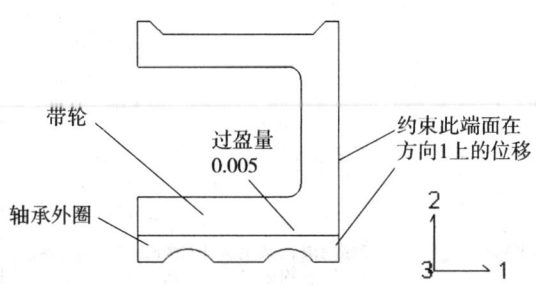

图 10-31 模型的截面图

带轮的材料是铝, 弹性模量 76000MPa, 泊松比 0.33, 线胀系数 $2.05 \times 10^{-5}/℃$。轴承外圈的材料是钢, 弹性模量 210000MPa, 泊松比 0.3, 线胀系数 $1.38 \times 10^{-5}/℃$。

当温度升高时, 由于铝的线胀系数大于钢, 带轮和轴承外圈之间的过盈配合会变小。当过盈配合减小到一定程度时, 带轮和轴承外圈之间就有可能发生相对滑动, 造成接触面的磨损。

整个机构的最高工作温度为 140℃, 要求分析在此温度下 (均匀温度场), 两个部件之间是否还存在过盈配合。

建模要点

1) 此问题研究的是结构的静态响应, 所以分析步类型应为 **Static**, **General** (使用 ABAQUS/Standard 作为求解器)。

2) 轴承外圈可以生成扫掠网格, 使用 C3D8I 单元 (六面体非协调模式单元)。带轮也可以通过分割来生成扫掠网格, 但为了练习四面体单元网格的划分方法, 为带轮选用 C3D10M 单元 (修正的二次四面体单元)。

3) 分析热应力的方法是在 **Property** 功能模块中设定材料的线胀系数, 并在 **Load** 功能模块中设定模型的初始温度场和各个分析步中的温度场 (详见第 7 章)。

4) 对过盈配合使用过盈接触 (∗CONTACT INTERFERENCE) 来模拟。

5) 分析过程中不会出现很大的滑动, 因此选用小滑移 (small sliding)。

6) 为练习重启动分析的操作方法, 首先只分析 20℃ 下的接触状况, 然后在第 10.2.16 节中, 使用重启动分析来模拟 140℃ 下的接触状况。

10.2.2 旋转周期结构的建模

本实例中, 带轮不是简单的旋转体, 因此不能使用轴对称模型, 但模型的几何形状、边界条件和载荷都符合旋转周期结构的要求, 即模型的位移关于中心轴呈周期性的对称, 因此可以只截取其基本结构 (模型的 1/12) 来进行建模, 如图 10-32 所示。

本实例中的旋转周期结构可以有以下两种建模方法。

方法 1: 在基本结构两侧的截面上定义旋转周期对称约束 (见图 10-32), 相应的关键词为 ∗TIE,CYCLIC SYMMETRY 和 ∗CYCLIC SYMMETRY MODEL。本实例将采用这种方法来建模。

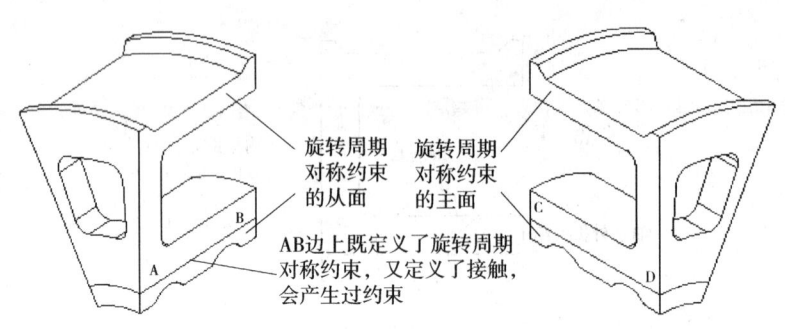

旋转周期
对称约束
的从面

旋转周期
对称约束
的主面

AB边上既定义了旋转周期
对称约束,又定义了接触,
会产生过约束

图 10-32　取模型的 1/12 来构造旋转周期对称模型

☆ 提示:在 ABAQUS/CAE 中不能直接施加旋转周期对称约束,也不能在 **Edit Keywords**
对话框中直接输入上述关键词,而只能通过手工修改 INP 文件来完成。

　　旋转周期对称约束使两侧截面在相应位置的位移保持相同。这两个截面可以有不同的网
格,但其几何形状和尺寸必须是相同的。例如,如果只截取模型的 1/24 来建模(见图 10-
33),两侧的截面具有不同的形状,则不能定义旋转周期对称约束。即使两侧截面的几何形
状尺寸相同,如果载荷或边界条件等因素造成两侧截面的位移不相同,也不能定义旋转周期
对称约束。

　　本实例中,在如图 10-32 所示的边 AB 上,既定义了旋转周期对称约束,又定义了接触
关系,会产生过约束,造成收敛问题。因此在定义接触对的从面时,要注意不能包含边 AB
和端点 A、B。

☆ 提示:旋转周期对称约束可以保证两侧截面在相应位置的位移保持相同,因此不在边
　　　　AB 上定义接触也不会影响分析结果的正确性。

☆ 提示:过约束只会发生在旋转周期对称约束和接触的从面上,图 10-32 中的边 CD 位于
　　　　主面上,因此不会出现过约束。

　　如果在分析过程中模型出现周向位移,或者在任意方向上出现大的位移或转动,旋转周
期对称约束仍然是有效的。

　　本实例中,为消除刚体位移,除了旋转周期对称约束之外,还要在垂直于方向 3 的截面
上施加对称边界条件(ZSYMM),再在一侧端面上约束 X 方向上的位移(见图 10-31)。

　　方法 2:本实例的模型在分析过程中不会出现周向位移,因此可以定义局部基准柱坐标
系(轴 1 为径向的 R 轴,轴 2 为周向的 T 轴,轴 3 为旋转轴 Z 轴),然后在基本结构两侧的
截面上定义关于 T 轴的对称边界条件,其相应的关键词为 ＊TRANSFORM。

☆ ABAQUS/CAE 操作：**Load** 功能模块，主菜单 **Tools → Datum**，将 **Type** 设为 **CSYS**，定义局部基准柱坐标系。在定义边界条件时，将类型设为 *Displacement/Rotation*，在 **Edit Boundary Condition** 对话框中，点击 **CSYS** 后面的 **Edit**，选择已经定义的柱坐标系（见图 10-34）。

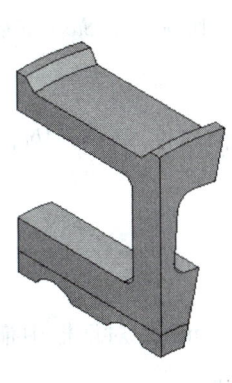

图 10-33　不能只取模型的 1/24 来构造旋转周期对称模型

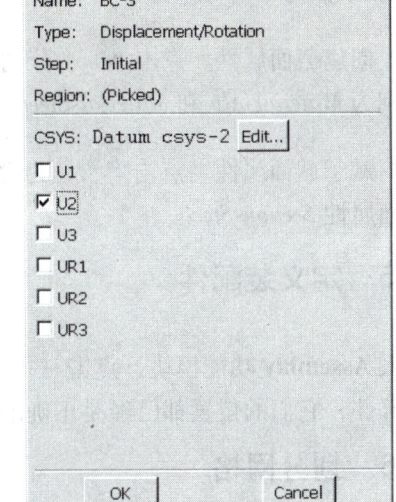

图 10-34　在定义边界条件时选择局部坐标系

这种方法不会出现方法 1 中的过约束问题，但如果在分析过程中模型出现周向位移，就不能使用此方法，因为局部基准坐标系不会随模型而旋转，周向的对称关系不再有效。本实例不采用这种方法来建模。

关于旋转周期结构的详细介绍，请参见 ABAQUS 帮助文件《ABAQUS Analysis User's Manual》的第 7.8.3 节 "Analysis of models that exhibit cyclic symmetry"。

10.2.3　创建部件

下面通过导入 STEP 格式的 CAD 模型文件来创建两个部件：

（1）生成轴承外圈　启动 ABAQUS/CAE，在主菜单中选择 **File → Import → Part**，设置 **File Filter** 为 *STEP*（ *.stp* , *.step* ），然后选择随书光盘中的以下 STEP 文件：

　　　\Demo10-Fit\Import\Ring.stp

（2）生成带轮　使用类似的方法，导入随书光盘中的如下 STEP 文件：

　　　\Demo10-Fit\Import\Pulley.stp

导入此文件后，可以看到模型中出现了一个名为 *Pulley-2* 的曲面部件，这是因为 STEP 文件中包含了面的信息。可以在主菜单中选择 **Part → Delete → *Pulley-2***，删除这个不需要的曲面部件，只保留名为 *Pulley-1* 的三维带轮部件。

10.2.4 创建材料和截面属性

（1）创建材料　进入 **Property** 功能模块，点击 [图标]，在 **Name** 后面输入材料名称 *Material-Alu*，设置 **Young's Modulus** 为 76000，**Poisson's Ratio** 为 0.33，再选择对话框中的 **Mechanical → Expansion**，输入线胀系数 2.05E-5，然后点击 **OK**。

使用类似的方法，创建名为 *Material-Steel* 的材料，设置弹性模量为 210000，泊松比为 0.3，线胀系数为 1.38E-5/℃。

（2）创建截面属性　点击 [图标]，分别创建名为 *Section-Alu* 和 *Section-Steel* 的截面属性，其材料分别为 *Material-Alu* 和 *Material-Steel*。

（3）赋予截面属性　点击 [图标]，为部件 *Pulley-1* 赋予截面属性 *Section-Alu*，为部件 *Ring* 赋予截面属性 *Section-Steel*。

10.2.5 定义装配件

进入 **Assembly** 功能模块，点击 [图标]，在弹出的 **Create Instance** 对话框中拖动鼠标来选中两个部件，它们的位置都已经是正确的，不需要再重新定位。

10.2.6 划分网格

（1）为轴承外圈划分六面体网格　进入 **Mesh** 功能模块，在窗口顶部的环境栏中把 **Object** 选项设为 **Part**：*Ring*。

点击 [图标]，在 **Approximate global size** 后面输入 0.7，点击 **OK**。

点击 [图标]，选中 **Incompatible modes**，看到单元类型变为 C3D8I，点击 **OK**。

点击 [图标]，然后在视图区中点击鼠标中键，得到如图 10-35 所示的网格。

（2）为带轮划分四面体网格　在窗口顶部的环境栏中把 **Object** 选项设为 **Part**：*Pulley-1*。

点击 [图标]，将 **Element Shape** 设置为 *Tet*（四面体单元），点击 **OK**。

点击 [图标]，在 **Approximate global size** 后面输入 1.5，点击 **OK**。

在 [图标] 上面按住鼠标左键不放，在展开的按钮栏中点击 [图标]（Seed Edge：By Size）。旋转模型，点击带轮与轴承外圈相接触的圆弧面（见图 10-36），在视图区中点击鼠标中键来确认。在窗口底部提示区中输入单元长度 0.7，按回车键确认。

点击 [图标]，将 **Element Shape** 设置为 *Quadratic*（二次单元），看到单元类型变为 C3D10M，点击 **OK**。

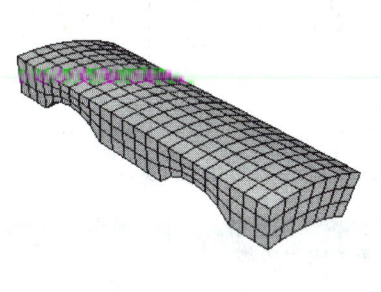

图 10-35　轴承外圈的网格

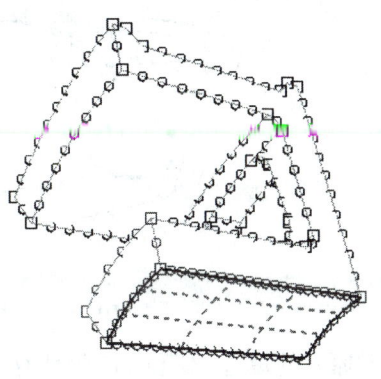

图 10-36　选择带轮与轴承外圈相接触
的面，设置单元长度为 0.7

点击 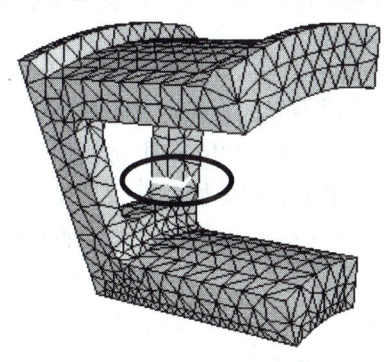，然后在视图区中点击鼠标中键，生成四面体网格。

☆ 提示：对于某些几何形状复杂的实体，有时可能无法顺利生成四面体网格，这时可以
尝试本书第 2.6.6 节介绍的解决方法。

（3）检查网格质量　在主菜单中选择 **Mesh → Verify**，选中带轮，在 **Verify Mesh** 对话框中，将 **Type** 设为 *Analysis Checks*，然后点击 **Highlight**。在模型中会看到一些单元显示为黄色（见图 10-37），放大显示这一区域，可以看到这些黄色的单元具有很小的尖角，形状是扭曲的，这是因为几何实体在此处有很短的边。下面通过修复几何实体来改善网格质量。

图 10-37　带轮网格中有形状扭曲的单元

（4）合并小面和短边　进入 **Part** 功能模块，在主菜单中选择 **Tools → Repair**，在弹出的 **Geometry Repair** 对话框中，点击 **Face**，选中 **Replace faces**（合并面），然后点击 **Apply**。按住 Shift 键，依次点击如图 10-38 所示的面 EFHG 和面 GHJI，然后在视图区中点击鼠标中键。

看到弹出提示信息"Some part instance meshes will be invalidated by the geometry changes"（修改几何实体会使已划分的网格无效），点击 **OK** 即可。可以看到，原来的两个面合并为一个。

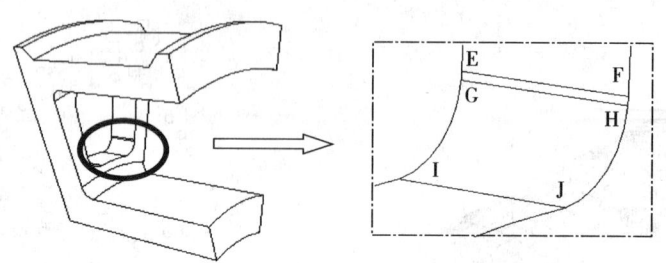

图 10-38　合并小面和短边，以改善网格质量

这时原有的短边 EG 和 FH 仍然存在，下面将它们与相邻的边合并：在上述 **Geometry Repair** 对话框中，点击 **Edge**，选中 **Merge edges**（合并边），然后点击 **Apply**。按住 Shift 键，依次点击边 EG 和 GI，然后在视图区中点击鼠标中键；再按住 Shift 键，依次点击边 FH 和 HJ，再次点击鼠标中键。

（5）重新为带轮划分网格　修改几何实体后，原有的网格已被删除，已设置的种子也可能发生变化，需要重新划分网格。

进入 **Mesh** 功能模块，点击 ⊞（Seed Edge：By Size），可以看到，在带轮与轴承外圈相接触的圆弧面上，一条边的种子已经发生了变化。再次设置这个面的单元长度为 0.7，然后点击 ⊞，重新为带轮划分网格。再次检查网格质量，不再有形状扭曲的单元。

10.2.7　定义分析步（输出重启动分析数据）

暂时先只分析 20℃下的接触状况，因此只需定义一个分析步即可。

（1）创建分析步　进入 **Step** 功能模块，点击 ⊙⊞。在 **Name** 后面输入 *Step-20Grad*，点击 **Continue**，各项参数保持默认值不变，直接点击 **OK**。

（2）输出重启动分析数据　在第 10.2.16 节中将使用重启动分析来模拟 140℃下的接触状况，因此需要时当前分析步输出重启动分析数据，具体方法是：

在主菜单中选择 **Output → Restart Requests**，在弹出的 **Edit Restart Requests** 对话框中，**Frequency** 的默认值为 0，其含义为"不输出重启动分析数据"，将其改为 1，其含义为"在每个时间增量步结束时都输出重启动分析数据"，然后点击 **OK**。

☆ 提示：在 **Edit Restart Requests** 对话框中，如果选中 **Overlay**，在此分析步中将只保留最后一个时间增量步的重启动分析数据，这样可以减小分析结果文件的大小，但以后将无法在分析步中的任意一个时间增量步开始重启动分析。

10.2.8　定义各个面和接触关系

（1）定义带库伦摩擦的接触属性（摩擦系数为 0.15）　进入 **Interaction** 功能模块，点击 ☰（Create Interaction Property），点击 **Continue**。点击 **Mechanical → Tangential Behav-**

ior，把摩擦类型改为 **Friction formulation**：*Penalty*，在 **Friction Coeff** 下面输入 0.15，然后点击 **OK**。

（2）定义过盈接触的幅值曲线　点击主菜单 **Tools → Amplitude → Create**，然后点击 **Continue**，输入如图 10-28 所示的分析步时间和幅值，然后点击 **OK**。

（3）定义接触和旋转周期对称约束所要用到的面　点击窗口顶部的 ⬚，单独显示轴承外圈。在主菜单中选择 **Tools → Surface → Manager**，点击 **Create**，定义轴承外圈与带轮相接触的面 *Surf-Ring-Contact*（见图 10-39）。

点击窗口顶部的 ⬚，显示所有实体。依次定义旋转周期对称约束的主面 *Surf-Cyclic-Master* 和从面 *Surf-Cyclic-Slave*（见图 10-40）。

> ☆ 提示：注意不要颠倒旋转周期对称约束的主面和从面，因为在主面所在的位置还要定义对称边界条件，如果将这个面定义为从面，此面上各节点的自由度都会被消除，对称边界条件也将不再起作用。

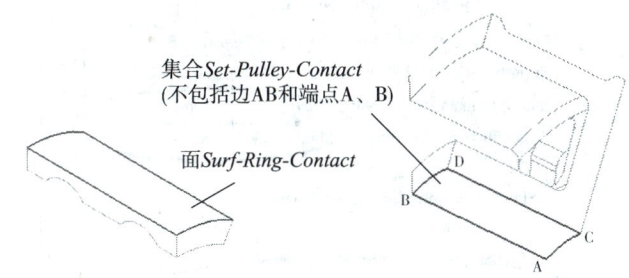

集合 *Set-Pulley-Contact*
(不包括边 AB 和端点 A、B)

面 *Surf-Ring-Contact*

图 10-39　定义接触对的主面 *Surf-Ring-Contact* 和
作为从面的集合 *Set-Pulley-Contact*

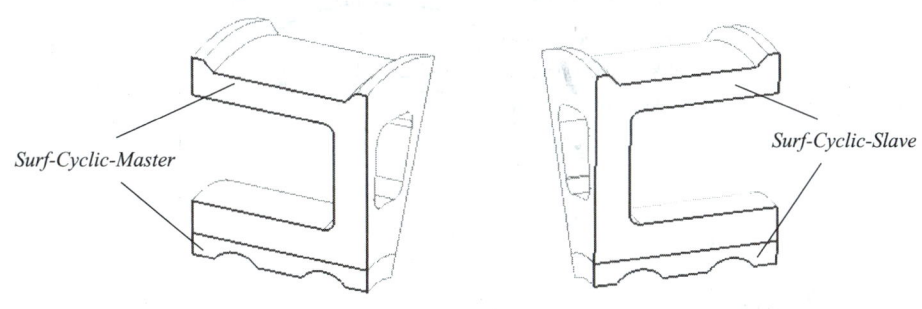

Surf-Cyclic-Master

Surf-Cyclic-Slave

图 10-40　定义施加旋转周期对称约束的面

（4）在带轮上为接触对从面定义集合　如第 10.2.2 节所述，为避免过约束，接触对的从面（图 10-39 中的面 ABCD）不能包含边 AB 和端点 A、B。下面把面 ABCD 定义为一个集合（不包边 AB 和端点 A、B），在定义接触时就可以把从面类型设为 **Node Region**（基于节点的面），然后选择这一集合。具体做法如下。

点击窗口顶部的 ⬚，单独显示带轮。在主菜单中选择 **Tools → Set → Create**，定义名

为 *Set-Pulley-Contact* 的集合，首先点击图 10-39 中的面 ABDC，看到整个面变为红色，然后按住 Ctrl 键，依次点击边 AB 和端点 A、B，看到它们变为紫红色，在视图区中点击鼠标中键来确认。

（5）定义接触　点击 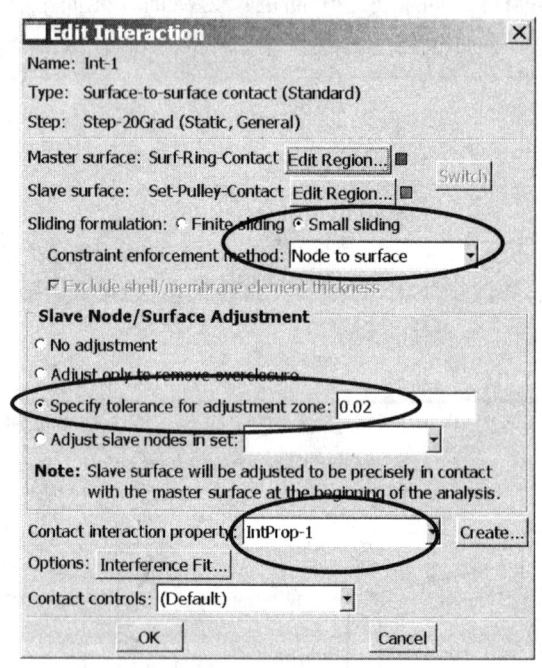（Create Interaction），选中 *Surf-Ring-Contact* 作为主面，在选择从面时，点击窗口底部提示区中的 **Node Region**，然后选中 *Set-Pulley-Contact*。

在弹出的 **Edit Interaction** 对话框中，按照图 10-41 进行设置，并点击此对话框底部的 **Interference Fit**（过盈配合）按钮。

在弹出的 **Interaction Fit Options** 对话框中（与图 10-29 相类似），选中 **Gradually remove slave node overclosure during the step**，然后选中 **Uniform allowable interference**，将 **Amplitude** 设为 *Amp-1*，在 **Magnitude allowable interference** 后面输入过盈量 −0.005（注意不要忽略负号），然后点击 **OK**。在 **Edit Interaction** 对话框中，点击 **OK**。

图 10-41　设置接触参数

10. 2. 9　定义温度场

（1）将整个模型定义为集合 *Set-All*　进入 **Load** 功能模块，点击窗口顶部的 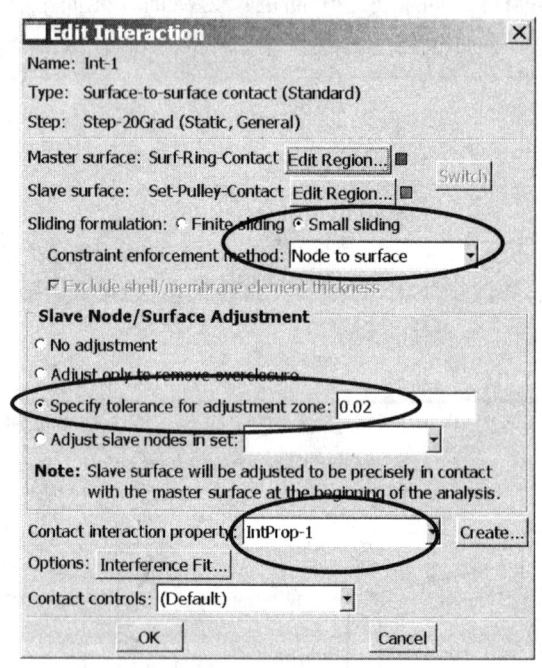，显示所有实体。在主菜单中选择 **Tools → Set → Create**，定义名为 *Set-All* 的集合，它包括所有实体。

（2）为整个模型定义初始温度场（20℃）　选择主菜单 **Field → Create**，设定 **Step** 为 *Initial*，**Category** 为 *Other*，**Types for Selected Step** 为 *Temperature*，点击 **Continue**。

点击窗口底部提示区右侧的 **Sets**，选中集合 *Set-All*，点击 **Continue**。在 **Edit Field** 对话

框中，在 **Magnitude** 后面输入初始温度值 20，然后点击 **OK**。

10.2.10　定义边界条件

（1）创建施加边界条件的集合　如图 10-42 所示，为模型一侧的端面定义名为 *Set-X-Fix* 的集合，再为模型垂直于 Z 轴的截面定义名为 *Set-Z-Symm* 的集合（与面 *Surf-Cyclic-Master* 所对应的区域是相同的）。

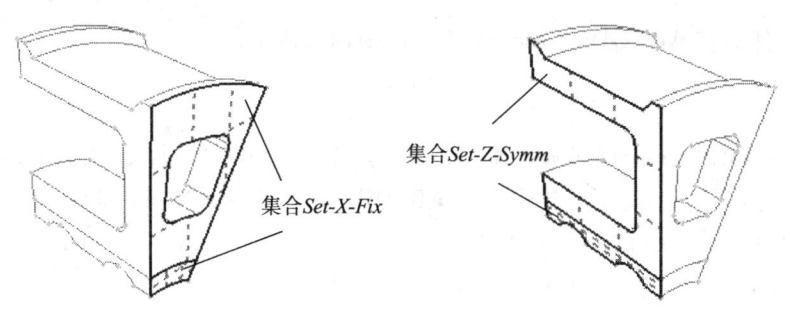

图 10-42　定义施加边界条件的集合

（2）对集合 *Set-Z-Symm* 施加关于 Z 轴的对称边界条件　在主菜单中选择 **BC → Manager**，点击 **Create**，在 **Name** 后面输入 *BC-Z-Symm*，选择集合 *Set-Z-Symm*，选中 **ZSYMM**。

（3）约束集合 *Set-X-Fix* 在 X 方向上的位移　在 **Boundary Condition Manager** 对话框中再次点击 **Create**，在 **Name** 后面输入 *BC-X-Fix*，将边界条件的类型设为 *Displacement/Rotation*，选择集合 *Set-X-Fix*，约束 **U1**。

10.2.11　生成 INP 文件

在 ABAQUS/CAE 中不能直接施加旋转周期对称约束，需要首先生成 INP 文件，再对其进行手工修改。

进入 **Job** 功能模块，创建名为 *Fit-20Grad* 的分析作业，在 **Job Manager** 对话框中，点击 **Write Input** 来生成文件 *Fit-20Grad. inp*。

10.2.12　修改 INP 文件来定义旋转周期对称

在当前工作目录中找到生成的文件 *Fit-20Grad. inp*，用文本编辑器打开，找到以下语句。

　　∗ End Assembly

将其替换为

　　∗ TIE，CYCLIC SYMMETRY，NAME = Tie-Cyclic

　　Surf-Cyclic-Slave，Surf-Cyclic-Master

　　∗∗

　　∗ End Assembly

　　∗∗

　　∗ CYCLIC SYMMETRY MODEL，N = 12

　　0，0，0，1，0，0

其中，*Surf-Cyclic-Slave* 是旋转周期对称约束的从面，*Surf-Cyclic-Master* 是旋转周期对称约束的主面，$N = 12$ 表示在 360°模型中共有 12 个相同的基本结构，(0, 0, 0)，(1, 0, 0) 是旋转轴的起点和终点坐标。

保存修改后的文件 *Fit-20Grad. inp*。

10. 2. 13　提交分析作业

在 Windows 操作系统中点击［开始］→［程序］→［**ABAQUS 6. 5-1**］→［**ABAQUS Command**］，然后在 **ABAQUS Command** 窗口中输入以下命令：

$$abaqus\ job = Fit\text{-}20Grad$$

> ☆ 提示：**ABAQUS Command** 窗口中显示了当前的工作目录。如果 *Fit-20Grad. inp* 文件不在此路径下，运行上述命令时 ABAQUS 会要求键入正确的 INP 文件名，然后出现以下错误信息："ABAQUS Error：The following file（s）could not be located：*. inp. ABAQUS/Analysis exited with error（s）."。

查看分析过程中生成的文件 *Fit-20Grad. msg*，其中不应出现 Zero pivot 和 Overconstraint check 等警告信息，否则就说明出现了过约束，这时应检查模型中的接触关系和边界条件是否正确，尤其要注意，作为接触对从面的集合 *Set-Pulley-Contact* 不能包括图 10-39 中的边 AB 和端点 A、B。

10. 2. 14　后处理

（1）显示 Mises 应力的云纹图和动画　在 ABAQUS/CAE 或 ABAQUS/Viewer 中打开结果文件 *Fit-20Grad. odb*。点击 ⬚ 来显示 Mises 应力的云纹图，点击 ⬚ 来显示动画，查看分析结果是否正常。

（2）显示接触压强和接触状态　点击窗口顶部的 ⬚，单独显示带轮。点击主菜单 **Results → Field Output**，在 **Field Output** 对话框中选择输出变量 **CPRESS**（接触压强），点击 **Apply**。旋转模型，可以看到从面上的接触压强（见图 10-43），它在分析步结束时的最小值为 0. 1984，这表明在过盈配合的作用下，从面与主面的各处都是相接触的。

在 **Field Output** 对话框中选择输出变量 **COPEN**（从面节点与主面的距离），点击 **Apply**，就可以显示各节点的接触状态（见图 10-44）。可以看到，**COPEN** 最大值的数量级为 10^{-18}，相当于 0，这同样表明了从面与主面的各点都是相接触的。

10. 2. 15　INP 文件

下面解释一下本实例所对应的 INP 文件 *Fit-20Grad. inp*。在随书光盘的以下文件夹中可以找到此文件：\Demo10-Fit\Analysis Results\。此文件中包含以下数据。

```
** ----------------------------------------------------------------------
* Part，name = Pulley-1
……
```

＊End Part

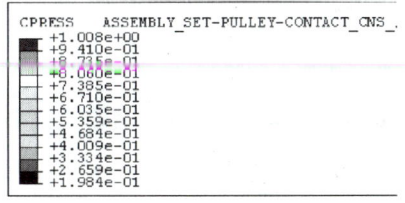
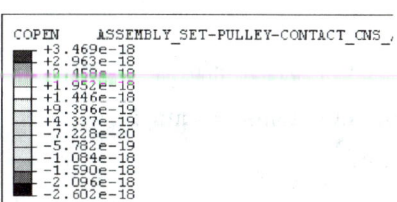

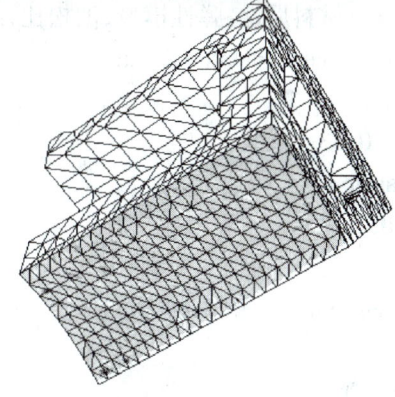

图 10-43　**CPRESS** 的云纹图（20℃）　　　　　图 10-44　**COPEN** 的云纹图（20℃）

＊＊

＊Part，name = Ring

……

＊End Part

＊＊　--

＊Assembly，name = Assembly

＊＊

＊Instance，name = Pulley-1-1，part = Pulley-1

＊End Instance

＊＊

＊Instance，name = Ring-1，part = Ring

＊End Instance

……

＊＊　　　旋转周期对称约束

＊**TIE，CYCLIC SYMMETRY，NAME = Tie-Cyclic**

Surf-Cyclic-Slave，Surf-Cyclic-Master

＊＊

＊End Assembly

＊＊　--

＊＊

＊＊　　　旋转周期对称模型参数

* CYCLIC SYMMETRY MODEL, N = 12

0,0,0,1,0,0

**

**   过盈接触的幅值

* Amplitude, name = Amp-1

0. , 0. , 1. , 1.

**

**   材料属性:弹性模量,泊松比,线胀系数

* Material, name = Material-Alu

* Elastic

76000. , 0. 33

* Expansion

2. 05e-05,

**

* Material, name = Material-Steel

* Elastic

210000. , 0. 3

* Expansion

1. 38e-05,

**

**   接触属性:库伦摩擦(摩擦系数为 0. 15)

* Surface Interaction, name = IntProp-1

1. ,

* Friction, slip tolerance = 0. 005

0. 15,

**

**   边界条件

* Boundary

Set-X-Fix, 1, 1

**

* Boundary

Set-Z-Symm, ZSYMM

**

**   初始温度场为 20℃

* Initial Conditions, type = TEMPERATURE

Set-All, 20.

**

**   接触:接触属性为 IntProp-1

**   小滑移,点对面接触,位置误差限度为 0. 02

＊＊　　　　　　由节点集合构成的从面 **Set-Pulley-Contact_CNS_**，主面 **Surf-Ring-Contact**

＊ **Contact Pair**，**interaction = IntProp-1**，**small sliding**，**type = Node to Surface**，**no thickness**，

adjust = 0. 02

Set-Pulley-Contact_CNS_，Surf-Ring-Contact

＊＊ ---

＊＊　　　　　分析步

＊ **Step**，**name = Step-20Grad**

＊ **Static**

1. , 1. , 1e-05, 1.

＊＊

＊＊　　　　　温度场仍为 **20℃**

＊ **Temperature**

Set-All，**20.**

＊＊

＊＊　　　　　过盈接触：幅值为 **Amp-1**，

＊ ＊　　　　　　　　从面为 **Set-Pulley-Contact_CNS_**，主面为 **Surf-Ring-Contact**，过盈量为

　　　　　　　　　　0. 005

＊ **Contact Interference**，**amplitude = Amp-1**

Set-Pulley-Contact_CNS_，**Surf-Ring-Contact**，−0. 005，

＊＊

＊＊　　　　　在每个时间增量步结束时输出重启动分析数据

＊ **Restart**，**write**，**frequency = 1**

＊＊

……

＊ **End Step**

＊＊ ---

10. 2. 16　重启动分析：140℃时的接触状况

当模型包含多个分析步时，不一定要一次完成所有分析步，例如在本实例中，先只对 20℃下的模型进行分析（下文中称此模型为"基础模型"），经检查分析结果，确认模型的正确性之后，再利用重启动分析（restart），在已有分析结果的基础上模拟 140℃下的接触状况。

关于重启动分析的详细介绍，请参见 ABAQUS 帮助文件《ABAQUS Analysis User's Manual》第 7. 1. 1 节 "Restating an analysis"。

下面结合本实例介绍一下重启动分析的三个基本步骤。

（1）在基础模型中输出重启动分析数据　如果不做特别的设置，ABAQUS 不会输出重启动分析数据。需要像第 10. 2. 7 节所介绍的那样，在基础模型的分析步中设置重启动分析参数，其相应的关键词为

　　　　　＊ *RESTART*，*WRITE*，*FREQUENCY* = <输出重启动分析数据的时间增量步间隔>

在基础模型的分析结果文件中，带以下扩展名的文件是重启动分析所要用到的。

1) 在 ABAQUS/Standard 中：.res、.mdl、.stt、.prt 和 .odb。

2) 在 ABAQUS/Explicit 中：.abq、.stt、.prt 和 .odb。

☆ 提示：在完成对基础模型的分析后，不要删除这些文件，并且要保证它们位于当前工作目录下。否则在进行重启动分析时将会看到以下错误信息："ABAQUS Error：Restart of an ABAQUS/Standard analysis requires the following files：mdl，stt，odb，res，prt. The analysis cannot proceed."。

（2）定义重启动分析　在 ABAQUS/CAE 中可以定义重启动分析，具体方法见 ABAQUS 帮助文件《ABAQUS/CAE User's Manual》第 18.3 节 "Restating an analysis"。但更简便的方法是直接创建一个用于重启动分析的 INP 文件。本实例的操作方法如下：

在工作目录下创建名为 *Fit-140Grad. inp* 的文本文件，其内容为

RESTART, READ, STEP = 1, WRITE, FREQUENCY = 1

*** --**

Step, name = Step-140Grad

Static

0. 25，1.，1e-05，0. 25

***

Temperature

Set-All，140.

***

End Step

在随书光盘的以下文件夹中可以找到此文件：\Demo10-Fit\Analysis Results\。文件中第一行关键词 *RESTART 后面的参数含义解释如下：READ 表示这是一个重启动分析；STEP = 1 表示在基础模型的第一个分析步结束处开始重启动分析；WRITE，FREQUENCY = 1 表示此分析将继续输出重启动分析数据。

随后定义了 140℃ 下的分析步 *Step-140Grad*，为了看到温度升高时模型的变化过程，将时间增量步设置为固定值 0. 25。

然后用关键词 *TEMPERATURE 来定义新的温度场：整个模型的温度变为 140℃。此分析步中只包括了对上述温度场的定义，其他未提到的模型参数，包括边界条件、载荷、接触关系、场变量和历史变量输出等，都自动保持与基础模型相同。

（3）提交重启动分析作业　首先保存修改后的文件 *Fit-140Grad. inp*，然后在 **ABAQUS Command** 窗口中输入以下命令

abaqus job = Fit-140Grad oldjob = Fit-20Grad

其中 "*job =*" 后面是重启动分析 INP 文件的名称，"*oldjob =*" 后面是基础模型的文件名称。

☆ 提示：提交分析后，如果在 DAT 文件中看到以下错误信息："＊＊＊ ERROR：STEP ＊ WAS NOT SAVED ON THE RESTART FILE. STEP ＊ IS THE LAST STEP ON THE FILE"，请参见第 11. 1. 12 节的解决方法。

在随书光盘的以下文件夹中可以找到上述重启动分析完成后的结果文件：\Demo10-Fit\ Analysis Results \ Fit-140Grad . ∗。在 ABAQUS/CAE 或 ABAQUS/Viewer 中打开文件 *Fit-140Grad. odb*，可以看到以下分析结果。

在分析步时间为 0.5 时，很多节点上的接触压强 **CPRESS** 都已变为 0（见图 10-45），**COPEN** 最大值的数量级也由初始的 10^{-18} 变为了 10^{-6}（见图 10-46），这表明了随着温度的升高，过盈配合慢慢消失。

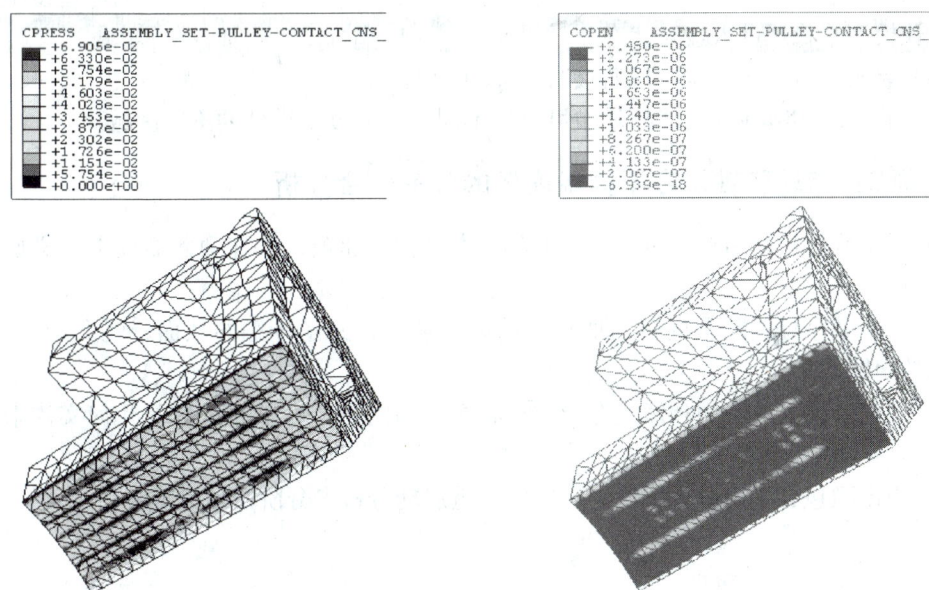

图 10-45　**CPRESS** 的云纹图（分析步时间为 0.5）　　图 10-46　**COPEN** 的云纹图（分析步时间为 0.5）

在分析步时间为 1 时，所有节点上的接触压强 **CPRESS** 都变为 0，**COPEN** 最小值为 $+4.639 \times 10^{-3}$，这表明在 140℃ 时，过盈配合完全消失，带轮和轴承外圈之间出现了大于 4.639×10^{-3} mm 的间隙。因此应该改进模型的设计，增大初始的过盈配合量。

10.3　本章小结

实例 1：带预紧力螺钉的接触分析

1）创建部件有多种不同的方法，包括在 **Part** 功能模块中直接生成部件、导入 CAD 模型、导入 ODB 文件或 INP 文件中的网格等。

2）在不同模型之间可以复制部件。

3）在 **Assembly** 功能模块中可以改变实体的相互位置。

4）在 **Mesh** 功能模块中可以修改网格部件的节点坐标。

5）如果不关心螺纹处的应力应变状态，可以在螺钉和螺孔的内表面之间建立绑定约束（tie），从而大大简化建模过程，避免收敛困难。

6）螺钉的预紧力可以使用螺栓载荷或过盈接触来模拟。

7）施加螺栓载荷后，要使用"*Fix at current length*"，让螺钉保持上一个分析步结束时的长度。

8）使用 *CONTACT INTERFERENCE 来定义过盈接触时，要注意三个要点：①使用自定义的幅值曲线，使过盈接触的幅值在整个分析步中从 0 到 1 逐渐增大；②保证关键词 *CONTACT PAIR 中的参数 ADJUST = <位置误差限度> 略大于接触面之间缝隙的宽度；③要把过盈量设为负值。

9）接触关系较复杂时，应定义临时的边界条件，消除刚体位移，将载荷逐步施加到模型上，让模型平稳地进入接触状态。

10）接触力等分析结果可以直接写入 DAT 文件。

11）在 **Visualization** 功能模块中可以用不同颜色来显示模型的不同区域。

实例 2：带轮和轴承在不同温度下的公差配合分析

1）对于旋转周期结构，可以只截取其基本结构来建模，并在两侧截面上定义旋转周期对称约束。

2）如果某个位置既是旋转周期对称约束的从面，又是接触的从面，就会产生过约束，造成收敛问题。

3）几何实体上的小面和短边会导致形状扭曲的网格，可以通过修复几何实体来改善网格质量。

4）当模型包含多个分析步时，可以使用重启动分析来分阶段地完成分析。

第 11 章　常见错误信息和警告信息

ABAQUS/CAE

Dependent part ins

Try the operation o
from the instance i

本章要点：

　　※ DAT 文件中的错误信息和警告信息

　　※ MSG 文件中的错误信息和警告信息

　　※ LOG 文件中的错误信息

　　※ ABAQUS/CAE 中的错误信息和警告信息

ABAQUS 在分析过程中发现问题时，会在 DAT 文件、MSG 文件和 LOG 文件中显示相应的错误信息（error）或警告信息（warning）。在上述文件中出现错误信息时，ABAQUS 会中止分析，用户可以根据这些信息提示来找出模型中的错误。

ABAQUS 的错误信息和警告信息有很多种，同样的一条信息也有可能是多种不同原因导致的，在此很难详尽地列出所有可能出现的情况。在前面各章中已经对一些常见的错误信息和警告信息作了介绍，下面把这些内容归纳在一起，并给出相应的原因分析和解决方法（主要侧重于 ABAQUS/Standard 分析）。

11.1　DAT 文件中的错误信息和警告信息

如本书第 4.5.3 节所述，DAT 文件的开始部分显示了 ABAQUS 对 INP 文件进行预处理所生成的信息。如果在这部分内容中出现了错误信息（error），ABAQUS 不会开始分析计算。用户必须改正相应的错误，然后重新提交分析。

☆ 提示：如果用户在环境文件 *abaqus_ v6. env* 中添加了参数 **split_ dat = ON**，上述预处理
　　　　信息就会被写入 PRE 文件（扩展名为 . pre）。

DAT 文件中出现错误信息，往往是由于 INP 文件中存在格式错误，在本书第 4.1 节中介绍了 INP 文件的格式要求。建议用户尽量使用 ABAQUS/CAE 等前处理软件来自动生成 INP 文件，或从已有的正确的 INP 文件中复制数据行，尽量避免自己书写关键词。

DAT 文件中还经常会出现一些警告信息（warning），它们大多仅仅是一些提示，并不意味着模型有错误。下面介绍一些 DAT 文件中的常见错误信息和需要注意的警告信息。

11.1.1　未注明实体名称（Unknown Assembly ID）

DAT 文件中错误信息的例子

*** ERROR：in keyword * BOUNDARY, file "plate. inp", line 34：**Unknown assembly id 10.**

*** ERROR：in keyword * BOUNDARY, file "plate. inp", line 34：**Unknown assembly node set SET1**

（1）出错的 INP 文件内容

```
** -------------------------------------------------------
* Part, name = Plate
* Node
  10, 0. , 1.
  11, 0. , 0.
  12, 1. , 0.
  13, 1. , 1.
* Element, type = CPS4I
1, 10, 11, 12, 13
```

**

*Nset，*nset* = *SetA*　　←——在 Part 数据块中定义了节点集合 *SetA*

11

*End Part

* --

*Assembly，*name = Assembly*

**

*Instance，*name = Plate-1*，*part = Plate*

*End Instance

**

*Nset，*nset = SetB*，*instance = Plate-1*　　←——在 Assembly 数据块中定义了节点集合 *SetB*

12

*End Assembly

* --

*Boundary

10，*1*，*2*　　←——错误：节点编号或单元编号应加上实体名称，即 *Plate-1. 10*

SetA，*1*，*2*　　←——错误：在 Part 数据块中定义的集合应加上实体名称，即 *Plate-1. SetA*

SetB，*1*，*2*　　←——正确：在 Assembly 数据块中定义的集合不需要加上实体名称

（2）问题分析　在边界条件、载荷、约束、预定义场等数据中，如果需要引用节点编号、单元编号，或需要引用在 Part 数据块或 Instance 数据块中定义的集合名称，应在前面加上实体名称。

（3）正确的 INP 文件内容　将边界条件的定义改为

　　*Boundary

　　Plate-1. 10，*1*，*2*

　　Plate-1. SetA，*1*，*2*

　　SetB，*1*，*2*

11. 1. 2　文件中有空行

DAT 文件中错误信息的例子

　　***ERROR：A CONCENTRATED LOAD HAS BEEN SPECIFIED ON NODE 0. THIS NODE IS NOT ACTIVE IN THE MODEL.

（1）出错的 INP 文件内容

　　*CLOAD，*OP = NEW*

　　Set-Load，*1*，*-10861.*

　　　　　　←——此处有一个空行

　　*End Step

（2）问题分析　INP 文件中不允许有空行。上面的例子中，ABAQUS 把空行理解为节点编号 0，认为它是关键词 **CLOAD 的一个参数，所以出现了上述错误信息。

（3）解决方法　去掉空行。如果希望使用空行来隔开两部分内容，应在此行的开头输

入 ∗∗，表明这行是注释行。

☆ 提示：在复制粘贴数据行时，容易在无意中出现空行，应注意避免。

11.1.3 关键词前没有星号

DAT 文件中错误信息的例子

　　∗∗∗ *ERROR*：*The following elements reference one or more nodes that do not exist*：
1 2 3 4

（1）出错的 INP 文件内容

Node

　　1，　　　*0.*，　　　*27.5*

　　2，　　　*0.*，　　　*5.*

（2）问题分析　关键词 ∗NODE 前面没有写星号。ABAQUS 会忽略缺少星号的语句，而不给出相应的提示。

（3）正确的 INP 文件内容

∗**Node**

　　1，　　　*0.*，　　　*27.5*

　　2，　　　*0.*，　　　*5.*

11.1.4 关键词拼写错误（Ambiguous Keyword Definition）

DAT 文件中错误信息的例子

　　∗∗∗ *ERROR*：**Ambiguous keyword definition "elem".**

（1）出错的 INP 文件内容

　　∗ **Elem**，*type* = *CPS4I*

　　1，*1*，*12*，*57*，*23*

（2）问题分析　定义单元的关键词是 ∗ELEMENT，而不是 ∗ELEM。

（3）正确的 INP 文件内容

　　∗ **Element**，*type* = *CPS4I*

　　1，*1*，*12*，*57*，*23*

11.1.5 关键词的参数错误（Unknown Parameter）

DAT 文件中错误信息的例子

　　∗∗∗ *ERROR*：**UNKNOWN PARAMETER** *EXPANSION*

（1）出错的 INP 文件内容

　　∗ **Material**，*name* = *Steel*，**Expansion** = **1.35E-05**

　　∗ *Elastic*

　　210000.，*0.3*

（2）问题分析　定义线胀系数要使用关键词 ∗EXPANSION，而不能将其作为 ∗MATE-RIAL 的一个参数来定义。

（3）正确的 INP 文件内容

　　***Material**, *name = Steel*

　　* *Elastic*

　　210000. , 0. 3

　　* ***Expansion***

　　1. 35E- 05 ,

11. 1. 6　关键词的数据错误

DAT 文件中错误信息的例子

　　*** *ERROR*：*in keyword* * *ELEMENT*, *file "plate. inp"*, *line 12*：*Too few nodes for element(s) of type "CPS8"* ：*1*

（1）出错的 INP 文件内容

　　* *Element*, *type* = ***CPS8***

　　1, 10, 11, 12, 13

（2）问题分析　CPS8 单元应该有 8 个节点，而不是 4 个节点。

（3）正确的 INP 文件内容

　　* *Element*, *type* = ***CPS8***

　　1, 10, 11, 12, 13, 38, 21, 52, 3

☆ 提示：INP 文件的每一行不能超过 256 个字符，有些关键字对此还有进一步的规定。例如，前面介绍的 * ELEMENT 要求在每个数据行中包含的节点数不超过 15 个，总共最多 80 个字符；* ELSET 和 * NSET 要求在每个数据行中包含的数据不超过 16 个，如果超出 16 个，超出的部分会被忽略，并显示警告信息，下面是一个例子：

- DAT 文件中警告信息的例子

　　*** *WARNING*：*in keyword* * *NSET*, *file "Plate-CPS8. inp"*, *line 391*：*One or more data lines* ***contain more than 16 items*** （*counting those after trailing commas*）. *The extra items are deleted.*

- 出错的 INP 文件内容

　　* *Nset*, *nset* = *Set5*, *instance* = *Plate1 -1*

　　*1, 2, 11, 12, 13, 14, 54, 55, 56, 102, 106, 109, 112, 260, 268, 276,**281***

- 问题分析　数据行中包含的数据超过了 16 个。

- 正确的 INP 文件内容

　　* *Nset*, *nset* = *Set5*, *instance* = *Plate1 -1*

　　1, 2, 11, 12, 13, 14, 54, 55, 56, 102, 106, 109, 112, 260, 268, 276

　　281

11.1.7　标点符号错误

1．DAT 文件中错误信息的例子 1

　　　　*** *ERROR*：*in keyword* ＊ *ELEMENT*，*file "plate. inp"*，*line 117*：*Element connectivity is missing for element 100 of type "CPS4I"*

（1）出错的 INP 文件内容

　　　　＊ *Element*，*type = CPS4I*

　　　　100 1 12 57 23

（2）问题分析　关键词的各个数据之间要用逗号分隔开。

（3）正确的 INP 文件内容

　　　　＊ *Element*，*type = CPS4I*

　　　　100，1，12，57，23

☆ 提示：不要在无意中使用了中文的逗号，应该使用英文的逗号。

2．DAT 文件中错误信息的例子 2

　　　　*** *ERROR*：***INVALID FLOAT VALUE***

　　　　LINE IMAGE：*2. 1E5.*，*0. 3.*

（1）出错的 INP 文件内容

　　　　＊ *Material*，*name = Steel*

　　　　＊ *Elastic*

　　　　2. 1E5.，0. 3.

（2）问题分析　2.1E5 和 0.3 后面各多了一个小数点。

（3）正确的 INP 文件内容

　　　　＊ *Material*，*name = Steel*

　　　　＊ *Elastic*

　　　　2. 1E5，0. 3

☆ 提示：ABAQUS/CAE 在生成 INP 文件时，会在浮点数的整数位后面加上一个小数点（这个小数点不是必须的）。用户自己修改数据时，容易忽略了这个小数点的存在，造成上述错误。

11.1.8　关键词位置错误（Keyword Is Misplaced）

　　DAT 文件中错误信息的例子

　　　　*** *ERROR*：*in keyword* ＊ *BOUNDARY*，*file "plate. inp"*，*line 252*：***The keyword is misplaced***．*It can be suboption for the following keyword(s)*：*substructureloadcase*，*model*，*loadcase*，*step*

（1）出错的 INP 文件内容

> *Boundary*
>
> *Set-Cylinder-Ref*, *1*, *1*
>
> ∗∗
>
> *End Assembly*

（2）问题分析 关键词 ∗BOUNDARY 不能位于 ∗ASSEMBLY 和 ∗END ASSEMBLY 之间。

> ☆ 提示：在 ABAQUS 帮助文档《ABAQUS Keywords Reference Manual》中，列出了每个关键词应出现在 INP 文件的什么位置。例如，在对 ∗BOUNDARY 的解释中可以看到如下说明："Level：Model Step"，其含义为：此关键词可以出现在 Part、Instance 和 Assembly 数据块之外，或 ∗STEP 和 ∗END STEP 之间。

（3）正确的 INP 文件内容

> *End Assembly*
>
> ∗∗
>
> *Boundary*
>
> *Set-Cylinder-Ref*, *1*, *1*

11. 1. 9 没有为单元赋予截面属性（Lack Property Definition）

DAT 文件中错误信息的例子

> ∗∗∗*ERROR*：*ELEMENT 1 INSTANCE PLATE-1 IS **LACKING A PROPERTY DEFI-NITION**；CHECK ELEMENT SET AND ELEMENT DEFINITIONS*

这类错误有以下几种常见的情况：

1）确实没有使用 ∗SOLID SECTION、∗SHELL SECTION 或 ∗BEAM GENERAL SECTION 等关键词为单元赋予截面属性。

2）有部分单元没有被赋予截面属性。

3）截面属性的类型错误，例如平面应力和平面应变单元的截面属性应该是 ∗SOLID SECTION，而不是 ∗SHELL SECTION。

11. 1. 10 过约束（Overconstraint Checks）

DAT 文件中警告信息的例子

> ∗∗∗*WARNING*：**OVERCONSTRAINT CHECKS**：NODE 23 INSTANCE PULLEY-1-1 IS A DEPENDENT NODE IN A ∗TIE OPTION.*

（1）问题分析 模型中有过约束。

（2）处理方法 存在过约束不一定意味着此模型无法得到正确的分析结果，对于 ABAQUS/Standard 分析，应查看 MSG 文件是否出现了 Overconstraint Checks 和 Zero Pivot 警告信息（见第 11.2.2 节）。如果没有，说明 ABAQUS 已经自动消除了过约束，分析正常进行；如果在 MSG 文件有上述警告信息，说明 ABAQUS 无法自动解决过约束问题，分析往往不会收敛，即使收敛了，结果也可能是错误的。请参见本书第 5.2.8 节、第 8.3 节和第 10.2.2 节介绍的解决方法。

11.1.11　材料塑性数据不符合格式要求

1. DAT 文件中错误信息的例子 1

　　　*** ERROR：*THE PLASTIC STRAIN AT FIRST YIELD MUST BE ZERO*

（1）出错的 INP 文件内容

　　Material，name = Steel

　　Plastic

　　*418.，**0.01***

　　780.，0.095

（2）问题分析　关键词 *PLASTIC 下面第一行中的第二项数据必须为 0，其含义为：在屈服点处的塑性应变为 0（详见本书第 6.1.2 节）。

（3）正确的 INP 文件内容

　　Material，name = Steel

　　Plastic

　　418.，0

　　780.，0.095

> ☆ 提示：关键词 *PLASTIC 下面每个数据行的第一项是真实应力，第二项是塑性应变，注意不要颠倒。

2. DAT 文件中错误信息的例子 2

　　　*** ERROR：*THE INDEPENDENT VARIABLES MUST BE ARRANGED **IN AS-CENDING ORDER**. LINE IMAGE：780.，0.095*

（1）出错的 INP 文件内容

　　Material，name = Steel

　　Plastic

　　*418.，**0***

　　*600.，**0.125***

　　*780.，**0.095***

（2）问题分析　关键词 *PLASTIC 下面各个数据行中的塑性应变必须按照递增的顺序排列（真实应力不一定是递增的）。

（3）正确的 INP 文件内容

　　Material，name = Steel

　　Plastic

　　*418.，**0***

780. , 0.095

600. , 0.125

11.1.12 重启动分析数据错误

DAT 文件中错误信息的例子

***ERROR*：*STEP 2 WAS NOT SAVED ON THE RESTART FILE. STEP 1 IS THE LAST STEP ON THE FILE*

（1）出错的 INP 文件内容

RESTART, *READ*, **STEP = 2**, *WRITE*, *frequency = 1*

（2）问题分析 STEP = 2 的含义是："在基础模型的第 2 个分析步结束处开始重启动分析"，如果基础模型中只有一个分析步（例如本书第 10.2.16 节中的实例），就会出现上述错误信息。

（3）正确的 INP 文件内容

RESTART, *READ*, **STEP = 1**, *WRITE*, *frequency = 1*

11.1.13 磁盘空间不足

DAT 文件中错误信息的例子

***ERROR*：*UNABLE TO COMPLETE FILE WRITE. CHECK THAT **SUFFICIENT DISK SPACE** IS AVAILABLE. FILE IN USE AT FAILURE IS Fit-20Grad. stt.*

或 ***ERROR*：*SEQUENTIAL I/O ERROR ON UNIT 23. **OUT OF DISK SPACE** OR DISK QUOTA EXCEEDED.*

问题分析：工作目录所在的磁盘空间不足，无法完成预处理。

> ☆ 提示：如果在 ABAQUS/Standard 分析过程中出现磁盘空间不足，此错误信息将会出现在 MSG 文件中。

11.1.14 环境参数 pre_memory 设置得太小

DAT 文件中错误信息的例子

***ERROR*：**INSUFFICIENT MEMORY. PRE_ MEMORY** *IS CURRENTLY SET TO 256. 00 MBYTES. IT IS NOT POSSIBLE TO ESTIMATE THE TOTAL AMOUNT OF MEMORY THAT WILL BE REQUIRED. PLEASE INCREASE THE VALUE OF PRE_ MEMORY.*

（1）问题分析 在环境文件 *abaqus _ v6. env* 中的参数 **pre _ memory**（预处理时所使用的内存）设置得太小。

> ☆ 提示：此错误信息并不意味着计算机本身的内存或虚拟内存不足。

（2）解决方法 环境文件 *abaqus _ v6. env* 中的默认参数为 **pre _ memory = " 256 mb"**，用户可以根据自己计算机的内存情况，尽可能地增大此参数值，以加快分析速度。本书第

4.6 节中详细介绍了环境文件 *abaqus_v6.env* 的修改方法。

> ☆ 提示：如果 **pre_memory** 设置得太大，超出了计算机或操作系统所允许的上限，也会产生问题，详见下面第 11.3.1 节。

11.2 MSG 文件中的错误信息和警告信息

在本书第 4.5.2 节中介绍了 MSG 文件的主要内容。如果 ABAQUS/Standard 在分析过程中发现问题，将会在 MSG 文件中显示相应的警告信息，这是用户找出模型错误的重要依据。

在使用 ABAQUS 的过程中，最常遇到的问题就是在 MSG 文件中看到以下信息。

1）"数值奇异"（Numerical Singularity）。

2）"零主元"（Zero Pivot）。

3）"负特征值"（Negative Eigenvalue）。

4）"过多次迭代尝试"（Too Many Attempts Made for This Increment）。

下面分别介绍一下这些问题的常见原因和解决方法。

11.2.1 数值奇异（Numerical Singularity）

MSG 文件中警告信息的例子

> *** *WARNING：SOLVER PROBLEM.* ***NUMERICAL SINGULARITY*** *WHEN PROCESSING NODE BASE-1.141 D.O.F. 2 RATIO = 2.77153E + 014.*

（1）问题分析　出现 Numerical Singularity 警告信息时，最常见的原因是模型中出现了不确定的刚体位移（有时还会同时显示 Negative Eigenvalue 警告信息）。在静力分析中，必须对模型中所有实体都定义足够的约束条件，以保证它们在各个平移和转动自由度上都不会出现不确定的刚体位移。

> ☆ 提示：如果在各个增量步中反复出现 Numerical Singularity 警告信息，即使分析达到了收敛，其结果也往往是错误的或不准确的。

（2）解决方法　在本书第 5.2.8 节的"消除刚体位移"中详细讨论了如何发现和解决刚体位移问题。如果模型需要通过接触或摩擦来消除刚体位移，则应按照第 5.2.8 节中介绍的方法，正确地定义接触关系。

另外，模型中存在过约束时，有时也会出现 Numerical Singularity 警告信息，详见下面第 11.2.2 节。

11.2.2 零主元（Zero Pivot）和过约束（Overconstraint Checks）

MSG 文件中警告信息的例子

> *** *WARNING：Solver problem.* ***Zero pivot*** *when processing D.O.F. 1 of 1 nodes. The nodes have been identified in node set WarnNodeSolvProbZeroPiv_1_1_1_1_1.*
> *** *WARNING：**OVERCONSTRAINT CHECKS**：The model is overconstrained in this*

increment due to the interactions among nodes in node set WarnNodeOverconZe-roPivotStep1Inc1Iter1.

（1）问题分析　出现 Zero Pivot 警告信息的最常见原因是模型中存在过约束。如果 ABAQUS 无法自动解决过约束问题，就会在 MSG 文件中显示上述 Zero Pivot 和 Overconstraint Checks 警告信息，这时分析往往不会收敛。

（2）解决方法　本书第 5.2.8 节、第 8.3 节和第 10.2.2 节介绍了过约束问题的解决方法。

11.2.3　负特征值（Negative Eigenvalue）

MSG 文件中警告信息的例子

　　***WARNING：THE SYSTEM MATRIX HAS 2 **NEGATIVE EIGENVALUES**.*

（1）问题分析　出现 Negative Eigenvalue 警告信息通常有以下几种原因：

1）没有消除刚体位移（参见第 11.2.1 节）。

2）单元异常，例如单元过度变形，或由于调整接触面上节点的初始位置而造成单元反转（inverted）。

3）应力应变关系曲线中有负斜率（参见第 6.1.3 节）。

（2）解决方法　Negative Eigenvalue 警告信息不一定意味着模型中有错误，只要此警告信息不是出现在增量步的最后一次迭代，就没有问题（见第 6.4.10 节的实例）。例如在接触分析中，有可能在最初的几次迭代中出现 Negative Eigenvalue 警告信息（因为刚体位移还没有被完全消除），而当接触关系建立起来后，就不再出现此警告信息，这是正常现象。

如果在增量步的最后一次迭代中也出现 Negative Eigenvalue，甚至分析无法收敛，则应查找模型中是否有上面"问题分析"所介绍的原因，并采取相应措施。

11.2.4　局部塑性变形过大

MSG 文件中警告信息的例子

　　***WARNING：**THE STRAIN INCREMENT HAS EXCEEDED** *FIFTY TIMES THE STRAIN TO CAUSE FIRST YIELD AT 16 POINTS.*

问题分析：与 Negative Eigenvalue 警告信息项类似，上述警告信息也不一定意味着模型中有错误。但如果模型出现了收敛问题，就应查看是否局部的塑性变形过大，并参考第 6.1.3 节中介绍的解决方法。

11.2.5　接触的过盈量太大

MSG 文件中提示信息的例子

　　*CONTACT PAIR（ASSEMBLY_SURF-1，ASSEMBLY_SURF-2）NODE SPECIMEN-1. 148 IS **OVERCLOSED BY** 1. 60194 **WHICH IS TOO SEVERE**.*

（1）问题分析　此提示信息前面没有出现 WARNING 或 ERROR 字样，但仍值得注意。如果分析不收敛，应检查此信息中提到的接触对是否存在以下方面的问题。

1）过盈量确实太大。

2）在分析开始时或模型运动过程中，从面节点落到了主面之外（尤其危险的是从面节点落到了主面的背面）。

3）接触面的法线方向错误。

（2）解决方法　见本书第 5.2.2 节和第 5.2.8 节。

11.2.6　过多次迭代尝试（Too Many Attempts）

MSG 文件中错误信息的例子

*** ERROR：**TOO MANY ATTEMPTS MADE FOR TTHIS INCREMENT：ANALY-SIS TERMINATED.**

（1）问题分析　如果 ABAQUS 按照当前的时间增量步无法在规定的迭代次数内达到收敛，就会自动减小时间增量步，即所谓的"Cutback"。如果这样仍不能收敛，则会继续减小时间增量步。默认的 Cutback 最大次数为 5 次，如果达到了这个最大次数而仍不能收敛，ABAQUS 就会停止分析，显示上述错误信息。

关于收敛控制的详细内容，请参见 ABAQUS 帮助文件《ABAQUS Analysis User's Manual》的第 8.3 节 "Analysis convergence controls"。

（2）解决方法　分析无法达到收敛，往往是因为模型中有问题，例如存在刚体位移、过约束、接触定义不当等等，应查看 MSG 文件中是否有前面第 11.2.1～11.2.5 节所介绍的警告信息，然后采取相应措施。

另外，如果模型中有塑性材料，或分析过程中会发生很大的位移或局部变形，或施加载荷后会使接触状态发生很大的变化，则尝试应在关键词 *STATIC 中设置较小的初始时间增量步。

> ☆ ABAQUS/CAE 操作：**Step** 模块，主菜单 **Step → Edit**，在 **Edit Step** 对话框中，点击 **Incrementation** 标签页，设置参数 **Initial** 的值。

11.2.7　时间增量步达到下限

MSG 文件中警告信息的例子

*** ERROR：**TIME INCREMENT REQUIRED IS LESS THAN THE MINIMUM SPECIFIED**

（1）问题分析　与前面第 11.2.6 节所述内容相类似，当 ABAQUS 无法以当前的时间增量步达到收敛时，就会自动减小时间增量步，当减小到所规定的时间增量步下限时（默认值为 10^{-5}），ABAQUS 就会停止分析，显示上述错误信息。

（2）解决方法　见第 11.2.6 节。

11.2.8　环境参数 standard_memory 设置得太小

MSG 文件中错误信息的例子

*** ERROR：**THE VALUE OF 256 MB THAT HAS BEEN SPECIFIED FOR STANDARD_MEMORY IS TOO SMALL TO RUN THE ANALYSIS AND MUST BE INCREASED. THE MINIMUM POSSIBLE VALUE FOR STANDARD_MEMORY IS 560 MB.**

（1）问题分析 在环境文件 *abaqus_v6.env* 中的参数 **standard_memory**（ABAQUS/Standard 所能使用的内存）设置得太小。

☆ 提示：此错误信息并不意味着计算机本身的内存或虚拟内存不足。

（2）解决方法 在 *abaqus_v6.env* 中的默认参数为 **standard_memory = " 256MB"**。在上面这个错误信息的例子中，提示了此分析所需的最小内存值为 560MB，用户可以根据自己计算机的内存情况，尽可能地增大此参数值，以加快分析速度。本书第 4.6 节中详细介绍了环境文件 *abaqus_v6.env* 的修改方法。

11.2.9 环境参数 standard_memory 设置得过大

MSG 文件中错误信息的例子

> **** ERROR：THE VALUE THAT HAS BEEN SPECIFIED FOR **STANDARD_MEMORY EXCEEDS** THE AMOUNT OF MEMORY THAT CAN BE ALLOCATED USING 32-BIT HARDWARE. EITHER STANDARD_MEMORY MUST BE DECREASED OR THE ANALYSIS MUST BE RUN USING 64-BIT HARDWARE.*

（1）问题分析 在环境文件 *abaqus_v6.env* 中的参数 **standard_memory**（ABAQUS/Standard 所能使用的内存）设置得过大，超出了 32 位硬件所允许的上限。

（2）解决方法 减小环境参数 **standard_memory** 的值，具体方法见第 4.6 节。

11.3 LOG 文件中的错误信息

如第 11.1、11.2 节所述，一般情况下，当 INP 文件的预处理出现问题时，会在 DAT 文件中显示错误信息，当 ABAQUS/Standard 无法顺利完成分析时，会在 MSG 文件中显示错误信息。但有些情况下，在 Windows 任务管理器中看到进程 *Pre.exe* 和 *Standard.exe* 已经消失（这表明预处理和 ABAQUS/Standard 分析已经停止），但在 DAT 文件和 MSG 文件中既看不到错误信息，也看不到 "THE ANALYSIS HAS BEEN COMPLETED"（分析顺利完成），这时就应该查看 LOG 文件中的错误信息。这种现象的常见原因有以下几种。

11.3.1 环境参数 pre_memory 设置得过大

LOG 文件中错误信息的例子

> *ABAQUS Error：The executable D：\ABAQUS\6.5-1\exec**pre.exe** **aborted with system error "拒绝访问。** "（**error code** 5）.*
>
> *Please check the .dat，.msg，and .sta files for error messages if the files exist. If there are no error messages and you cannot resolve the problem，please run the command "abaqus job = support information = support" to report and save your system information. Use the same command to run ABAQUS that you used when the problem occurred. Please contact your local ABAQUS support office and send them the input file，the file support.log which you just created，the executable name，and the error code.*

ABAQUS/Analysis exited with errors.

问题分析：如果把环境文件 *abaqus _ v 6. env* 中的参数 **pre _ memory**（预处理时所使用的内存）设置得过大，导致操作系统内存不足，就可能在 LOG 文件中出现上述错误信息，同时还可能看到如图 11-1 所示的 Windows 提示信息。

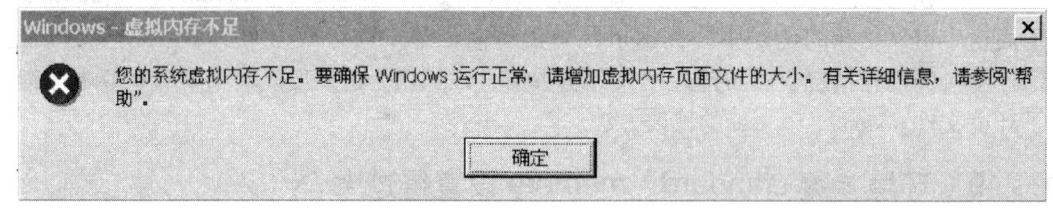

图 11-1　内存不足时的 Windows 提示信息

☆ 提示：此 Windows 提示信息并不一定意味着计算机本身的内存或虚拟内存不足，而很可能是参数 **pre _ memory** 过大造成的。

11.3.2　用户子程序（user subroutine）出现错误

LOG 文件中错误信息的例子

*ABAQUS Error：**ABAQUS/Standard Analysis exited with an error-**Please see the message file for possible error messages if the file exists.*

ABAQUS/Analysis exited with errors.

（1）问题分析　如果在运行用户单元（UEL）或用户材料（UMAT）等用户子程序时出现错误，就有可能在 MSG 文件和 DAT 文件中看不到任何错误信息，只是在 LOG 文件中出现上述信息。

（2）解决方法　检查在 INP 文件中调用用户子程序时，是否使用了正确的参数。可以尝试用一个简单的例子来调试用户子程序，确保其正确性。另外在编写用户子程序时，应注意尽可能多设置一些出错提示。

11.3.3　ABAQUS 本身的缺陷（bug）

LOG 文件中错误信息的例子

*ABAQUS Error：The executable D：\ABAQUS\6. 5-1 \exec**standard. exe***

***aborted with system error** "拒绝访问。*

*"（**error code 5**）.*

Please check the . dat，. msg，and . sta files for error messages if the files exist. If there are no error messages and you cannot resolve the problem，please run the command " abaqus job = support information = support" to report and save your system information. Use the same command to run ABAQUS that you used when the problem occurred. Please contact your local ABAQUS support office and send them the input file，the file support. log which you just created，the executable name，and the error code.

ABAQUS/Analysis exited with errors.

（1）问题分析　如果分析异常中止，而在 MSG 文件和 DAT 文件中看不到任何错误信息，只是在 LOG 文件中出现上述信息，有可能是 ABAQUS 内部的缺陷造成的。

（2）解决方法　去掉模型中不必要的特殊设置，各参数尽量使用 ABAQUS 的默认值。如果初始的模型没问题，而在修改了某些参数之后出现上述错误信息，可以尝试逐个将这些参数恢复至初始状态。

11.4　ABAQUS/CAE 中的错误信息和警告信息

ABAQUS/CAE 的错误信息和警告信息有时出现在窗口底部的信息区中，有时是以提示框的形式在屏幕中央弹出。在前面各章中已经提到了很多 ABAQUS/CAE 中经常出现的提示信息，这里不再逐个详述，只强调一些用户经常遇到的问题。

11.4.1　不支持 INP 文件中的关键词

（1）ABAQUS/CAE 中警告信息的例子 1（出现在窗口底部的信息区中）

*WARNING：The following **keywords/parameters are not yet supported** by the input file reader.*

（2）ABAQUS/CAE 中警告信息的例子 2（出现在窗口底部的信息区中）

*AbaqusException：An input file containing **User-defined elements and/or super elements cannot be imported** by the input file reader.*

（3）问题分析　在 ABAQUS/CAE 中选择主菜单 **File → Import → Model** 来导入 INP 文件时，常常会出现上述警告信息。这是因为 INP 文件中的有些关键词是 ABAQUS/CAE 所不支持的，例如：

　　　*MPC　　　　　　　　（多点约束）

　　　*CONTACT PRINT　　（将接触分析结果输出至 DAT 文件）

　　　*EL PRINT　　　　　　（将单元分析结果输出至 DAT 文件）

　　　*NODE PRINT　　　　（将节点分析结果输出至 DAT 文件）

　　　*PREPRINT, CONTACT, ECHO, HISTORY, MODEL(输出预处理信息)

　　　*UEL PROPERTY　　　（用户单元属性）

　　　*USER ELEMENT　　　（用户单元）

出现这样的问题时，导入 ABAQUS/CAE 的模型是不完整的，如果直接在 **Job** 功能模块中提交分析，会出现很多异常的错误。

> ☆ 提示：在 ABAQUS 帮助文档《ABAQUS/CAE User′s Manual》的附录 A.2 "Keyword support from the input file reader" 中，可以查询那些关键词是可以导入 ABAQUS/CAE 的。

（4）解决方法　如果不需要修改 INP 文件，只是要提交分析作业，则不必把 INP 文件导入 ABAQUS/CAE，可供选择的方法有以下两种。

1）在 **ABAQUS Command** 窗口中输入以下命令来提交分析（具体方法见本书第 4.4.1 节）：

abaqus job = < INP 文件的名称 >

2）在 ABAQUS/CAE 的 **Job** 功能模块中创建新的分析作业，在 **Create Job** 对话框中，将 **Source** 设为 *Input file*，点击 **Select** 来选择 INP 文件，然后在 **Job Manager** 对话框中点击 **Submit** 来提交分析。

如果需要在 ABAQUS/CAE 中修改 INP 文件所构成的模型，可以在导入 INP 文件之后，选择以下操作方法：

1）用 ABAQUS/CAE 所提供的功能来代替没有导入的关键词，例如 ＊MPC 可以用 **Interaction** 功能模块中的约束（constraint）来代替。

2）在 ABAQUS/CAE 中选择主菜单 **Model → Edit Keywords**，将没有导入的关键词粘贴到相应的位置。

3）在 ABAQUS/CAE 中完成模型修改后，在 **Job** 功能模块中输出 INP 文件，然后在这个新的 INP 文件中手工添加所缺少的关键词。

> ☆ 提示：如果 INP 文件中存在 ABAQUS/CAE 所不支持的关键词，并且造成此文件中的其他部分也无法被正常导入，则应在导入此文件之前，首先删除这些 ABAQUS/CAE 不支持的关键词。

11.4.2　不能为非独立实体设置网格参数

ABAQUS/CAE 中的错误信息（弹出如图 11-2 所示的提示框）

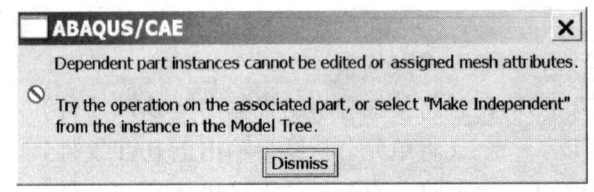

图 11-2　错误信息："不能编辑非独立实体，或为其设置网格参数"

（1）问题分析　如本书第 2.6.1 节所述，在 **Assembly** 功能模块中创建实体时，其默认类型为非独立实体。不能在非独立实体上设置网格参数或划分网格，而只能对相应的部件进行这些操作。

进入 **Mesh** 功能模块时，窗口顶部环境栏中的 **Object** 选项默认值是 *Assembly*，即对整个装配件划分网格，如果装配件中含有非独立实体，在进行划分网格操作时就会看到上述错误提示。

（2）解决方法　对非独立实体划分网格时，应在窗口顶部的环境栏中把 **Object** 选项设为 *Part*，即对部件划分网格。

11.5　本章小结

1. DAT 文件中的错误信息和警告信息

1）DAT 文件显示了对 INP 文件进行预处理所生成的信息。

2）DAT 文件中出现的错误信息大多是由于 INP 文件存在格式错误，例如文件中出现空行，关键词及其参数和数据书写错误，关键词位置错误，节点编号、单元编号或集合名称前面没有加上实体名称等等。

3）DAT 文件中的常见错误信息和警告信息还包括：材料塑性数据格式错误、没有为单元定义截面属性、重启动分析数据错误、过约束、磁盘空间不足、环境参数 **pre _ memory** 设置不当等等。

2. MSG 文件中的错误信息和警告信息

1）如果 ABAQUS/ Standard 在分析过程中发现问题，会在 MSG 文件中显示相应的错误信息或警告信息，这是用户找出模型错误的重要依据。

2）MSG 文件中出现 Numerical Singularity 警告信息，常见的原因是刚体位移或过约束。

3）MSG 文件中出现 Zero Pivot 和 Overconstraint Check 警告信息，常见的原因是过约束。

4）MSG 文件中出现 Negative Eigenvalue 警告信息，常见的原因是没有消除刚体位移、单元异常、应力应变关系曲线中有负斜率等。

5）MSG 文件中常见的错误信息和警告信息还包括：局部塑性变形过大、接触的过盈量太大、过多次迭代尝试、时间增量步达到下限、环境参数 **standard_ memory** 设置得太小或太大等等。

3. LOG 文件中的错误信息

如果在 DAT 文件和 MSG 文件中看不到错误信息，只在 LOG 文件出现错误信息，可能的原因包括：

1）环境参数 **pre _ memory** 设置得过大。

2）用户子程序出现错误。

3）ABAQUS 本身的缺陷等等。

4. ABAQUS/CAE 中的错误信息和警告信息

1）将 INP 文件导入 ABAQUS/CAE 时，如果文件中有 ABAQUS/CAE 所不支持的关键词，就会出现警告信息。

2）如果在 **Mesh** 功能模块中为非独立实体设置网格参数或划分网格，就会弹出错误信息，这时应应在窗口顶部的环境栏中把 **Object** 选项设为 *Part*，即对部件划分网格。

附　录

附录 A　中　文　索　引

字母

F

G

附录 B 英 文 索 引

A

COPEN (contact opening)	接触状态	第5.1.9节，第5.2.6节，第10.2.14节
copy objects	复制对象	第10.1.2节
CORM (Component of Relative Motion)	相对运动分量	第8.1.2节
coupled thermal-electrical analysis	热电耦合分析	第7章（开篇）
coupling constraint	耦合约束	第2.5.5节，第3.1.1节，第3.1.8节，第6.1.3节，第8.6节
CPRESS	接触压强	第5.1.9节，第5.2.5节，第5.2.6节，第10.2.14节
crack	裂纹	第2.5.5节
CRF	连接单元的反作用力和力矩	第8.1.3节，第8.2.10节，第8.2.13节，第8.3.3节
CSHEAR1	在局部方向1上的摩擦剪应力	第5.2.6节
CU	连接单元的相对平移和旋转	第8.1.3节，第8.2.10节，第8.2.13节
cut	切割	第3.1.3节
cutback	减小时间增量步	第5.2.7节，第6.4.10节
cyclic symmetry	旋转周期对称	第10.2.2节，第10.2.8节，第10.2.12节
cylindrical coordinates system	柱坐标系	第8.1.2节，第8.2.6节，第10.1.4节，第10.1.5节，第10.2.1节

D

damping	阻尼	第9.3.1节
dashpot	阻尼器	第2.5.5节
data file (. dat)	DAT文件（输出数据文件）	第2.5.4节，第4.5.3节，第11.1节
datum coordinates system	基准坐标系	第8.1.2节，第8.2.6节，第10.1.4节，第10.1.5节，第10.2.1节
datum plane	基准面	第10.1.6节
deformable body	柔体	第8.2.1节，第8.6节，第8.7.2节，第8.7.15节
deformed scale factor	变形缩放系数	第3.2节
density	密度	第9.2.3节
dependent instance	非独立实体	第2.6.1节，第11.4.2节
direct modal damping	直接模态阻尼	第9.3.1节，第9.3.2节
direct-solution dynamic analysis procedure	直接解法	第9.1节
direct-solution steady-state dynamic analysis	基于直接解法的稳态动态分析	第9.1.2节
discrete rigid	离散刚体	第6.4.2节
display body constraint	显示体约束	第2.5.5节，第8.7.2节，第8.7.9节
display group	显示组	第5.3.8节
distributing coupling constraint	分布耦合约束	第2.5.5节，第3.1.1节，第3.1.8节
documentation	帮助文件	第1.4节

refined mesh	细化网格	第 2.7.11 节，第 3.3.4 节，第 3.4 节，第 6.5.3 节
repair	修复几何实体	第 2.6.6 节，第 10.2.6 节
replace faces	合并面	第 10.2.6 节
report	报告	第 3.2 节
residual stress	残余应力	
response spectrum analysis	反应谱分析	第 9.1.1 节
restart	重启动分析	第 10.2.7 节，第 10.2.16 节，第 11.1.12 节
restart file (.res)	RES 文件（重启动文件）	第 2.5.4 节，第 10.2.16 节
results file (.fil)	FIL 文件（结果文件）	第 2.5.4 节
RF	反作用力	第 5.3.11 节
rigid body	刚体	第 2.5.5 节，第 5.1.2 节，第 5.3.3 节，第 6.3.2 节，第 6.4.2 节，第 8.2.1 节，第 8.7.2 节
rigid body constraint	刚体约束	第 2.5.5 节，第 8.2.1 节，第 8.2.8 节
rigid body motion	刚体位移	第 5.2.8 节，第 10.1.8 节，第 11.2.1 节
round	倒角	第 3.1.3 节

S

section	截面属性	第 2.5.2 节，第 4.2 节，第 8.2.4 节，第 8.7.5 节
seed	种子	第 2.6.2 节
self-contact	自接触	第 5.2.1 节
sequentially coupled thermal stress analysis	顺序耦合热应力分析	第 7 章（开篇）
set	集合	第 4.2 节
severe discontinuity iteration	严重不连续迭代	第 5.2.7 节
shear locking	剪切自锁	第 2.7.3 节
shell	壳	第 2.8 节，第 8.2.3 节，第 9.2.2 节
shell-to-solid coupling constraint	壳体-实心体约束	第 2.5.5 节
sketch	平面图	第 2.5.9 节
skin	皮肤	第 2.5.2 节
slave surface	从面	第 5.2.2 节
small sliding	小滑移	第 5.1.6 节，第 5.2.3 节，第 10.1.1 节，第 10.2.1 节
softened contact	软接触	第 5.2.5 节
solid element	实体单元	第 2.7 节
solver controls	求解器控制	第 2.5.4 节
spline	样条曲线	第 6.4.2 节
spring	弹簧	第 2.5.5 节
standard_ memory	ABAQUS/Standard 求解时使用的内存	第 4.6 节，第 11.2.8 节，第 11.2.9 节

附录 C 本书实例中用到的单元类型

梁单元

B33	2 节点三次梁单元	第 2.8 节，第 8.7.2 节

实体（连续体）单元

C3D10	10 节点四面体二次单元	第 2.7.8 节，第 3.4 节，第 10.1.16 节
C3D10M	修正的 10 节点四面体二次单元	第 2.7.8 节，第 3.4 节，第 10.2.1 节，第 10.1.16 节
C3D20	20 节点六面体二次完全积分单元	第 2.7.4 节，第 3.4 节，第 10.1.16 节
C3D20R	20 节点六面体二次减缩积分单元	第 2.7.6 节，第 3.4 节，第 7.3.1 节，第 10.1.16 节
C3D4	4 节点四面体线性单元	第 2.7.8 节，第 3.4 节，第 10.1.16 节
C3D8	8 节点六面体线性完全积分单元	第 2.7.3 节，第 3.4 节，第 10.1.16 节
C3D8I	8 节点六面体线性非协调模式单元	第 2.7.7 节，第 3.4 节，第 10.2.1 节，第 10.1.16 节
C3D8R	8 节点六面体线性减缩积分单元	第 2.7.5 节，第 3.4 节，第 8.2.1 节，第 10.1.1 节，第 10.1.16 节

轴对称单元

CAX4I	4 节点四边形双线性非协调轴对称单元	第 5.3.1 节，第 6.3.1 节

连接单元

CONN2D2	二维连接单元	第 8.1.1 节
CONN3D2	三维连接单元	第 8.1.1 节

平面应变单元

CPE4R	4 节点四边形双线性减缩积分平面应变单元	第 6.4.1 节

平面应力单元

CPS3	3 节点三角形线性平面应力单元	第 2.7.8 节，第 2.7.11 节
CPS4	4 节点四边形线性完全积分平面应力单元	第 2.7.3 节，第 2.7.11 节

CPS4I	4 节点四边形线性非协调模式平面应力单元	第 2.7.7 节，第 2.7.11 节，第 5.1.1 节，第 6.2.1 节
CPS4R	4 节点四边形线性减缩积分平面应力单元	第 2.7.5 节，第 2.7.11 节
CPS6	6 节点三角形二次平面应力单元	第 2.7.8 节，第 2.7.11 节
CPS6M	修正的 6 节点三角形二次平面应力单元	第 2.7.8 节，第 2.7.11 节
CPS8	8 节点四边形二次完全积分平面应力单元	第 2.7.4 节，第 2.7.11 节
CPS8R	8 节点四边形二次减缩积分平面应力单元	第 2.7.6 节，第 2.7.11 节

刚体单元

| R2D2 | 2 节点二维线性刚体单元 | 第 6.4.5 节 |

壳单元

| S4R | 4 节点四边形有限薄膜应变线性减缩积分壳单元 | 第 2.8 节，第 8.2.1 节，第 9.2.2 节 |

附录 D　本书实例中用到的关键词（keyword）

* Amplitude	幅值	第 4.3 节
* Assembly	装配件	第 4.2 节
* Beam General Section	梁截面属性	第 8.7.17 节
* Boundary	边界条件	第 4.2 节
* Bulk Viscosity	体积粘度	第 9.4.7 节
* Clearance	接触面之间的间隙或过盈量	第 5.2.4 节
* Cload	集中载荷	第 4.2 节
* Connector Behavior	连接单元的行为	第 8.5 节
* Connector Load	连接单元载荷	第 8.4 节
* Connector Motion	连接单元边界条件	第 8.4 节
* Connector Section	连接属性	第 8.1.2 节，第 8.2.14 节，第 8.3.2 节，第 8.7.2 节，第 8.7.17 节
* Contact Controls	接触控制	第 5.2.8 节
* Contact Interference	接触面之间的间隙或过盈量	第 5.2.4 节，第 10.1.15 节，第 10.2.15 节
* Contact Output	将接触信息输出至 ODB 文件	第 5.3.12 节
* Contact Pair	接触对	第 5.2.2 节
* Contact Print	将接触信息输出至 DAT 文件	第 5.2.6 节，第 10.1.11 节
* Controls	收敛参数控制	第 5.2.7 节
* Coupling	耦合约束	第 4.3 节
* Cyclic Symmetry Model	旋转周期对称模型	第 10.2.12 节，第 10.2.15 节
* Damping	材料阻尼	第 9.4.2 节，第 9.4.7 节
* Density	密度	第 9.2.5 节
* Display Body	显示体约束	第 8.7.17 节
* Distributing	分布耦合约束	第 4.3 节
* Dload	单元上的分布载荷	第 4.2 节
* Dsload	面上的分布载荷	第 4.2 节，第 7.3.11 节，第 10.1.14 节
* Dynamic, Explicit	显式动态分析步	第 9.4.7 节
* Elastic	弹性材料数据	第 4.3 节
* Element	单元	第 4.2 节，第 8.2.14 节
* Element Output	将单元分析结果写入 ODB 文件	第 4.3 节，第 8.2.14 节
* Elset	单元集合	第 4.2 节
* End Assembly	装配件结束	第 4.3 节
* End Instance	实体结束	第 4.3 节
* End Part	部件结束	第 4.3 节
* End Step	分析步结束	第 4.3 节
* Expansion	热膨胀系数	第 7.2.3 节，第 7.3.11 节，第 10.2.15 节

附录 E 本书实例中用到的 ABAQUS/CAE 功能

1. 窗口顶部的工具栏

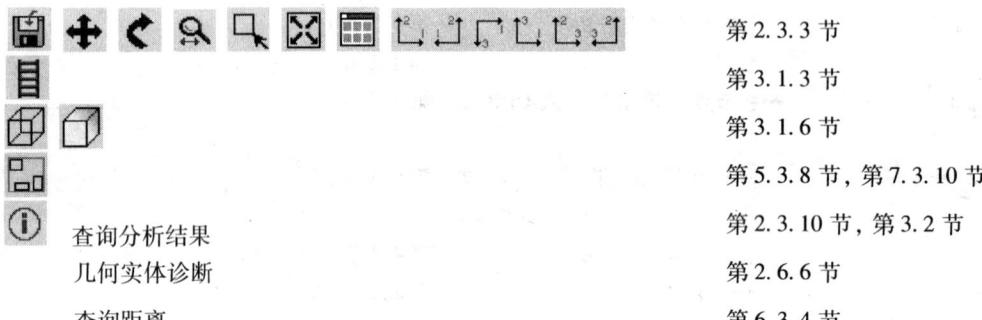

	第 2.3.3 节
	第 3.1.3 节
	第 3.1.6 节
	第 5.3.8 节，第 7.3.10 节
查询分析结果	第 2.3.10 节，第 3.2 节
几何实体诊断	第 2.6.6 节
查询距离	第 6.3.4 节

2. 多个模块共有的功能

（Edit Feature）	第 3.3.1 节
（Partition Cell：Define Cutting Plane）	第 3.1.6 节
（Partition Cell：Extrude/Sweep Edges）	第 3.1.6 节，第 7.3.4 节
（Partition Cell：Define Cutting Plane）	第 10.1.6 节
（Partition Face：Sketch）	第 3.1.6 节，第 3.1.9 节，第 7.3.4 节
（Partitian Edge：Enter Parameter）	第 6.4.5 节
（Create Datum CSYS：3 Points）	第 10.1.4 节，第 8.2.6 节
（Create Datum Plane：Point and Normal）	第 10.1.6 节

主菜单 **File → Import**	
平面图	第 3.1.2 节
部件	第 10.1.2 节，第 10.2.3 节
模型	第 10.1.2 节
主菜单 **Model → Copy Objects**	第 10.1.2 节
主菜单 **Model → Edit Attributes**	第 6.5.2 节
主菜单 **Model → Edit Keywords**	第 4.4.2 节，第 6.3.9 节
主菜单 **Tools → Set**	第 3.1.10 节，第 8.2.7 节

主菜单 **Tools** → **Surface**

　　基于单元的面 第 3. 1. 8 节, 第 5. 1. 6 节

　　基于节点的面 第 10. 2. 8 节

主菜单 **Tools** →**Reference Point** 第 3. 1. 8 节, 第 5. 1. 2 节, 第 8. 2. 6 节

主菜单 **Tools** →**Amplitude** 第 3. 1. 9 节, 第 5. 2. 4 节, 第 9. 3. 3 节, 第
10. 1. 15 节

3. Part 功能模块

　　　（Create Part）

　　三维实体 第 3. 1. 3 节, 第 7. 3. 2 节

　　平面应力 第 2. 3. 3 节

　　平面应变 第 6. 4. 2 节

　　轴对称 第 5. 3. 3 节

　　壳体 第 8. 2. 3 节

　　梁 第 8. 7. 4 节

　　解析刚体 第 5. 1. 2 节, 第 5. 3. 3 节, 第 6. 3. 2 节

　　离散刚体 第 6. 4. 2 节

　　　（Create Round or Fillet） 第 3. 1. 3 节

　　　（Create Cut：Extrude） 第 3. 1. 3 节, 第 6. 5. 2 节

主菜单 **Tools** → **Repair** 第 2. 6. 6 节, 第 10. 2. 6 节

4. Property 功能模块

　　　（Create Material）

　　弹性 第 2. 3. 4 节

　　塑性 第 6. 2. 2 节, 第 6. 3. 3 节

　　线胀系数 第 7. 2. 2 节

　　密度 第 9. 2. 3 节

　　材料阻尼 第 9. 4. 2 节

　　　（Create Section）

　　三维实体 第 3. 1. 4 节

　　平面应力 第 2. 3. 4 节

　　平面应变 第 6. 4. 3 节

　　轴对称 第 5. 3. 4 节

　　壳体 第 8. 2. 4 节

　　梁 第 8. 7. 5 节

　　　（Assign Section） 第 2. 3. 4 节

5. Assembly 功能模块

（Instance Part）　　　　　　　　　　　第 2. 3. 5 节
主菜单 **Constraint**　　　　　　　　　　　第 10. 1. 4 节

6. Step 功能模块

（Create Step）
静力分析步　　　　　　　　　　　　　　第 2. 3. 6 节，第 10. 1. 8 节
频率提取分析步　　　　　　　　　　　　第 9. 2. 3 节
瞬时模态动态分析步　　　　　　　　　　第 9. 3. 2 节
显式动态分析步　　　　　　　　　　　　第 9. 4. 3 节
Rayleigh 阻尼　　　　　　　　　　　　　第 9. 3. 2 节
几何非线性　　　　　　　　　　　　　　第 2. 5. 4 节，第 5. 3. 1 节，第 6. 1. 2 节，第
　　　　　　　　　　　　　　　　　　　6. 3. 1 节，第 6. 4. 1 节，第 8. 1 节，第
　　　　　　　　　　　　　　　　　　　8. 2. 1 节，第 8. 7. 11 节
设定增量步大小　　　　　　　　　　　　第 6. 3. 6 节，第 9. 3. 2 节，第 9. 4. 3 节
主菜单 **Output → Field Output Requests**　　　第 3. 1. 7 节，第 9. 3. 2 节，第 9. 4. 3 节
主菜单 **Output → History Output Requests**　　第 5. 3. 8 节，第 9. 3. 2 节，第 9. 4. 3 节
主菜单 **Output → Restart Requests**　　　　　第 10. 2. 7 节

7. Interaction 功能模块

（Create Interaction）
有限滑移　　　　　　　　　　　　　　　第 5. 2. 3 节，第 5. 3. 1 节，第 6. 3. 1 节，第
　　　　　　　　　　　　　　　　　　　6. 4. 1 节
小滑移　　　　　　　　　　　　　　　　第 5. 2. 3 节，第 10. 1. 1 节，第 10. 2. 1 节
过盈接触　　　　　　　　　　　　　　　第 5. 2. 4 节，第 10. 1. 15 节，第 10. 2. 8 节

（Create Interaction Property）
无摩擦　　　　　　　　　　　　　　　　第 5. 1. 6 节
库伦摩擦　　　　　　　　　　　　　　　第 5. 3. 8 节

（Create Constraint）　　　　　　　　　第 2. 5. 5 节
绑定约束　　　　　　　　　　　　　　　第 5. 2. 8 节，第 10. 1. 7 节
旋转周期对称约束　　　　　　　　　　　第 10. 2. 2 节，第 10. 2. 8 节，第 10. 2. 12 节
刚体约束　　　　　　　　　　　　　　　第 8. 2. 1 节，第 8. 2. 8 节
显示体约束　　　　　　　　　　　　　　第 8. 7. 2 节，第 8. 7. 9 节
分布耦合约束　　　　　　　　　　　　　第 3. 1. 1 节，第 3. 1. 8 节
运动耦合约束　　　　　　　　　　　　　第 8. 6 节

（Create connector）　　　　　　　　　　第 8. 2. 9 节

| | （Create connector property） | 第 8.1.2 节，第 8.2.9 节，第 8.7.2 节，第 8.7.10 节 |
| | 连接单元行为 | 第 8.5 节 |

8. Load 功能模块

	（Create Load）	
	集中力	第 3.1.9 节
	压力	第 2.3.7 节
	面载荷	第 3.1.9 节
	螺栓载荷	第 10.1.9 节
	连接单元载荷	第 8.4 节

	（Create Boundary Condition）	
	对称／固支	第 2.3.7 节，第 3.1.10 节
	给出位移	第 5.1.7 节，第 5.3.9 节，第 8.2.11 节
	连接单元位移	第 8.4 节
	子模型边界条件	第 6.5.2 节
	基于局部坐标系的边界条件	第 10.2.2 节

| | （Create Field） | |
| | 温度场 | 第 7.2.2 节 |

9. Mesh 功能模块

	（Seed Part）	第 3.1.6 节
	（Seed Edge：by Number）	第 2.3.8 节，第 7.3.4 节
	（Seed Edge：By Size）	第 7.3.4 节，第 10.1.6 节
	（Assign Mesh Controls）	第 2.6.4 节，第 2.6.5 节
	结构化网格	第 2.3.8 节
	扫掠网格	第 3.1.6 节，第 7.3.4 节，第 10.1.6 节，第 10.2.6 节
	自由网格	第 6.4.5 节，第 10.2.6 节
	Medial axis 算法	第 3.1.6 节，第 10.1.6 节，第 10.2.6 节
	Advancing front 算法	第 3.1.6 节，第 7.3.4 节
	（Assign Element Type）	第 2.3.8 节
	（Mesh Part Instance）	第 2.3.8 节
	（Verify Mesh）	第 2.6.7 节，第 10.2.6 节

 (Edit Mesh) 第 10.1.5 节

主菜单 **Tools →Virtual Topology** 第 2.6.6 节

10. Job 功能模块

 (Job Manager) 第 2.3.9 节，第 3.1.11 节，第 4.1 节，第 4.4.1 节

11. Visualization 功能模块

 (Plot Undeformed Shape) 第 2.3.10 节

 (Plot Deformed Shape) 第 2.3.10 节

 (Plot Contours) 第 2.3.10 节

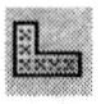 (Plot Symbols for Vectors or Tensors) 第 3.2 节

 (Animate：Scale Factor) 第 2.3.10 节

 (Color Code) 第 10.1.13 节

 (Activate/Deactivate View Cut) 第 3.2 节

 第 3.2 节

显示场变量
最大主应力 **S，Max. Principle** 第 3.2 节
接触压强 **CPRESS** 第 5.1.9 节，第 5.3.11 节
接触状态 **COPEN** 第 5.1.9 节
反作用力 **RF** 第 5.3.11 节
等效塑性应变 **PEEQ** 第 6.2.2 节
显示历史变量随时间的变化
接触力 **CFN** 第 5.3.11 节
连接单元上的反作用力/力矩 **CRF** 第 8.2.13 节
位移 **U** 第 9.3.4 节
能量总和 **ETOTAL** 第 9.4.6 节
动能 **ALLKE** 第 9.4.6 节
同时显示变形图和未变形图 第 2.3.10 节
把查询结果写入文件 第 3.2 节
设置云纹图的显示方式 第 3.2 节
显示节点编号 第 3.2 节
显示边界条件和耦合约束 第 3.2 节

12. Sketch 功能模块

参 考 文 献

[1] 曾攀.有限元分析及其应用 [M].北京：清华大学出版社，2004.

[2] 庄茁.ABAQUS 有限元软件 6.4 版入门指南 [M].北京：清华大学出版社，2004.

[3] 庄茁.ABAQUS 非线性有限元分析与实例 [M].北京：科学出版社，2005.

[4] 方华，高峥.曲轴中频淬火过程模拟及残余应力计算 [J].汽车工程，2004，26.（3）

[5] 邵蕴秋.ANSYS 8.0 有限元分析实例导航 [M].北京：中国铁道出版社，2004.